Ausbildung im Einzelhandel 1

Lernfelder 1–5

Autoren:

Christian Fritz
Markus Hillebrand
Antje Kost
Klaus Otte
Michael Piek
Roswitha Pütz
Claudia Simons-Kövér

in Zusammenarbeit
mit der Verlagsredaktion

Dieses Buch wurde erstellt unter Verwendung von Materialien von: Hans-Peter von den Bergen, Volker Brettschneider, Raimund Erger, Bettina Glania, Franz-Josef Kaiser, Ludger Katt, Ute Morgenstern, Katrin Rohde, Ralf Wimmers.

Wir weisen darauf hin, dass die im Lehrwerk genannten Unternehmen und Geschäftsvorgänge frei erfunden sind. Ähnlichkeiten mit real existierenden Unternehmen lassen keine Rückschlüsse auf diese zu.

Verlagsredaktion: Sabine Schneider
Außenredaktion: Katja Müllenmeister, Hamburg
Bildredaktion: Gertha Maly; Christina Scheuerer, Rohrbach
Umschlaggestaltung: Corinna Babylon, Berlin
Layout: sign, Berlin; Christoph Berten, Berlin
Technische Umsetzung: PER Medien + Marketing GmbH, Braunschweig

www.cornelsen.de

1. Auflage, 2. Druck 2019

Alle Drucke dieser Auflage sind inhaltlich unverändert und können im Unterricht nebeneinander verwendet werden.

Druck: Firmengruppe APPL, aprinta Druck, Wemding

ISBN 978-3-06-451359-4 (Schülerbuch)
ISBN 978-3-06-451373-0 (E-Book)

PEFC zertifiziert
Dieses Produkt stammt aus nachhaltig bewirtschafteten Wäldern und kontrollierten Quellen.
www.pefc.de

Vorwort

Ausbildungsziel der beiden Einzelhandelsberufe – Verkäuferin/Verkäufer und Kauffrau/Kaufmann im Einzelhandel – ist die berufliche Handlungsfähigkeit (VO §§ 11, 19). Um diese zu erreichen, muss sich auch der Unterricht in der Berufsschule an der beruflichen Praxis ausrichten. Die vorliegende Neubearbeitung der Lehrwerksreihe **„Ausbildung im Einzelhandel"** unterstützt diese Zielsetzung durch die Kombination von Fachkunde und Arbeitsbuch mit Lernsituationen.

Ausgangspunkt der Bearbeitung ist die **Lernsituation im Arbeitsbuch**. Bei deren Analyse stellen Sie als Auszubildende fest, welches Fachwissen für die Lösung erforderlich ist. Dieses Fachwissen stellt das vorliegende **Fachkundebuch** zur Verfügung. Damit Sie als Auszubildende überprüfen können, ob Sie die Fachinhalte richtig aufgenommen haben, gibt es neu in dieser Ausgabe zu jedem Kapitel der Fachkunde **Alles-klar-Fragen** zur Wiederholung und zur Festigung.

Zur Neuordnung 2017 ist das Lehrwerk gründlich überarbeitet worden. Neue Lernsituationen wurden eingefügt, neue Arbeitsblätter und Aufgaben sind entstanden. Um der im Rahmenlehrplan geforderten Nutzung eines Warenwirtschaftssystems im Unterricht Genüge zu tun, sind erstmals auch Lernsituationen für das **Warenwirtschaftssystem E.V.A.** dabei. Eine **kostenfreie Schülerversion** dieses speziell für die Ausbildung im Einzelhandel konzipierten modularen Warenwirtschaftssystems finden Sie mit einer Anleitung zur Installation über den folgenden Webcode:

Einzelhandel_4513594_WWS

Wählen Sie dazu auf der Cornelsen-Webseite unter www.cornelsen.de im Feld rechts oben die Option „Webcode" und geben Sie den Webcode dort ein.

Durch das koordinierte Konzept aus Arbeitsbuch, Fachkunde und WWS sowie weiterer Produkte ist es möglich, eine berufsorientierte, abwechslungsreiche und effiziente Ausbildung in der Berufsschule anzubieten.

Wir wünschen Ihnen nun viel Spaß und Erfolg mit Ihrer **„Ausbildung im Einzelhandel"**!

Autoren und Redaktion
im März 2017

Inhaltsverzeichnis

Zugehörige Lernsituationen im Arbeitsbuch 1

Lernfeld 1
Das Einzelhandelsunternehmen repräsentieren

Zugehörige Lernsituationen im Arbeitsbuch 1

Lernfeld 2
Verkaufsgespräche kundenorientiert führen

Lernfeld 3
Kunden im Servicebereich Kasse betreuen

Zugehörige Lernsituationen im Arbeitsbuch 1

Zugehörige Lernsituationen im Arbeitsbuch 1

Lernfeld 4
Waren präsentieren

Lernfeld 5
Werben und den Verkauf fördern

Zugehörige Lernsituationen im Arbeitsbuch 1

Anhang

1

Das Einzelhandelsunternehmen repräsentieren

Berufsausbildung und Ausbildungsvertrag

Soziale Sicherung

Tarifliche Regelungen und betriebliche Mitbestimmung

Gesetzlicher Arbeitsschutz und Gesundheitsvorsorge

Organisation des Einzelhandelsunternehmens

Einzelhandelssortiment

Verkaufs- und Betriebsformen

Das Einzelhandelsunternehmen in der Gesamtwirtschaft

Umweltschutz und Nachhaltigkeit

1 Ausbildung im Einzelhandel

Lernsituation 2

Die beiden Ausbildungsberufe Kauffrau / Kaufmann im Einzelhandel und Verkäuferin / Verkäufer sind staatlich anerkannte Ausbildungsberufe. Das bedeutet, dass Inhalte und Ablauf der Ausbildung staatlich einheitlich geregelt sind. Beide Ausbildungen sind dem Berufsfeld Wirtschaft und Verwaltung zugeordnet.

Wie alle anerkannten Ausbildungsberufe gehört auch der Beruf Kauffrau / Kaufmann im Einzelhandel sowie die Verkäuferin / der Verkäufer zum **dualen Ausbildungssystem**, d. h., die Ausbildung findet an zwei Lernorten statt: Im Ausbildungsbetrieb werden in erster Linie fachpraktische Kenntnisse und Fertigkeiten vermittelt, während in der Berufsschule vorwiegend Berufstheorie und Allgemeinbildung auf dem Plan stehen. Grundlage einer einheitlichen und anerkannten Berufsausbildung ist das Berufsbildungsgesetz (BBiG).

Lernort Betrieb

Lernort Berufsschule

1.1 Ausbildungsordnung und Rahmenlehrplan

Grundlage für die Ausbildung in den Betrieben ist die **Ausbildungsordnung**. Sie enthält Informationen über

- die Ausbildungsdauer,
- den Ausbildungsrahmenplan,
- das Ausbildungsberufsbild und
- die Prüfungsanforderungen.

Wenn besondere Bedingungen vorliegen, kann die Ausbildungszeit verkürzt werden.

Die regelmäßige **Ausbildungsdauer** beträgt für fast alle Berufsausbildungen drei Jahre, so auch für die Kauffrau / den Kaufmann im Einzelhandel. Kürzere Ausbildungszeiten von zwei Jahren gelten zum Beispiel für die Verkäuferin / den Verkäufer im Einzelhandel.

Der **Ausbildungsrahmenplan** gliedert die Berufsausbildung sachlich und zeitlich. Die sachliche Gliederung ordnet den Anforderungen des Ausbildungsberufsbildes die Inhalte zu, die den Auszubildenden im Betrieb vermittelt werden müssen. Die zeitliche Gliederung legt fest, in welchem Abschnitt der Ausbildung dies geschehen soll. Von diesen Vorgaben kann jedoch im Einzelfall abgewichen werden, wenn betriebliche Besonderheiten dies erfordern.

Das **Ausbildungsberufsbild** enthält die Fertigkeiten und Kenntnisse der Berufsausbildung, die den Ausbildungsberuf Einzelhandelskauffrau / Einzelhandelskaufmann inhaltlich von anderen kaufmännischen Berufen abgrenzen. In den Prüfungsanforderungen ist festgelegt, welche Inhalte der Berufsausbildung zum Zeitpunkt der Zwischen- und Abschlussprüfung von den Auszubildenden beherrscht werden sollten.

Der **Rahmenlehrplan** beschreibt die Ziele und Inhalte der schulischen Ausbildung. In so genannten **Lernfeldern** (thematische Einheiten) werden die Lerninhalte für den Lernort Berufsschule sowie die zu erreichenden Kompetenzen festgehalten. Außerdem legt er die Verteilung der Inhalte auf die Ausbildungsjahre fest.

Ausbildungsrahmenplan und Rahmenlehrplan sind aufeinander abgestimmt. Darin zeigt sich die Wirkungsweise des dualen Ausbildungssystems: Parallel zur fachpraktischen Ausbildung durch den Betrieb erfolgt die Vermittlung der theoretischen Fachkenntnisse durch die Berufsschule.

§ 4 Ausbildungsberufsbild aus der Ausbildungsordnung für den Ausbildungsberuf Verkäuferin / Verkäufer

Die Berufsbildpositionen der wahlqualifikationsübergreifenden, berufsprofilgebenden Fertigkeiten, Kenntnisse und Fähigkeiten sind:

1. Waren- und Dienstleistungsangebot des Ausbildungsbetriebes
2. Warenpräsentation und Werbemaßnahmen
3. Preiskalkulation
4. Warenbestandskontrolle
5. Warenannahme und -lagerung
6. Verkaufen von Waren
7. Servicebereich Kasse

Lernfelder für die Ausbildungsberufe • Verkäuferinnen und Verkäufer (LF 1–LF 10) • Kauffrau und Kaufmann im Einzelhandel (LF 1–LF 14)

1. Ausbildungsjahr	**LF 1** Das Einzelhandelsunternehmen repräsentieren	**LF 2** Verkaufsgespräche kundenorientiert führen	**LF 3** Kunden im Servicebereich Kasse betreuen	**LF 4** Waren präsentieren	**LF 5** Werben und den Verkauf fördern
2. Ausbildungsjahr	**LF 6** Waren beschaffen	**LF 7** Waren annehmen, lagern und pflegen	**LF 8** Geschäftsprozesse erfassen und kontrollieren	**LF 9** Preispolitische Maßnahmen vorbereiten und durchführen	**LF 10** Besondere Verkaufssituationen bewältigen
3. Ausbildungsjahr	**LF 11** Geschäftsprozesse erfolgsorientiert steuern	**LF 12** Mit Marketingkonzepten den Kunden gewinnen und binden	**LF 13** Personaleinsatz planen und Mitarbeiter führen	**LF 14** Ein Einzelhandelsunternehmen leiten und entwickeln	

1.2 Zeitlicher Ablauf der Ausbildung

Für die Ausbildungsberufe Verkäuferin / Verkäufer und Kauffrau / Kaufmann im Einzelhandel wurden in den beiden ersten Ausbildungsjahren gleiche Inhalte festgelegt. Damit wird sichergestellt, dass eine Durchlässigkeit und Anrechenbarkeit vom zweijährigen zum dreijährigen Berufsbild gewährleistet ist.

Verkäuferinnen und Verkäufer

Die Berufsausbildung zur Verkäuferin / zum Verkäufer dauert zwei Jahre. Zu Beginn des zweiten Ausbildungsjahres findet die schriftliche **Zwischenprüfung** statt. In 90 Minuten müssen 45 gebundene Aufgaben gelöst werden. Bei gebundenen Aufgaben sind die Antwortmöglichkeiten vorgegeben und bei Rechenaufgaben müssen die Ergebnisse eingetragen werden. Am Ende des zweiten Ausbildungsjahres findet die **Abschlussprüfung** in drei schriftlichen Bereichen und einem mündlichen Fachgespräch statt:

Abschlussprüfung

Prüfungsbereich	Aufgabenart	Aufgabenzahl	Zeit in Minuten	Ergebnisanteil in %
Verkauf und Werbemaßnahmen	ungebunden	ca. 4	90	25
Warenwirtschaft und Kalkulation	gebunden	ca. 25	60	15
Wirtschafts- und Sozialkunde	gebunden	ca. 28	60	10
Fachgespräch in der Wahlqualifikation	praxisbezogen, berufstypisch	eine von zwei zur Auswahl	max. 20	50

Wahlpflichtqualifikationen der Verkäufer/innen:
- Sicherstellung der Warenpräsenz
- Beratung von Kunden
- Kassensystemdaten und Kundenservice
- Werbung und Verkaufsförderung

Das **Fachgespräch** findet in **einer** der bei der Anmeldung zur Prüfung benannten Wahlpflichtqualifikationen statt. Der Prüfungsausschuss der verantwortlichen Industrie- und Handelskammer stellt dem Prüfling zwei Aufgaben zu der benannten Wahlpflichtqualifikation zur Auswahl. Eine davon muss er in einer Vorbereitungszeit von 15 Minuten bearbeiten und die Lösung im anschließenden Prüfungsgespräch in höchstens 20 Minuten dem Ausschuss vorstellen. Dabei muss ein im Betrieb vermittelter und im Ausbildungsnachweis dokumentierter Warenbereich berücksichtigt werden.

Die Prüfungsleistungen werden mit folgendem Punkteschlüssel der IHK bewertet:

100–92 Punkte	sehr gut	66–50 Punkte	ausreichend
91–81 Punkte	gut	49–31 Punkte	mangelhaft
80–67 Punkte	befriedigend	30–0 Punkte	ungenügend

In die Punktzahl des Gesamtergebnisses gehen schriftliche Prüfung und fallbezogenes Fachgespräch je zur Hälfte ein.

Mindestleistungen zum Bestehen der Abschlussprüfung

Verkauf und Werbemaßnahmen	kein ungenügend und max. ein mangelhaft	Gesamtergebnis mindestens ausreichend (50 Punkte)
Warenwirtschaft und Kalkulation		
Wirtschafts- und Sozialkunde		
Fachgespräch	mindestens ausreichend	

Sind zwei schriftliche Prüfungen mangelhaft, kann der Prüfling in dem Fach seiner Wahl eine mündliche Zusatzprüfung ablegen, um in dem Fach eine ausreichende Note zu erlangen und damit die Prüfung zu bestehen. Dabei wird die schriftliche Vornote des zu prüfenden Faches doppelt gewichtet.

Kauffrau und Kaufmann im Einzelhandel

Die Berufsausbildung zur Kauffrau / zum Kaufmann im Einzelhandel dauert drei Jahre. In diesem Ausbildungsberuf wird eine **gestreckte Abschlussprüfung,** aber keine Zwischenprüfung durchgeführt. Die Abschlussprüfung wird aufgeteilt: **Teil 1** ist identisch mit der Abschlussprüfung der Verkäuferinnen / Verkäufer am Ende des zweiten Ausbildungsjahres. Zum **Teil 2** am Ende der Ausbildung zählt die 120-minütige schriftliche Prüfung im Bereich „Geschäftsprozesse im Einzelhandel" sowie das max. 20-minütige **Fachgespräch**. Hier erhält der Auszubildende zwei Fälle aus einer der festgelegten Wahlqualifikationen. In der 15-minütigen Vorbereitungszeit löst er davon einen Fall unter Berücksichtigung von wirtschaftlichen, ökologischen und rechtlichen Zusammenhängen.

Wahlqualifikationen der Einzelhandelskaufleute:
- Beratung von Kunden in komplexen Situationen
- Beschaffung von Waren
- Warenbestandssteuerung
- kaufmännische Steuerung und Kontrolle
- Marketingmaßnahmen
- Onlinehandel
- Mitarbeiterführung und -entwicklung
- Vorbereitung unternehmerischer Selbstständigkeit

Anteile der Prüfungsbereiche an der Gesamtnote

Teil 1	Prüfungsbereich	Anteil in %
	Verkauf und Werbemaßnahmen	15
	Warenwirtschaft und Kalkulation	10
	Wirtschafts- und Sozialkunde	10
Teil 2	Geschäftsprozesse im Einzelhandel	25
	Fachgespräch in der Wahlqualifikation	40

Die Prüfung ist bestanden, wenn
- im Gesamtergebnis von Teil 1 und Teil 2 mindestens eine ausreichende Leistung (50 Punkte) erzielt wird,
- der Prüfungsbereich „Geschäftsprozesse im Einzelhandel" sowie
- das Fachgespräch mindestens ausreichende Leistungen erbracht haben.

Im Prüfungsbereich „Geschäftsprozesse im Einzelhandel" ist eine mündliche Ergänzungsprüfung auf Wunsch des Prüflings möglich, wenn der Bereich schlechter als ausreichend bewertet worden ist und durch die Ergänzungsprüfung die Gesamtprüfung bestanden werden kann. Die schriftliche Prüfungsleistung hat für die Berechnung der Note das doppelte Gewicht.

Das **Ausbildungsverhältnis endet** mit dem Bestehen der Prüfung, in der Regel ist das der Termin der mündlichen Abschlussprüfung, unabhängig davon, wann der Ausbildungsvertrag endet. Tritt der Auszubildende nach erfolgreichem Abschluss der Prüfung am nächsten Tag seine Arbeit an, entsteht automatisch ein unbefristetes Arbeitsverhältnis, wenn keinerlei Vereinbarungen zwischen dem Ausbildenden und dem Auszubildenden hinsichtlich einer Weiterbeschäftigung getroffen wurden.

1.3 Ausbildungsvertrag

Rechtliche Grundlage für die Berufsausbildung ist das **Berufsbildungsgesetz (BBiG)**. Es schreibt für jede Berufsausbildung den **Abschluss eines Ausbildungsvertrages** vor.

§ 10 BBiG

Wer andere Personen zur Berufsausbildung einstellt (Ausbildende), hat mit den Auszubildenden einen Berufsausbildungsvertrag zu schließen.

Ausbildender ist also derjenige, der den Auszubildenden einstellt. Der Ausbildende muss die Ausbildung aber nicht unbedingt selbst durchführen, sondern kann einen **Ausbilder** damit beauftragen.

Willenserklärung
Eine geschäftsfähige Person äußert eindeutig ihren Willen, ein Rechtsgeschäft abzuschließen

Geschäftsfähigkeit
→ LF 3, Kap. 7.2

Der Ausbildungsvertrag kommt – wie jeder andere Vertrag auch – durch zwei übereinstimmende **Willenserklärungen** zu Stande. Ist der Auszubildende noch nicht volljährig und damit noch nicht voll geschäftsfähig, bedarf der Vertrag der Zustimmung des gesetzlichen Vertreters (in der Regel der Eltern).

Spätestens vor Beginn der Ausbildung ist der Vertrag **schriftlich** niederzulegen. Die elektronische Form (z. B. per E-Mail) ist nicht zulässig. Die Vertragsniederschrift ist vom Ausbildenden, vom Auszubildenden und ggf. vom gesetzlichen Vertreter zu unterschreiben, dann erhält jede Vertragspartei eine Ausfertigung des unterzeichneten Vertrages. Da der Vertragsabschluss allein noch nichts über die Inhalte aussagt, schreibt das BBiG Mindestangaben vor, die der Ausbildungsvertrag enthalten muss.

Inhalte des Ausbildungsvertrages nach § 11 BBiG

Mindestanforderung	Erläuterung
1. Art, sachliche und zeitliche Gliederung sowie Ziel der Berufsausbildung, insbesondere die Berufstätigkeit, für die ausgebildet werden soll	
2. Beginn und Dauer der Berufsausbildung	Das Ausbildungsverhältnis soll nicht mehr als drei Jahre und nicht weniger als zwei Jahre dauern. Die Ausbildung endet mit Bestehen der Abschlussprüfung, unabhängig von der im Vertrag festgelegten Ausbildungsdauer.
3. Ausbildungsmaßnahmen außerhalb der Ausbildungsstätte	z.B. Seminare, andere Betriebsstätten oder Zweigstellen
4. Dauer der regelmäßigen täglichen Ausbildungszeit	richtet sich nach gesetzlichen und tariflichen Bestimmungen
5. Dauer der Probezeit	Die Probezeit muss mindestens einen und darf höchstens vier Monate betragen. Während der Probezeit kann das Ausbildungsverhältnis von beiden Vertragsparteien ohne Einhalten der Kündigungsfrist und ohne Angabe von Gründen gekündigt werden.
6. Zahlung und Höhe der Vergütung	richtet sich nach gesetzlichen und tariflichen Bestimmungen
7. Dauer des Urlaubs	richtet sich nach gesetzlichen und tariflichen Bestimmungen
8. Voraussetzungen, unter denen der Berufsausbildungsvertrag gekündigt werden kann	Nach der Probezeit kann das Ausbildungsverhältnis nur gekündigt werden: • aus einem wichtigen Grund ohne Einhalten der Kündigungsfrist (innerhalb von zwei Wochen, nachdem der wichtige Grund bekannt wurde) oder • vom Auszubildenden mit einer Frist von vier Wochen, wenn der Auszubildende die Berufsausbildung aufgeben oder sich in einem anderen Beruf ausbilden lassen will
9. Ein allgemein gehaltener Hinweis auf die Tarifverträge, Betriebs- oder Dienstvereinbarungen, die auf das Berufsausbildungsverhältnis anzuwenden sind	

Nichtigkeit von Ausbildungsverträgen
→ § 12 BBiG

Der Ausbildungsvertrag wird bei der IHK in ein Verzeichnis eingetragen.

Im Ausbildungsvertrag kann nicht alles frei vereinbart werden. Manche Vereinbarungen sind grundsätzlich **ungültig (nichtig)**, z. B.

- die Verpflichtung des Auszubildenden, für die Berufsausbildung eine Entschädigung zu zahlen,
- Vertragsstrafen oder
- der Ausschluss oder die Beschränkung von Schadenersatzansprüchen.

1.4 Rechte und Pflichten aus dem Ausbildungsvertrag

Durch die Unterzeichung des Ausbildungsvertrages entstehen für den Ausbildenden und den Auszubildenden Rechte und Pflichten, die durch das Berufsbildungsgesetz geregelt sind.

Pflichten des Ausbildenden und des Auszubildenden nach dem BBiG

Der Ausbildende verpflichtet sich,	Der Auszubildende verpflichtet sich,
• dafür zu sorgen, dass den Auszubildenden die berufliche Handlungsfähigkeit vermittelt wird, die zum Erreichen des Ausbildungsziels erforderlich ist,	• sich um den Erwerb der beruflichen Handlungsfähigkeit zu bemühen, die zum Erreichen des Ausbildungszieles erforderlich ist,
• den Auszubildenden kostenlos die Ausbildungsmittel, insbesondere Werkzeuge und Werkstoffe zur Verfügung zu stellen, die zur Berufsausbildung und zum Ablegen von Zwischen- und Abschlussprüfungen erforderlich sind,	• die ihm im Rahmen seiner Berufsausbildung aufgetragenen Aufgaben sorgfältig auszuführen,
• Auszubildende zum Besuch der Berufsschule sowie zum Führen von schriftlichen Ausbildungsnachweisen anzuhalten, soweit solche im Rahmen der Berufsausbildung verlangt werden, und diese durchzusehen,	• den Weisungen zu folgen, die ihm im Rahmen der Berufsausbildung von Ausbildenden, von Ausbildern oder Ausbilderinnen oder von anderen weisungsberechtigten Personen erteilt werden,
• die Auszubildenden für die Teilnahme am Berufsschulunterricht und an Prüfungen freizustellen; das Gleiche gilt, wenn Ausbildungsmaßnahmen außerhalb der Ausbildungsstätte durchzuführen sind,	• an Ausbildungsmaßnahmen teilzunehmen, für die er nach §15 freigestellt wird,
• dafür zu sorgen, dass Auszubildende charakterlich gefördert sowie sittlich und körperlich nicht gefährdet werden,	• Werkzeug, Maschinen und sonstige Einrichtungen pfleglich zu behandeln,
• bei Beendigung des Berufsausbildungsverhältnisses ein schriftliches Zeugnis auszustellen,	• über Betriebs- und Geschäftsgeheimnisse Stillschweigen zu wahren.
• die Auszubildenden im Falle des Nichtbestehens der Abschlussprüfung auf Wunsch bis zum nächstmöglichen Abschlussprüfungstermin zu beschäftigen.	

1.5 Jugendarbeitsschutzgesetz

Nicht alle Auszubildenden sind zu Beginn ihrer Ausbildung bereits volljährig, d. h. 18 Jahre oder älter. Auch für sie hat der Gesetzgeber das Jugendarbeitsschutzgesetz erlassen. Es soll Kinder und Jugendliche vor gesundheitsschädlichen Belastungen bei der Arbeit schützen. Vierzehnjährige gehören nach der Definition des Jugendarbeitsschutzgesetzes zu den Kindern. Ihre Beschäftigung ist mit geringfügigen Ausnahmen (z. B. ein Betriebspraktikum während der Schulzeit) verboten. Das Jugendarbeitsschutzgesetz enthält unter anderem Bestimmungen zu Arbeitszeit, Urlaub und Berufsschulzeiten.

Das Jugendarbeitsschutzgesetz regelt die Arbeitsbedingungen für jugendliche Arbeitnehmer und Auszubildende.

Beispiel

Dirk: Mein Chef hat mich heute gefragt, ob ich diese Woche ausnahmsweise auch am Samstag zur Arbeit kommen kann.
Tim: Samstagsarbeit – ist das für Azubis nicht verboten?
Dirk: Wieso denn? Ich bin doch einverstanden, und meine Eltern haben auch nichts dagegen. Außerdem ist das Betriebsklima sehr gut.

Für Auszubildende über 18 Jahre gelten die Regelungen des gesetzlichen Arbeitsschutzes.
→ LF 1, Kap. 5

Schutzbestimmungen des Jugendarbeitsschutzgesetzes

Arbeitszeit	• täglich höchstens 8 bis 8,5 Stunden, wenn die wöchentliche Arbeitszeit 40 Stunden nicht übersteigt, fünf Tage in der Woche • 30 Minuten Pause bei 4,5 bis 6 Arbeitsstunden, 60 Minuten Pause bei mehr als 6 Arbeitsstunden • erste Pause spätestens nach 4,5 Arbeitsstunden, Mindestdauer einer Pause fünfzehn Minuten • täglich mindestens 12 Stunden Freizeit • keine Beschäftigung zwischen 20 und 6 Uhr
Urlaub	• zu Beginn des Kalenderjahres jünger als 16 Jahre: 30 Werktage • 16 Jahre: 27 Werktage • 17 Jahre: 25 Werktage
Beschäftigungsverbot	• Arbeiten, die die Leistungsfähigkeit überfordern • gefährliche Arbeiten
Berufsschulbesuch	• Berufsschulbesuch wird inklusive Pausen auf die Ausbildungszeit angerechnet und vergütet. • Jugendliche müssen für den Berufsschulbesuch freigestellt werden. • keine Beschäftigung, wenn die Berufsschule vor 9 Uhr beginnt • keine Beschäftigung, wenn der Unterricht länger als 5 Unterrichtsstunden dauert, jedoch nur an einem Berufsschultag in der Woche
Prüfungen	• Freistellung für die Teilnahme an der Zwischen- und Abschlussprüfung • Freistellung am Arbeitstag vor der Abschlussprüfung

1.6 Ausbildungsvergütung

Dem Auszubildenden steht eine angemessene monatliche Ausbildungsvergütung zu, die mit Fortschreiten der Ausbildung – mindestens aber jährlich – ansteigt. Die Vergütung ist spätestens am letzten Arbeitstag des laufenden Monats zu zahlen. Bei Krankheit des Auszubildenden ist sie für den Zeitraum von sechs Wochen weiterzuzahlen.

Tarifverträge
→ LF 1, Kap. 3

Die Höhe der Vergütung richtet sich nach den laufenden Tarifen und wird von den Tarifparteien festgelegt. Für tarifgebundene Ausbildungsunternehmen stellen die tariflich vereinbarten Vergütungen Mindestbeträge dar, d.h., niedrigere Vergütungen sind unzulässig. Besteht keine Tarifbindung, kann die Höhe der tariflichen Vergütung um bis zu 20 % unterschritten werden. Auskunft über die angemessene Höhe Ihrer Ausbildungsvergütung erhalten Sie bei den zuständigen Tarifparteien.

Vermögenswirksame Leistungen
→ LF 1, Kap. 2.2.1

Sozialversicherung
→ LF 1, Kap. 2

Beispiel

Zum Ende des ersten Monats ihrer Ausbildung erhält Petra Theisen von der Personalabteilung der Beska GmbH ihre erste Verdienstabrechnung. Leider kann sie auf den ersten Blick überhaupt nicht erkennen, wie viel Geld sie denn nun auf ihr Girokonto bei der Sparkasse überwiesen bekommt. Die vielen Zahlen auf der Abrechnung erscheinen Petra zunächst sehr unübersichtlich – noch ist ihr nicht ganz klar, warum von ihrer Ausbildungsvergütung so viele Beträge abgezogen werden sollen.

Berliner Superkauf GmbH — Beska

– VERTRAULICH –
Personalnr. 48

Berliner Superkauf GmbH
Tauentzienstraße 60
10789 Berlin

Frau Petra Theisen
Bahnhofstraße 8a
13353 Berlin

Abrechnungsmonat September 20XX
Kostenstelle 0100
Sachbearbeiter/in Herr Arslan

Verdienstabrechnung
Kauffrau im Einzelhandel
1. Ausbildungsjahr

– ledig
– keine Kinder
– 20 Jahre

Text			Betrag €
Steuerklasse 1 / kein Freibetrag Ev.-Lutherisch Eintritt 01.08.20XX Geburtsdatum: 17.05.19XY			
Monatsentgelt			765,00
VL Arbeitgeberanteil	❶		6,65
Gesamtbrutto			771,65
Steuerbrutto, laufende Bezüge	❷❸	771,65	
Krankenversicherungsbrutto	❹	771,65	
Krankenversicherung: AOK (7,75 %)[1]	❹		–59,80
Pflegeversicherung (1,525 %)	❹		–11,77
Rentenversicherungsbrutto	❹	771,65	
Rentenversicherung (9,3 %)	❹		–71,76
Arbeitslosenversicherung (1,25 %)	❹		–9,65
Gesetzliches Netto	❺		618,67
VL Bausparen	❻		–40,00
Empfänger: Debeka Bausparkasse 5718235			
Auszahlungsbetrag auf Konto: 155555 Sparkasse Berlin	❼		578,67

[1] 7,3 % Arbeitnehmeranteil + 0,45 % Zusatzbeitrag

❶ Zur Ausbildungsvergütung werden die vermögenswirksamen Leistungen (VL) hinzugerechnet. Vermögenswirksame Leistungen werden vom Arbeitgeber zusätzlich gezahlt, damit Erwerbstätige ein Vermögen aufbauen können. Zusätzlich fördert der Staat diese Sparleistung. Der Arbeitgeber zahlt maximal 40 Euro VL im Monat. In diesem Beispiel zahlt der Ausbildungsbetrieb eine Teilleistung von 6,65 Euro und Petra Theisen eine Eigenleistung von 33,35 Euro.

❷ Vom Bruttogehalt werden die Steuern und die Sozialversicherungsbeiträge berechnet.

❸ Die Lohn- und Kirchensteuer sowie der Solidaritätszuschlag werden vom Bruttogehalt abgezogen und direkt an das Finanzamt überwiesen. Wenn das Bruttoeinkommen (abzüglich steuerfreier Pauschalbeträge) unter 9.168 Euro im Jahr (Stand: 2019) liegt, müssen keine Steuern abgeführt werden.

❹ Die Beiträge zur Renten- Kranken- und Arbeitslosenversicherung müssen vom Ausbildungsbetrieb und der Auszubildenden je zur Hälfte bezahlt werden. Bei der Krankenversicherung können die Krankenkassen einen Zusatzbeitrag erheben, der zurzeit bei durchschnittlich 0,9 % liegt. Kinderlose Versicherte, die älter als 23 Jahre sind, zahlen bei der Pflegeversicherung außerdem einen Zuschlag von 0,25 %.

❺ Der Nettoverdienst entspricht dem Gesamtbruttogehalt abzüglich der Steuern und der Sozialversicherungsbeiträge.

❻ Die VL werden z. B. auf einen Sparvertrag oder einen Bausparvertrag überwiesen.

❼ Der Auszahlungsbetrag ist der Nettoverdienst minus der VL.

1.7 Fortbildungsmöglichkeiten

Über die Anerkennung von Fortbildungen siehe § 53 BBiG

Ausbildungsordnung → S. 56

Mit der abgeschlossenen Berufsausbildung hat der Auszubildende ein solides Fundament an Fähigkeiten und Fertigkeiten, wie sie in seinem Beruf erwartet werden und wie sie auch in der Ausbildungsordnung festgelegt sind. Damit ist das Lernen jedoch nicht beendet. Da fortwährend neues waren- und fachbezogenes Wissen entsteht und neue Kompetenzen im Beruf gefordert werden, muss sich der Mitarbeiter im Einzelhandel auch nach seiner Ausbildung mit dem Thema „Fort- und Weiterbildung“ beschäftigen.

Dies kann im Rahmen so genannter **Anpassungsfortbildungen** geschehen, in denen die Beschäftigten aktuelle betriebliche Trends und neue Anforderungen kennen und bewältigen lernen. Es gibt aber auch die Möglichkeit der **Aufstiegsfortbildung**, mit der die Beschäftigten eine höhere Qualifikationsebene erreichen können. So können die Abschlüsse Fachberater für verschiedene Warenbereiche, Handelsassistent oder Handelsfachwirt für das mittlere Management eines Einzelhandelsbetriebes oder „Betriebswirt IHK / Handelsbetriebswirt“ für gehobene Führungspositionen erreicht werden.

Der Mitarbeiter hat viele Möglichkeiten, diese Fort- und Weiterbildungen zu organisieren. Er kann

- Fernlehrgänge buchen,
- Kurse der Bundesanstalt für Arbeit buchen,
- Kurse der Industrie- und Handelskammern nutzen oder
- Fachschulen des Einzelhandels besuchen.

Einen wichtigen Überblick über alle Fortbildungsmöglichkeiten gibt die Zentralstelle für Berufsbildung im Einzelhandel e.V. Auch die Agentur für Arbeit und die Industrie- und Handelskammern bieten dazu Informationen.

Wesentlich ist, dass dem Beschäftigten die Bedeutung des **lebenslangen Lernens** bewusst ist. Die genannten Fortbildungsangebote steigern nicht nur die Einsatzmöglichkeiten des Arbeitnehmers bei bestehenden oder neuen Arbeitgebern. Sie sind auch deshalb wertvoll, weil sich über die erweiterten Einsatzbereiche und Entscheidungsbefugnisse langfristig eine größere Arbeitszufriedenheit einstellt.

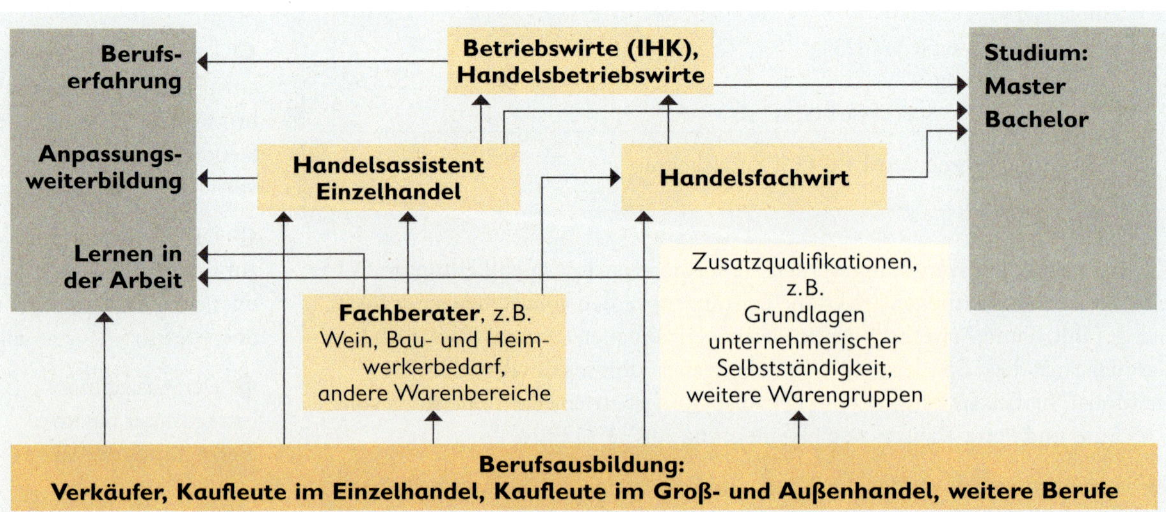

Quelle: Wilfried Malcher, HDE

ALLES KLAR?

1 Was bedeutet der Begriff „duales System" hinsichtlich der Berufsausbildung?

a) Am Ausbildungsort wird der Müll bei der Entsorgung getrennt. Wertstoffe gehören in die gelbe Tonne.
b) Der Ausbildungsberuf ist staatlich anerkannt.
c) Die Abschlussprüfung findet sowohl bei der IHK als auch in der Berufsschule statt.
d) Die Berufsschüler melden sich selbst in der Berufsschule an.
e) Die Auszubildenden haben Anspruch auf ein Jobticket für Fahrten zur Berufsschule und zum Ausbildungsort.

2 Lernfelder beschreiben …

a) ein weites Feld von Wissen und Kompetenzen.
b) Räume in der Berufsschule, in denen man für Klassenarbeiten lernen kann.
c) die Fächer, die die Lehrer an berufsbildenden Schulen unterrichten.
d) die Lerninhalte für die Berufsschule.
e) den Zusammenschluss verschiedener Schulformen zu Schulzentren.

3 Welches Gesetz ist die Grundlage für eine einheitliche und anerkannte Berufsausbildung?

a) Berufsanerkennungs- und -einheitsgesetz (BAEG)
b) Berufseinheits- und -anerkennungsgesetz (BEAG)
c) Berufsbildungseinheitlichkeitsgesetz (BBeG)
d) Berufsbildungsgesetz (BBiG)
e) Berufsbildungsanerkennungsgesetz (BBaG)

4 Der Ausbildungsrahmenplan gliedert die Berufsausbildung …

a) nach den Vorgaben der Ausbilder
b) inhaltlich und sachlich
c) nach den Vorgaben der IHK
d) nach den Vorgaben der Berufsschule
e) sachlich und zeitlich

5 Welche Lernfelder sind für Verkäuferinnen / Verkäufer und Kaufleute im Einzelhandel inhaltlich identisch?

a) Lernfelder 1–8 und 12
b) Lernfelder 1–10 und 16
c) Lernfelder 1–12
d) Lernfelder 1–10
e) Lernfelder 1–5 und 6–9

6 Welcher Ablauf ist für das Fachgespräch (mündliche Prüfung) typisch?

a) Nach einer Vorbereitungszeit von 30 Minuten findet ein 20-minütiges Prüfungsgespräch statt.
b) Nach einer Vorbereitungszeit von 20 Minuten findet ein 15-minütiges Prüfungsgespräch statt.
c) Nach einer Vorbereitungszeit von 15 Minuten findet ein 15-minütiges Prüfungsgespräch statt.
d) Nach einer Vorbereitungszeit von 15 Minuten findet ein maximal 20-minütiges Prüfungsgespräch statt.
e) Nach einer Vorbereitungszeit von 20 Minuten findet ein 20-minütiges Prüfungsgespräch statt.

7 Zum Bestehen der Abschlussprüfung darf der Prüfling …

a) eine Zusatzprüfung ablegen, wenn er in einem Prüfungsteil nicht ausreichende Leistungen hat.
b) eine Zusatzprüfung ablegen, wenn er in drei Prüfungsteilen nicht ausreichende Leistungen hat.
c) eine Zusatzprüfung ablegen, wenn er in einem Prüfungsteil mangelhafte Leistungen hat.
d) eine Zusatzprüfung ablegen, wenn er in zwei Prüfungsteilen nicht ausreichende Leistungen hat.
e) eine Zusatzprüfung ablegen, wenn er in einem Prüfungsteil ungenügende Leistungen hat.

8 Der Ausbildungsvertrag …

a) muss spätestens vor der Abschlussprüfung schriftlich festgehalten werden.
b) muss bei minderjährigen Auszubildenden vom Ausbilder unterschrieben werden.
c) muss spätestens vor Ende der Probezeit schriftlich festgehalten werden.
d) muss spätestens vor Beginn der Ausbildung schriftlich festgehalten werden.
e) wird von der IHK bei der Berufsschule eingereicht.

9 Welche Pflichten hat der Ausbildungsbetrieb während der Ausbildung nach dem BBiG?

a) Jobtickets für die Auszubildenden bereitstellen
b) vermögenswirksame Leistungen gewähren
c) kostenlose Bereitstellung von Ausbildungsmitteln im Ausbildungsbetrieb
d) kostenlose Parkplätze am Ausbildungsbetrieb bereitstellen
e) Übernahme der kompletten Beiträge zur Rentenversicherung

10 Welche Pflichten hat der Auszubildende während der Ausbildung nach dem BBiG?

a) Befolgung von Anweisungen aller Mitarbeiter im Ausbildungsbetrieb
b) Reinigung und Pflege der Ladeneinrichtung
c) sorgfältige Ausführung der ihm aufgetragenen Aufgaben
d) Repräsentation des Ausbildungsbetriebes bei Brauchtumsveranstaltungen
e) Stillschweigen wahren über die Öffnungszeiten und Kontaktdaten des Ausbildungsbetriebes

11 Für wen gilt das Jugendarbeitsschutzgesetz?

a) für alle minderjährigen Arbeitnehmer und volljährigen Auszubildenden
b) für alle minderjährigen Arbeitnehmer und Auszubildenden
c) für alle Auszubildenden
d) für alle minderjährigen Ausbilder
e) für alle Ausbildungsbetriebe mit Umschülern

12 Welche Bestimmungen enthält das Jugendarbeitsschutzgesetz unter anderem?

a) Arbeitszeit, Urlaubszeit und Ausbildungsvergütung
b) Überstundenvergütung und Urlaubsausgleich
c) Berufsschulbesuch und Urlaub
d) Ausbildungsvergütung und Urlaubsgeld
e) Berufsschulauswahl und Berufsschulzeiten

13 Auszubildende haben nach dem Jugendarbeitsschutzgesetz folgende Urlaubsansprüche

a) noch nicht 18-Jährige: 26 Tage
b) noch nicht 17-Jährige: 29 Tage
c) noch nicht 17-Jährige: 27 Tage
d) noch nicht 18-Jährige: 24 Tage
e) noch nicht 16-Jährige: 29 Tage

14 Welche Regelung gilt nach dem Jugendarbeitsschutzgesetz für den Berufsschulbesuch?

a) Minderjährige Auszubildende dürfen nach mehr als 6 Stunden Berufsschulunterricht nicht mehr im Ausbildungsbetrieb beschäftigt werden.
b) Minderjährige Auszubildende dürfen nach mehr als 6 Stunden Berufsschulunterricht nur samstags im Ausbildungsbetrieb beschäftigt werden.
c) Minderjährige Auszubildende dürfen nach mehr als 5 Stunden Berufsschulunterricht nur einmal wöchentlich im Ausbildungsbetrieb beschäftigt werden.
d) Minderjährige Auszubildende dürfen nach mehr als 7 Stunden Berufsschulunterricht ausnahmsweise im Ausbildungsbetrieb beschäftigt werden.
e) Minderjährige Auszubildende dürfen nach weniger als 5 Stunden Berufsschulunterricht nicht mehr samstags im Ausbildungsbetrieb beschäftigt werden.

15 Welche Fortbildungsmöglichkeiten nach der Ausbildung im Einzelhandel sind typisch?

a) Handelsassistent und Handelsfachwirt
b) Handelsvertreter und Abteilungsleiter
c) Filialleiter und Tagesvertretung
d) Betriebsleiter und Handelsbevollmächtigter
e) Betriebsrat und Gewerkschaftsvertreter

2 Soziale Sicherung

Spätestens mit Beginn der Ausbildung gewinnt die soziale Sicherung eine besondere Bedeutung. Wichtigster Bestandteil der sozialen Sicherung ist die **gesetzliche Sozialversicherung**. Darüber hinaus kann aber auch jeder Auszubildende im Rahmen der privaten Vorsorge einen Beitrag zu seiner sozialen Sicherung leisten, die in vielen Fällen sogar staatlich unterstützt wird.

2.1 Gesetzliche Sozialversicherung

Im Rahmen der sozialen Sicherung wird in Deutschland auch von dem Fünf-Säulen-System gesprochen. Die fünf Säulen symbolisieren dabei jeweils eine Sozialversicherung, die den Arbeitnehmer im Bedarfsfall absichert:

- die Krankenversicherung
- die Pflegeversicherung
- die Rentenversicherung
- die Arbeitslosenversicherung
- die gesetzliche Unfallversicherung

Die Sozialversicherungen sind **Pflichtversicherungen**, d. h., dass jeder Auszubildende, Arbeiter und Angestellte automatisch in die Sozialversicherungen einzahlt und versichert ist. Ein Austritt ist nicht möglich.

Die **Sozialversicherungsbeiträge** werden von den Versicherten und ihren Arbeitgebern gemeinsam getragen. Arbeitgeber und Arbeitnehmer tragen die Beiträge in der Regel jeweils zur Hälfte. Zusätzlich zahlen kinderlose Arbeitnehmer ab 23 Jahren für die Pflegeversicherung einen Beitragszuschlag von 0,25 %. Außerdem können die gesetzlichen Krankenversicherungen einen Zusatzbeitrag verlangen, den die Versicherten allein tragen müssen. Die Höhe der Sozialversicherungsbeiträge richtet sich nach dem Einkommen der Beschäftigten und den jeweiligen Beitragssätzen der Sozialversicherungen. Für die Berechnung der Beiträge wird das Arbeitsentgelt nur bis zu den jeweiligen **Beitragsbemessungsgrenzen** herangezogen.

Beitragsbemessungsgrenze
Einkommenshöhe, bis zu der die Beiträge zur Sozialversicherung maximal berechnet werden

Für die Kranken- und Pflegeversicherung gibt es außerdem eine **Versicherungspflichtgrenze**. Wird diese Grenze drei Jahre hintereinander überschritten, so hat der Arbeitnehmer die Möglichkeit, freiwilliges Mitglied der gesetzlichen Krankenkasse zu bleiben oder Mitglied in einer **privaten Kranken- bzw. Pflegeversicherung** zu werden. Für die Renten- und Arbeitslosenversicherung besteht eine solche Möglichkeit nicht.

Versicherungspflichtgrenze 2017: 4.800 Euro pro Monat

Die Beiträge zur **Unfallversicherung** zahlt der Arbeitgeber alleine. Sie richten sich nach der Bruttolohnsumme des gesamten Betriebes und der jeweiligen Gefahrenklasse der dort verrichteten Tätigkeiten.

Beispiel

Ein Dachdeckerbetrieb wird in der Regel einen höheren Beitrag zur Unfallversicherung zahlen als ein gleich großer Einzelhandelsbetrieb. Die Gefahr von Unfällen ist in einem Dachdeckerbetrieb wesentlich größer.

Die fünf Säulen der Sozialversicherung Stand: Januar 2017

	Krankenversicherung	Rentenversicherung	Arbeitslosenversicherung	Pflegeversicherung	Unfallversicherung
Träger	Orts-, Ersatz-, Betriebs-, Innungs-, Seekrankenkassen, Bundesknappschaft	Deutsche Rentenversicherung	Bundesagentur für Arbeit bzw. örtliche Agenturen für Arbeit	Pflegekassen, bei den Krankenkassen angesiedelt	Berufsgenossenschaften
Beiträge	derzeit 14,6 % des Bruttolohnes + Zusatzbeitrag der Versicherten	derzeit 18,7 % des Bruttolohnes	derzeit 3,0 % des Bruttolohnes	derzeit 2,55 % des Bruttolohnes + 0,25 % Zuschlag für Kinderlose ab 23 Jahre	nach Unternehmensgröße und Gefahrenklasse
Versicherte	Arbeitnehmer bis zur Bemessungsgrenze; Kinder und Ehepartner sind mitversichert, Studenten, Praktikanten, freiwillig Versicherte	Arbeitnehmer, Landwirte, Auszubildende, Studenten, Bezieher von Lohnersatzleistungen	Arbeitnehmer	wie bei Krankenversicherung	Arbeitnehmer, Schüler, Studenten, Kinder im Kindergarten
Leistungen	Heilmittel, Krankenpflege, Vorsorge- und Rehabilitationsmaßnahmen, Mutterschaftsgeld*, Familienhilfe*	Rente, Altersruhegeld, Rehabilitationsleistungen	Arbeitslosengeld I, Arbeitsförderung, Wintergeld, Winterausfallgeld, Kurzarbeitergeld	je nach Pflegebedürftigkeit Einteilung in fünf Pflegegrade; Leistungen zur häuslichen und zur stationären Pflege	Unfallverhütung, Heilbehandlung, Berufshilfe, Verletztengeld, Verletztenrente, Hinterbliebenenrente

* Diese Leistungen werden von der Krankenversicherung ausbezahlt, aber aus Steuermitteln finanziert.

2.2 Private Vorsorge

Neben der gesetzlichen Absicherung durch die Sozialversicherung kann jeder Einzelne auch privat vorsorgen. Die private Vorsorge wird auf Grund des sinkenden Rentenniveaus immer wichtiger, sodass der Staat die Vermögensbildung und die Altersvorsorge besonderes fördert.

2.2.1 Staatliche Förderung der Vermögensbildung

Aus gesellschaftspolitischen Gründen hält der Staat es für unterstützenswert, dass sich Arbeitnehmer ein eigenes Vermögen aufbauen. Deshalb hat der Staat Gesetze geschaffen, mit denen die Arbeitnehmer zum Sparen angeregt werden sollen. Ein solches Gesetz ist das **5. Vermögensbildungsgesetz (VermBG)**, das alle Arbeitnehmer begünstigt, die abhängig beschäftigt sind. Vermögensbildung nach diesem Gesetz wird unter bestimmten Voraussetzungen sowohl vom Staat als auch vom Arbeitgeber gefördert.

Der Arbeitgeber fördert den Arbeitnehmer, indem er zusätzlich zum Gehalt **Vermögenswirksame Leistungen (VL)** zahlt und für ihn langfristig anlegt. Der Anspruch des Arbeitnehmers auf Vermögenswirksame Leistungen wird in Tarifverträgen, Betriebsvereinbarungen oder dem Arbeitsvertrag geregelt.

Damit ein Arbeitnehmer die VL erhält, muss er zunächst mit einem Anlageinstitut (z. B. Kreditinstitut oder Bausparkasse) einen Vermögenswirksamen Sparvertrag abschließen. Eine Durchschrift des Sparvertrages reicht er dann in der Personalabteilung ein, damit diese den entsprechenden Betrag an das Anlageinstitut überweisen kann.

Investmentsparverträge
Die Anlage der VL erfolgt in Aktienfonds.

Über die verschiedenen Anlageformen können Sie sich in ihrem Kreditinstitut beraten lassen.

Staatlich gefördert wird die Anlage der VL in **Bausparverträgen** und in **Investmentsparverträgen**. Die staatliche Förderung wird **Arbeitnehmersparzulage** genannt. Diese muss jährlich vom Arbeitnehmer mit der Einkommensteuererklärung beantragt werden. Das Anlageinstitut sendet dem Sparer automatisch eine Bescheinigung zu, die der Einkommensteuererklärung beigelegt wird. Die Arbeitnehmersparzulage wird nach Ablauf einer siebenjährigen Sperrfrist gezahlt. Der Sparer zahlt sechs Jahre in die gewählte Anlageform ein, im siebten Jahr ruht der Sparvertrag. Nach Ablauf der Sperrfrist kann sich der Sparer den gesamten Sparbetrag und die Arbeitnehmersparzulage auszahlen lassen. Die betrieblich gezahlte VL ist häufig geringer als die maximale staatlich geförderte Sparleistung. Deshalb kann es sinnvoll sein, wenn der Arbeitnehmer die betriebliche VL aus seinem Gehalt aufstockt. So kann er die maximale Arbeitnehmersparleistung erhalten. Erhält ein Arbeitnehmer keine Arbeitnehmersparzulage, weil er die Voraussetzungen nicht erfüllt, so kann er die VL auch in Banksparplänen oder in Form einer Kapitallebensversicherung anlegen.

Die Anlageformen Bausparvertrag und Investmentsparverträge sind kombinierbar, d.h., beide Formen können gleichzeitig angespart und gefördert werden. Die maximale Sparzulage beträgt dann 122,30 Euro.

Voraussetzungen zur staatlichen Förderung

Anlageform	Arbeitnehmer-sparzulage	Maximal geförderte Sparleistung	Wer erhält die Arbeitnehmersparzulage (Einkommensgrenze)?
Bausparvertrag	9 %	470 Euro im Jahr	• Ledige: 17.900 Euro pro Jahr • Verheiratete: 35.800 Euro pro Jahr
Investment-sparverträge	20 %	400 Euro im Jahr	• Ledige: 20.000 Euro pro Jahr • Verheiratete: 40.000 Euro pro Jahr

Beispiel

Die Beska GmbH zahlt ihrer Auszubildenden Petra Theisen monatlich VL in Höhe von 6,65 Euro. Um die maximale staatliche Sparzulage zu erhalten, zahlt sie monatlich 33,35 Euro aus eigener Tasche in einen Bausparvertrag ein.

Sparleistung: 6,65 € + 33,35 € = 40,00 € im Monat;

im Jahr (40,00 · 12) sind das	480,00 €
Sparzulage: 9 % von 470,00 €	42,30 €
jährliche Sparleistung	**522,30 €**

2.2.2 Staatlich geförderte Altersvorsorge

Die Arbeitnehmer zahlen Beiträge in die gesetzliche Rentenversicherung, die sofort für die laufenden Renten ausgegeben werden (**Umlageverfahren**). Dieses System funktioniert langfristig nicht mehr, denn immer mehr Rentner stehen immer weniger Arbeitnehmern gegenüber. Die Höhe der Renten wird sinken. Die Differenz zwischen dem finanziellen Bedarf im Ruhestand und der tatsächlich gezahlten Nettorente wird als **Versorgungslücke** im Alter bezeichnet. Die Verbraucherzentrale Stiftung Finanztest schlägt vor, dass im Alter ca. 80 % des letzten Nettogehalts zur Verfügung stehen sollen. Eine betriebliche oder/und private Altersvorsorge wird immer wichtiger.

Umlageverfahren
Die eingezahlten Beiträge werden sofort wieder an die Leistungsberechtigten ausgezahlt.

Drei Säulen der Altersvorsorge:

Beim „Riestern“ ist das angesparte Kapital gegenüber Hartz IV sicher: Es muss, um Arbeitslosengeld II zu erhalten, nicht erst aufgebraucht werden.

Ein Beispiel für die private Altersversorgung ist die **Riester-Rente**, die es bestimmten Personen ermöglicht, vorzusorgen und dafür eine staatliche Förderung zu erhalten. Wer privat mit einer Riester-Rente vorsorgt, wird durch den Staat mit Geldzulagen und Steuerfreiheit der Beiträge gefördert. Am Ende der Sparphase – also zu Beginn der Rente – sind mindestens die eingezahlten Beiträge einschließlich der staatlichen Zulage garantiert. Die Förderung ist für alle Riester-Produkte gleich. Für kinderreiche Familien lohnt sich die Riester-Rente auf Grund der Kinderzulage besonders. Die Beiträge sind Aufwendungen, die vom zu versteuernden Einkommen abgesetzt werden können (max. 2.100 Euro).

Um die höchstmögliche Grundzulage (154 Euro) zu bekommen, müssen 4 % des rentenversicherungspflichtigen Bruttoeinkommens im Jahr gespart werden. Wer im Vorjahr kein oder nur ein sehr geringes Einkommen hatte, muss mindestens 60 Euro als Eigenbetrag zahlen, um die volle gesetzliche Zulage zu erhalten. Für jedes Kind erhält der Riester-Sparer 185 Euro pro Jahr dazu. Für alle ab dem 1. Januar 2008 geborenen Kinder beträgt die Zulage sogar 300 Euro pro Jahr.

Beispiel

Ein kinderloser Arbeitnehmer, der monatlich 2.000,00 Euro verdient (Jahreseinkommen 24.000,00 Euro), muss, um die maximale staatliche Grundzulage in Höhe von 154,00 Euro zu erhalten, 4 % seines Bruttoeinkommens pro Jahr in die Riester-Rente einzahlen. D.h., er zahlt selbst nur 806,00 Euro in die Riester-Rente ein.

	4% von 24.000,00 €	960,00 €
–	Grundzulage	–154,00 €
=	Arbeitnehmersparleistung =	806,00 € pro Jahr (= 67,17 € pro Monat)

Gefördert werden nur die Altersvorsorgeverträge, die von der Zertifizierungsstelle der Bundesanstalt für Finanzdienstleistungsaufsicht (BaFin) zertifiziert wurden. Das können z. B. sein: Rentenversicherungen, Fondssparpläne, Banksparpläne oder sogar Bausparverträge.

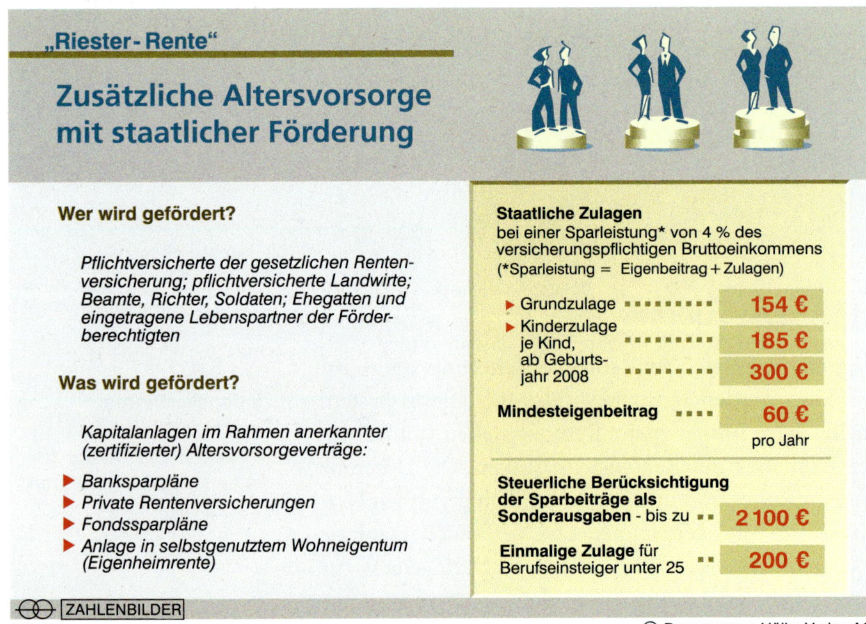

Seit 2002 muss jeder Arbeitgeber seinen Arbeitnehmern die Möglichkeit anbieten, in eine **betriebliche Altersversorgung** einzuzahlen. Jeder Arbeitnehmer hat einen Anspruch auf eine förderfähige Entgeltumwandlung in Höhe von 4 % der Beitragsbemessungsgrenze.

Der Arbeitgeber kann die betriebliche Altersversorgung zum Beispiel über eine Direktversicherung, eine Pensionskasse, einen Pensionsfond oder eine Unterstützungskasse organisieren.

ALLES KLAR?

1 Aus welchen fünf „Säulen" besteht die Sozialversicherung?

a) Krankenversicherung, Pflegeversicherung, Rentenversicherung, Arbeitslosenversicherung und Haftpflichtversicherung
b) Krankenversicherung, Pflegeversicherung, Rentenversicherung, Arbeitslosenversicherung und private Unfallversicherung
c) Krankenversicherung (privat), Pflegeversicherung, Rentenversicherung, Arbeitslosenversicherung und Unfallversicherung
d) Krankenversicherung, Pflegeversicherung, Rentenversicherung, Arbeitslosenversicherung und Unfallversicherung
e) Krankenversicherung, Pflegeversicherung, betriebliche Rentenversicherung, Arbeitslosenversicherung und Unfallversicherung

2 Wie funktioniert die Beitragsbemessungsgrenze im Wesentlichen?

a) Nach Erreichen der Beitragsbemessungsgrenze werden keine Sozialversicherungsbeiträge mehr fällig.
b) Bei Erreichen der Beitragsbemessungsgrenze ist die Sozialversicherung freiwillig.
c) Die Versicherungsbeiträge sinken bis zum Erreichen der Beitragsbemessungsgrenze und bleiben dann bei steigendem Einkommen gleich.
d) Bei Erreichen der Beitragsbemessungsgrenze steigt der Beitrag zur Unfallversicherung proportional.
e) Die Versicherungsbeiträge steigen bis zum Erreichen der Beitragsbemessungsgrenze und bleiben danach bei steigendem Einkommen gleich.

3 Welche Anlageformen sind für Vermögenswirksame Leistungen typisch?

a) Sparbuch oder festverzinsliche Wertpapiere
b) Bausparvertrag oder Investmentsparvertrag
c) Bausparvertrag und Sparbuch
d) Sparbuch und Investmentsparvertrag
e) Investmentsparvertrag und festverzinsliche Wertpapiere

4 Wer fördert durch einen Zuschuss die Vermögenswirksamen Leistungen?

a) Die IHK mit Auszubildendensparzulage und die Berufsschule mit Leistungszulagen.
b) Die IHK mit Leistungszulagen und der Staat mit Auszubildendensparzulage.
c) Der Ausbildende je nach Tarifvertrag, Betriebsvereinbarung und Arbeitsvertrag und der Staat mit Arbeitnehmersparzulage.
d) Der Ausbildende je nach Tarifvertrag, Betriebsvereinbarung und Arbeitsvertrag und die IHK mit Leistungszulagen.
e) Die Berufsschule mit Leistungszulagen und der Staat je nach Tarifvertrag, Betriebsvereinbarung und Arbeitsvertrag.

5 Worum handelt es sich bei der „Riester-Rente"?

a) Es handelt sich um eine Rente für Selbstständige.
b) Es handelt sich um eine zusätzliche Altersvorsorge ohne staatliche Förderung.
c) Es handelt sich um eine zusätzliche Altersvorsorge für Rentner.
d) Es handelt sich um eine zusätzliche Altersvorsorge mit staatlicher Förderung.
e) Es handelt sich um eine staatliche Altersvorsorge.

6 Das Umlageverfahren der Rentenversicherung funktioniert in Zukunft schlechter, weil …

a) immer mehr Arbeitnehmer privat vorsorgen.
b) immer weniger Rentner in die Rentenversicherung einzahlen.
c) immer mehr Arbeitnehmer immer mehr Rentnern gegenüberstehen.
d) immer weniger Arbeitnehmer immer weniger Rentnern gegenüberstehen.
e) immer weniger Arbeitnehmer immer mehr Rentnern gegenüberstehen.

3 Tarifvertragliche Regelungen

Ausbildungsvergütung
→ LF 1, Kap. 1.6

Tarifparteien
im Einzelhandel sind der Handelsverband Deutschland e.V. (HDE) und die Gewerkschaft ver.di.

Tarif
einheitliche Bedingungen für bestimmte Leistungen

Autonomie
Selbstbestimmung

Grundlage für die Entlohnung, den Urlaubsanspruch, die Arbeitszeiten und die Arbeitsbedingungen des Auszubildenden im Einzelhandel bildet der Tarifvertrag. Er wird zwischen den Gewerkschaften und Arbeitgeberverbänden, den so genannten **Tarifparteien**, ausgehandelt. Dabei handelt es sich um einen einzelnen Arbeitgeber oder einen Arbeitgeberverband auf der einen Seite und um eine Gewerkschaft als Interessenvertretung der Arbeitnehmer auf der anderen Seite. Gegenstand eines solchen Tarifvertrages ist die Regelung arbeitsrechtlicher Fragen. In der Regel gilt ein Tarifvertrag für einen ganzen Wirtschaftszweig.

Den Tarifpartnern ist es also gestattet, die **Tarife** für Arbeitsleistungen durch vertragliche Verhandlungen eigenverantwortlich und ohne Einflussnahme des Gesetzgebers zu bestimmen. Deshalb spricht man auch von der Tarif**autonomie**. Man unterscheidet zwei Arten von Tarifverträgen.

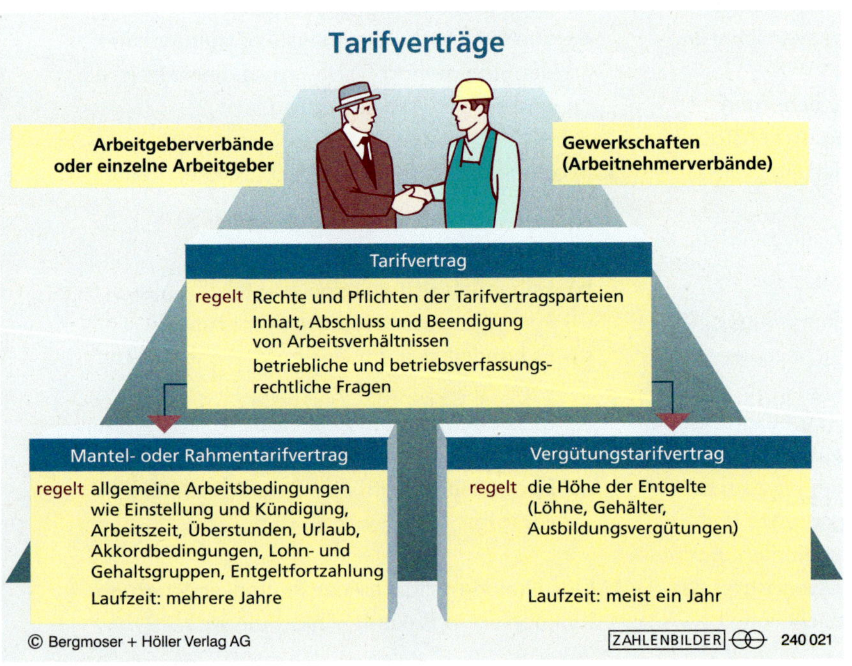

Der **Manteltarifvertrag** regelt allgemeine Arbeitsbedingungen wie Arbeitszeit und Urlaub. Er gilt in der Regel über mehrere Jahre. Der **Lohn- und Gehaltstarifvertrag** enthält Vereinbarungen über Löhne und Gehälter und gilt meist ein bis zwei Jahre.

Ein Tarifvertrag gilt nur innerhalb eines bestimmten geografischen Gebiets. Nach dem Geltungsbereich unterscheidet man Landes-, Bezirks-, Orts- und Werkstarife. Der Tarifvertrag kann für das ganze Bundesgebiet gelten oder für ein oder mehrere Bundesländer, Landesbezirke oder einzelne Unternehmen.

Die Regelungen des Tarifvertrages gelten unmittelbar und zwingend für die Arbeitsverhältnisse von Mitgliedern der Tarifvertragspartner. Hierbei spricht man von **Tarifgebundenen**. Somit findet der Tarifvertrag auf ein Arbeitsverhältnis auch dann Anwendung, wenn im einzelnen Arbeitsvertrag nicht ausdrücklich auf den Tarifvertrag Bezug genommen wird.

Wirkung entfaltet ein Tarifvertrag aber nicht nur zwischen den Tarifpartnern. Durch eine so genannte **Allgemeinverbindlichkeitserklärung** des Bundesministeriums für Wirtschaft kann ein Tarifvertrag auch über die Vertragsbeteiligten hinaus erstreckt werden. Sie sichert den nicht gewerkschaftlich organisierten Arbeitnehmern die rechtliche Gleichstellung mit den Gewerkschaftsmitgliedern zu. In vielen Unternehmen werden die nicht tarifgebundenen Mitarbeiter den tarifgebundenen auch über eine Betriebsvereinbarung oder eine individuelle Klausel im Arbeitsvertrag gleichgestellt.

Die Bestimmungen der Tarifverträge sind Mindestbedingungen. Abmachungen in Ausbildungsverträgen und Einzelarbeitsverträgen zwischen Arbeitgeber und Auszubildendem bzw. Arbeitnehmer dürfen die Vorgaben des Tarifvertrags nicht unterschreiten, sie dürfen den Arbeitnehmer aber besserstellen, als es die Tarifbestimmungen regeln (**Günstigkeitsprinzip**).

Günstigkeitsprinzip
Grundsätzlich gelten für den Arbeitnehmer die Verträge bzw. Vereinbarungen, die für ihn die günstigsten Bedingungen enthalten.

Ein Tarifvertrag dient auch der Begründung einer so genannten **Friedenspflicht** zwischen Arbeitnehmern und Arbeitgebern. Während der Laufzeit eines Tarifvertrags darf es keine Arbeitskämpfe wegen Angelegenheiten geben, die in dem betreffenden Tarifvertrag geregelt wurden.

Läuft ein Tarifvertrag aus, formulieren die entsprechenden Ausschüsse der Tarifpartner ihre Forderungen und Absichten für den Abschluss eines neuen Tarifvertrags. Es beginnen die **Tarifverhandlungen**. Bereits während der laufenden Verhandlungen kann es zu **Warnstreiks** kommen, mit denen die Gewerkschaften ihren Forderungen Nachdruck verleihen wollen.

Kommt es bei den Verhandlungen zu keiner Einigung, wird ein **Schlichtungsverfahren** eingeleitet. Die Schlichtungskommission besteht in der Regel aus der jeweils gleichen Anzahl von Arbeitgeber- und Arbeitnehmervertretern plus einer neutralen Person, auf die sich beide Seiten einigen müssen.

Im Schlichtungsverfahren versuchen die Tarifparteien, einen Kompromiss zu erzielen. Gelingt dies nicht, wird in einer Urabstimmung über Arbeitskampfmaßnahmen entschieden. Stimmen mindestens 75 % der gewerkschaftlich organisierten Arbeitnehmer dafür, wird von der Gewerkschaft ein Streik ausgerufen. Der Streik ist ein rechtlich anerkanntes Mittel der Gewerkschaften, ihren Forderungen Nachdruck zu verleihen (Arbeitskampf).

Verhältnismäßigkeit
Streik und Aussperrungen betreffen nicht nur die unmittelbar Beteiligten. Deshalb unterliegen sie dem obersten Gebot der Verhältnismäßigkeit. Es sind wirtschaftliche Gegebenheiten zu berücksichtigen und das Gemeinwohl darf nicht offensichtlich verletzt werden.

Das selten angewandte Kampf- und Beugemittel der Arbeitgeber ist die **Aussperrung**. Sie liegt vor, wenn ein Arbeitgeber planmäßig Arbeitnehmergruppen nicht arbeiten lässt und die Lohnzahlung verweigert. Regelmäßig wird die Aussperrung von den Arbeitgebern nur als Verteidigungsmittel eingesetzt. Sie darf nicht gegen den Grundsatz der **Verhältnismäßigkeit** verstoßen und nicht gezielt nur gegen Gewerkschaftsmitglieder gerichtet sein.

Der Arbeitgeber will sich bei einer Aussperrung nicht von den betroffenen Arbeitnehmern trennen. Im Unterschied zu einer Kündigung wird das Arbeitsverhältnis nur unterbrochen. Daher fallen Aussperrungen als Maßnahmen des Arbeitskampfes nicht unter das Kündigungsschutzgesetz. Für ausgesperrte Arbeitnehmer sichert eine so genannte Wiedereinstellungsklausel im neuen Tarifvertrag die Fortsetzung des Arbeitsverhältnisses.

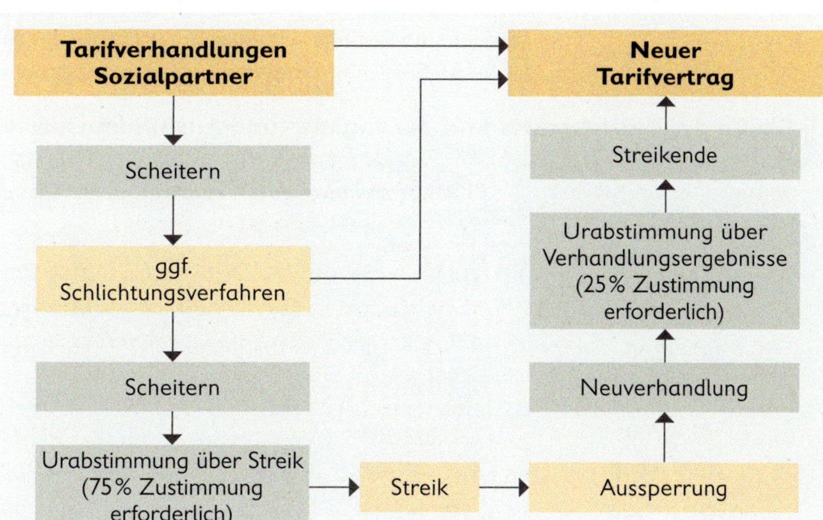

4 Betriebliche Mitbestimmung

Lernsituation 4

Das **Betriebsverfassungsgesetz** (BetrVG) regelt die Interessenvertretung der Arbeitnehmer in den Unternehmen der privaten Wirtschaft. Es ermöglicht die Bildung von **Betriebsräten**, die als gewählte Vertretungsorgane der Beschäftigten über abgestufte Mitbestimmungs- und Mitwirkungsrechte verfügen. Das Betriebsverfassungsgesetz stellt damit eine wichtige gesetzliche Regelung für die Auszubildenden und Arbeitnehmer im Einzelhandel dar.

In einem Unternehmen kann immer dann ein Betriebsrat gewählt werden, wenn ständig mindestens fünf wahlberechtigte Arbeitnehmer beschäftigt sind, von denen drei wählbar sein müssen. Alle Arbeitnehmer und Auszubildenden, die mindestens 18 Jahre alt sind, dürfen den Betriebsrat wählen (**aktives Wahlrecht**). Wählbar sind alle Mitarbeiter, die mindestens sechs Monate dem Betrieb angehören (**passives Wahlrecht**). Der Betriebsrat wird regelmäßig zwischen dem 1. März und dem 31. Mai eines Jahres gewählt. Seine Amtszeit beträgt vier Jahre. Die Zahl seiner Mitglieder richtet sich dabei nach der Anzahl der Mitarbeiter im Unternehmen.

Der Betriebsrat veranstaltet regelmäßig **Betriebsversammlungen** für die Mitarbeiter. Dort werden Angelegenheiten behandelt, die das Unternehmen oder seine Arbeitnehmer unmittelbar betreffen. Die Betriebsversammlung selbst besitzt keine eigene Entscheidungskompetenz. Allerdings kann der Betriebsrat auf Grundlage eines Beschlusses der Betriebsversammlung mit dem Arbeitgeber eine **Betriebsvereinbarung** abschließen. In einer Betriebsvereinbarung werden spezielle Bedingungen für die Arbeitsverhältnisse im Unternehmen festgelegt, z. B. Regelungen zu Überstunden und flexibler Arbeitszeit, Zuschüsse des Arbeitgebers zu Kantinenessen und Jobticket. Sie gelten zwingend für jeden Arbeitnehmer.

Größe des Betriebsrates und der Jugend- und Ausbildungsvertretung

Anzahl der wahlberechtigten Mitarbeiter im Betrieb	Anzahl der Betriebsratsmitglieder	Anzahl der wahlberechtigten Jugendlichen/Auszubildenden	Anzahl der Mitglieder der JAV
5 – 20	1	5 – 20	1
21 – 50	3	21 – 50	3
51 – 100	5	51 – 150	5
101 – 200	7	151 – 300	7
201 – 400	9	301 – 500	9
401 – 700	11	501 – 700	11
701 – 1.000	13	701 – 1.000	13
1.001 – 1.500	15	mehr als 1.000	15

Die **Rechte des Betriebsrates** reichen von der Informationspflicht des Arbeitgebers in wirtschaftlichen Angelegenheiten bis zu Mitbestimmungsrechten in sozialen Angelegenheiten.

Rechte des Betriebsrates

Mitbestimmungsrecht in sozialen Angelegenheiten	Mitwirkungsrecht in personellen Angelegenheiten	Unterrichtungsrecht in wirtschaftlichen Angelegenheiten
Der Betriebsrat hat, soweit eine gesetzliche oder tarifliche Regelung nicht besteht, u.a. in folgenden Fällen mitzubestimmen: 1. Betriebsordnung und Arbeitnehmerverhalten 2. Beginn, Ende und Verteilung der täglichen Arbeitszeit, Pausen 3. Urlaubsplan 4. Einführung von technischen Einrichtungen zur Überprüfung von Verhalten und Leistung der Arbeitnehmer 5. Unfallverhütung 6. Sozialeinrichtungen im Betrieb 7. betriebliche Entlohnungsgrundsätze 8. Akkord- und Prämiensätze 9. betriebliches Vorschlagswesen	Der Betriebsrat ist bei der Durchführung einer Maßnahme zu beteiligen durch: 1. Informationsrechte: Einstellung, Ein- und Umgruppierung, Versetzung (z.B. Einsicht in Personalakten) 2. Vorschlagsrechte: Durchführung betrieblicher Bildungsmaßnahmen 3. Aktionsrechte: Widerspruch oder Zustimmung bei Kündigungen	Der Arbeitgeber muss den Betriebsrat bzw. Wirtschaftsausschuss unterrichten, sich mit ihm beraten (Beratungsrecht) über: 1. wirtschaftliche und finanzielle Lage 2. Produktions- und Absatzlage 3. Investitionen und Rationalisierungen 4. Arbeitsmethoden 5. Stilllegen, Verlegen und Zusammenschließen von Betrieben 6. Änderungen der Betriebsorganisation 7. Gestaltung des Arbeitsplatzes

Quelle: in Anlehnung an:
Workshop Zukunft, Hans-Böckler-Stiftung, Themenheft 10, Mitbestimmen, Mitgestalten, Mitverantworten, S. 8

Jugend- und Auszubildendenvertretungen (JAV) werden in Unternehmen mit mindestens fünf jugendlichen Arbeitnehmern oder Auszubildenden gewählt. Die Amtszeit beträgt im Gegensatz zum Betriebsrat nur zwei Jahre, denn Auszubildende verlassen den Betrieb u. U. nach der Ausbildung. Die Mitgliederzahl der Jugend- und Auszubildendenvertreter richtet sich dabei nach der Zahl der Jugendlichen und Auszubildenden im Unternehmen. Je größer diese Personengruppe im Betrieb, desto größer ist auch die Anzahl ihrer Vertreter. Das Verhältnis der Wahlberechtigten zu wählbaren Vertretern entspricht nicht dem des Betriebsrates (vgl. Tabelle auf der vorherigen Seite).

Die Jugend- und Auszubildendenvertretungen sind Teil des Betriebsrates. Wählbar sind alle Arbeitnehmer des Betriebes, die das 25. Lebensjahr noch nicht vollendet haben. Wählen dürfen alle Arbeitnehmer unter 18 Jahren und Auszubildenden bis zu 25 Jahren. Die Wahlen zur JAV finden in der Zeit zwischen dem 1. Oktober und dem 30. November statt.

Informationspflicht
Der Betriebsrat kann vom Arbeitgeber die rechtzeitige Unterrichtung unter Vorlage der erforderlichen Unterlagen verlangen.

ALLES KLAR?

1 Wer handelt den Tarifvertrag aus?

a) Bundesregierung und Gewerkschaften
b) Gewerkschaften und Bundesrat
c) Arbeitgeberverbände und Bundesregierung
d) Bundesregierung und Bundesrat
e) Gewerkschaften und Arbeitgeberverbände

2 Was ist der wesentliche Unterschied zwischen dem Manteltarifvertrag und dem Lohn- und Gehaltstarifvertrag?

a) Der Manteltarifvertrag hat eine kürzere Laufzeit als der Lohn- und Gehaltstarifvertrag.
b) Der Manteltarifvertrag regelt allgemeine Arbeitsbedingungen, der Lohn- und Gehaltstarifvertrag Löhne und Gehälter.
c) Der Manteltarifvertrag regelt Löhne und Gehälter, der Lohn- und Gehaltstarifvertrag allgemeine Arbeitsbedingungen.
d) Der Lohn- und Gehaltstarifvertrag hat eine längere Laufzeit als der Manteltarifvertrag.
e) Der Manteltarifvertrag regelt auch die Bereitstellung von Berufskleidung.

3 Die Allgemeinverbindlichkeitserklärung …

a) überträgt den nicht gewerkschaftlich organisierten Arbeitnehmern den Kündigungsschutz der Gewerkschaftsmitglieder.
b) sichert den organisierten Arbeitgebern die rechtliche Gleichstellung zu.
c) sichert den gewerkschaftlich organisierten Arbeitnehmern nicht die rechtliche Gleichstellung mit Gewerkschaftsmitgliedern zu.
d) sichert den nicht gewerkschaftlich organisierten Arbeitnehmern die rechtliche Gleichstellung mit Gewerkschaftsmitgliedern zu.
e) sichert den nicht gewerkschaftlich organisierten Arbeitgebern die rechtliche Gleichstellung mit Gewerkschaftsmitgliedern zu.

4 In welchen Fällen wird ein Streik als Arbeitskampfmaßnahme möglich?

a) Scheitern der Schlichtung und vorherige Warnstreiks
b) Scheitern der Schlichtung und Urabstimmung
c) Tarifverhandlungen und Aussperrung
d) Aussperrung und Schlichtung
e) Schlichtung und Tarifverhandlung

5 Welche wesentliche Aufgabe hat ein Betriebsrat?

a) Der Betriebsrat vertritt die Arbeitgeberinteressen gegenüber der Gewerkschaft.
b) Der Betriebsrat vertritt die Arbeitnehmerinteressen gegenüber der IHK.
c) Der Betriebsrat vertritt die Arbeitgeberinteressen gegenüber der IHK.
d) Der Betriebsrat vertritt die Arbeitnehmerinteressen gegenüber dem Arbeitgeber.
e) Der Betriebsrat vertritt die Arbeitgeberinteressen gegenüber den Arbeitnehmern.

6 Warum wird die Jugend- und Auszubildendenvertretung nur auf zwei Jahre gewählt, anstatt wie der Betriebsrat auf vier Jahre?

a) Jugendliche halten eine Aufgabe in einem Gremium noch nicht so lange aus.
b) Jugendliche und Auszubildende haben noch andere Interessen als Politik.
c) Jugendliche und Auszubildende verlassen u.U. nach Ausbildungsabschluss den Betrieb.
d) Jugendliche und Auszubildende können sich noch nicht so gut durchsetzen.
e) Auszubildende haben für Aufgaben im Gremium weniger Zeit wegen der Berufsschule.

7 Welche typischen Aufgaben hat die Jugend- und Auszubildendenvertretung?

a) Ausrichtung von Brauchtumsveranstaltungen im Auftrag des Arbeitgebers
b) Vertretung der Jugendinteressen im Betriebsrat
c) Vertretung des Betriebsrats in der Berufsschule
d) Vertretung der Jugendinteressen bei der IHK
e) Vertretung der Jugendinteressen in der Berufsschule

5 Gesetzlicher Arbeitsschutz

Das Leben, die Gesundheit und die Arbeitskraft der Arbeitnehmer sollen durch die Arbeit nicht gefährdet werden. Daher gibt es eine Vielzahl von Gesetzen und Rechtsverordnungen zum Arbeitsschutz, die beachtet werden müssen.

5.1 Sozialer Arbeitsschutz

Der soziale Arbeitsschutz legt die allgemeinen Arbeitsbedingungen der Arbeitnehmer bzw. einzelner, besonders schutzbedürftiger Gruppen, wie z. B. der Schwerbehinderten, fest. Für jugendliche Arbeitnehmer gelten die (schärferen) Regelungen des Jugendarbeitsschutzgesetzes.

Jugendarbeitsschutzgesetz
→ LF 1, Kap. 1.5

5.1.1 Arbeitszeitgesetz

Im Arbeitszeitgesetz ist die Arbeitszeit geregelt. Die **werktägliche** Arbeitszeit darf acht Stunden nicht überschreiten; daraus resultiert eine wöchentliche Höchstarbeitszeit von 6 x 8 = 48 Stunden. Die werktägliche Arbeitszeit kann auf zehn Stunden pro Tag ausgedehnt werden, wenn innerhalb von sechs Kalendermonaten oder innerhalb von 24 Wochen im Durchschnitt acht Stunden werktäglich nicht überschritten werden.

Werktag
alle Kalendertage, die nicht Sonn- oder gesetzliche Feiertage sind

Beispiel

Monat	Jan.	Feb.	März	April	Mai	Juni	Durchschnitt über 6 Monate
durchschnittliche tägliche Arbeitszeit	8 Std.	10 Std.	9 Std.	8 Std.	7 Std.	6 Std.	8 Std.

Bei einer Arbeitszeit von mehr als sechs bis zu neun Stunden ist die Arbeit durch eine **Ruhepause** von mindestens 30 Minuten zu unterbrechen; bei einer Arbeitszeit von mehr als neun Stunden muss die Pause mindestens 45 Minuten dauern. Länger als sechs Stunden dürfen Arbeitnehmer nicht ohne Pause beschäftigt werden.

Arbeitnehmer dürfen an **Sonn- und gesetzlichen Feiertagen** nicht beschäftigt werden. In bestimmten, vom Gesetz festgelegten Arbeitsbereichen gelten jedoch Ausnahmen. Die Ruhezeit zwischen Feierabend und Arbeitsbeginn am nächsten Tag muss mindestens elf Stunden betragen.

5.1.2 Bundesurlaubsgesetz

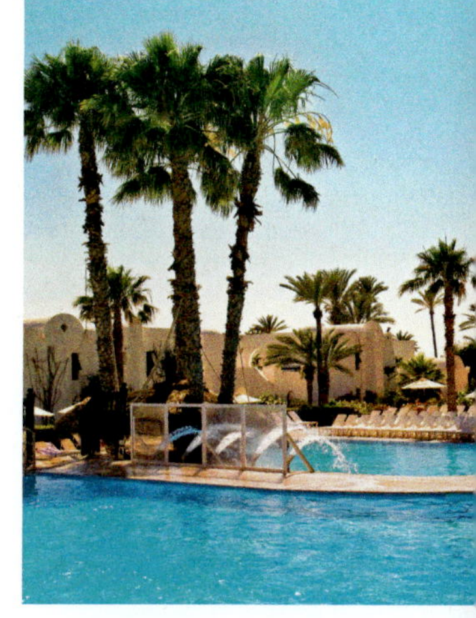

Das Bundesurlaubsgesetz (BUrlG) sieht vor, dass jeder Arbeitnehmer einen Urlaubsanspruch von **mindestens 24 Werktagen** pro Kalenderjahr unter Weiterzahlung des Arbeitsentgelts hat. Tarifvertraglich wird in der Regel jedoch ein höherer Urlaubsanspruch vorgegeben. Der volle Urlaubsanspruch wird erstmalig nach sechsmonatigem Bestehen des Arbeitsverhältnisses fällig. Der Urlaub soll zusammenhängend (mindestens 10 Tage) im laufenden Kalenderjahr genommen und auch gewährt werden.

Erkrankt der Arbeitnehmer während des Urlaubs, so werden die durch ärztliches Zeugnis nachgewiesenen Tage der Arbeitsunfähigkeit auf den Jahresurlaub nicht angerechnet. Während des Urlaubs soll sich der Arbeitnehmer erholen, er darf keine dem Urlaubszweck widersprechende Erwerbstätigkeit leisten.

5.1.3 Schutzvorschriften für schwerbehinderte Menschen

Das Sozialgesetzbuch beinhaltet besondere Schutzvorschriften für schwerbehinderte Menschen. Als solche gelten Personen mit einem Grad der Behinderung von wenigstens 50 %. Behinderte haben es schwer, einen Ausbildungs- oder Arbeitsplatz zu finden. Deshalb hat der Gesetzgeber eine **Beschäftigungspflicht** festgeschrieben: Jeder Betrieb mit mindestens 20 Arbeitsplätzen muss auf 5 % seiner Arbeitsplätze Schwerbehinderte beschäftigen oder eine Ausgleichsabgabe für jeden unbesetzten Pflichtplatz bezahlen. Das Geld wird für die berufliche Förderung und Unterstützung von behinderten Personen verwendet.

Für Schwerbehinderte bestehen besondere Regelungen beim Kündigungsschutz. Das Arbeitsverhältnis eines Schwerbehinderten kann nur nach vorheriger Zustimmung des Integrationsamtes und mit einer Kündigungsfrist von mindestens vier Wochen gekündigt werden. Schwerbehinderte haben außerdem Anspruch auf zusätzlichen bezahlten Urlaub von fünf Arbeitstagen im Jahr.

5.1.4 Mutterschutzgesetz

Kündigungsschutz
→ LF 1, Kap. 5.1.6

Das Mutterschutzgesetz gilt für alle werdenden und stillenden Mütter. In der Phase der Schwangerschaft und der Stillzeit danach sollen berufstätige Frauen keinen Belastungen ausgesetzt werden, die schädlich für Mutter oder Kind sein könnten. Auch sollen Schwangere und Mütter keine Einkommensverluste hinnehmen müssen. Der Arbeitgeber muss deshalb besondere Vorkehrungen zum Schutz von Schwangeren am Arbeitsplatz treffen. Aus diesem Grund muss die Arbeitnehmerin ihren Arbeitgeber über die Schwangerschaft und den voraussichtlichen Entbindungstermin informieren. Sechs Wochen vor und acht Wochen nach der Entbindung dürfen Schwangere nicht beschäftigt werden. In dieser Zeit zahlt die Krankenversicherung Mutterschaftsgeld. Die Differenz zwischen dem **Mutterschaftsgeld** und dem letzten Nettoarbeitsentgelt trägt der Arbeitgeber.

Schwangeren dürfen keine schweren körperlichen Arbeiten zugemutet werden. Gleiches gilt für gefährliche Arbeiten (z. B. bei erhöhter Unfallgefahr), Akkord- und Fließbandarbeit sowie für Arbeiten, bei denen sie schädlichen Einwirkungen (z. B. Staub, Dämpfen oder Gasen, Hitze, Kälte oder Nässe) ausgesetzt sind. Das Tragen oder Heben schwerer Lasten (regelmäßig über 5 kg oder gelegentlich mehr als 10 kg) ist verboten. Nach dem fünften Monat ist langes Stehen (mehr als vier Stunden) nicht mehr zulässig.

Während der Schwangerschaft und bis vier Monate nach der Entbindung darf der Arbeitgeber keine Kündigung aussprechen. Werdende und stillende Mütter dürfen keine Überstunden, Nachtarbeit (zwischen 20 und 6 Uhr) oder Sonntagsarbeit leisten.

5.1.5 Bundeselterngeld- und Elternzeitgesetz

Lernsituation 6

Erwerbstätige Mütter und Väter, die ihr Kind betreuen und erziehen, haben Anspruch auf **Elternzeit**. Der Anspruch aus Elternzeit besteht bis zur Vollendung des dritten Lebensjahres des Kindes und kann zwischen den Eltern aufgeteilt oder sogar gemeinsam genommen werden. Während dieser Zeit ruht das Arbeitsverhältnis. Allerdings ist es möglich, während der Elternzeit bis zu 30 Wochenstunden zu arbeiten.

Die Broschüre vom Bundesministerium für Familie, Senioren, Frauen und Jugend informiert Sie ausführlich über die gesetzlichen Regelungen zum Elterngeld und zur Elternzeit.

www.bmfsfj.de
www.elterngeld.de

Während der Elternzeit kann der Arbeitgeber grundsätzlich keine Kündigung aussprechen. Dieser Kündigungsschutz beginnt mit der Anmeldung der Elternzeit. Nach Beendigung der Elternzeit besteht für die Eltern wieder ein Anspruch auf ihren „verlassenen" oder einen gleichwertigen Arbeitsplatz. Dabei ist eine Schlechterstellung nicht zulässig.

Wenn sich Mütter oder Väter noch in der Ausbildung befinden, wird die Elternzeit nicht auf die Ausbildungszeit angerechnet. Dadurch verlängert sich die Ausbildungszeit entsprechend. Allerdings besteht wie bei jedem Auszubildenden die Möglichkeit, die Berufsbildung zu verkürzen.

Sogar Großeltern haben einen Anspruch auf Elternzeit, wenn ihr eigenes Kind minderjährig ist oder wenn ihr Kind während der Schulzeit sowie einer Ausbildung ein Kind bekommen hat. Die Großeltern beantragen dann die Elternzeit für ihr Enkelkind, während die Eltern allerdings den Anspruch auf Elterngeld nicht verlieren.

Das **Elterngeld** ist eine wichtige Unterstützung für Familien nach der Geburt eines Kindes. Es macht es für die jungen Eltern einfacher, vorübergehend ganz oder teilweise auf eine Erwerbstätigkeit zu verzichten, da es die Einkommenseinbußen zumindest teilweise auffängt.

Man unterscheidet beim Elterngeld das Basiselterngeld und das ElterngeldPlus. Das **Basiselterngeld** wird für maximal 14 Monate an die Väter und Mütter gezahlt. Die Höhe richtet sich nach dem bisherigen Nettoeinkommen und beträgt mindestens 300 € und höchstens 1.800 €. Die Eltern können sich den Bezugszeitraum aufteilen, wobei mindestens zwei und höchstens 12 Monate je Elternteil beantragt werden können. Beteiligt sich auch der andere Elternteil an der Betreuung des Kindes und fällt dadurch Einkommen weg, können weitere zwei Monate Elterngeld beantragt werden. Alleinerziehende können grundsätzlich 14 Monate Elterngeld in Anspruch nehmen.

Beim **ElterngeldPlus** haben Väter und Mütter die Möglichkeit, während der Elternzeit eine gewisse Stundenanzahl in Teilzeit zu arbeiten. Dadurch bekommen sie doppelt so lange Elterngeld, allerdings nur maximal in halber Höhe des Basiselterngeldes. Entscheiden sich beide Eltern, gleichzeitig für vier Monate jeweils 25 bis 30 Stunden in der Woche zu arbeiten, gibt es einen zusätzlichen **Partnerschaftsbonus** in Form von vier zusätzlichen ElterngeldPlus-Monaten pro Elternteil.

Sind die Kinder nach dem 01.07.2015 geboren, können die Eltern zwischen dem Bezug von Basiselterngeld und dem Bezug von ElterngeldPlus wählen. Sie können aber auch beide Arten des Elterngeldes kombinieren.

5.1.6 Kündigungsschutzgesetz

Der Arbeitsplatz ist für den Arbeitnehmer oft die einzige Geldeinnahmequelle. Deshalb wird diese Einnahmequelle in der Bundesrepublik durch das Kündigungsschutzgesetz vor ungerechtfertigten Kündigungen durch den Arbeitgeber geschützt. Das gilt vor allem für besondere Personengruppen wie Auszubildende, Schwangere, Betriebsräte und JAV-Mitglieder, Schwerbehinderte und Wehr- und Ersatzdienstleister. Außerdem ist das Kündigungsschutzgesetz nur anzuwenden, wenn der Arbeitnehmer dem Unternehmen mehr als sechs Monate ohne Unterbrechung angehört hat und das Unternehmen mehr als zehn Arbeitnehmer beschäftigt.

5.2 Betriebs- und Gefahrenschutz

Der Betriebs- und Gefahrenschutz umfasst den technischen und gesundheitlichen Schutz der Arbeitnehmer innerhalb des Unternehmens. Sowohl der Arbeitgeber als auch der Arbeitnehmer sind dafür verantwortlich, dass der Arbeitsplatz und sein Umfeld so sicher wie möglich gestaltet werden. Gefahrenquellen müssen frühzeitig erkannt werden, um die Sicherheit der Mitarbeiter und auch der Kunden im Einzelhandel zu gewährleisten.

5.2.1 Staatliche Vorschriften

Die Überwachung des Arbeitsschutzes erfolgt durch die zuständigen (Landes-)Behörden in Zusammenarbeit mit den Trägern der gesetzlichen Unfallversicherung.

Es gibt eine Vielzahl von Rechtsvorschriften, die Arbeitgeber und Arbeitnehmer zur Einhaltung bestimmter sicherheitstechnischer Regelungen verpflichten. Natürlich liegt es auch im eigenen Interesse jedes Arbeitnehmers, sich vor Gesundheitsgefährdungen am Arbeitsplatz zu schützen. So ist jeder Mitarbeiter dafür verantwortlich, Gefahren oder Sicherheitsmängel dem Vorgesetzten, Sicherheitsbeauftragten oder einer Sicherheitsfachkraft zu melden und auf deren Beseitigung zu drängen. Die allgemeinen Grundsätze des Arbeitsschutzes sind im **Arbeitsschutzgesetz** (ArbSchG) festgelegt. Das Arbeitsschutzgesetz verpflichtet den Arbeitgeber, nach dem Stand von Technik, Arbeitsmedizin, Hygiene und arbeitswissenschaftlichen Erkenntnissen für entsprechende Arbeitsbedingungen zu sorgen.

Die **Arbeitsstättenverordnung** setzt die allgemeinen Anforderungen an Betriebsräume und Arbeitsstätten in Bezug auf Belüftung, Temperatur, Licht- und Lärmschutz fest.

Das **Arbeitssicherheitsgesetz** regelt den Gesundheitsschutz und die Arbeitssicherheit der Beschäftigten durch medizinische und sicherheitstechnische Beratung und Betreuung. Der Arbeitgeber ist verpflichtet, Betriebsärzte und Fachkräfte für Arbeitssicherheit zu bestellen oder in größeren Unternehmen selbst anzustellen.

Das **Geräte- und Produktsicherheitsgesetz** enthält Vorschriften über den Einsatz technischer Arbeitsmittel. Die eingesetzten Geräte müssen den Anforderungen zur Gerätesicherheit nach den EU-Richtlinien entsprechen.

Unfallversicherung
→ LF 1, Kap. 2

Der Arbeitgeber muss jeden seiner Arbeitnehmer gegen die Auswirkungen eines Unfalles am Arbeitsplatz versichern (Unfallversicherung). In Unternehmen mit über 20 Versicherten ist ein **Sicherheitsbeauftragter** zu benennen. Dieser hat die Aufgabe, Vorgesetzte und Mitarbeiter in allen Fragen des Arbeitsschutzes zu beraten und zu unterstützen.

5.2.2 Unfallverhütungsvorschriften

Die Unfallverhütungsvorschriften, Richtlinien und Regeln der Berufsgenossenschaften enthalten konkrete Bestimmungen zum Thema Arbeitssicherheit und Gesundheitsschutz, die alle Unternehmer und Beschäftigten zu beachten haben. Durch regelmäßige Betriebsbesichtigungen überwachen die zuständige Berufsgenossenschaft und das Gewerbeaufsichtsamt die Durchführung der Unfallverhütungsvorschriften. Bei festgestellten Mängeln werden die Unternehmen aufgefordert, diese in einer angemessenen Frist zu beseitigen. Bei schweren Verstößen drohen Geldbußen und sogar Betriebsschließungen.

Die für den Einzelhandel zuständige Berufsgenossenschaft (BG Handel und Warenlogistik) unterstützt die Information der Beschäftigten durch umfangreiches Material in Form von Merkblättern, Broschüren, Lernprogrammen, Formularen, Faltblättern, Videos mit Begleitmaterial u. v. m.

Zu den Vorschriften zur Vorbeugung von Betriebsunfällen gehören auch das Anbringen und die Kenntnis der **Sicherheitszeichen**. Gänge und Wege im Laden und im Lager müssen möglichst freigehalten und regelmäßig gereinigt werden.

5.2.3 Brandschutz

Ein ausbrechendes Feuer kann viele Menschen verletzen und die gelagerten Waren vernichten. Jedes Unternehmen muss laut Arbeitsschutzgesetz Maßnahmen treffen, die der Brandbekämpfung dienen. So gibt es besondere Vorschriften z. B. über die Anzahl und das Anbringen von Feuerlöschern.

Fluchtwege und Notausgänge müssen ständig freigehalten werden, damit sie jederzeit benutzt werden können. Außerdem sollten alle Mitarbeiter für einen Brandfall geschult werden. So können Brände verhindert, Gefahren bei bestehenden Bränden eingedämmt und Maßnahmen zur Brandbekämpfung ergriffen werden.

Verbotszeichen

Feuer, offenes Licht und Rauchen verboten

Kein Trinkwasser

Mit Wasser löschen verboten

Für Fußgänger verboten

Gebotszeichen

Augenschutz tragen

Schutzhelm tragen

Schutzhandschuhe tragen

Gehörschutz tragen

Warnzeichen

Warnung vor Flurförderfahrzeugen

Warnung vor gefährlicher elektrischer Spannung

Warnung vor einer Gefahrenstelle

Warnung vor schwebender Last

Rettungszeichen

Notausgang

Sammelstelle

Hinweis auf Erste Hilfe

Rettungsweg

Im Brandfall richtig reagieren

1 Feuerwehr anrufen
- Was ist passiert? Wo und wann?
- Auf Rückfragen warten!

2 In Sicherheit bringen
- gefährdete Personen warnen
- Türen und Fenster schließen
- auf Anweisungen achten
- gekennzeichnete Fluchtwege benutzen

3 Feuerlöscher auslösen
- Sicherungsstift oder -lasche ziehen
- Schlagknopf betätigen
- Feuer gezielt löschen

4 Richtig löschen
- Genug Abstand vom Feuer halten
- Mit kurzen, gezielten Stößen löschen
- Löschmittel auf brennenden Gegenstand sprühen
- Bei mehreren Feuerlöschern: gleichzeitig einsetzen
- Elektrische Anlagen und Fettbrände nie mit Wasser löschen

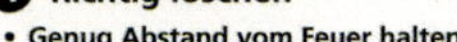

5 Nach dem Brand
- Feuerlöscher vom Kundendienst überprüfen und auffüllen lassen

6 Gesundheitsvorsorge

Lernsituation 7

Ihre Gesundheit, die körperliche sowie die seelische, stellt die wichtigste Voraussetzung dar, um während der Ausbildung und später auch im Job fit und leistungsfähig zu sein und zu bleiben. Nirgendwo verbringen Sie mehr Zeit Ihres Lebens als am Arbeitsplatz. Dabei sind Sie verschiedenen physischen (z. B. langes Stehen) und psychischen Belastungen (z. B. Termindruck) ausgesetzt. Die Folgen davon können Verspannungen, Kopfschmerzen, Rückenschmerzen oder Stress sein. Es stellt sich also die Frage, wie Sie selbst aktiv werden und bewusst vorbeugen können, damit Sie gesund bleiben. Gesunde Ernährung, körperliche Fitness und seelisches Wohlbefinden stellen die Basis für eine gesunde Lebensweise dar.

6.1 Gesunde Ernährung

Eine ausgewogene, gesunde Ernährung bedeutet, dem Körper alle Nährstoffe in einem bestimmten Mengenverhältnis zuzuführen. Nahrung liefert dem Körper Energie, die dieser für alle Körperfunktionen benötigt. Wenn Sie Ihrem Körper jedoch mehr Energie zuführen als er braucht, speichert er den Überschuss im Fettgewebe und Sie nehmen zu. Durch Übergewicht können Herz-Kreislauf- oder Stoffwechselkrankheiten entstehen. Vermeiden Sie zu fette, zu süße und zu ballaststoffarme Kost und bewegen Sie sich regelmäßig.

Der stressige Arbeitstag muss für Sie kein Hindernis für eine gesunde **Ernährung** darstellen. Hier ein paar einfache Tipps und Strategien, damit ihr Körper mit wertvollen Nährstoffen versorgt wird und langfristig gesund bleibt.

Tipp 1 Fünf am Tag:
Versuchen Sie am Tag fünf Portionen, also ca. fünf Hände voll, Obst und Gemüse zu sich zu nehmen. Eine Portion kann dabei auch ein Glas frisch gepresster Saft ohne Zuckerzusatz oder ein paar Trockenfrüchte sein.

Tipp 2 Nüsse machen glücklich:
Essen Sie statt einem Schokoriegel lieber ein paar Nüsse oder ein Müsli. Nüsse stärken Ihre Nerven, liefern schnelle Energie und enthalten wertvolle Inhaltsstoffe.

Tipp 3 Ausgewogen ernähren:
Zu einer gesunden Ernährung gehören auch täglich Milchprodukte (z. B. Quark, Jogurt) und reichlich Getreideprodukte (z. B. Vollkornbrot).

Tipp 4 Herzgesund mit Seefisch:
Seefische, wie die fettreichen Sorten Makrele, Lachs und Hering, enthalten Stoffe, die Ihre Venen vor Verstopfung und das Herz vor Infarkten schützen.
Empfohlen wird, mindestens zwei Mal pro Woche Fisch zu essen. Mögen Sie keinen Fisch, dann greifen Sie zu magerem Fleisch wie Hühnchen oder Pute.

Tipp 5 Sich fit trinken:
Trinken Sie täglich mindestens 1,5 Liter Flüssigkeit in Form von Mineralwasser, verdünnten Schorlen und ungesüßten Früchte- oder Kräutertees.
Dies beugt Kopfschmerzen und Konzentrationsmangel vor.

Tipp 6 Auf den Körper hören:
Essen Sie nur, wenn Sie hungrig sind, hören Sie auf, wenn Sie satt sind, und essen Sie nicht aus Langeweile.

Tipp 7 Sich Zeit nehmen:
Versuchen Sie, im stressigen Alltag trotzdem in Ruhe zu essen und die Mahlzeit zu genießen.

Tipp 8 Alles in Maßen:
Verzichten Sie auf das Rauchen und trinken Sie nur selten und mäßig Alkohol.

6.2 Körperliche Fitness

6.2.1 Sport als Ausgleich

Bewegung macht schlank, baut Stress ab und stärkt die körpereigene Abwehr. Nach einem langen Arbeitstag sollte Ihre Gesundheit an erster Stelle stehen. Erholen Sie sich von anstrengender Arbeit, indem Sie **Sport** treiben. Als gesundheitsfördernd werden insbesondere Ausdauersportarten wie Laufen, Schwimmen und Radfahren angesehen. Tanzen ist durch seine musikalische Begleitung und die Anforderungen an Koordination eine sehr entspannende Sportart.

Sport als Ausgleich

Grundsätzlich gilt:
- Wählen Sie eine Sportart, die Ihnen Freude macht.
- Integrieren Sie Bewegung in ihren Alltag und nutzen Sie jede Gelegenheit zur Bewegung (Treppen statt Fahrstühle benutzen, den Weg zur Arbeit mit dem Rad statt mit dem Bus fahren).

Die Arbeitszeiten im Einzelhandel lassen eine regelmäßige Aktivität im Sportverein oftmals nicht zu. Aber es gibt genügend Sportarten, die man jederzeit ausüben kann, wie z. B. Laufen, Tanzen oder Radfahren. Auch bieten Fitnessstudios eine große Auswahl sportlicher Aktivitäten, in Großstädten nicht selten rund um die Uhr.
Gerade im Einzelhandel führen Sie Ihre Arbeit im Stehen aus. Hier finden Sie ein paar Tipps für einen Ausgleich Ihrer stehenden Tätigkeit:
- Dehnen, strecken und räkeln, damit lösen Sie verspannte Muskelgruppen. Außerdem kräftigen Sie die Rückenmuskulatur und Ihre Wirbelsäule wird gerichtet.
- Lockern Sie den Schultergürtel, indem Sie mit den Schultern vor- und zurückkreisen.
- Verspannungen lösen sich, indem Sie das rechte Ohr zur rechten Schulter ziehen und wieder senken. Wiederholen Sie diese Übung auch mit dem linken Ohr mehrmals.
- Halten Sie Ihren Körper aufrecht, heben und senken Sie Ihre Knie. Dadurch regen Sie Ihren Kreislauf an und verhindern Venenerkrankungen in den Beinen.
- Heben und senken Sie Ihre Fersen im Stehen. Dies beugt Krampfadern vor.

Mehr als die Hälfte aller Verkäufer und Einzelhändler klagt über gesundheitliche Probleme. Es treten häufig Erkrankungen des Halteapparates (Rückenbeschwerden), des Gefäßsystems (Krampfadern), Kreislauferkrankungen und Müdigkeit auf. Beugen Sie mit Ihrem Verhalten körperlichen Problemen gezielt vor:
- **Mischarbeit organisieren:** Versuchen Sie, das lange Stehen zu unterbrechen. Organisieren Sie, falls möglich, Ihren Arbeitstag so, dass sich stehende, sitzende und mit viel Bewegung verbundene Tätigkeiten abwechseln. Besonders das Gehen ist von großer Bedeutung. Es mindert die körperlichen Belastungen.
- **Bedarfssitze und Stehhilfen:** In Ihrer unmittelbaren Nähe des „Steharbeitsplatzes“ können Bedarfssitze und Sitzgelegenheiten aufgestellt werden. Sie ermöglichen eine kurzzeitige Entlastung. Stehhilfen eignen sich besonders für die kurzzeitige Entlastung der Beschäftigten.

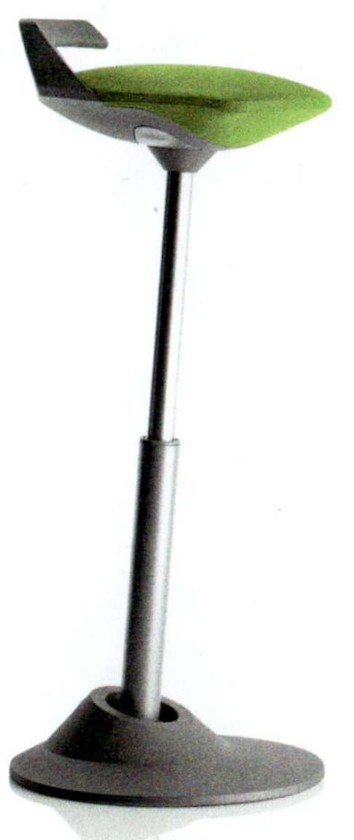

Stehhilfe

6.2.2 Rückenschule

Die Wirbelsäule ist die tragende Stütze unseres Körpers, ihre Stabilität ist Voraussetzung für den aufrechten Gang des Menschen. Gleichzeitig fängt sie durch ihre Elastizität die Erschütterungen beim Gehen auf und ermöglicht das Sitzen oder Vornüberbeugen durch ihre Flexibilität. Bei dauerhafter Fehlbelastung (z. B. schlechte Haltung bei der Arbeit an der Kasse) können jedoch Rückenschmerzen, Verspannungen und Bandscheibenvorfälle ausgelöst werden.

Die tiefe Rückenmuskulatur stabilisiert die Wirbelsäule und damit auch die Bandscheiben. Bei einer schwachen Rückenmuskulatur sackt der Oberkörper ganz schnell zusammen, die Schultern fallen nach innen und der Rücken beginnt innerhalb kürzester Zeit zu schmerzen. Aus diesem Grund steht sowohl die Stärkung der Rückenmuskulatur durch regelmäßiges Training (z. B. Aufbau von Rückenmuskulatur durch Gymnastik) als auch die Verringerung der Fehlbelastungen im Vordergrund aller präventiven Maßnahmen.

Sowohl im privaten Alltag als auch und vor allem bei der Arbeit im Einzelhandel wird der Körper immer wieder genötigt, schwere Gegenstände zu heben, zu ziehen oder zu schieben. Kennt man die richtige Technik und einsetzbare Hilfsmittel, wie z. B. Sackkarre und Schürhaken, kann die Wirbelsäule entlastet werden. Hierdurch wird Rückenbeschwerden entgegengewirkt.

Tipp zum richtigen Heben: Stellen Sie sich sicher auf beide Füße. Ihren Rücken halten Sie dabei gerade. Wichtig ist, dass Sie möglichst nah an die zu hebende Last herantreten. Dann gehen Sie breitbeinig in die Hocke, suchen einen festen Griff, kontrollieren nochmals, ob Ihr Rücken gerade ist, fassen die Last und richten sich dann wieder durch Strecken der Beine mit einem festen Oberkörper auf.

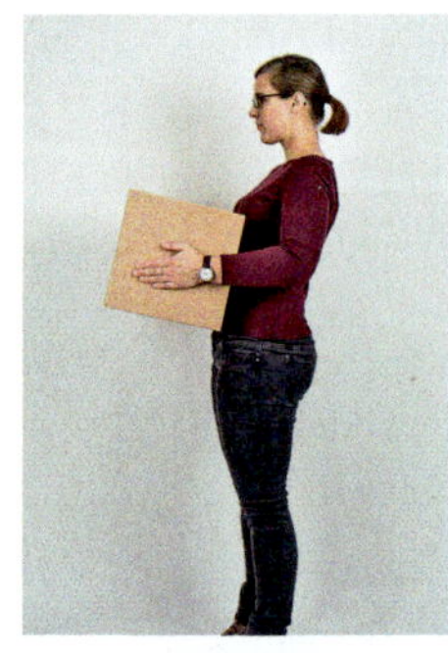

Richtig

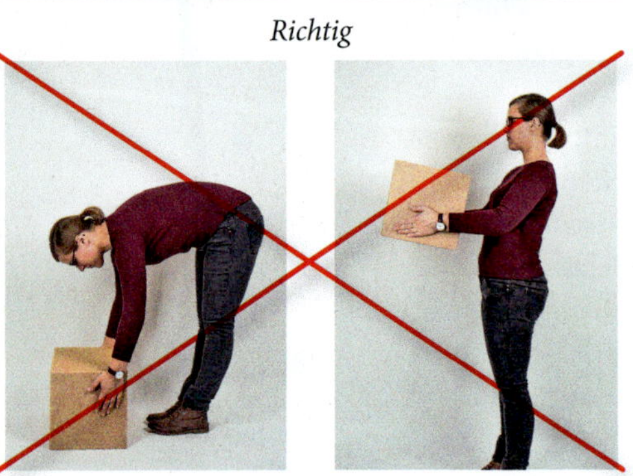

Falsch

Tipp zum richtigen Tragen: Sollten Sie einen Gegenstand von einem bestimmten Platz zum anderen tragen, vergewissern Sie sich zunächst, ob dieser Gegenstand nicht besser zu zweit getragen werden sollte. Falls Sie doch alleine tragen müssen:

- nie einseitig tragen
- verteilen Sie das Gewicht des Gegenstandes auf beide Arme
- nehmen Sie eine aufrechte Haltung ein
- tragen Sie den Gegenstand nah an Ihrem Körper
- stützen Sie den Gegenstand an Oberschenkel und Becken ab
- versuchen Sie, den Gegenstand auf dem Rücken oder der Schulter zu tragen

Wer viel steht, ist auf **geeignetes Schuhwerk** angewiesen. Folgende Eigenschaften sollte ein Schuh für Tätigkeiten im Einzelhandel besitzen:

- geschlossener Schuh
- stabiler Sitz am Fuß
- geringes Gewicht (< 500 g)
- niedrige Absätze mit großer Auftrittsfläche, die einen festen Stand gewährleisten
- rutschhemmende, profilierte Sohlen

6.3 Arbeitsklima

Ein positives Arbeitsklima und Miteinander am Arbeitsplatz wirken sich auf Motivation, Leistungsfähigkeit und Kreativität aller Mitarbeiter aus. Jeder trägt die Verantwortung für ein gutes Arbeitsklima und kann Wesentliches dazu beitragen:

1. Achten Sie auf fairen Umgang mit Ihren Kollegen.
2. Tragen Sie Mitverantwortung für Ihre Tätigkeit.
3. Seien Sie tolerant. Erkennen Sie Ihre eigenen Stärken und Schwächen und die der anderen. Und akzeptieren Sie sie.
4. Lassen Sie kein Mobbing in Ihrem Unternehmen zu. Schauen Sie hin. Sprechen Sie zuerst in Ihrem Kollegenkreis über Vorfälle oder Handlungen, die Sie beobachtet haben. Vorzeitiges Sprechen kann verhindern, dass Konflikte eskalieren und es irgendwann zum „großen Knall“ kommt.
5. Wenden Sie sich an Ihren Vorgesetzten, sofern keine Verbesserung der Situation in Sicht ist.
6. Setzen Sie Ihre eigenen Stärken ein.
7. Denken Sie über sich von Zeit zu Zeit nach: Was möchte ich im Beruf? Was sind meine Wünsche und Ziele? Möchte ich mich verändern? Habe ich Eigenschaften, bei denen ich bei anderen „anecke“?
8. Fordern Sie das Respektieren Ihrer Grenzen ein und überschreiten Sie auch nicht die Grenzen Ihrer Kollegen.

Wird eine Person (oder Gruppe) von Vorgesetzten oder Kollegen schikaniert, gekränkt, ausgegrenzt usw., spricht man in der Arbeitswelt von **Mobbing**. Mobbing kann in vielen Formen vorkommen. Diese Negativhandlungen müssen allerdings wiederholt über einen längeren Zeitraum stattfinden. Eine einmalige Handlung ist noch kein Mobbing.

In den letzten Jahren und Jahrzehnten hat Mobbing stark zugenommen. Durch die Globalisierung verändern sich die Werte unserer Gesellschaften sehr schnell. Bei den Menschen wächst die Existenzangst, vor allem die Angst vor dem Verlust des Arbeitsplatzes. Schnell gerät der Mensch dann in ein typisches „Ellenbogendenken“. Das Denken an Solidarität und Gemeinschaft wird stark in den Hintergrund geschoben.

Merkmale für Mobbing:

- Ein Konflikt zwischen zwei Parteien lässt sich nicht mehr lösen. Er tritt immer wieder in ähnlicher Form auf.
- Eine der beiden Parteien ist der anderen deutlich unterlegen.
- Die Negativhandlungen finden regelmäßig statt, z. B. täglich oder wöchentlich.
- Die Auseinandersetzungen dauern bereits mehrere Monate oder länger.
- Das Mobbingopfer schafft es nicht mehr, sich aus eigener Kraft aus dieser Situation zu befreien.

Um sich gegen Mobbing zu wehren, ist der erste Schritt die Erkenntnis, dass man gemobbt wird. Versuchen Sie die Angriffe zu ignorieren oder sprechen Sie den Mobber direkt an: „Dein Verhalten stört und verletzt mich.“ Ziehen Sie jemanden ins Vertrauen und reden Sie über die Mobbingangriffe. Sprechen Sie, wenn nötig, mit dem Betriebsrat.

ALLES KLAR?

1 In welchen Fällen kann die werktägliche Arbeitszeit auf 10 Stunden ausgedehnt werden?

a) Bei betrieblicher Notwendigkeit, z. B. dauerhafter Personalmangel.
b) Wenn zum Ausgleich nur an jedem zweiten Sonntag 6 Stunden gearbeitet wird.
c) Der Krankenstand ist höher als 20 % und die Arbeit muss durch Zeitarbeitskräfte aufgefangen werden.
d) Kunden erteilen dauerhaft extrem viele Aufträge, die pünktlich bearbeitet werden müssen.
e) Wenn innerhalb eines halben Jahres die durchschnittliche Arbeitszeit von 8 Stunden nicht überschritten wird.

2 Wie lang muss eine Ruhepause am Arbeitsplatz sein?

a) Mindestens 30 Minuten bei einem 10-Stunden-Arbeitstag.
b) Mindestens 45 Minuten bei einem 8-Stunden-Arbeitstag.
c) Mindestens 45 Minuten bei einem 6-Stunden-Arbeitstag.
d) Mindestens 30 Minuten bei einem 8-Stunden-Arbeitstag.
e) Mindestens 60 Minuten bei einem 8-Stunden-Arbeitstag.

3 Wie viele Werktage Urlaub stehen Arbeitnehmern nach dem Bundesurlaubsgesetz jährlich mindestens zu?

a) 23 Tage
b) 30 Tage
c) 27 Tage
d) 26 Tage
e) 24 Tage

4 Was bedeutet „Beschäftigungspflicht" nach den Schutzvorschriften für schwerbehinderte Menschen?

a) Arbeitgeber müssen 20 Arbeitsplätze für behinderte Menschen bereitstellen.
b) Arbeitgeber müssen mindestens 5 Arbeitsplätze für behinderte Menschen bereitstellen.
c) Arbeitgeber mit 20 Arbeitsplätzen müssen 5 Arbeitsplätze für behinderte Menschen bereitstellen.
d) Arbeitgeber mit mindestens 20 Arbeitsplätzen müssen 5 % der Arbeitsplätze für behinderte Menschen bereitstellen.
e) Arbeitgeber müssen 20 % der Arbeitsplätze für behinderte Menschen bereitstellen, mindestens jedoch 5.

5 In welchem Zeitraum dürfen Schwangere nach dem Mutterschutzgesetz nicht beschäftigt werden?

a) Sechs Monate vor und acht Monate nach der Entbindung.
b) Sechs Monate vor und acht Wochen nach der Entbindung.
c) Sechs Wochen vor und acht Monate nach der Entbindung.
d) Sechs Wochen vor und neun Wochen nach der Entbindung.
e) Sechs Wochen vor und acht Wochen nach der Entbindung.

6 Bis wann besteht der Anspruch auf Elternzeit nach dem Bundeselterngeld- und Elternzeitgesetz?

a) Bis zur Volljährigkeit des Kindes.
b) Bis zur Vollendung der Rechtsfähigkeit des Kindes.
c) Bis zur Einschulung des Kindes mit sechs Jahren.
d) Bis zur Vollendung des dritten Lebensjahres des Kindes.
e) Bis zur Volljährigkeit der Eltern.

7 In welchem Fall erhalten Eltern Elterngeld?

a) Die Eltern betreuen ihr Kind nicht selbst und arbeiten nicht mehr als 30 Stunden pro Woche.
b) Die Eltern betreuen ihr Kind selbst und arbeiten mehr als 30 Stunden pro Woche.
c) Die Eltern betreuen ihr Kind nicht selbst und arbeiten mehr als 30 Stunden pro Woche.
d) Die Eltern betreuen ihr Kind nicht selbst und arbeiten 30 Stunden pro Woche.
e) Die Eltern betreuen ihr Kind selbst und arbeiten nicht mehr als 30 Stunden pro Woche.

8 Warum werden Arbeitnehmer durch das Kündigungsschutzgesetz vor ungerechtfertigten Kündigungen geschützt?

a) Oftmals ist der Arbeitsplatz die einzige Einnahmequelle für Arbeitnehmer.
b) Der Arbeitgeber soll Kündigungen nur nach einem Gerichtsverfahren vor dem Arbeitsgericht aussprechen dürfen.
c) Der Staat möchte Kündigungen im Allgemeinen nach sechs Monaten verhindern.
d) Der Arbeitgeber soll Kündigungen nur mit Zustimmung des Arbeitnehmers aussprechen dürfen.
e) Ein Arbeitsplatz kann nach sechs Monaten nur durch das Arbeitsgericht gekündigt werden.

9 Wozu werden Arbeitgeber nach dem Arbeitsschutzgesetz verpflichtet?

a) Arbeitnehmer müssen angehalten werden, nach dem Stand von Technik, Arbeitsmedizin, Hygiene und arbeitswissenschaftlichen Erkenntnissen angemessene Arbeitsbedingungen zu schaffen.
b) Arbeitgeber und Arbeitnehmer müssen nach dem Stand von Technik, Arbeitsmedizin, Hygiene und arbeitswissenschaftlichen Erkenntnissen angemessene Arbeitsbedingungen aushandeln.
c) Arbeitgeber müssen nach dem Stand von Technik, Arbeitsmedizin, Hygiene und arbeitswissenschaftlichen Erkenntnissen angemessene Arbeitsbedingungen schaffen.
d) Arbeitgeber können nach dem Stand von Technik, Arbeitsmedizin, Hygiene und arbeitswissenschaftlichen Erkenntnissen angemessene Arbeitsbedingungen schaffen.
e) Arbeitgeber müssen nach dem Stand von Technik, Arbeitsmedizin, Hygiene und arbeitswissenschaftlichen Erkenntnissen angemessene Arbeitsbedingungen planen.

10 Was ist hinsichtlich gesunder Ernährung zu beachten?

a) Man sollte ausschließlich Müsli und Salat essen.
b) Zu einer ausgewogenen Ernährung gehört auch, ausreichend zu trinken.
c) Insbesondere viel Fleisch gibt dem Körper ausreichend Energie.
d) Zu einem stressigen Arbeitstag passt keine gesunde Ernährung.
e) Obst und Gemüse sind hauptsächlich im Sommer wichtig, wenn es sehr heiß ist.

11 Was ist beim Heben und Tragen von schweren Gegenständen wichtig?

a) Gegenstände kann man mit einem Ruck anheben und dann zügig tragen.
b) Gegenstände hebt man seitlich vom Körper an und trägt sie dann nah am Körper.
c) Beim Heben sollte man in die Hocke gehen und beim Tragen so bleiben.
d) Beim Heben sollte der Rücken schön rund bleiben, um die Wirbelsäule zu entlasten.
e) Beim Heben in die Hocke gehen und den Rücken auch beim Tragen gerade halten.

12 Zum Stressabbau hilft meistens …

a) sich mal gegenseitig laut anzuschreien, dass macht den Kopf frei und andere wissen, wie weit man bei einem gehen kann.
b) sich ruhig zu verhalten und zu warten, bis der Stress weg ist, und solange einfach an etwas anderes zu denken.
c) sich bei einem Anti-Aggressionstraining anzumelden. Damit kann man seine regelmäßigen Aggressionen gegenüber den Arbeitskollegen besser in den Griff bekommen.
d) eine aktive Strategie gegen den Stress zu entwickeln, z.B. Termine besser zu organisieren oder Entspannungsübungen zu machen.
e) täglich nach der Arbeit feiern zu gehen.

7 Organisation des Einzelhandelsunternehmens

7.1 Unternehmensziele

Sortiment
→ LF 1, Kap. 8

Leistungsangebot des Einzelhändlers
→ LF 1, Kap. 7.2

Ziele sind Zustände, die in der Zukunft angestrebt werden. Bei Auszubildenden können das beispielsweise die bestandene Abschlussprüfung und ein Arbeitsverhältnis sein. In Unternehmen ergeben sich die Ziele im Wesentlichen aus der **Kundenorientierung**, die dem Unternehmer Wettbewerbsvorteile gegenüber den Konkurrenten geben soll. Daraus leiten sich wiederum das Sortiment und das Leistungsangebot eines Einzelhändlers ab.

Wichtigstes Ziel eines Unternehmens ist die langfristige Sicherung des eigenen Fortbestehens **(Existenzsicherung)**. Um dieses Ziel zu erreichen, ist es notwendig, einen regelmäßigen und ausreichend hohen **Gewinn** zu erzielen.

Rentabilität
z. B. Umsatzrentabilität, zeigt, wie viel Euro Gewinn pro 100 Euro Umsatz gemacht wird.

Wirtschaftliche Ziele beziehen sich auf den zu erreichenden Erfolg eines Unternehmens. Mit Hilfe von verschiedenen Kennzahlen, wie z. B. **Rentabilität**, wird gemessen, wie erfolgreich z. B. ein Einzelhändler mit seinem Angebot an Waren und Dienstleistungen innerhalb eines bestimmten Zeitabschnitts war, oder eine Vorgabe festgelegt, welches Ziel erreicht werden soll. Neben den wirtschaftlichen Zielen gibt es noch **soziale Ziele**, die von einem Unternehmen verfolgt werden. Gute Leistungen werden nur von motivierten Mitarbeitern erbracht. Diese Motivation kommt aus der Mitverantwortung am Arbeitsplatz, aus einer angemessenen und gerechten Bezahlung und der Möglichkeit, persönliche Berufsziele zu erreichen. Ein gutes Betriebsklima, die mitarbeitergerechte Gestaltung von Arbeitsplätzen oder freiwillige Sozialleistungen sind weitere Beispiele für soziale Ziele, die ein Unternehmen verfolgen kann. **Umweltziele** (ökologische Ziele) beinhalten Vorgaben, die auf die Schonung der natürlichen Umwelt und ihrer Ressourcen im Rahmen des Leistungserstellungsprozesses abzielen.

Umweltschutz
→ LF 1, Kap. 12

Die Zielvorgabe kann hinsichtlich des **Zielausmaßes** begrenzt bzw. unbegrenzt sein. Ziele können kurzfristig (ein Quartal), mittelfristig (ein bis zwei Jahre) oder langfristig (über zwei Jahre) erreicht werden.

Zwischen verschiedenen anzustrebenden Zielen können unterschiedliche Zielbeziehungen bestehen. **Zielkonflikte** bestehen dann, wenn innerhalb eines Zielsystems ein Ziel nur dann erreicht werden kann, wenn es zu Lasten eines anderen Zieles geht. So kann z. B. das Ziel der Kostenminimierung mit dem Ziel der Schonung der Umwelt in Konflikt geraten.

Komplementäre Ziele sind einander ergänzende Ziele. So kann z. B. die Verbesserung des Betriebsklimas zu einer gleichzeitigen Erhöhung der Rentabilität führen. Es gibt aber auch Fälle, in denen kein sinnvoller Zusammenhang zwischen zwei Zielen hergestellt werden kann, es handelt sich dann um eine **indifferente Zielbeziehung**. So hat z. B. die Aufnahme von Fremdkapital zur Finanzierung eines Investitionsvorhabens keinen direkten Einfluss auf das Betriebsklima.

7.2 Leistungen und Funktionen

Der Handel verbindet die Gütergewinnung und -herstellung mit dem Endverbraucher. Dem Produzenten (Hersteller) und dem Endverbraucher sind beim **indirekten Absatz** der Großhandel und der Einzelhandel zwischengeschaltet. Durch den Handel ist die flächendeckende Verteilung der Güter an den Endverbraucher gewährleistet. Der Handel nimmt sowohl dem Verbraucher als auch dem Hersteller viele Aufgaben ab.

Indirekter Absatz
Der Handel ist zwischengeschaltet.

Beim direkten Absatz verkauft der Produzent seine Produkte direkt an den Endverbraucher.

Markt
→ LF 1, Kap. 11.4

Der **Einzelhändler** kauft Waren beim Industriebetrieb oder Großhändler ein und verkauft sie meist unverändert an den Endverbraucher weiter. Der Einzelhändler macht den Markt für den Verbraucher übersichtlich, was die Wichtigkeit des Handels in der Zeit zunehmender Produktvielfalt noch verstärkt. Der **Großhändler** hingegen vertreibt die Waren in der Regel nicht direkt an den Konsumenten, sondern verkauft sie an gewerbliche Abnehmer (z. B. Einzelhändler, Krankenhäuser usw.).

Früher, in der Gesellschaft der „Jäger und Sammler", war noch kein Händler notwendig, denn alle Gesellschaftsmitglieder sorgten füreinander und alle lebensnotwendigen Güter wurden gemeinschaftlich hergestellt und genutzt bzw. verbraucht. Später wurden die Menschen sesshaft. Sie lebten in Kleingruppen oder Familienverbänden und begannen, sich je nach Bedarf und Talent auf die Herstellung bestimmter Produkte zu spezialisieren. Mit der Entstehung der Arbeitsteilung begann auch der Tauschhandel, denn nicht jede Familie konnte alles selbst herstellen oder besorgen, was zum Leben benötigt wurde.

Arbeitsteilung
→ LF 1, Kap. 11.1.2

Mit der Erkundung anderer Regionen und Kontinente entwickelte sich auch der Beruf des Händlers. Dieser nahm Waren aus der Heimat in andere Regionen mit und tauschte sie dort gegen andere Waren ein. Der Händler brachte diese Waren wieder in seine Heimat, wo er sie ebenfalls wieder eintauschte. Damit übernahm der Händler die wichtige **Raumüberbrückungsfunktion**. Der Einzelhändler verkauft die Waren unmittelbar an den Endverbraucher, unabhängig davon, ob die Waren in der Region, im Inland oder im Ausland hergestellt werden. Dadurch bleiben dem Endverbraucher Zeit, Mühe und Kosten erspart, die Waren selbst beim Hersteller zu besorgen.

Beispiel

Die Kunden können im SB-Warenhaus Beska GmbH Uhren kaufen, die im Schwarzwald, in Sachsen und in der Schweiz hergestellt werden.

Mit der Entstehung des Geldes sowie der Ausweitung der Verkehrswege und -mittel konnte der Händler sein Gewerbe weiter ausbauen. Es war einerseits nicht mehr nötig, Waren als Tauschmittel bei den Reisen mitzunehmen. Andererseits konnte der Händler mit Hilfe besserer Transportmittel mehr Waren kaufen und verkaufen und weitere Strecken zurücklegen. Dadurch war er in der Lage, in noch weiter entfernte Orte zu reisen und den dortigen Markt zu erschließen, d. h. für seine Waren zu werben bzw. zu erfahren, welche Waren nachgefragt oder benötigt werden. In diesem Zusammenhang sprechen wir von der **Markterschließungsfunktion** des Händlers.

Werbung
→ LF 5, Kap. 1

Änderungen der Einkommensverhältnisse, der Qualitätsansprüche, des Umwelt- und Gesundheitsbewusstseins führen bei den Kunden insgesamt zu einem veränderten Kaufverhalten. Der Einzelhändler beobachtet die Bedarfsveränderungen und gibt diese Informationen an den Hersteller weiter. Der Einzelhändler sammelt auch häufige Beschwerden der Kunden über die Waren und kann Anregungen zum Qualitätsmanagement geben (**Marktbeobachtung**).

Beispiel

Bei der Beska GmbH häufen sich die Beschwerden, dass bei einem Uhrenmodell ein halbjährlicher Batteriewechsel notwendig ist. Eine Mitarbeiterin nimmt die Kundenbeschwerden in eine Mängelliste auf und gibt diese Informationen an den Hersteller weiter.

Verkaufsgespräch
→ LF 2, Kap. 2

Warenplatzierung
→ LF 4, Kap. 1.4

Durch den Einsatz verschiedener verkaufsfördernder Maßnahmen, wie Verteilung von Flyern, Empfehlungen während des Verkaufsgespräches, geschickte Warenplatzierung, Warenvorführungen oder Angebote zu Sonder- oder Einführungspreisen, macht der Einzelhändler Produktneuheiten der Hersteller bekannt und fördert den Absatz von Produkten (**Absatzförderung**).

Beispiel

Eine neue Funk-Armbanduhr mit Präzisionslaufwerk wird im Schaufenster der Beska GmbH besonders hervorgehoben.

Durch die Möglichkeit, nun viel mehr Waren transportieren zu können, konnte der Händler größere Mengen einkaufen, als er sofort absetzen konnte. Zum Ausgleich richtete er sich Lager ein.

Gleichzeitig war es dem Händler aber auch möglich, von verschiedenen Kleinherstellern Waren zu kaufen und erst in großen Mengen abzugeben. Der Händler sorgte demnach für den Mengenausgleich zwischen Einkauf und Verkauf, sodass die Kunden im Einzelhandel genau die von ihnen benötigte Menge bekommen (**Mengenausgleichsfunktion**).

Beispiel

Die Beska GmbH kauft bei Porzellanherstellern ganze Kollektionen von Tellern, Tassen und Schalen. Die Kunden der Beska GmbH können bei Bedarf einzelne Tassen oder Teller erhalten.

Gleichzeitig konnte er durch die Lagerungsmöglichkeit die Zeit vom Einkauf bis zum Verkauf überbrücken; denn nur in den seltensten Fällen war und ist ein Händler in der Lage, die eingekaufte Ware sofort weiterzuverkaufen. Wir sprechen hier von der **Zeitüberbrückungs-** oder **Lagerhaltungsfunktion**. Der Einzelhändler muss eine bestimmte Auswahl an Waren in ausreichender Menge vorrätig haben, um bei jahreszeitlichen Schwankungen der Kundennachfrage zu jeder Zeit verkaufsbereit zu sein.

Beispiel

Die Beska GmbH hält für ihre Kunden das ganze Jahr über eine vielfältige Auswahl an Uhren und Schmuck bereit, obwohl 80 % des Jahresumsatzes nur in den beiden letzten Monaten des Jahres erzielt werden (Vorweihnachtszeit).

Der Händler übernimmt die Aufgabe, Waren nach einer bestimmten Gattung, z. B. Lebensmittel, Schreibwaren oder Werkzeuge, zu Sortimenten zusammenzufassen und somit dem Kunden die Übersicht über die Warenvielfalt zu verschaffen. Der Händler kann sich aber auch auf eine Warenart spezialisieren, z. B. Computer oder Fahrräder. Damit fasst er dann viele verschiedene Typen sowie das entsprechende Zubehör zu einem Sortiment zusammen. Damit nimmt der Händler dem Kunden die Aufgabe ab, den Markt selbst zu erkunden und jede Ware einzeln bei verschiedenen Herstellern bestellen zu müssen (**Sortimentsbildungsfunktion**).

Sortiment
→ LF 1, Kap. 8

Beispiel

Die Beska GmbH bietet die Möglichkeit, „unter einem Dach" sowohl Zahnpasta, Tintenpatronen, eine Uhrenbatterie und Käseaufschnitt zu erhalten.

In diesem Zusammenhang ist auch die **Servicefunktion** zu erwähnen. Der Handel übernimmt die Beratungsfunktion für den Kunden. Durch das vielfältige Warenangebot und die schnelle technische Entwicklung sind viele Kunden nicht mehr in der Lage, ihre Kaufentscheidungen alleine zu treffen. Sie erwarten vom Einzelhandel fachkundige Bedienung und individuelle Beratung. Manche Kunden benötigen außerdem eine Betreuung nach dem Kauf, wie das Verpacken und den Transport der Ware, die Montage, einen Reparaturdienst oder einen reibungslosen Umtausch. Falls notwendig übernimmt der Händler Installationsarbeiten oder Reparaturen.

Beispiel

Eine Kundin kauft bei der Beska GmbH ein neues Uhrenarmband sowie eine Batterie. Sie möchte das Armband gekürzt haben und die Batterie soll eingesetzt werden.

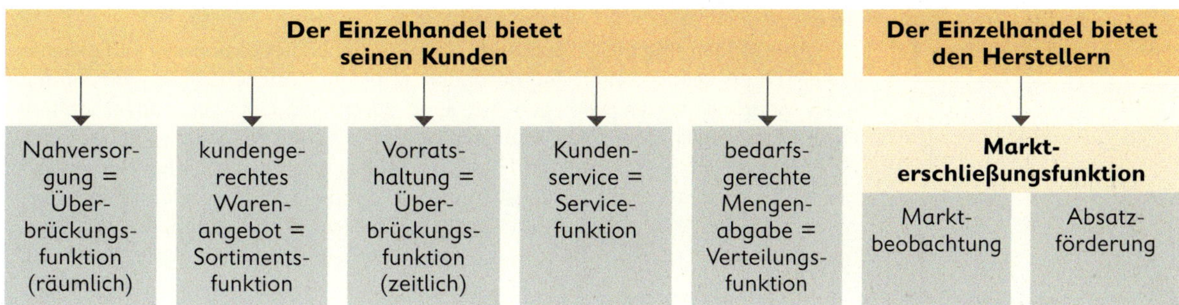

7.3 Organisationsstruktur

Lernsituation 9

Zunehmender Wettbewerb und schärferer Preiskampf ziehen für viele Unternehmen neue Herausforderungen nach sich. Sie müssen schneller und flexibler auf Marktänderungen reagieren und dabei gezielter auf Kundenbedürfnisse und -erwartungen eingehen. Folgerichtig wurde bereits vor Jahren eine **verstärkte Kundenorientierung** von der Mehrheit der deutschen Einzelhandelsunternehmen als zentrale Unternehmensstrategie erkannt, jedoch sind in der Praxis Probleme bei der Umsetzung offensichtlich. Die Zahl der Kunden, die pro Mitarbeiter zu betreuen sind, steigt ständig, hohe Anforderungen und meist auch eine hohe Arbeitsbelastung der Einzelhändler und Verkäufer sind die Folgen. Nicht selten treten Schwierigkeiten bei der Einarbeitung neuer Mitarbeiter auf, die über wenig spezifische Erfahrung im Umgang mit den Kunden verfügen, und tragen zusätzlich zur Verschlimmerung der Probleme bei.

Kundenorientierung und Unternehmensziele → LF 1, Kap. 7.1

Für die Unternehmen reicht sicherlich die alleinige Festschreibung von Kundenorientierung in den Unternehmenszielen nicht aus, sondern es müssen begleitend organisatorische und personelle Maßnahmen durchgeführt werden. Kundenorientierung kann letztlich nur in einer reibungslos funktionierenden Organisationsstruktur und von fachlich, methodisch und sozial kompetenten Mitarbeitern umgesetzt werden. Der Unternehmenserfolg und die Arbeitsplätze der Mitarbeiter sind davon abhängig, dass zufriedene Kunden an das Unternehmen gebunden werden.

7.3.1 Leitungs- und Weisungssysteme

Beispiel

Petra Theisen wird am vierten Tag ihrer Ausbildung mit folgenden Worten von ihrer Ausbilderin Frau Tommvorde begrüßt: „Sie sollten möglichst bald die Kollegen in unserem Unternehmen kennen lernen. Anhand dieses Organigramms können Sie sich erst einmal einen Überblick über die Mitarbeiter und die Organisationsstrukturen der Beska GmbH verschaffen.“ Sie erhält ein Blatt Papier, auf dem eine Art Tabelle abgebildet ist. Leider kommt sie nicht mehr dazu zu fragen, was ein Organigramm ist.

Organigramm
Darstellung des hierarchischen und strukturellen Aufbaus eines Unternehmens (siehe nächste Seite)

Petra widmet sich dem Organigramm (siehe nächste Seite) und stellt fest, dass sie gar nicht zu fragen braucht, wenn sie es sich nur genau anschaut. Es handelt sich nämlich um den genauen Aufbau der in der Beska GmbH vorhandenen Abteilungen inklusive deren Mitarbeiter. „Hier unten stehe ja sogar ich drauf“, stellt sie überrascht fest.

Hierarchie
Rangfolge

Aber noch etwas ist interessant: Anhand der Linien und der Positionierung auf der Seite kann man auch genau den hierarchischen Aufbau der Beska GmbH erkennen. Klaus List, der Geschäftsführer, ist der „Chef vom Ganzen“, denn er steht ganz oben auf dem Papier und hat zu jeder Abteilung eine Verbindung (von oben nach unten).

Alle Abteilungen sind gleichberechtigt, denn sie stehen nebeneinander auf gleicher Ebene. Die Abteilungsleiter sind gesondert in einem Kästchen erkennbar und mit allen Mitarbeitern der jeweiligen Abteilung durch eine Linie verbunden. Sie sind ihren Mitarbeitern gegenüber **weisungsbefugt**, d.h., die Mitarbeiter müssen den Anweisungen ihres Vorgesetzten Folge leisten. Anhand der Linien kann man also auch die Führungs- und Weisungsbefugnisse und die einzuhaltenden Dienstwege ablesen. Für jeden Mitarbeiter gibt es jeweils nur einen Vorgesetzten, der weisungsberechtigt ist.

Geschäftsführung
Klaus List, Geschäftsführer; Lena Friedrich, Prokuristin

Verwaltung/Sekretariat:
Ahmet Arslan; Pers.-Nr.: 6

	Warengruppe 1 Körperpflege	Warengruppe 2 Bürobedarf	Warengruppe 3 Lederwaren	Warengruppe 4 Textilwaren	Warengruppe 5 Spielwaren	Warengruppe 6 Werkzeug	Warengruppe 7 Uhren/Schmuck	Warengruppe 8 Porzellan/Glas	Warengruppe 9 Lebensmittel
Abteilungsleitung	Alexander Adams Pers.-Nr.: 3	Konstantin Romanos Pers.-Nr.: 21	Karl Rethmeier Pers.-Nr.: 18	Frank Klein Pers.-Nr.: 45	Arno Jansen Pers.-Nr.: 5	Pia Pfeiffer Pers.-Nr.: 27	Beate Dietrich Pers.-Nr.: 41	Markus Bergfelder Pers.-Nr.: 12	Sabine Tommvorde Pers.-Nr.: 38
Substitut	Ricarda Renz Pers.-Nr.: 31	Lutz Laumann Pers.-Nr.: 15	Karin König Pers.-Nr.: 8	Cordula Kampe Pers.-Nr.: 32	Theresa Trautmohn Pers.-Nr.: 20	Carla Düster Pers.-Nr.: 4	Sonja Sawitzki Pers.-Nr.: 24	Manuela Maus Pers.-Nr.: 26	Stefan Schmitz Pers.-Nr.: 33
Verkauf	Monika Korbmacher Pers.-Nr.: 11 Lea Leyendecker Pers.-Nr.: 19 Mustafa Issa Pers.-Nr.: 40	Franziska Hemmersbach Pers.-Nr.: 13 Wilma Weber Pers.-Nr.: 23 Tobias Zeitler Pers.-Nr.: 29 Karin Hinsen Pers.-Nr.: 44	Peter Meyer Pers.-Nr.: 34	Paul Döring Pers.-Nr.: 16 Steffen Wolff Pers.-Nr.: 25 Jan Andres Pers.-Nr.: 35	Ernst Ebersbach Pers.-Nr.: 7 Hans Baumbach Pers.-Nr.: 9 Kornelius Kronenberg Pers.-Nr.: 14 Claudia Schugt Pers.-Nr.: 36	Fabian Fuchs Pers.-Nr.: 10 Rolf Tillmanns Pers.-Nr.: 30 Klaus Ziegler Pers.-Nr.: 37	Susanne Schellenberg Pers.-Nr.: 28	Stefan Marr Pers.-Nr.: 42	Max Matzerath Pers.-Nr.: 22
Auszubildende(r)			Auszubildender: Marko Hinrich Pers.-Nr.: 47	Auszubildender: Josef Henseler Pers.-Nr.: 17				Auszubildender: Abdu Özbek Pers.-Nr.: 43	Auszubildende: Thorsten Töller Pers.-Nr.: 46 Andrea Löchel Pers.-Nr.: 39 Petra Theisen Pers.-Nr.: 48

Stelle ist die kleinste Einheit in der Organisation eines Unternehmens. Jede Stelle wird von einem Mitarbeiter besetzt.

Anhand des Organigramms kann man
- die **Stellen**einteilung,
- den hierarchischen Aufbau (z. B. einzuhaltenden Dienstweg),
- die Bildung der Abteilungen durch Stellenzusammenlegung und
- die bei der Stellen- und Abteilungseinführung zu Grunde gelegte Strukturierung erkennen.

Gleichzeitig bekommt man auch einen Eindruck von der Größe des Unternehmens. In der Regel werden folgende Typen von Weisungssystemen unterschieden:

Einliniensystem

Das Einliniensystem hat einen sehr übersichtlichen Aufbau. Jeder Mitarbeiter ist nur durch eine Linie (Weisungslinie) mit seinem direkten Vorgesetzten verbunden. Keiner hat noch andere Verbindungen zu anderen Abteilungen oder ist anderen Vorgesetzten unterstellt. Das heißt, für jeden Mitarbeiter ist der Entscheidungsweg festgelegt, den er einhalten muss: Er kann nur über seinen Vorgesetzten mit einer anderen Abteilung in Verbindung treten, um eine Entscheidung herbeizuführen. Auch der Geschäftsführer gibt Anweisungen, jedoch im Regelfall nicht an einzelne Mitarbeiter, sondern er informiert die Abteilungsleitungen über Neuerungen, Änderungen usw.

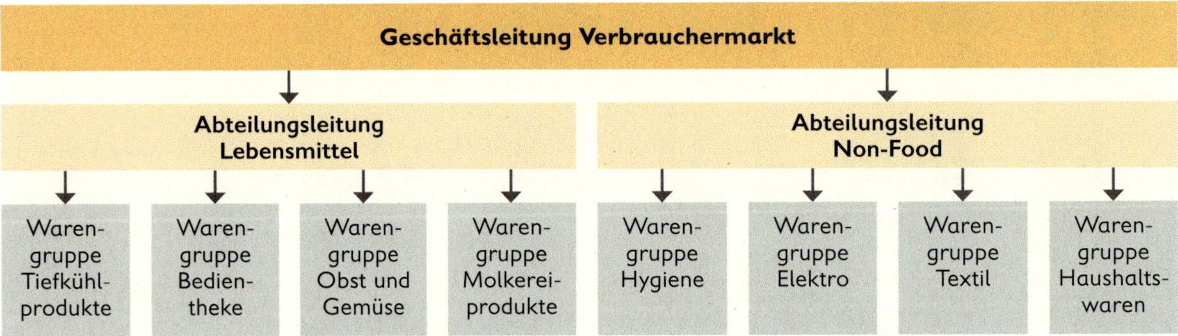

Mehrliniensystem

Beim Mehrliniensystem dagegen hat jeder Mitarbeiter einer Abteilung nicht nur einen direkten Vorgesetzten, sondern ist auch anderen höherrangigen Mitarbeitern gegenüber weisungsgebunden. Man nennt das Mehrliniensystem auch **Funktionalsystem**, weil die Mitarbeiter in Abhängigkeit von ihrer jeweiligen Aufgabe (Funktion) immer von demjenigen Vorgesetzten Anweisungen erhalten, der für diesen Bereich über das entsprechende Fachwissen verfügt.

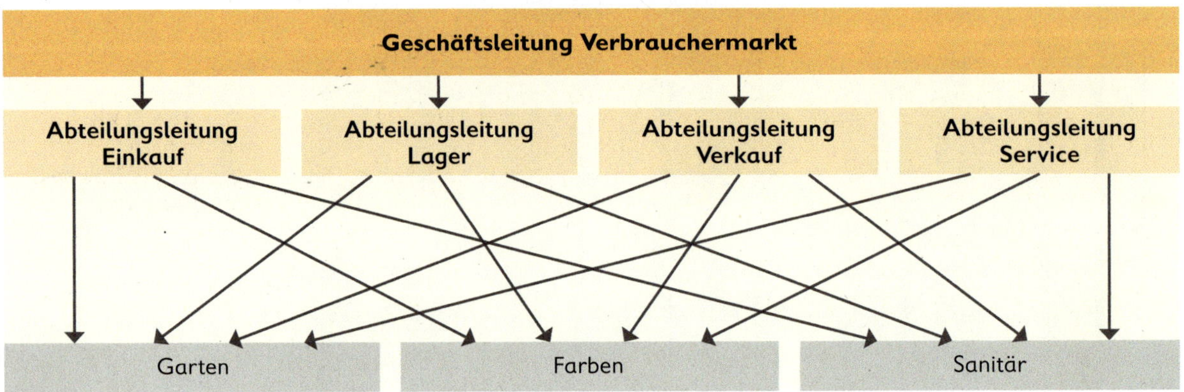

Stabliniensystem

Das Stabliniensystem ergänzt das Liniensystem durch Stäbe. Stäbe sind Abteilungen oder Stellen ohne Weisungsbefugnis. Dabei könnte es sich zum einen um Spezialisten handeln, die den anderen Abteilungen beratend zur Seite stehen, z. B. EDV-Fachleute. Zum anderen handelt es sich um Abteilungen oder Mitarbeiter, die direkt der Geschäftsleitung zuarbeiten, z. B. Qualitätsmanagement oder wie bei der Beska GmbH das Sekretariat. Allen Stäben ist aber gemein, dass sie nicht direkt der Erfüllung der primären betrieblichen Aufgabe dienen.

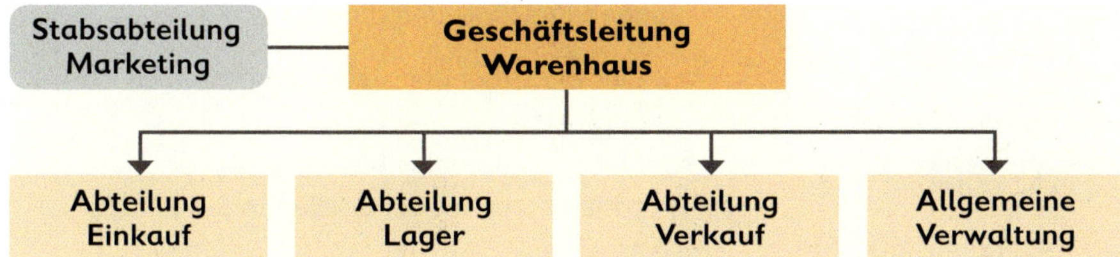

7.3.2 Ablauforganisation

Nicht nur der Aufbau eines Unternehmens ist zu organisieren, auch die einzelnen Arbeitsabläufe müssen optimiert werden, um Zeit- und somit Geldverschwendung innerhalb des Betriebes zu vermeiden. Je nach Tätigkeitsfeld und Branche eines Unternehmens fallen jedoch ganz unterschiedliche Arbeitsabläufe an. Die Organisation häufig wiederkehrender Arbeitsabläufe wird daher in jedem Unternehmen individuell auf die eigenen Bedürfnisse zugeschnitten. Eine generelle Aussage zur Organisation von Arbeitsabläufen ist somit kaum möglich.

Bei der Ablauforganisation geht es vor allem darum,
- die Kommunikationswege und -zeiten zu minimieren,
- den Einsatz der Arbeitsmaterialien und Arbeitskräfte zu optimieren und
- Zeiten und Wege des innerbetrieblichen Transports zu minimieren.

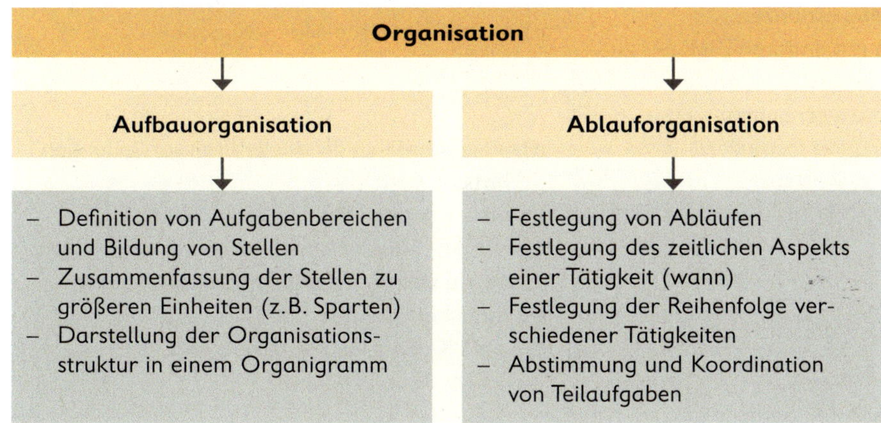

Abgrenzung Aufbau- und Ablauforganisation

ALLES KLAR?

1 Wonach orientieren sich Sortiment und Leistungsangebot des Einzelhändlers im Wesentlichen?

a) nach den Rabatten beim Lieferanten
b) nach der Größe der Verkaufsfläche
c) nach der Verkehrsanbindung (Verkehrsorientierung)
d) nach den Wünschen und Bedürfnissen der Kunden (Kundenorientierung)
e) nach der Anzahl der verfügbaren Mitarbeiter im Unternehmen (Mitarbeiterorientierung)

2 Warum ist die Verfolgung von sozialen Zielen für ein Unternehmen so wichtig?

a) Die Mitarbeiter sollen sich am Arbeitsplatz fühlen wie zu Hause.
b) Die Mitarbeiter sollen auch am Arbeitsplatz viel Zeit für ihre Familie haben.
c) Die Mitarbeiter sind motivierter, wenn ein gutes Betriebsklima herrscht.
d) Alle Mitarbeiter sollen miteinander befreundet sein.
e) Die Mitarbeiter sollten mit der Geschäftsleitung einer Meinung sein.

3 Unter komplementären Unternehmenszielen versteht man:

a) Ziele, die sich gegenseitig ergänzen.
b) Ziele, die nur komplett mit anderen Zielen erreichbar sind.
c) Ziele, die gleichzeitig nicht erreichbar sind.
d) Ziele, die erst noch komplett formuliert werden müssen.
e) Ziele, die nur begrenzt erreichbar sind.

4 Der wesentliche Unterschied zwischen Großhandel und Einzelhandel ist:

a) Die Verkaufsfläche des Großhändlers ist wesentlich größer als die des Einzelhändlers.
b) Der Großhändler hat mehr Mitarbeiter als der Einzelhändler.
c) Der Einzelhändler verkauft Waren an Endverbraucher, der Großhändler in der Regel nicht.
d) Einzelhändler verkaufen keine Waren an Großhändler.
e) Großhändler verkaufen keine Waren an Einzelhändler.

5 Was versteht man unter „Raumüberbrückungsfunktion des Einzelhändlers“?

a) Der Einzelhändler liefert dem Kunden Waren nach Hause.
b) Der Einzelhändler bietet Rolltreppen und Aufzüge an, um im Laden die Etagen zu überbrücken.
c) Der Einzelhändler bietet Einkaufswagen an, damit die Kunden im Laden bequem in allen Abteilungen einkaufen können.
d) Der Einzelhändler verkauft Waren unabhängig davon, wo sie hergestellt wurden
e) Der Einzelhändler sorgt für ein gutes Raumklima im Laden, damit Kunden sich dort wohl fühlen.

6 Welche Leistung bietet der Einzelhändler seinen Zulieferern?

a) Vorratshaltung
b) Nahversorgung
c) Markterschließung
d) kundengerechtes Warenangebot
e) bedarfsgerechte Mengenabgabe

7 Einzelhändler bieten Service an, weil ...

a) viele Kunden individuelle Preisvorstellungen haben.
b) viele Kunden lieber im Internet kaufen.
c) manche Kunden sich einfach nur einmal Artikel im Laden ansehen möchten.
d) manche Kunden zur Konkurrenz wechseln.
e) viele Kunden Artikel bereits aus der TV-Werbung kennen.

8 Mengenüberbrückung oder bedarfsgerechte Mengenabgabe bedeutet, dass ...

a) der Einzelhändler z.B. an der Bedientheke genau die Menge verkauft, die Kunden wünschen.
b) der Einzelhändler keine großen Mengen verkaufen kann.
c) der Einzelhändler immer wartet, bis die Ware abverkauft ist, bevor er nachbestellt.
d) der Einzelhändler für die Kunden einen Lieferservice anbietet.
e) der Einzelhändler grundsätzlich nur große Mengen beim Lieferanten ordert.

9 Wodurch können Einzelhändler ihren Kunden bei der Kaufentscheidung helfen?

a) indem höhere Rabatte gewährt werden
b) indem ein Lieferservice angeboten wird
c) durch individuelle Beratung
d) durch den Einsatz besonders schneller Kassensysteme
e) mit längeren Öffnungszeiten

10 Was versteht man unter einem Organigramm?

a) Ein Organigramm ist eine Nachricht an alle Mitarbeiter.
b) Ein Organigramm zeigt den Aufbau des Unternehmens hinsichtlich der besetzten Stellen.
c) Ein Organigramm ist ein Programm zur Mitarbeiterschulung.
d) Ein Organigramm ist ein Programm zur Optimierung der Abläufe im Unternehmen.
e) Ein Organigramm zeigt, welche Unternehmen besonders gut organisiert sind.

11 Einlinien- und Mehrliniensystem unterscheiden sich durch ...

a) die Anzahl der Linien.
b) die Anzahl der Leitungsebenen.
c) die Anzahl der Stabsabteilungen.
d) die Anzahl der weisungsbefugten Vorgesetzten je Mitarbeiter.
e) die Anzahl der weisungsgebundenen Mitarbeiter.

12 Unter Weisungsbefugnis versteht man, ...

a) dass ein Mitarbeiter den Kunden, der einen Artikel sucht, durch den Markt begleiten soll.
b) dass ein Abteilungsleiter dafür verantwortlich ist, Wegweiser im Kundenlauf aufzustellen.
c) dass jeder Mitarbeiter jedem anderen eine Anweisung erteilen kann, die er dann befolgen muss.
d) dass Vorgesetzte ihren Mitarbeitern zeigen sollen, welche Unternehmensstrategie die Geschäftsführung verfolgt.
e) dass Mitarbeiter die Anweisungen ihrer Vorgesetzten nicht ignorieren dürfen.

13 Welche Aufgabe hat ein Stab im Weisungssystem?

a) Stäbe sind für die Herstellung von Produkten verantwortlich.
b) Stäbe haben eine beratende Funktion.
c) Mitarbeiter von Stabsabteilungen haben eine Weisungsbefugnis für das gesamte Unternehmen.
d) Mitarbeiter von Stabsabteilungen haben eine Weisungsbefugnis für ausgewählte Abteilungen.
e) Stäbe gibt es in jedem Unternehmen.

8 Einzelhandelssortiment

Lernsituation 10

Das Sortiment ist das Angebot von Waren und Dienstleistungen eines Einzelhandelsunternehmens, welches nach bestimmten Bausteinen systematisiert wird. Diese Systematisierung wird auch **Sortimentspyramide** genannt. Die Sorte wird als kleinste Einheit des Sortiments bezeichnet. Sie unterscheidet sich nach Farbe, Preis, Größe, Menge usw.

Beispiel

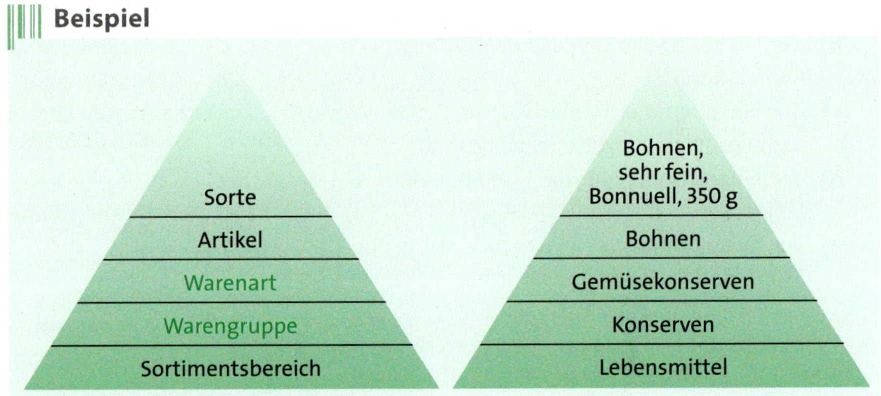

Warengruppe
Zusammenfassung verschiedener Warenarten aus ähnlichem Material oder mit ähnlicher Verwendung, Herstellung

Warenart
Oberbegriff für verschiedene Artikel, die, z. B. in ihrer Zusammensetzung oder Verwendung oder Herkunft, ähnlich oder gleich sind

Sortimentsbreite
Vielfalt der Warengruppen oder -bereiche

8.1 Sortimentsumfang

Zum Sortimentsumfang zählen Sortimentsbreite und Sortimentstiefe.

Unter der **Sortimentsbreite** wird die Vielfalt von verschiedenen **Warengruppen** oder **Sortimentsbereichen** verstanden. Besteht das Sortiment aus vielen Warengruppen, wird dies als **breites Sortiment** bezeichnet. Ist das Sortiment auf wenige oder nur eine Warengruppe beschränkt, handelt es sich um ein **schmales Sortiment**.

Beispiel

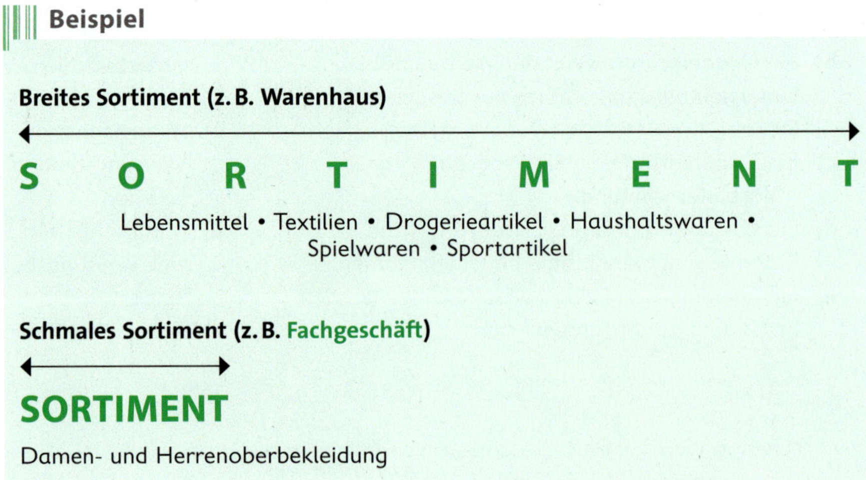

Fachgeschäft
→ LF 1, Kap. 10.1

Große Einzelhandelsunternehmen (z. B. Kaufland, Real) bieten Waren aus nahezu allen Sortimentsbereichen an. Ein solches besonders umfangreiches Sortiment wird auch als **Vollsortiment** bezeichnet.

Die Auswahl an Artikeln innerhalb einer Warengruppe hinsichtlich Qualität, Preis, Größen, Modellen usw. wird **Sortimentstiefe** genannt. Ist die Auswahl in einer Warengruppe groß, spricht man von einem **tiefen Sortiment**. Beschränkt sich die Auswahl auf wenige unterschiedliche Artikel, liegt ein **flaches Sortiment** vor.

Sortimentstiefe
Auswahl innerhalb einer Warengruppe

Tiefes Sortiment
z. B. Spezialgeschäft
→ LF 1, Kap. 10.1

Flaches Sortiment
z. B. Supermarkt im Bereich Haushaltswaren
→ LF 1, Kap. 10.1

Beispiel

Tiefes Sortiment

SORTIMENT

Kinderbekleidung (Ausschnitt aus einer Warengruppe)

- Hosen – kurze Hosen – lange Hosen
- T-Shirts – langärmlige – kurzärmlige – ohne Ärmel – mit V-Ausschnitt – mit Rundausschnitt
- Röcke – kurze Röcke – lange Röcke
- Kleider – kurze Kleider – lange Kleider
- Pullover – mit V-Ausschnitt – mit Rundausschnitt
- Strümpfe – Söckchen – usw.

Angebote in allen Größen und in vielen unterschiedlichen Farben!

Flaches Sortiment

SORTIMENT

Kinderbekleidung (Ausschnitt aus einer Warengruppe)

- Hosen – lange
- T-Shirts – langärmlige
- Pullover – mit V-Ausschnitt

Angebote nur in bestimmten Größen und in wenigen unterschiedlichen Farben!

8.2 Sortimentsgerüst

Die Zusammensetzung des Sortiments ist von dem zu erzielenden Gesamtumsatz abhängig. Deshalb wird das Sortiment unterschieden in Kern-, Rand-, Saison-, Probe- und Auslaufsortiment.

Durch das **Kernsortiment** erwirtschaftet ein Einzelhandelsunternehmen den größten Umsatzanteil. Die Waren des Kernsortiments werden dem Kunden das ganze Jahr über zur Verfügung gestellt.

Beispiel

- Lebensmittel im Supermarkt
- Damen- und Herrenoberbekleidung im Fachgeschäft

Das **Randsortiment** stellt eine Ergänzung des Kernsortiments mit branchenfremden Waren dar. Sie werden vom Kunden seltener verlangt.

Beispiel

- Non-Food-Artikel im Supermarkt
- Accessoires im Textilfachgeschäft

Im **Saisonsortiment** werden Waren jedes Jahr nur zu bestimmten Saisonzeiten angeboten.

Zum **Probesortiment** gehören Waren, die in das bestehende Sortiment eines Einzelhandelsbetriebes neu eingeführt werden und bei denen noch nicht klar ist, wie groß die Nachfrage sein wird.

Warenbestände, die nach dem Verkauf der Restbestände nicht mehr angeboten werden, gehören zum **Auslaufsortiment**. In der Regel werden diese Artikel aufgrund rückläufiger Umsätze aus dem Sortiment entfernt.

Beispiel

Sortiment	Supermarkt	Fachgeschäft
Kernsortiment	Lebensmittel	Damen- und Herrenoberbekleidung
Randsortiment	Non-Food-Artikel	Accessoires
Saisonsortiment	Weihnachtsschokomänner	Wintersportbekleidung
Probesortiment	Diätprodukte	Kinderbekleidung
Auslaufsortiment	Fahrradzubehör	Damenhüte

8.3 Sortimentsplanung

Das wichtigste Ziel der Sortimentsplanung ist das kundenorientierte Zusammenstellen des Gesamtsortiments. Dabei sind wichtige Kriterien zu beachten.

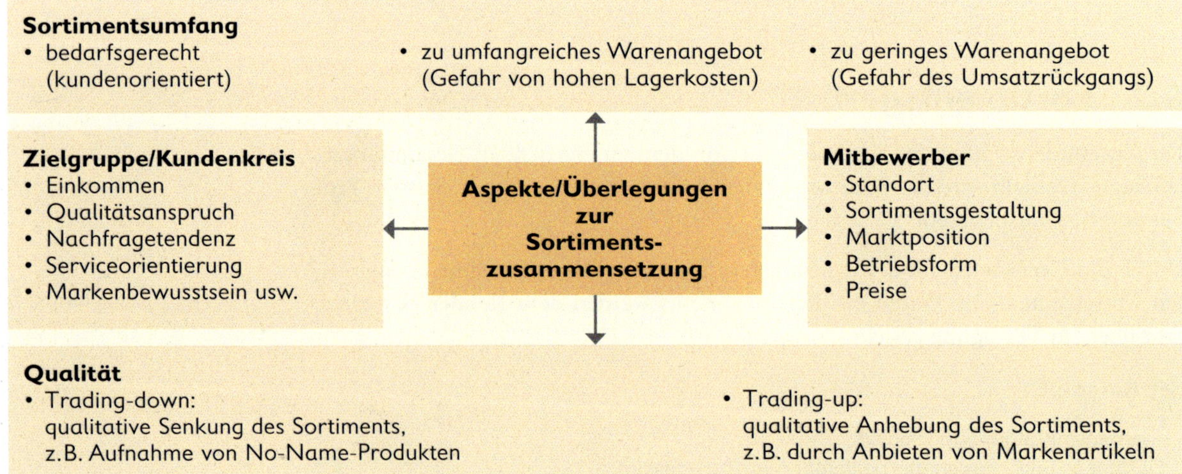

Beispiel

Im Warenhaus Beska GmbH wird eine neue Abteilung „Young and hip“ eingerichtet. Die Zielgruppe ist zwischen 13 und 20 Jahre alt. Es werden männliche und weibliche Kunden angesprochen. Im Angebot sind:

- ausgefallene Bekleidung,
- Accessoires und Schuhe,
- günstiger Modeschmuck,
- Computerspiele

Serviceleistung ist ein kostenloser Wifi-Hotspot.

Um wirtschaftlichen Erfolg zu haben, sollte der Einzelhändler aber nicht nur die Kunden und seinen eigenen Betrieb im Blick haben. Er muss auch über seine **Mitbewerber** genau Bescheid wissen, die **Konkurrenz** also **analysieren**. Deshalb werden von den Einzelhandelsunternehmen u. a. so genannte **C-Gänge oder Konkurrenzgänge** durchgeführt. Dabei sucht der Einzelhandelskaufmann oder einer seiner Mitarbeiter die Geschäfte der Mitbewerber auf. Er stellt dabei fest, wie das Geschäft des Wettbewerbers aussieht, welches Sortiment er hat, wie viel Personal im Laden ist und andere Gesichtspunkte, die für den Erfolg des Unternehmens wichtig sind. Die so gewonnenen Informationen können dann u. a. für die eigene Sortimentsplanung genutzt werden.

8.4 Artikelarten

Um sich von der Konkurrenz abzuheben, müssen Einzelhändler Waren so kundenorientiert wie möglich anbieten. Dazu ist es notwendig, die einzelnen Artikel des Sortiments denkbar vielfältig und attraktiv zu gestalten.

Markenartikel (**Herstellermarke**) sind Waren, die dem Kunden über einen langen Zeitraum in einer gleich bleibenden Qualität angeboten werden. Sie sind überall mit gleichem Design und in gleicher Mengenabpackung erhältlich. Der Markenartikel hat einen sehr hohen Bekanntheitsgrad. Auf der Verpackung sind stets der Markenname, ein Logo oder ein Markenzeichen zu finden.

Marken- und Handelsmarkenartikel bei den Gemüsekonserven.

Handelsmarkenartikel (**Hausmarke**) werden ebenfalls mit gleich bleibender Qualität, Verpackung, Logo usw. angeboten. Sie sind Warenzeichen der Einzelhandelsbetriebe (Supermarkt, Warenhaus usw.). Handelsmarken sind weniger bekannt als Herstellermarken, weil der Handel das Produkt weniger bewirbt. Handelsmarken sind Eigentum der jeweiligen Handelsunternehmen.

Ergänzungsartikel sind Waren, die mit dem Hauptartikel in einem engen Verwendungszusammenhang stehen.

Beispiel

Fernbedienung (Hauptartikel) – Batterien (Ergänzungsartikel)

Waren, die der Kunde im Ladengeschäft spontan kauft, werden **Impulsartikel** genannt.

Impulsartikel werden häufig im Kassenbereich platziert.

Wenn die gewünschte Ware nicht vorrätig ist, wird ein in Qualität und Preis gleichwertiger **Ersatzartikel** (**Alternativartikel**) angeboten.

Impulsartikel
→ LF 4, Kap. 1.4.2

Alternativartikel anbieten
→ LF 2, Kap. 2.11

Der Kunde kauft **Suchartikel** geplant, z. B. mit Hilfe eines Einkaufszettels.

Einkaufszettel
Camping

- Camping-Gaskocher (einflammig)
- Kochgeschirr
- Wasserkessel
- 6x Essgeschirr mit Besteck (Campingkugel)
- Microfaserhandtuch
- selbstaufblasbare Luftmatratze
- Mückenspray
- Taschenlampe
- Batterien

Beispiel

Herr Fontan kauft gezielt Campingzubehör für den anstehenden Sommerurlaub.

Bei **Magnetartikeln** handelt es sich um attraktive Waren, die die Kunden in das Geschäft oder zu einem bestimmten Regal locken, z. B. geplante Einkäufe anhand eines Werbeprospekts.

Beispiel

- Sonderangebot: Digitalkamera, 12 Mega-Pixel, 99,00 Euro
- Sonderangebot: diverse Kosmetikartikel

Der Händler möchte wegen der großen Gewinnspanne **Forcierartikel** schnell und häufig verkaufen und präsentiert sie den Kunden deshalb besonders auffällig.

Waren platzieren
→ LF 4, Kap. 1.4

Beispiel

Premium-Schokoladenartikel

Artikel, die sich eher schleppend oder gar nicht verkaufen, werden **Pennerartikel** genannt. Jene, die sich gut verkaufen, **Rennerartikel**.

Beispiel

- Bekleidung aus älteren Kollektionen (Pennerartikel)
- gut gehende Markenkaffeesorten (Rennerartikel)

Durch Preissenkungen sollen **Aktionsartikel** sehr schnell und oft verkauft werden. Die Preise für Aktionsartikel sind nur befristet gültig und gelten nur, solange der Vorrat reicht.

Beispiel

Aktion: Alles für den Schulanfang! Dabei ist ein Artikel (Hausaufgabenheft) günstiger zu erwerben.

9 Verkaufsformen

Die Verkaufsformen geben an, welche Verkaufsmethoden in den verschiedenen Betriebsformen des Einzelhandels zum Tragen kommen. Das Angebot der Verkaufsmethode ist abhängig vom

- jeweiligen Standort,
- von der Warenart,
- von der Betriebsform und
- vom Bedürfnis des Kunden.

Lernsituation 11

Betriebsform
→ LF 1, Kap. 10

9.1 Bedienungssystem (Vollbedienung)

Die älteste Form des Verkaufs ist die Vollbedienung. Der Verkäufer führt das Verkaufsgespräch von Beginn der Verkaufsverhandlungen bis zum Ende. Er begrüßt den Kunden beim Betreten des Geschäftes, ermittelt dessen Kaufwunsch, präsentiert die ausgewählte Ware, berät den Kunden und führt den Kunden zu einem Kaufabschluss. In den meisten Fällen kassiert der Verkäufer auch und verpackt die Ware eventuell als Geschenk. Danach verabschiedet er den Kunden. Die Vollbedienung ist bei einem beratungsintensiven (erklärungsbedürftigen), hochwertigen Sortiment zweckmäßig, da der Kunde hier eine fachkundige Beratung erwartet. In der Regel hat der Kunde hier aus Sicherheitsgründen oder aus Gründen der Hygiene keinen direkten Zugang zur Ware.

Beispiel

technische Geräte, Schmuck, Parfüm, Delikatessen
Laut Lebensmittelhygienegesetz dürfen einige Waren nur über Bedienung verkauft werden, z.B. frischer Kuchen, unverpacktes Frischfleisch.

Nonverbal
ohne Worte,
mit Körpersprache
→ LF 2, Kap. 1.2

9.2 Vorwahlsystem (Teilbedienung)

Beim Vorwahlsystem hat der Kunde die Möglichkeit, sich selbstständig über das Warenangebot zu informieren. Die Waren werden in frei zugänglichen Regalen, Ständern usw. präsentiert. Falls der Kunde ein Beratungsgespräch wünscht, kann er auf den Verkäufer zugehen und sich beraten lassen. Bei entsprechenden **nonverbalen** Signalen des Kunden kann auch der Verkäufer auf den Kunden zugehen und ein Beratungsgespräch anbieten. Beim Vorwahlsystem werden die Verkaufsformen Vollbedienung und Selbstbedienung miteinander verbunden. Der Kauf der Ware ist allerdings nur mit Hilfe eines Verkäufers möglich.

Beispiel

Möbel, Schuhe, Bekleidung, technische Geräte

9.3 Selbstbedienungssystem

Der Kunde wählt seine Ware selbstständig aus und geht damit zur Kasse. Die Waren befinden sich, wie im Vorwahlsystem, in frei zugänglichen Regalen, Ständern usw. Zur Selbstbedienung eignen sich besonders Waren

- des täglichen Bedarfs,
- die problemlos sind und
- die der Kunde kennt.

Die Aufgaben des Verkaufspersonals konzentrieren sich im Selbstbedienungssystem auf die Auszeichnung und das Anordnen der Ware sowie auf das Kassieren. Falls der Kunde vorher keine Fragen hatte, trifft er erst an der Kasse auf das Verkaufspersonal.

 **Beispiel**

Lebensmittel, Drogerieartikel, teilweise Heimwerkerware

Selbstbedienung = SB
Umgang mit dem Kunden im Selbstbedienungssystem
→ LF 2, Kap. 2.1

In vielen Einzelhandelsgeschäften erkennt man mehrere Verkaufsformen nebeneinander – so wie im Supermarkt, der grundsätzlich als Selbstbedienungssystem funktioniert, aber innerhalb des Ladengeschäfts noch eine Bedientheke für Käse oder Wurstwaren betreibt.

9.4 Automatenverkauf

Geldkarte
→ LF 3, Kap. 6.2.3

Automaten werden an stark frequentierten Stellen, wie z. B. Bushaltestellen, Bahnhöfen, Autobahnraststätten, Fußgängerzonen, im Eingangsbereich von Einzelhandelsunternehmen, Hotelhallen, Schulen, Universitäten usw., aufgestellt.
Artikel wie Heiß- und Kaltgetränke, Zigaretten, Süßigkeiten sowie Hygieneartikel werden über Automaten vertrieben. Der Käufer kann rund um die Uhr durch das Einwerfen von Bargeld oder Benutzung von Karten die gewünschte Ware erwerben.

ALLES KLAR?

1 Welche der folgenden Aussagen beschreibt die Sortimentsbildungsfunktion des Einzelhändlers?

a) Der Einzelhändler sortiert angeschlagenes Obst aus.
b) Der Einzelhändler füllt eine Sorte italienisches Olivenöl für die Kunden in mitgebrachte Flaschen ab.
c) Der Einzelhändler bietet Kaffeesorten aus aller Welt an.
d) Der Einzelhändler lagert alle Rotweinsorten bei 18 °C.
e) Der Einzelhändler bietet eine Käsesorte zur Verkostung an.

2 Eine Warengruppe erkennt man daran, dass ...

a) Waren hinsichtlich Material, Herstellung oder Verwendung zusammengefasst werden.
b) Waren gruppenweise verkauft werden.
c) Waren gruppenweise geliefert werden.
d) es ein tiefes Sortiment gibt.
e) sie in der Sortimentspyramide ist.

3 Die Sortimentspyramide ist so aufgebaut, ...

a) wie der Kundenlauf im Laden.
b) wie das Zentrallager.
c) dass man die Sortimentsbausteine des Einzelhändlers erkennen kann.
d) wie die Sortimentstiefe.
e) wie die Sortimentsbreite.

4 Welche der folgenden Aussagen gibt einen Hinweis auf die Sortimentsbreite?

a) In einem Verbrauchermarkt wird die neue Gartenabteilung feierlich eröffnet.
b) In der neuen Gartenabteilung soll eine große Auswahl an Rasenmähern angeboten werden.
c) Für das neue Sortiment sind besonders breite Stellflächen geplant.
d) Das Sortiment innerhalb der Warengruppen ist tief.
e) Das Sortiment innerhalb der Warengruppen ist schmal.

5 Welche der folgenden Aussagen beschreibt die Sortimentstiefe?

a) In einem Sportgeschäft wird ein Lauftreff angeboten.
b) Die Auswahl an Skischuhen ist besonders groß.
c) Die Auszubildenden im Sportgeschäft sollen sich in jeder Abteilung auskennen.
d) Für Laufschuhe gibt es eine besonders intensive Beratung mit Videoanalyse.
e) Das Bademodensortiment wird im August gegen Wanderkleidung getauscht.

6 Ein Sortiment mit vielen verschiedenen Warengruppen und wenig Auswahl innerhalb der Warengruppen ist ...

a) tief und flach.
b) breit und tief.
c) tief und schmal.
d) breit und flach.
e) breit und schmal.

7 Ein Sortiment mit wenigen verschiedenen Warengruppen und viel Auswahl innerhalb der Warengruppen ist ...

a) tief und flach.
b) schmal und tief.
c) flach und schmal.
d) breit und flach.
e) breit und schmal.

8 Welche der folgenden Aussagen zum Sortimentsgerüst ist richtig?

a) Weihnachtsartikel gehören im Januar zum Auslaufsortiment.
b) Falls ein Artikel nur vorübergehend angeboten wird, gehört er zum Probesortiment.
c) Einige Schokoladenartikel werden nur als Saisonsortiment angeboten.
d) Die Artikel des Randsortiments platziert man ausschließlich an den Rändern des Geschäfts.
e) Das Kernsortiment umfasst nur einen kleinen Teil des Warenangebots.

9 Welches Kriterium ist für die Sortimentsplanung in der heutigen Situation besonders zu beachten?

a) die Anzahl der Mitarbeiter im Betrieb
b) die Sauberkeit der Filiale und die Kühltemperaturen bei Lebensmitteln
c) der Qualitätsanspruch der Kunden
d) die Zugehörigkeit zu einer Handelskette mit vielen Filialen
e) ein angrenzendes Wohngebiet mit vielen jungen Familien

10 Eine europaweit bekannte Kaffeesorte wird in einer Wochenaktion besonders platziert. Zu welcher Artikelart gehört die Kaffeesorte?

a) Pennerartikel
b) Suchartikel
c) Markenartikel
d) Alternativartikel
e) Handelsmarkenartikel

11 Welche der folgenden Eigenschaften sind typisch für Ergänzungsartikel?

a) Ergänzungsartikel werden spontan gekauft.
b) Ergänzungsartikel werden zeitlich begrenzt angeboten.
c) Ergänzungsartikel sind geplante Einkäufe.
d) Ergänzungsartikel ergänzen immer das Kernsortiment.
e) Ergänzungsartikel stehen im Zusammenhang mit anderen Artikeln, die der Kunde gekauft hat.

12 Welche der folgenden Aussagen ist richtig?

a) Im Vorwahlsystem benötigt der Kunde erst an der Kasse einen Verkäufer.
b) Im Bediensystem hat der Kunde meistens freien Zugang zur Ware.
c) Im Selbstbedienungssystem bekommt der Kunde möglicherweise erst an der Kasse Kontakt mit einem Verkäufer.
d) Im Vorwahlsystem hat der Kunde immer vollständigen Zugang zur Ware.
e) Im Bediensystem werden auch Artikel aus dem Selbstbedienungsbereich angeboten.

13 Worin unterscheiden sich die Verkaufsformen im Wesentlichen?

a) durch die Anzahl der Mitarbeiter im Laden
b) durch die Anzahl der Kunden an der Kasse
c) durch den Zugang der Verkäufer zum Kunden
d) durch den Zugang der Kunden zum Verkäufer
e) durch den Zugang der Kunden zur Ware

14 Welche Verkaufsform ist besonders geeignet bei diebstahlgefährdeter Ware?

a) Automatenverkauf mit gepanzerten Türen an den Automaten
b) Vorwahl mit sportlichen Verkäufern, die Diebe schnell verfolgen können
c) Selbstbedienung mit Sicherungsetiketten an der Ware
d) Vollbedienung mit Bedientheken aus Glas
e) Selbstbedienung mit Security-Personal am Ausgang des Ladens

15 Bei welcher Verkaufsform kommt „Beratungsdiebstahl" (Kunden lassen sich im Laden beraten und kaufen dann im Internet) besonders oft vor?

a) Automatenverkauf
b) Vorwahl
c) Vollbedienung bei Lebensmitteln
d) Vollbedienung bei Uhren und Schmuck
e) Selbstbedienung

16 Welche der folgenden Artikel sind i.d.R. nur für Vollbedienung geeignet?

a) Brot und Backwaren
b) Regale, Sofas und Betten
c) Frisches Hackfleisch und frischer Fisch
d) Erdbeeren und Sonnenblumen
e) Wäschetrockner und Kühlschränke

10 Betriebsformen

Lernsituation 11

Betriebsformen sind Erscheinungen verschiedener Einzelhandelsbetriebe, die sich hinsichtlich verschiedener Faktoren voneinander unterscheiden:

- Branche,
- Standort,
- Betriebsgröße,
- Ladenausstattung,
- Preis,
- Sortimentsgestaltung,
- Verkaufsform und
- Serviceleistungen.

Verkaufsformen
→ LF1, Kap. 9

Serviceleistungen
→ LF2, Kap. 2.10

Die Abgrenzung der Betriebsformen ist nicht immer ganz trennscharf, da sich die Unterscheidungskriterien z. T. überschneiden und sich die Betriebsform eines Einzelhändlers im Laufe der Zeit ändern kann. Möglicherweise entwickelt sich ein Fachgeschäft zum Fachmarkt oder ein Einzelhändler spezialisiert sich auf eine Warengruppe, sodass sich die Betriebsform ändert.

10.1 Stationärer Handel

Bei diesen Betriebsformen sucht der Verbraucher den Verkäufer in seinem Ladenlokal auf.

Ein **Verbrauchermarkt/SB-Warenhaus** ist ein auf Selbstbedienung ausgerichteter Einzelhandelsbetrieb, basierend auf einem niedrigen bis mittleren Preisgefüge. Er hat eine Verkaufsfläche von 1 500 bis 5 000 m², auf der in erster Linie Ware aus dem Lebensmittelbereich (Food-Artikel) angeboten wird. Demgegenüber steht ein vergleichsweise hoher Anteil an Waren aus anderen Bereichen (Non-Food-Artikel), welche aus nicht erklärungsbedürftigen Produkten bestehen. Insgesamt werden ca. 30 000 bis 50 000 Artikel angeboten. Verbrauchermärkte/SB-Warenhäuser befinden sich häufig in Stadtrandnähe mit großen Parkflächen. Serviceleistungen, wie z. B. Reisebüro, Schuhreparaturdienst, Friseur usw., sind typisch für Verbrauchermärkte/SB-Warenhäuser.

Eine eindeutige Unterscheidung zwischen Verbrauchermarkt und SB-Warenhaus ist kaum noch möglich bzw. notwendig.

Beispiel

Marktkauf, E-Center, Toom, Rewe-Center, Real, Kaufland, Handelshof, Globus

Das Warenhaus Galeria Kaufhof in Frankfurt am Main hat eine Verkaufsfläche von mehr als 24 000 m².

Das **Warenhaus** wird geprägt durch das Thema: „Alles unter einem Dach!" In einem Warenhaus finden sich zahlreiche Sortimentsbereiche, dementsprechend groß sind Warenhäuser hinsichtlich der Verkaufsfläche, die meist über 10 000 m² beträgt.

Beispiel

Bekleidung, Schuhe, Haushaltswaren, Unterhaltungselektronik, Wohnbedarf, Spielwaren, häufig auch Lebensmittel

Die Waren können mit Hilfe der Verkaufsformen Bedienung, Vorwahl und Selbstbedienung erworben werden. Das Warenhaus führt ein breites, aber unterschiedlich tiefes Sortiment in allen Preisklassen. Große Warenhäuser führen ca. 140 000 Artikel und Giganten mehr als 200 000. Der Standort eines Warenhauses befindet sich meist im Zentrum von Großstädten oder in Einkaufszentren.

Beispiel

KaDeWe (Kaufhaus des Westens, Berlin), Galeria Kaufhof, Karstadt, Alsterhaus

Die Abgrenzung des **Kaufhauses** zum Warenhaus liegt lediglich in der Spezialisierung auf einen Sortimentsbereich. Das Kaufhaus befindet sich auch in Stadtteilzentren mit einem breiten und tiefen Sortiment auf über 4 000 m². Das Sortiment des Kaufhauses ist häufig an der Sortimentspolitik des Fachgeschäftes orientiert und bietet Waren in allen Preisklassen an. Die Waren werden vorwiegend durch die Verkaufsform Vorwahl angeboten, aber auch Bedienung und Selbstbedienung sind möglich.

Beispiel

C&A, Peek & Cloppenburg, Sinn Leffers

Innerhalb von Waren- und Kaufhäusern werden die Waren häufig markenbezogen in „Shops" angeboten.

Bei diesem **Shop-in-the-Shop**-Konzept handelt es sich nicht um eine eigenständige Betriebsform. Die Einzelhandelsunternehmen gestalten die Verkaufsräume so, dass der Kunde das Gefühl hat, er würde ein separates Geschäft betreten. Teilweise werden die einzelnen Shops durch angedeutete Türen und eigene Kassenbereiche begrenzt. Der Kunde kann Waren des mittleren bis hohen Preisniveaus mit Hilfe von Vorwahl oder Bedienung kaufen.

Theme-Stores sind spezialisiert auf ein bestimmtes Thema, z. B. aus den Bereichen Technik, Mode, Lebensmittel, Einrichtung, Design. Der Verbraucher findet dort häufig ein hochklassiges Angebot eines breiten und tiefen Sortiments von Markenartikeln. Die Gesamtverkaufsfläche eines Theme-Stores kann zwischen 11 000 und 20 000 m² liegen, wobei ein Theme-Store aus mehreren unterschiedlichen Ladenlokalen zusammengesetzt ist. Die einzelnen Ladenlokale sind zwischen 50 und 1 200 m² groß. Ein Theme-Store legt großen Wert auf eine anspruchsvolle Warenpräsentation, auf Beratung und Serviceleistungen. Oftmals finden in Theme-Stores Veranstaltungen, z. B. Firmenpräsentationen, Seminare oder Ausstellungen statt. Zu finden sind Theme-Stores in erstklassigen Lagen von Stadtzentren.

Beispiel

- stilwerk (Einrichtung und Design) in Berlin, Düsseldorf, Hannover
- Classic Remise (Oldtimer) in Berlin und Düsseldorf

Filialen
räumlich getrennte Geschäfte, die unter einheitlicher Geschäftsführung stehen

Das Angebot in einem **Fachgeschäft** ist sehr anspruchsvoll, beratungsintensiv und meist mit einem höheren Preisniveau verbunden. Fachgeschäfte verfügen über eine schmale Sortimentsbreite, jedoch über eine große Sortimentstiefe und sind geprägt durch eine individuelle Ladengestaltung. Das Fachgeschäft in Stadt- und Einkaufszentren verkauft seine Ware in Vorwahl oder Bedienung auf kleiner bis mittlerer Verkaufsfläche unter 2 000 m² und wird häufig von seinen Eigentümern geführt. Allerdings wird zunehmend die Tendenz zu **Filialen** erkennbar.

In der Classic Remise finden auch Veranstaltungen statt

Beispiel

Douglas, Benetton, Pimkie, Görtz, Christ, McPaper

Das Sortiment eines **Spezialgeschäftes** ist sehr tief und stellt im eigentlichen Sinne einen Ausschnitt des Sortiments eines Fachgeschäftes dar. In Großstadtzentren werden in den Spezialgeschäften anspruchsvolle, beratungsintensive Produkte auf höherem Preisniveau angeboten. Die Ladengestaltung ist wie bei Fachgeschäften ebenfalls individuell.

Beispiel

Brautmoden Lilly, Vinotheken, Käse-Spezialgeschäft

In **Boutiquen** werden exklusive und äußerst modische Waren, fast immer aus den Bereichen Schmuck und Bekleidung, angeboten. Diese Waren werden in einem kleinen Einzelhandelsbetrieb mit betont auffälliger Verkaufsatmosphäre angeboten. Boutiquen befinden sich meist in Stadtzentren.

Fachgeschäft für Tee und Zubehör

Beispiel

Dior (Bekleidung), aber auf dem lokalen Markt auch in anderen Bereichen

Der **Fachmarkt** hat eine große Verkaufsfläche von über 2 500 m², die sich häufig auf einer Verkaufsebene befindet. Fachmärkte sind in der Regel an Stadträndern mit guter verkehrstechnischer Anbindung zu finden. Dem Kunden stehen viele Parkplätze zur Verfügung. Aus einem bestimmten Sortimentsbereich wird ein breites und tiefes Sortiment angeboten, welches das untere und das mittlere Preisniveau abdeckt. Fachmärkte betreiben eine effiziente Sonderangebots- und Verkaufspolitik. Es werden gewöhnlich solche Waren präsentiert, die dem Vorwahlsystem oder der Selbstbedienung entsprechen.

Beispiel

Media Markt, Saturn, Adler, OBI, Baby-Walz

Blick in das Einkaufszentrum CentrO in Oberhausen

In innerstädtischen, verkehrsgünstigen Lagen schließen sich Einzelhändler mit verschiedenen Betriebsformen (Fach-, Spezialgeschäft, Warenhaus, Discounter usw.) zusammen. Der Kunde erlebt das **Einkaufszentrum** (**Shoppingcenter**) als eine Einheit. Einkaufszentren verfügen über eine Mindestfläche (nicht Verkaufsfläche!) von 10 000 m² und über ausreichende, häufig kostenpflichtige Parkmöglichkeiten. Dienstleistungen (z. B. ein variantenreicher Gastronomiebereich) oder Verkaufsaktionen machen das Einkaufen zu einem besonderen Erlebnis.

Beispiel

CentrO in Oberhausen, Ruhrpark in Bochum,
Elbe Einkaufszentrum in Hamburg,
Mercado Einkaufszentrum in Nürnberg

Vorwahlsystem und Selbstbedienung
→ LF 1, Kap. 9.2, 9.3

Gemischtwarengeschäft
Warenangebot für den kurz- und mittelfristigen Bedarf mit Bedienung (Lebensmittel, Schreibwaren, Hausrat usw.)
Beispiel: „Tante-Emma-Laden"

Der **Supermarkt** ist der Nachfolger der Gemischtwarengeschäfte. Auf einer Fläche von ca. 400 bis 1 500 m² werden neben Frischwaren (Fleisch/Wurst, Obst, Gemüse usw.) auch Non-Food-Artikel (ca. 20 % der Waren) vorwiegend in Selbstbedienung präsentiert. Verschiedene Betreiber sind bemüht, Bio-Produkte in ihr Sortiment aufzunehmen. Das Warenangebot entspricht einem mittleren Preisniveau. Der Supermarkt befindet sich häufig in Haupt- und Nebenstraßen von Städten. Ergänzt wird das Angebot häufig durch Bäckereien mit Kaffeeausschank.

Beispiel

EDEKA aktiv markt (z.B. Reichelt), Rewe City,
Tengelmann, Comet

Convenience
Bequemlichkeit

Conveniencestores sind Einzelhandelsgeschäfte unter 400 m² in zentraler Lage. Sie bieten alltägliche Produkte (breites und flaches Sortiment) für Impuls- und Genusskäufer, Singles, nachlässige Käufer, Doppelverdiener mit knapper Zeit usw. auf einem hohen Preisniveau an. Die meisten Conveniencestores haben längere Öffnungszeiten als der übliche Ladenhandel.

Zusätzliche Serviceangebote sind z. B. ein Mikrowellenherd für das Überbacken von Fertiggerichten, Getränkeautomaten, Geldautomaten, Faxgeräte usw. Durch die kleine Verkaufsfläche des Ladenlokals und durch die gradlinige Anordnung der Regale wird eine gute Übersicht über das Gesamtsortiment geschaffen.

Beispiel

Tankstellen-, Bahnhofs- und Flughafenshops, Spätkauf, Kioske, Um's Eck

Comeback des Tante-Emma-Ladens (T-E-L) in ländlichen Gebieten: Der Laden Um's Eck mit ca. 120 Filialen in Bayern, Baden-Württemberg und Hessen. Angebote von Um's Eck:
- Lotto spielen
- belegte Brötchen
- Reinigung von Textilien
- Paketannahmestelle

Das **Kleinpreisgeschäft** ist eine Abspaltung aus den Warenhauskonzernen mit dem Ziel, ein schmales und flaches Sortiment zu möglichst geringen Preisen zu verkaufen. Da das Kleinpreisgeschäft keinen besonderen Kundendienst aufweist, wird die Ware zum größten Teil in Selbstbedienung angeboten. Das Sortiment ist relativ breit, aber flach (Waren für den mittelfristigen Massenverkauf). Zu finden sind Kleinpreisgeschäfte im Zentrum von Mittel- und Großstädten.

Beispiel

Woolworth, Mäc-Geiz

Der **Discounter** bietet sein schmales und flaches Sortiment in guter Qualität und zu niedrig kalkulierten Preisen an. Er verzichtet auf jeglichen Komfort bei der Ausgestaltung des Ladenlokals und bei der Darbietung seiner Waren. Der Verkauf erfolgt meist direkt aus Kartons in Selbstbedienung. Discounter befinden sich meist in Stadtrandgebieten und Wohngebieten und bieten ausreichend Parkplätze. Die Discountstrategie hat im Lebensmittelbereich eine sehr große Durchsetzungskraft.

Discount
Abschlag, Rabatt

Bei **Harddiscountern** liegt der Schwerpunkt auf dem Verkauf von Eigenmarken. Neben dem Kernsortiment werden auch zunehmend Bekleidung sowie Elektro- und Haushaltsartikel usw. verkauft. **Softdiscounter** ergänzen das bestehende Sortiment durch Markenartikel zu vergleichsweise günstigen Preisen.

Kernsortiment
→ LF1, Kap. 8.2

Markenartikel
→ LF1, Kap. 8.4

Beispiel

Aldi, Lidl, Penny, Norma, Netto, Primark

Die Waren des **Partiediscounters** werden zu Sonderangebotspreisen angeboten. Es wird Überschussware (z. B. auf Grund von Versicherungsschäden) unterschiedlicher Sortimentsbereiche und verschiedener Hersteller sowie extra für diese Händler produzierte Ware verkauft. Partiediscounter weisen kein dauerhaftes Sortiment auf. Sie haben ihren Standort entweder in 1b-Lagen mit aufwändiger Ladengestaltung oder in Gewerbegebieten mit sehr einfacher Ladengestaltung jeweils in unterschiedlichen Betriebsgrößen.

Beispiel

Havaria, Tchibo Depot, 1-Euro-Shops

Die in Berlin besonders zahlreichen „Spätis" haben oft rund um die Uhr geöffnet.

Wochenmarkt

10.2 Ambulanter Handel

Der ambulante Handel ist die älteste Betriebsform des Einzelhandels. Er hatte das Ziel, Kunden aufzusuchen, die an sehr abgelegenen Orten wohnten, um diese mit Waren zu versorgen. Der ambulante Handel hat somit keinen festen Standort.

Beispiel

Eiswagen, Wochenmarkt, Bauchladen, Markt- und Messehandel

10.3 Bestell- oder Versandhandel

Der Versandhandel bietet seine Ware in Form von Printmedien wie Katalogen und Prospekten oder in Form von elektronischen Medien wie Fernsehen, Rundfunk und Onlinediensten an. Die Kunden bestellen ihre Ware schriftlich, per Fax, Telefon oder Internet. Die Ware wird dem Kunden per Post oder per Kurierdienst (firmeneigene oder private Zustelldienste) ausgeliefert. Die beliebtesten Versandprodukte sind Bekleidung, Elektronikartikel und Bücher.

Business – Händler

Consumer – Verbraucher

Versandhändler werden unterschieden nach:
- anzusprechenden Zielgruppen
  - B2B (**Business**-to-Business)
  - B2C (Business-to-**Consumer**) und
- Art des Angebots
  - Sortimentsversender
  - Spezialversender

Der **Sortimentsversender** bietet ein sehr breites Sortiment an, wie z. B. Lebensmittel, Bekleidung, Spielwaren, CDs, Bücher usw.

Beispiel

Otto Group, amazon, Weltbild

Das Angebot des **Spezialversenders** umfasst ein schmales, aber tiefes Sortiment. Die Waren gehören üblicherweise zu einer Warengruppe.

Beispiel

Bertelsmann (Bücher), ELV (Elektronik), Viking (Bürobedarf)

Teleshopping

Beim **Teleshopping** werden dem Kunden über einen Werbespot im Fernsehen Produkte präsentiert. Durch eine eingeblendete Telefonnummer kann der Verbraucher bequem vom Fernsehsessel aus seine Ware bestellen. Das Warensortiment umfasst Produkte wie z. B. Haushaltswaren, Textilien, Kosmetik, Autozubehör, Schmuck- und Geschenkartikel.

Beispiel

RTL-Shop, QVC, HSE 24, 1-2-3.tv

Onlineshopping umfasst den gesamten elektronischen Handel über das Internet. Hier werden grundsätzlich alle Produkte vertrieben. Gezeigt werden diese Produkte in einem elektronischen Katalog, der über eine Internetadresse aufgerufen werden kann. Die Kunden können sich zu jeder Zeit bequem und anonym über das Warenangebot informieren. Erst bei der Bestellung, die über das Internet erfolgt, muss der Kunde seine persönlichen Daten an den Händler übermitteln. Der Verbraucher kann z. B. auf Rechnung, per Kreditkarte oder per Lastschrift zahlen. 2015 wurden mehr als 10 % des Gesamtumsatzes im Einzelhandel durch Online- und Versandhändler erzielt.

Onlineshopping – Zahlung per Kreditkarte

Kreditkarte
→ LF 3, Kap. 6.2.4

10.4 Direktvertrieb

Ohne Einschaltung des gesamten Einzelhandels werden beim Direktvertrieb Waren des Herstellers an den Endverbraucher verkauft. Der bedeutendste Direktvertrieb ist das **Factory-Outlet**. Gehandelt werden häufig hochwertige Markenprodukte, die aus Überschussproduktionen oder Retouren von Kunden stammen. Die Ladenausstattung ist deshalb häufig sehr einfach. Factory-Outlets findet man an verkehrsgünstigen Standorten mit der Nähe zur Fabrik des Herstellers.

Factory-Outlet
Fabrikladen

Beispiel

HARIBO (Hans Riegel, Bonn), Bahlsen (z.B. in Berlin und Hannover), Zero (Bremen), Esprit (z.B. Ratingen), Puma (Nürnberg), AEG (Böblingen-Hulb), KPM-Porzellanmanufaktur (Berlin)

Ein **Factory-Outlet-Center** (FOC) ist ein Einkaufszentrum mit ca. 10 000 m² Verkaufsfläche, in dem sich zahlreiche Ladenlokale verschiedener Hersteller befinden. Die Markenartikel werden in Selbstbedienung und Vorwahl mit erheblichen Preisnachlässen verkauft. FOCs befinden sich in verkehrsgünstigen Randgebieten außerhalb von Stadtzentren und/oder in Gewerbegebieten.

Beispiel

- Ingolstadt Village (9 900 m²)
- DOW Designer Outlets Wolfsburg (10 000 m²)
- DOZ Designer Outlets Zweibrücken (21 000 m²)

ALLES KLAR?

1 Warum lassen sich Betriebsformen nicht immer eindeutig voneinander abgrenzen?

a) Manche Betriebsformen sind identisch, werden aber nicht gleich benannt.
b) Es gibt Betriebsformen, die ihre Ladenausstattung immer wieder an das Sortiment anpassen müssen.
c) Unterschiedliche Betriebsformen nähern sich im Zeitablauf einander an.
d) Die Betriebsform ist auch von der Anzahl der Filialen abhängig.
e) Betriebsformen müssen typischen Standorten zugeordnet werden.

2 Der wesentliche Unterschied zwischen Discounter und Partiediscounter ist, dass …

a) der Partiediscounter ausschließlich Non-Food-Artikel anbietet.
b) der Discounter immer kostenlose Parkplätze anbietet.
c) der Partiediscounter ein dauerhaftes Sortiment anbietet.
d) der Discounter mehr Eigenmarken anbietet als der Partiediscounter.
e) der Discounter ein dauerhaftes Sortiment anbietet.

3 Für den Versandhandel ist typisch, dass …

a) die Kunden mit elektronischen Zahlungsmitteln bezahlen.
b) Kundenberatung ausgeschlossen ist.
c) sich die Versandhändler nur auf einen bestimmten Sortimentsbereich konzentrieren.
d) der Verkauf von Lebensmitteln nicht möglich ist.
e) die Versandkosten immer die Preise der bestellten Artikel erhöhen.

4 Bei Discountern werden immer öfter …

a) auch Bedientheken eröffnet.
b) beratungsintensive Waren angeboten.
c) Markenartikel ins Sortiment aufgenommen.
d) Lieferservices mit Internetbestellung angeboten.
e) Änderungsschneider eingestellt.

5 Woran erkennt man ein Convenience-Geschäft?

a) zentrale Lage und große Verkaufsfläche.
b) längere Öffnungszeiten in der Vorweihnachtszeit
c) zusätzliche Serviceangebote, z. B. Zubereitung von verschiedenen Kaffeespezialitäten zum Mitnehmen
d) Im Sortiment sind keine alltäglichen Artikel, sondern nur Spezialitäten.
e) Mutter-Kind-Parkplätze erleichtern den Einkauf.

6 Was ist typisch für ein Fachgeschäft?

a) breites und tiefes Sortiment
b) reichlich Parkplätze
c) Selbstbedienung
d) schmales und tiefes Sortiment
e) flaches und tiefes Sortiment

7 Bei einem Supermarkt …

a) machen Lebensmittel ca. die Hälfte des Sortiments aus.
b) machen Non-Food-Artikel ca. die Hälfte des Sortiments aus.
c) machen Non-Food-Artikel ca. zwei Drittel des Sortiments aus.
d) machen Lebensmittel ca. drei Viertel des Sortiments aus.
e) machen Lebensmittel ca. ein Viertel des Sortiments aus.

8 Im Umfeld von Verbrauchermärkten/SB-Warenhäusern finden sich meistens auch …

a) Bürgerdienste der Städte und Kommunen.
b) Bahnhöfe.
c) Reisebüros und Friseure.
d) Veranstaltungshallen.
e) Freiflächen für Kirmes usw.

11 Stellung des Einzelhandels in der Gesamtwirtschaft

Wirtschaft hat viele Seiten. Da gibt es zunächst einmal die grundlegende Bedeutung: Wirtschaft ist die optimale Verteilung von knappen **Gütern**. Knappe Güter nennt man alle Dinge, die Menschen benötigen, um ihre Bedürfnisse zu decken. Sie sind nicht im Überfluss und ständig vorhanden, z. B. Lebensmittel und Kleidung. Allein um diese Grundbedürfnisse zu decken, sind viele unterschiedliche Waren und Dienstleistungen nötig, die zur richtigen Zeit am richtigen Ort sein müssen. Ein Ergebnis wirtschaftlicher Prozesse ist es, dass die Regale im Supermarkt mit Waren gefüllt sind, die von den Kunden auch tatsächlich gebraucht werden.

Lernsituation 12

Wird von Gütern gesprochen, sind immer Waren **und** Dienstleistungen gemeint.

Bedürfnisse
→ LF 1, Kap. 11.1

Wirtschaft gibt es aber auch im Kleinen: Jede Familie ist ein eigenes Wirtschaftsunternehmen für sich. Es muss geplant, eingekauft, vorbereitet und organisiert werden, damit Wäsche gewaschen werden kann und morgens das Frühstück auf dem Tisch steht.

11.1 Grundlagen des wirtschaftlichen Handelns

Am gesamten wirtschaftlichen Geschehen eines Staates sind mehrere Akteure wie

- **private Haushalte**
- Unternehmen und
- der Staat (öffentliche Haushalte)

beteiligt. Wenn die einzelnen Akteure (z. B. alle Unternehmen) zusammengefasst werden, bilden sie die **Wirtschaftsbereiche**. Alle Wirtschaftsbereiche bilden zusammen mit dem Ausland die Volkswirtschaft.

Private Haushalte sind Personengemeinschaften, die im Hinblick auf die Verwendung des Einkommens gemeinsam wirtschaften (z. B. Ehepaare, Familien, Sonderform: Single-Haushalt)

Bereich private Haushalte	**Bereich Unternehmen**	**Bereich Staat**	**Bereich Ausland**
↓	↓	↓	↓
alle privaten Haushalte	alle Unternehmen	Bund, Länder, Gemeinden usw.	private Haushalte, Unternehmen, staatliche Einrichtungen des Auslands
Volkswirtschaft			

Weitere Unterteilung des Wirtschaftsbereichs Unternehmen
→ LF 1, Kap. 11.3

Beispiel

Petra Theisen (Bereich private Haushalte) ist Auszubildende bei der Beska GmbH (Bereich Unternehmen). Von ihrer ersten Ausbildungsvergütung kauft sie sich Sportschuhe, auf deren Kaufpreis 19 % Umsatzsteuer (Bereich Staat) entfallen. Den größten Teil der Ausbildungsvergütung spart sie für ihren geplanten Urlaub in Spanien (Bereich Ausland).

Umsatzsteuer
→ LF 3, Kap. 5

Die Vielzahl der Akteure und die wirtschaftlichen Prozesse innerhalb einer Volkswirtschaft bedürfen einer durchdachten Betrachtungsweise. Diese Aufgabe wird im Rahmen der **Wirtschaftswissenschaften** wahrgenommen. Die Wirtschaftswissenschaften lassen sich nach Betriebs- und Volkswirtschaftslehre unterscheiden. Die **Betriebswirtschaftslehre (BWL)** untersucht einzelwirtschaftliche Zusammenhänge. Aus der Perspektive des einzelnen Unternehmens wird das betriebliche Geschehen erklärt. Die **Volkswirtschaftslehre (VWL)** zeigt die Zusammenhänge zwischen allen Akteuren auf, die wirtschaftlich handeln.

11.1.1 Vom Bedürfnis zur Nachfrage

Bedürfnisse
sind Gefühle eines Mangels mit dem Bestreben, diesen zu beseitigen.

Im Rahmen der Volkswirtschaftslehre werden die menschlichen **Bedürfnisse** als zentrale Antriebskraft des wirtschaftlichen Entscheidens und Handels angesehen. Menschen haben unterschiedliche Bedürfnisse. Die Erfüllung einiger Bedürfnisse ist lebensnotwendig, wie z. B. Essen, Trinken und Schlafen. Die Erfüllung anderer Bedürfnisse macht das Leben schöner und leichter, z. B. das Bedürfnis zu reisen und Konzerte zu besuchen.

Bedarf
Bedürfnisse, die mit den vorhandenen Geldmitteln befriedigt werden können.

Markt
→ LF 1, Kap. 11.4

Wenn sich die Bedürfnisse des Menschen auf ganz bestimmte Waren oder Dienstleistungen beziehen, wird von **Bedarf** gesprochen. Erst wenn Waren oder Dienstleistungen tatsächlich gekauft werden, d. h. der Bedarf am Markt wirksam wird, handelt es sich um eine **Nachfrage**.

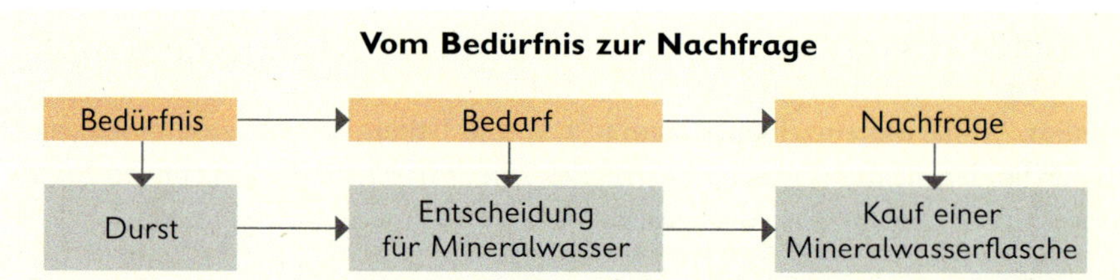

Ohne Bedürfnisse gäbe es für die Menschen keinen Grund, Waren und Dienstleistungen in großen Mengen zu produzieren und gegen Geld zu tauschen. Die in einer Volkswirtschaft produzierten Waren und Dienstleistungen werden unter dem Begriff Wirtschaftsgüter zusammengefasst und nach verschiedenen Aspekten gruppiert.

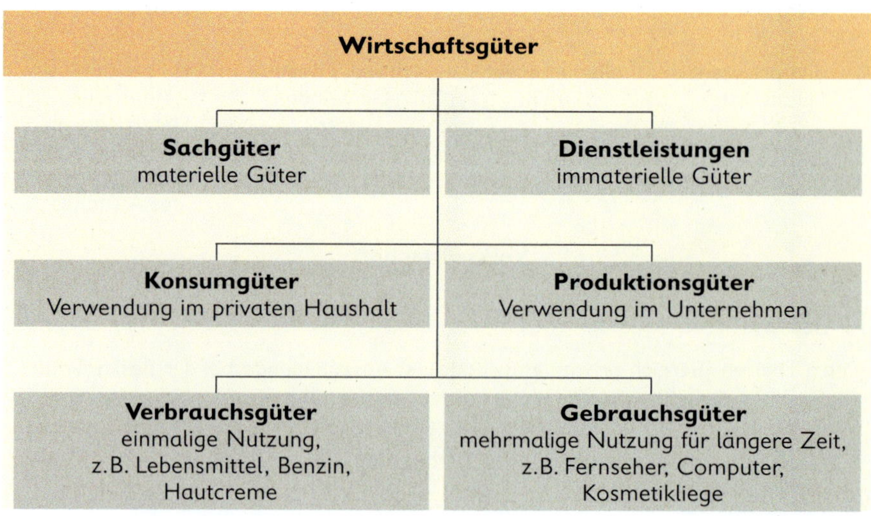

Da Wirtschaftsgüter nur in begrenzter Zahl zur Verfügung stehen, haben sie einen Preis (knappe Güter). Je begehrter ein Gut ist, desto höher ist der Preis. Gibt es aber etwas im Überfluss, wie z. B. herabgefallene Blätter im Herbst, dann kann der Mensch dieses Gut auch ohne Preis bekommen (freie Güter). Der Preis für Wirtschaftsgüter wird durch **Angebot** und **Nachfrage** bestimmt.

Preisbildung
→ LF 1, Kap. 11.4

11.1.2 Produktionsfaktoren und Arbeitsteilung

Für die Bereitstellung der Wirtschaftsgüter werden bestimmte Mittel, so genannte Produktionsfaktoren, benötigt. Zu den klassischen Produktionsfaktoren gehören:

- **Arbeit:** Der Faktor Arbeit umfasst alle Personen, die in einer Volkswirtschaft als Erwerbstätige zur Verfügung stehen.
- **Kapital:** Unter dem Faktor Kapital versteht man die finanziellen oder sachlichen Mittel, die nicht für den Konsum verbraucht, sondern zur Anschaffung oder Nutzung von Produktionsmitteln (z. B. Maschinen, Gebäude) verwendet werden.
- **Boden** bzw. Natur: Zum Produktionsfaktor Boden bzw. Natur gehört die gesamte Bodenfläche, die für landwirtschaftliche, industrielle, gewerbliche und verkehrsmäßige Nutzung benötigt wird, sowie Luft, Wasser und die vorhandenen Bodenschätze.

Produktionsfaktor Arbeit

Die privaten Haushalte und Unternehmen befinden sich in einem wechselseitigen Abhängigkeitsverhältnis. Die privaten Haushalte stellen den Unternehmen Arbeitskräfte, Kapital und Boden zur Verfügung.

Produktionsfaktor Kapital

Beispiel

- Arbeitskraft: Andrea beginnt eine Ausbildung als Verkäuferin bei der Beska GmbH.
- Kapital: Willi Kleber beteiligt sich als Gesellschafter an der Beska GmbH.
- Boden: Graf Klotz verkauft ein Grundstück an die Beska GmbH.

Für die Produktion von Waren und Dienstleistungen werden in den Unternehmen die Produktionsfaktoren kombiniert.

Beispiel

Im Spätsommer pflücken die Weinleser (Produktionsfaktor Arbeit) in den Weinbergen (Produktionsfaktor Boden) die reifen Trauben. Damit die privaten Haushalte den Wein beim Einzelhändler kaufen können, muss dieser zuvor mit Hilfe einer Abfüllanlage (Produktionsfaktor Kapital) in Flaschen gefüllt werden.

Produktionsfaktor Boden

Der Unternehmer kann durch seine Entscheidungen, welche Produktionsfaktoren er in welcher Menge einsetzen will, den Erfolg des Unternehmens beeinflussen. Allerdings können manche Faktoren nicht frei miteinander kombiniert werden.

Produktionsfaktoren gehen nicht direkt in die produzierten Güter ein. Sie werden als Leistung für die Erstellung von Gütern bereitgestellt.

Beispiel

Zu jedem Lieferwagen (Produktionsfaktor Kapital) gehört mindestens ein Fahrer (Produktionsfaktor Arbeit).

In entwickelten Volkswirtschaften werden Güter mit Hilfe von Produktionsfaktoren in einem arbeitsteiligen Prozess hergestellt und gehandelt. Auf diese Weise wird die Leistungsfähigkeit der Erwerbstätigen deutlich gesteigert. Die **innerbetriebliche Arbeitsteilung** bedeutet die Aufteilung eines Arbeitsprozesses in mehrere einzelne Handlungen, z. B. in einem Supermarkt: kassieren, Ware annehmen, neue Ware einräumen, Verpackungsmaterialien entsorgen. Von **zwischenbetrieblicher Arbeitsteilung** wird gesprochen, wenn die einzelnen Schritte für die Herstellung bzw. das Handeln eines Produktes auf verschiedene Unternehmen aufgeteilt werden. So haben sich einzelne Unternehmen spezialisiert, z. B. Import von Textilien für den Großhandel und dessen Verkauf an Konsumenten durch den Einzelhandel. Die **internationale Arbeitsteilung** bedeutet, dass sich die Volkswirtschaften in der Regel auf die Herstellung der Güter spezialisieren, die sie im Vergleich zu anderen Ländern kostengünstig herstellen können.

11.1.3 Ökonomisches Prinzip

Das ökonomische Prinzip wird auch als Wirtschaftlichkeitsprinzip bezeichnet.

Menschen handeln wirtschaftlich, wenn Sie zielgerichtet und genau überlegen, wie viel Geld sie zum Erwerb von knappen Gütern zur Verfügung haben. Das Handeln nach dem so genannten ökonomischen Prinzip soll den Konflikt zwischen den unbegrenzten Bedürfnissen und den knappen Wirtschaftsgütern bzw. begrenzten Geldmitteln weitgehend ausgleichen. Das ökonomische Prinzip kann zwei Ausprägungen annehmen:

- Nach dem **Minimalprinzip** soll der Mitteleinsatz möglichst gering gehalten werden, um einen bestimmten Ertrag (= Nutzen) zu erreichen.
- Nach dem **Maximalprinzip** soll mit einem bestimmten Mitteleinsatz ein möglichst großer Nutzen erzielt werden.

Beispiel

- Minimalprinzip: Jemand möchte eine Wand streichen und will dafür möglichst wenig Farbe verbrauchen, also wenig Geld ausgeben.
- Maximalprinzip: Jemand kauft einen Eimer Farbe zu einem bestimmten Preis und versucht, damit möglichst viel Wandfläche zu streichen.

Eine Kombination beider Prinzipien ist nicht möglich, denn mit möglichst wenig Farbe kann nicht möglichst viel Wand gestrichen werden.
Einer der beiden Faktoren muss festgelegt werden, entweder die Farbmenge oder die Wandfläche.

Jedes Einzelhandelsunternehmen hat einen oder mehrere Eigentümer. Diese Eigentümer haben dem Unternehmen Kapital zur Verfügung gestellt und möchten dafür eine gute Verzinsung erzielen. Außerdem bezahlt das Einzelhandelsunternehmen seine Angestellten für ihre geleistete Arbeit. Auch um Waren einzukaufen, benötigt das Einzelhandelsunternehmen Geld. Im Einzelhandel werden die Produktionsfaktoren Arbeit, Kapital und Boden kombiniert, um Güter zum Verkauf anzubieten und den Gewinn zu maximieren. Dabei wendet auch der Einzelhandel das ökonomische Prinzip an.

Unternehmensziele → LF 1, Kap. 7.1

Umsatz ist die Menge der verkauften Güter multipliziert mit dem Verkaufspreis pro Stück.

Beispiel

- Minimalprinzip: Ein Einzelhandelsunternehmen möchte einen bestimmten **Umsatz** mit möglichst geringen Personalkosten erzielen.
- Maximalprinzip: Ein Einzelhandelsunternehmen möchte mit seinem vorhandenen Personal einen größtmöglichen Umsatz erzielen.

11.2 Wirtschaftskreislauf

Zwischen den Wirtschaftsbereichen vollziehen sich vielfältige Tauschvorgänge. Um die komplizierten Zusammenhänge in der Volkswirtschaft verstehen zu können, wird die Wirklichkeit in vereinfachter Form – einem **Modell** – dargestellt.

Wirtschaftsbereiche
→ LF 1, Kap. 11.1

Mit Hilfe von Modellen wird die Wirklichkeit stark vereinfacht, um Vorgänge zu erklären. Modelle bilden also niemals die ganze Wirklichkeit ab.

11.2.1 Einfacher Wirtschaftskreislauf

Die durch Kombination der Produktionsfaktoren hergestellten Waren und Dienstleistungen verkauft der Bereich Unternehmen an den Bereich private Haushalte. Diese Beziehung zwischen Unternehmen und privaten Haushalten verdeutlicht ein **Güterstrom**.

Produktionsfaktoren
→ LF 1, Kap. 11.1.2

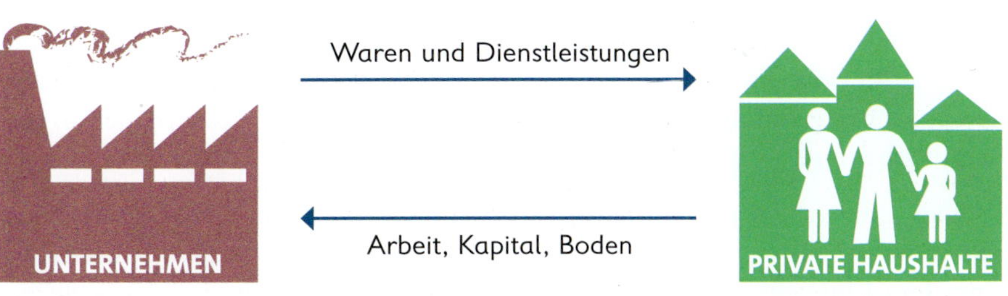

Den Güterströmen stehen **Geldströme** gegenüber. Der Bereich private Haushalte erhält vom Bereich Unternehmen Einkommen. Von diesem **Einkommen** kaufen die privaten Haushalte Waren und Dienstleistungen.

Einkommen
Entgelt für die Bereitstellung des Produktionsfaktors Arbeit (z.B. Löhne und Gehälter), des Produktionsfaktors Kapital (z.B. Gewinnbeteiligungen) und des Produktionsfaktors Boden (z.B. Mieten, Pachten)

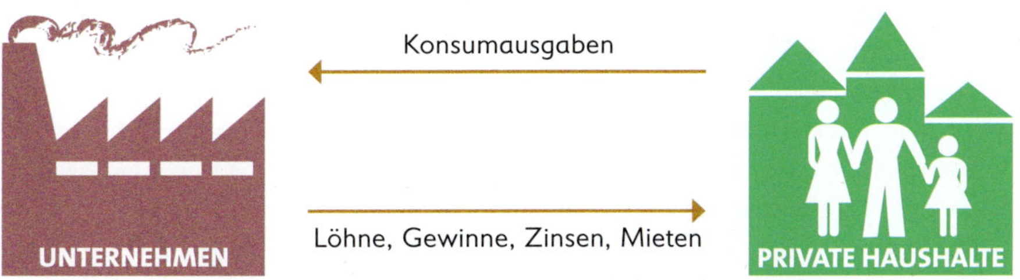

Einfacher Wirtschaftskreislauf = geschlossener Wirtschaftskreislauf

Das Modell des **einfachen Wirtschaftskreislaufs** beschränkt sich auf die Betrachtung der Tauschprozesse zwischen den Bereichen private Haushalte und Unternehmen. Der Einfluss vom Bereich Staat und vom Ausland bleibt hier unberücksichtigt. In diesem einfachen Modell des Wirtschaftskreislaufs wird davon ausgegangen,
- dass die privaten Haushalte ihr gesamtes Einkommen für den Kauf von Waren und Dienstleistungen verwenden und
- dass alle von den Unternehmen bereitgestellten Waren und Dienstleistungen an die privaten Haushalte verkauft werden.

Bei dieser Annahme bilden die Beziehungen zwischen Unternehmen und privaten Haushalten einen geschlossenen Wirtschaftskreislauf.

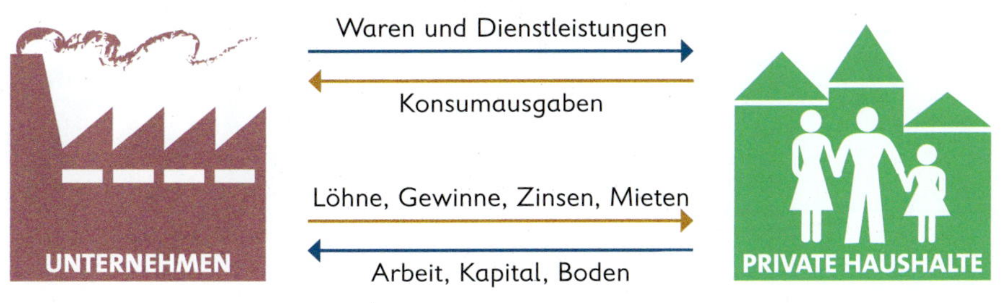

11.2.2 Wirtschaftskreislauf mit drei Bereichen

Das Modell des erweiterten Wirtschaftskreislaufs berücksichtigt auch den Bereich Staat. Neben den bereits bekannten Tauschprozessen zwischen den Bereichen private Haushalte und Unternehmen werden in diesem Modell die Güter- und Geldströme mit dem Bereich Staat ebenfalls betrachtet.

Der Staat erhält von den privaten Haushalten und den Unternehmen Steuern, Gebühren und Beiträge. **Steuern** sind Geldleistungen, für die der Steuerzahler keinen Anspruch auf eine persönliche Gegenleistung hat. Private Haushalte zahlen z. B. Einkommensteuer und Umsatzsteuer. **Gebühren** sind Zahlungen für besondere Leistungen des Bereichs Staat, z. B. Verwaltungsgebühren für die Ausstellung eines Personalausweises, die Erteilung einer Baugenehmigung oder die Eintragung eines Kaufmanns in das Handelsregister, sowie Benutzungsgebühren für die Müllabfuhr oder die Abwasserentsorgung. **Beiträge** werden für die Bereitstellung von Leistungen unabhängig von der tatsächlichen Inanspruchnahme erhoben, z. B. Sozialversicherungsbeiträge.

Umsatzsteuer → LF 3, Kap. 5

Sozialversicherung → LF 1, Kap. 2

Auf der anderen Seite erhalten die privaten Haushalte vom Staat Gehälter und Transferleistungen. Die Gehälter erhalten die Angestellten und Beamten des Staates, die **Transferzahlungen,** wie z. B. Kindergeld, Sozialhilfe oder Leistungen der Sozialversicherung, erhalten alle privaten Haushalte, die bestimmte Kriterien erfüllen.

Transferzahlungen und Subventionen sind Zahlungen, die ein Empfänger vom Staat ohne die Verpflichtung einer Gegenleistung erhält.

Der Staat stellt den Unternehmen für eine Vielzahl von Tätigkeiten **Subventionen** zur Verfügung. **Subventionen** sind staatliche Unterstützungszahlungen, z. B. für die Neugründung eines Unternehmens oder die Schaffung von neuen Arbeitsplätzen. Damit Unternehmen diese Unterstützungszahlungen erhalten, müssen sie bestimmte Voraussetzungen erfüllen, z. B. muss ein Unternehmen eine bestimmte Anzahl von Arbeitsplätzen schaffen, um die Zahlung zu erhalten. Neben der Zahlung von Subventionen an die Unternehmen zahlt der Staat auch für seine Konsumausgaben, z. B. wenn er Kopierpapier oder Schreibtische kauft.

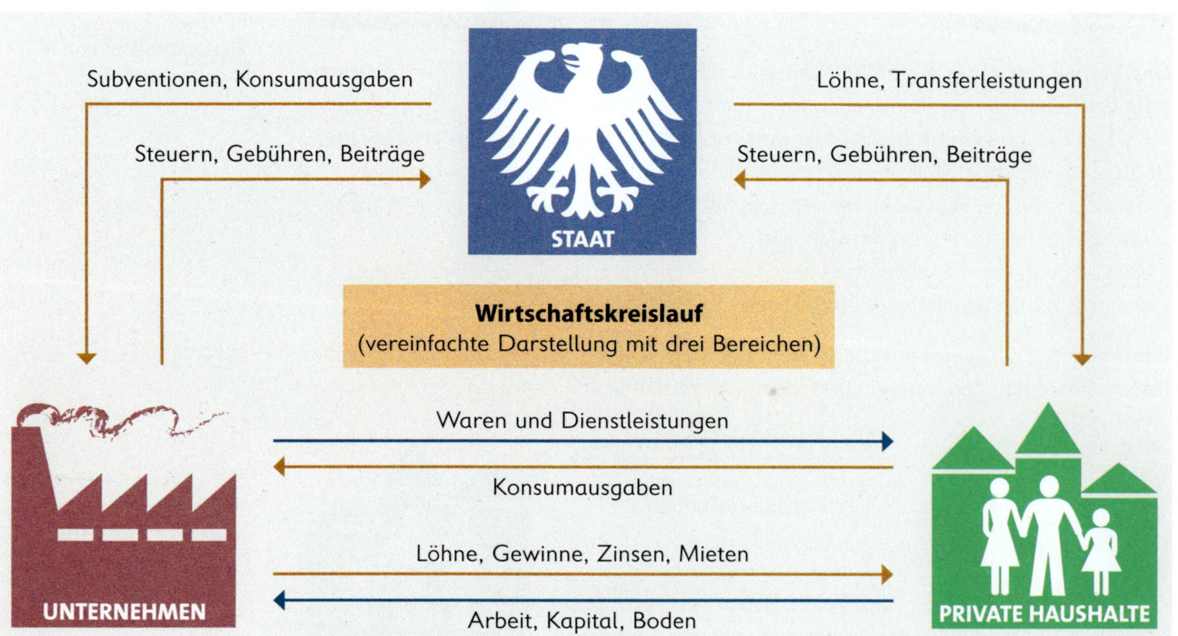

11.3 Wirtschaftssektoren

Abgesehen von wenigen Ausnahmen, bei denen die Unternehmen ihre Produkte direkt an den Endverbraucher absetzen, sind an der Herstellung und dem Vertrieb von Produkten verschiedene Unternehmen beteiligt. Daher kann der Unternehmensbereich weiter untergliedert werden. So wird z. B. das für die Herstellung von Brot notwendige Getreide in landwirtschaftlichen Unternehmen angebaut. Diese Wirtschaftsstufe wird als **primärer Wirtschaftssektor** bezeichnet. Sie dient der Gewinnung von Rohstoffen.

Wirtschaftsbereich Unternehmen
→ LF 1, Kap. 11.1

Primärer Wirtschaftssektor = Urproduktion

Beispiel

Unternehmen der Landwirtschaft, Forstwirtschaft, Fischerei, des Bergbaus sowie Unternehmen der Erdöl- und Gasgewinnung

Die zweite Wirtschaftsstufe, der **sekundäre Wirtschaftssektor**, dient der Weiterverarbeitung der Rohstoffe zu fertigen Erzeugnissen. Hier wird das Getreide mit Hilfe von Mühlen zu Mehl verarbeitet. Das Mehl wird entweder industriell in Brotfabriken oder in Bäckereien zu Brot verarbeitet.

Sekundärer Wirtschaftssektor = Unternehmen der Weiterverarbeitung oder produzierendes Gewerbe

Beispiel

Industrieunternehmen: Nahrungsmittelindustrie, Metall verarbeitende Industrie, chemische Industrie, Textilindustrie;
Handwerksunternehmen: Nahrungsmittelhandwerk, Schreinerei, Goldschmied

Über den Groß- und Einzelhandel wird das Brot an den Endverbraucher verkauft. Neben dem Handel sind noch viele andere Unternehmen, wie Banken, Versicherungen oder Transportunternehmen, vom Getreideanbau bis zum Verkauf des Brotes beteiligt. Diese Unternehmen zählen zur dritten Wirtschaftsstufe, dem **tertiären Wirtschaftssektor**. Zu diesem Sektor gehören die Unternehmen, die Produkte durch ihre Tätigkeit verteilen, und Dienstleistungsunternehmen. Hier wird die Bedeutung des Einzelhandels deutlich. Sowohl die Unternehmen des primären Sektors als auch die Unternehmen des sekundären Sektors sind darauf angewiesen, dass ihre Produkte als Waren im Einzelhandel flächendeckend in einem Sortiment angeboten werden. Möglichst viele Verbraucher sollen so Zugang zu den hergestellten Produkten haben.

Tertiärer Wirtschaftssektor = Verteilung (Handel) und Dienstleistungsunternehmen

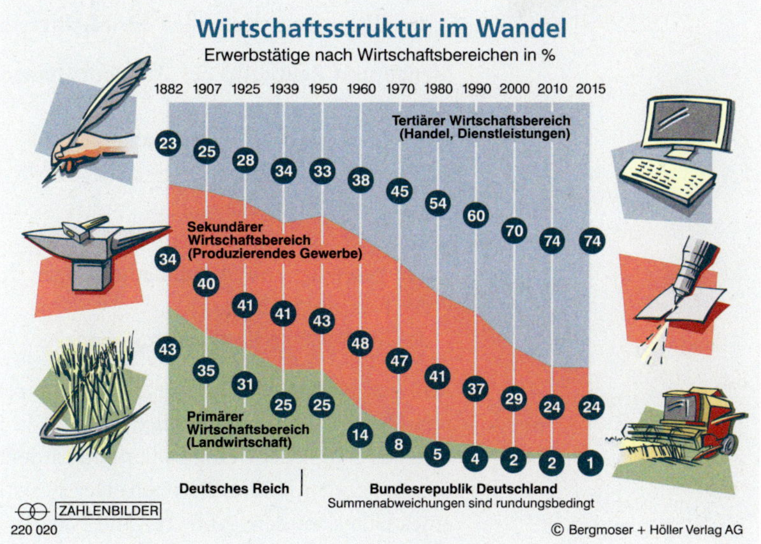

Beispiel

- Unternehmen der Verteilung: Großhandel, Einzelhandel
- Dienstleistungsbetriebe: Banken, Versicherungen, Unternehmen des Fracht- und Briefverkehrs, Beratungsunternehmen

11.4 Preisbildung auf dem Markt

Lernsituation 13

Bedürfnisse
→ LF 1, Kap. 11.1.1

Die Funktionsweise des Marktes hat sich niemand ausgedacht und dann umgesetzt; der Markt hat sich von ganz allein entwickelt. Märkte gab es seit jeher und in aller Welt. Sobald Menschen ihre eigenen Bedürfnisse im Überfluss deckten und Waren oder Dienstleistungen anderen zur Verfügung stellen konnten, funktionierte das Prinzip des Marktes beispielsweise schon als Tauschhandel.

Das Prinzip war auf Wochenmärkten im Altertum und Mittelalter genauso erfolgreich wie auf gegenwärtigen Trödelmärkten oder bei Ebay: Als Anbieter möchte man für seine Ware oder seinen Dienst einen möglichst hohen Preis erzielen. Interessenten (Nachfrager) möchten demgegenüber so wenig wie möglich bezahlen. Vorausgesetzt ein Markt funktioniert richtig, wird kein Anbieter auf seinen Waren sitzen bleiben, denn Käufer und Verkäufer verhandeln den Preis so lange, bis die Ware den Besitzer wechselt.

Aufgaben und Funktionen des Marktes			
Versorgungsfunktion Der Markt soll für die bestmögliche Versorgung der Bevölkerung mit Gütern sorgen.	**Koordinationsfunktion** Der Markt soll Angebot und Nachfrage zusammenführen.	**Preisbildungsfunktion** Angebot und Nachfrage bewirken, dass sich auf dem Markt ein Preis bildet.	**Verteilungsfunktion** Auf dem Markt werden Waren und Dienstleistungen verteilt.

Jedes zu kaufende oder zu verkaufende Gut braucht einen Markt. Ohne Markt und die damit verbundene Nachfrage ist das Gut nutzlos, ein „Ladenhüter". Die Menge und der Zeitpunkt der Nachfrage hängen von einer Vielzahl von Faktoren ab, z. B.:

- der Stärke der Bedürfnisse
- der Höhe des verfügbaren Einkommens
- der Existenz und den Preisen von ähnlichen Gütern
- der Existenz und den Preisen von ergänzenden Gütern
- Mode- und Trenderscheinungen
- der technischen Entwicklung
- den Zukunftserwartungen der Nachfrager

Menge und Zeitpunkt des Angebots hängen auch von verschiedenen Faktoren ab, z. B.:

- dem Gewinnstreben der Anbieter
- der Konkurrenzsituation auf dem Markt
- dem erzielbaren Preis für das angebotene Gut
- den saisonalen Einflüssen
- den gesetzlichen Rahmenbedingungen durch den Staat (z. B. Gesetze)
- der Konjunkturlage
- der technischen Entwicklung

Anbieter und Nachfrager verfolgen bei ihren Tauschprozessen verschiedene Interessen. Der Anbieter will möglichst viel Geld für sein Gut bekommen, der Nachfrager dagegen möglichst wenig zahlen. Im Endeffekt ist der Preis eines Gutes ein Kompromiss zwischen beiden Parteien. Der Preis ist der in Geld ausgedrückte Gegenwert eines Gutes, zu dem Anbieter und Nachfrager bereit sind, den Tausch durchzuführen. Diese Zusammenhänge lassen sich anhand eines Modells verdeutlichen.

Für dieses Modell wird ein Markt mit idealen Bedingungen konstruiert. Dieser so genannte **vollkommene Markt** existiert nur in der Theorie. Die Vereinfachung des Marktgeschehens erfolgt durch die folgenden Annahmen:

- Alle **Güter sind homogen**, d. h., sie unterscheiden sich weder durch Qualität, Aufmachung, Farbe, Geschmack oder Verpackung (Beispiel: Banknoten, Aktien, Rohöl in Barrel, Edelmetalle in Unzen).
- Es gibt **keine persönlichen Präferenzen**. Die Entscheidungen werden unabhängig von anderen Personen getroffen, z. B. wird ein Anbieter, der besonders freundlich ist, nicht bevorzugt.
- Es gibt **keine räumlichen Präferenzen**. Kaufentscheidungen werden z. B. nicht durch einen besonders günstigen Standort beeinflusst.
- Es gibt **keine zeitlichen Präferenzen**, d. h., es gibt keine Lieferfristen oder Abnahmetermine. Die Anbieter können sofort liefern und die Nachfrager sind bereit, die Güter sofort entgegenzunehmen.
- Es herrscht vollkommene **Markttransparenz**. Anbieter und Nachfrager kennen sämtliche Informationen. Die Anbieter kennen Preise und Mengen, zu denen die Nachfrager ein Gut kaufen wollen. Die Nachfrager wissen wiederum, zu welchen Preisen und Mengen die Anbieter ein Gut verkaufen möchten.

Präferenz
Vorliebe

Beim vollkommenen Markt bestimmen Angebot und Nachfrage den **Gleichgewichtspreis**.

Beispiel

Für eine Speicherkarte werden verschiedene Marktpreise festgelegt und das Verhalten der Marktteilnehmer beobachtet.

Preis in Euro	Nachfragemenge	Angebotsmenge	Marktumsatz	
28	10	90	10	Angebotsüberhang
26	30	70	30	Angebotsüberhang
24	50	50	50	**Gleichgewicht**
22	70	30	30	Nachfrageüberhang
20	90	10	10	Nachfrageüberhang

In ein Preis-Mengen-Diagramm übertragen ergibt sich folgendes Bild:

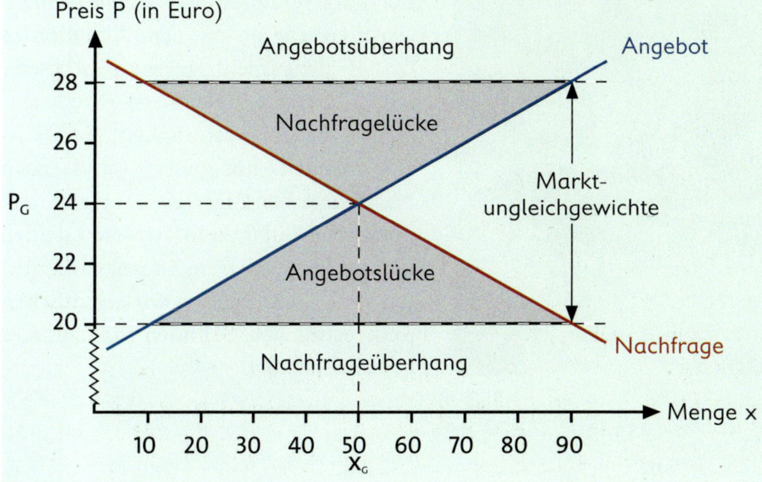

Bei einem Preis von 24 Euro sind Angebot und Nachfrage ausgeglichen. Der Markt wird bei diesem Gleichgewichtspreis vollständig geräumt, da die angebotene Menge der nachgefragten Menge entspricht.

Bei Preisen ober- bzw. unterhalb des Gleichgewichtspreises ergeben sich ein **Angebots-** bzw. ein **Nachfrageüberhang**.

P_G = Gleichgewichtspreis
X_G = Gleichgewichtsmenge

Produktionsfaktoren
→ LF 1, Kap. 11.1.2

Marktpreise von Gütern haben verschiedene Aufgaben bzw. Funktionen:

- Die Marktpreise eines Gutes spiegeln den Knappheitsgrad und seinen Wert wider (**Signalfunktion**).
- Ein hoher Marktpreis bewirkt, dass Anbieter dieses Gut produzieren. Die Produktionsfaktoren werden dort eingesetzt, wo sich die besten Gewinnchancen bieten bzw. Marktlücken existieren (**Lenkungsfunktion**).
- Anbieter, die nicht mehr in der Lage sind, ihre Güter zum Gleichgewichtspreis anzubieten, werden vom Markt verdrängt, da die Nachfrager sich für günstigere Güter entscheiden werden (**Ausschaltungsfunktion bzw. Auslesefunktion**). Gleiches gilt für Nachfrager, die nicht über die entsprechenden finanziellen Mittel verfügen, um sich ein Gut zu kaufen.
- Durch Marktpreise werden die Güter vergleichbar gemacht und Angebot und Nachfrage abgestimmt (**Ausgleichsfunktion**).

Die Preisbildung im Modell des vollkommenen Marktes wurde von einer Vielzahl von Bedingungen abhängig gemacht. Es liegt auf der Hand: Je mehr Bedingungen erfüllt sein müssen, desto seltener sind entsprechende Fälle in der Wirklichkeit anzutreffen. Das Marktmodell ist hilfreich, um reale Märkte (**unvollkommene Märkte**) im Hinblick darauf zu untersuchen, welche Auswirkungen Abweichungen von den Bedingungen des Modells auf die Preisbildung haben.

In der wirtschaftlichen Realität sind Güter in der Regel nicht homogen, sondern heterogen, d. h., alle angebotenen Bohrmaschinen sind nicht vollkommen gleichartig in Farbe, Form, Größe und Leistung. Die Anbieter sind bestrebt, ihr Angebot aus absatzpolitischen Gründen von dem der Mitbewerber abzugrenzen.

Auch hat nicht jeder Marktteilnehmer die komplette Marktübersicht, z. B. kennen die Anbieter und die Nachfrager nicht die Preise an allen Marktorten.

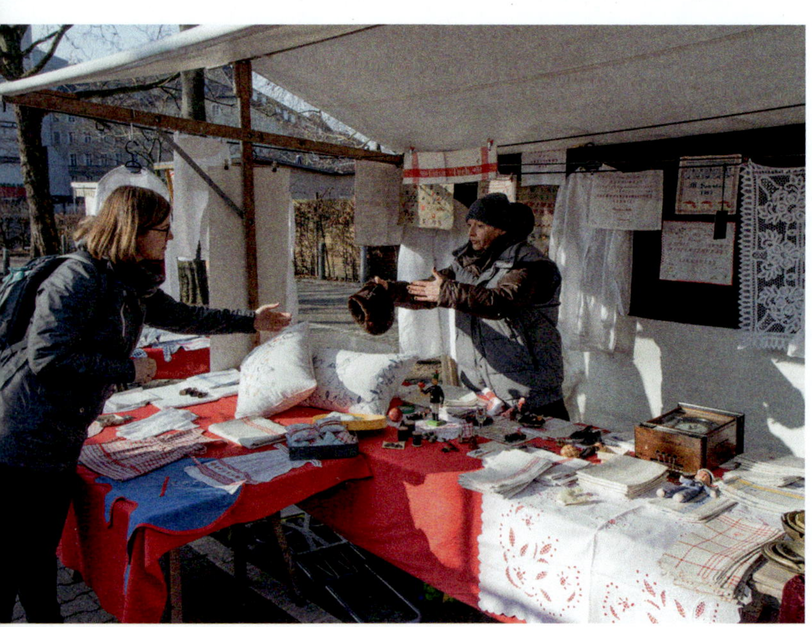

Unvollkommener Markt

Nachfrager haben in der Regel besondere Vorlieben (Präferenzen), z. B. bezüglich eines bestimmten Anbieters oder hinsichtlich bestimmter Güter. Dies lässt sich auf die unterschiedlichen Bedürfnisse zurückführen.

Bei Marktveränderungen ist eine schnelle Anpassung an die neue Situation in der Realität nicht gegeben. Anbieter sind z. B. nicht in der Lage, ihre Kapazitäten beliebig schwankenden Nachfragemengen anzupassen und auch Nachfrager benötigen Zeit, um sich z. B. über neue Güter zu informieren. Hinzu kommt, dass der freie Zugang zu Märkten aus technischen, wirtschaftlichen und rechtlichen Gründen nicht immer gewährleistet ist.

ALLES KLAR?

1 Was sind „knappe Güter"?

a) Vorräte, die zur Neige gehen
b) seltene Pflanzen im Naturschutzgebiet
c) Lieferungen, die fast zu spät eintreffen
d) Dinge, die Menschen benötigen, um ihre Bedürfnisse zu decken
e) Schwerlastverkehr, der kaum durch die Straßen passt

2 Was versteht man unter dem Begriff „Wirtschaft"?

a) hohe Einkommen in einem Land
b) niedrige Zinsen bei den Banken
c) optimale Verteilung knapper Güter
d) Liste der reichsten Menschen
e) optimale Verteilung von Steuereinnahmen

3 Welche Teilnehmer (Akteure) am wirtschaftlichen Geschehen sind typisch?

a) Vereine, Unternehmen und der Staat
b) Städte, Gemeinden und Kommunen
c) Europäische Union, USA und Japan
d) Volkswagen AG, Bayer AG und Apple
e) private Haushalte, Unternehmen und der Staat

4 Was beschreibt den Zusammenhang von Bedürfnissen, Bedarf und Nachfrage am besten?

a) neues Taschengeld → Hülle fürs Smartphone kaufen → Schutz des Smartphones anbringen
b) mit Nebenjob Geld verdienen → Führerschein machen → Gebrauchtwagen kaufen
c) Appetit haben → Entscheidung für Pizza treffen → Anruf bei „Pizza-Town"-Lieferservice
d) Fußball-WM im TV → Anruf bei Freunden → Fußballspielen im Park
e) Müdigkeit → ins Bett legen → ausschlafen

5 Welche beiden Begriffspaare sind logisch?

a) Konsumgüter – Produktionsgüter
b) Verbrauchsgüter – Produktionsgüter
c) Sachgüter – Produktionsgüter
d) Gebrauchsgüter – Verbrauchsgüter
e) Sachgüter – Verbrauchsgüter

6 Mit welchen der folgenden Beispiele wird eine „Kombination der Produktionsfaktoren" beschrieben?

a) Ein Lkw-Fahrer kann auch einen Stapler bedienen.
b) Erntehelfer pflücken im Herbst regionale Äpfel.
c) Obst und Gemüse werden saisonal im Supermarkt angeboten.
d) Ein Auszubildender macht einen Lkw-Führerschein.
e) Zwei Auszubildende helfen sich gegenseitig bei der Warenannahme.

7 Warum lassen sich Minimalprinzip und Maximalprinzip nicht kombinieren?

a) Eine Ersparnis, z. B. Zeitersparnis kann nicht maximal sein.
b) Ein gesetztes Ziel, z. B. eine Fahrtstrecke von 100 km, muss immer maximal sein.
c) Man kann nicht gleichzeitig in möglichst wenig Zeit so weit wie möglich mit dem Auto fahren.
d) Auf der Rückfahrt von einem maximalen Fahrtziel kann man nur minimal Zeit sparen.
e) Eine nur minimale Ersparnis kann kein sinnvolles Ziel sein.

8 Welches der folgenden Beispiele passt zum einfachen Wirtschaftskreislauf?

a) Heidi wünscht sich zum Geburtstag eine neue Handtasche.
b) Jürgen kauft sich auf dem Heimweg von der Arbeit ein Eis.
c) Udo sammelt im Herbst leidenschaftlich gern Pilze im Wald.
d) Heiner bringt alte und überflüssige Möbel zum Sperrmüll.
e) Jürgen und Heiner treffen sich einmal pro Woche zum Tischtennistraining.

9 Wie nimmt der Staat als dritter Bereich am Wirtschaftskreislauf teil? (Zwei richtige Antworten)

a) Der Staat verteilt Einkommen um, z.B. durch Transferleistungen wie Kindergeld.
b) Der Staat gilt auch als Unternehmen, z.B. Bundesrat.
c) Der Staat gilt auch als Arbeitnehmer, z.B. Müllabfuhr.
d) Der Staat gilt auch als Arbeitgeber, z.B. Stadt Berlin.
e) Der Staat benötigt Steuereinnahmen, um Staatsschulden zu bezahlen.

10 Die Wirtschaftsstruktur wandelt sich ständig. Welche beiden Aussagen dazu sind richtig?

a) Land- und Forstwirtschaft werden wegen des Umweltschutzes immer wichtiger.
b) Bestimmte Berufe wird es eines Tages in Deutschland nicht mehr geben, z.B. Stahlarbeiter.
c) Dienstleistungen können auch von Maschinen übernommen werden, z.B. Geld einzahlen bei der Bank durch Geldautomaten mit Einzahlfunktion.
d) Der Anteil der Dienstleistungen an der Wirtschaftsleistung sinkt.
e) Der Anteil des primären Sektors an der Wirtschaftsleistung ist gleichbleibend.

11 Welche Einflussgrößen bestimmen die Nachfrage nach Gütern? (Zwei richtige Antworten)

a) die Höhe der monatlichen Stromrechnung
b) ausverkaufte Ware im Supermarkt
c) Mode und Trends
d) technische Neuerungen
e) die Fülle der Güter auf dem Markt

12 Die Vorstellung eines vollkommenen Marktes bedeutet auch, dass es keine Präferenzen (Vorlieben) gibt. Welche Aussage beschreibt eine persönliche Präferenz?

a) Ein Kunde hat nur wenig Bargeld bei sich.
b) Viele Kunden schätzen die niedrigen Preise beim örtlichen Discounter.
c) An der Bedientheke des Verbrauchermarktes sind besonders freundliche Mitarbeiter, bei denen die Kunden gerne kaufen.
d) Die meisten Kunden gehen zum Supermarkt, der am nächsten zu erreichen ist.
e) Beim Discounter muss man an der Kasse nicht sehr lange warten.

13 Welche Abweichungen bestehen zwischen dem realen Markt und dem Modell des vollkommenen Marktes?

a) Güter sind immer gleichartig (homogen).
b) Kunden bilden Vorlieben (Präferenzen).
c) Anbieter und Nachfrager haben immer einen kompletten Überblick über den Markt.
d) Lieferungen erfolgen mit unterschiedlichen Lieferzeiten.
e) Standorte von Anbietern sind identisch.

14 Welches der folgenden Güter gilt i.d.R. als homogen?

a) Handy A mit dem Betriebssystem iOS und Handy B mit dem Betriebssystem Android
b) Benzin „E5“ von Tankstelle A und Benzin „E5“ von Tankstelle B
c) Waffeleisen 1200 W von Hersteller A und Waffeleisen 1200 W von Hersteller B
d) Tennisball „Training“ (gelb) von Hersteller A und Tennisball „Trainer“ (gelb) von Hersteller B
e) gesalzene Butter von Hersteller A und salzige Butter von Hersteller B

12 Umweltschutz und Nachhaltigkeit

Der Umweltschutz umfasst alle Maßnahmen zum Schutz der Umwelt und zur Vermeidung der Umweltbelastung und -verschmutzung. Themen wie globale Erwärmung und Verschmutzung der Weltmeere demonstrieren, wie dringend es ist, mit Rohstoffen und Energie wirtschaftlich umzugehen und Umweltbelastungen nachhaltig zu vermeiden.

Die meisten Menschen dürften sich bewusst sein, dass die Umwelt tagtäglich benutzt und belastet wird. Grundsätzlich ist wohl auch fast jeder für den Schutz der Umwelt. Nur das konkrete Handeln sieht meist anders aus: Auf alte Gewohnheiten will man nicht verzichten und finanzielle Opfer will man auch nicht auf sich nehmen.

Der **Umweltbegriff** umfasst die Gesamtheit aller Faktoren, die die Existenz des Menschen bestimmen, wobei Mensch und Umwelt in einem Wechselverhältnis zueinander stehen. In ökologischer Hinsicht soll der Zustand der Umweltmedien Luft, Wasser, Boden und Klima ein Überleben von Mensch, Tier und Pflanzen sichern. In ökonomischer Hinsicht sind die wirtschaftlichen Rahmenbedingungen so zu gestalten, dass Ressourcenverbrauch (z. B. Rohstoffe, Energie) und Folgen des Wirtschaftens (z. B. Schadstoffe und Abfälle) die ökologische Funktion der Umwelt nicht gefährden.

12.1 Ursachen von Umweltproblemen

Die Umwelt gehört keinem Staat und keinem Menschen alleine. Zurzeit leben auf unserer Erde ca. 7 Milliarden Menschen, im Jahre 2050 werden es schätzungsweise 9,3 Milliarden Menschen sein und die Weltbevölkerung wird wahrscheinlich weiter wachsen. Das starke **Wachstum der Weltbevölkerung** führt in vielen Bereichen zu großen Umweltproblemen, die letztendlich die natürliche Lebensgrundlage bedrohen oder zerstören. Beispielsweise müssen Regenwälder gerodet werden, um Ackerflächen für die Lebensmittelproduktion zu schaffen, oder chemische Düngemittel werden verstärkt eingesetzt, um die Ernte auf bestehenden und neuen landwirtschaftlichen Flächen zu erhöhen.

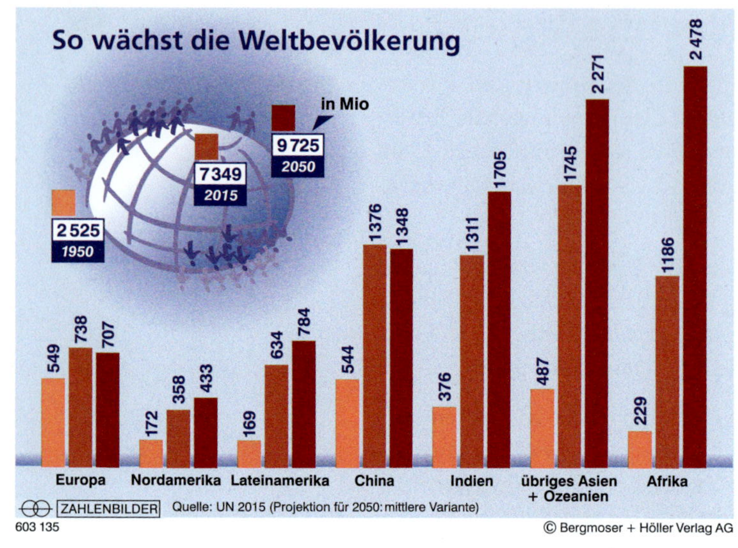

Gleichzeitig führen die vielfältigen internationalen Handelsbeziehungen dazu, dass die von den Menschen benötigten Waren teilweise mehrere tausend Kilometer zurückgelegt haben, bis sie beim Einzelhandel im Verkaufsregal stehen. Die durch den Transport per Flugzeug oder per Lkw entstehenden Abgase und der damit verbundene hohe Verbrauch von Energie in Form von Treibstoffen stellen weitere schwer wiegende Belastungen der Umwelt dar. Diese Umweltprobleme können nicht durch einen einzelnen Staat und schon gar nicht durch einen einzelnen Menschen gelöst werden. Aber jeder kann für sich persönlich im privaten und beruflichen Bereich Möglichkeiten finden, die Umwelt zu schützen und zu erhalten.

12.2 Nachhaltigkeit

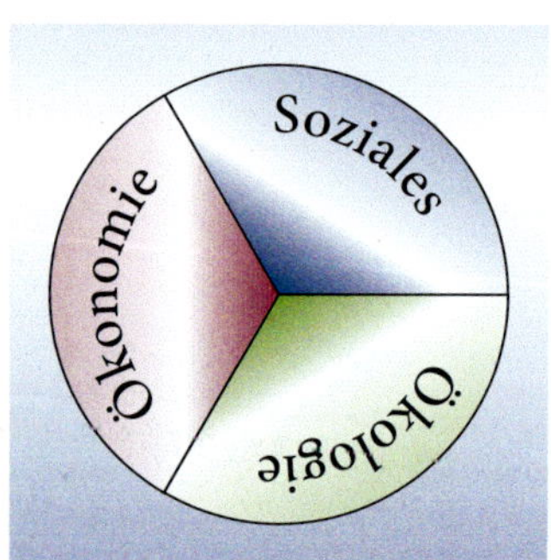

Prinzip der Nachhaltigkeit

Der heute gängige Begriff der nachhaltigen Entwicklung („sustainable development") wurde 1987 von der Weltkommission für Umwelt und Entwicklung geprägt. Nachhaltigkeit charakterisiert eine Entwicklung, die die momentanen Forderungen nach unversehrter Umwelt, sozialer Gerechtigkeit und wirtschaftlichem Wohlstand erfüllen kann, ohne die Möglichkeiten folgender Generationen einzugrenzen. Bei einer stark wachsenden Weltbevölkerung kann die Lebensqualität aller Erdenbewohner nur geschützt werden, wenn Ressourcenverschwendung, Umweltverschmutzung und Armut konsequent bekämpft werden. Demnach müssen die Prinzipien der Nachhaltigkeit – Ökologie, Ökonomie, soziale Gerechtigkeit – in allen Lebensbereichen global in Übereinstimmung gebracht werden.

12.3 Umweltschutz im Einzelhandel

Im Einzelhandel bieten sich zahlreiche Möglichkeiten, einen Beitrag zum Umweltschutz zu leisten. So gibt es für die effektivere Nutzung von Energie viele Ansätze:

- Isolierung der Lagerräume
- sparsamere Fahrzeuge im Fuhrpark
- Heizungen mit besserem Wirkungsgrad
- Nutzung von Wind- und Sonnenenergie

Umweltproblem Verpackungsmüll

In den Verkaufs- und Lagerräumen des Einzelhandels fallen große Mengen umweltbelastender Verpackungsmaterialien an. Um diese Belastung möglichst gering zu halten, sollte der Einzelhändler die **Abfallvermeidung** stets der Abfallverwertung vorziehen. Bei unvermeidbarem Abfall sollte der Einzelhändler alle **Recyclingmöglichkeiten** prüfen und nutzen.

Einen besonderen Beitrag zum Umweltschutz kann der Einzelhändler durch die Wahl seiner Verpackungen leisten. Im Jahre 2014 sind in Deutschland knapp 18 Millionen Tonnen an Verpackungsabfällen angefallen, davon mehr als acht Millionen Tonnen in privaten Haushalten. Somit entfielen auf jeden Haushalt mehr als 100 Kilogramm Verpackungsmüll. Auch wenn der größte Anteil an diesem Müll aus Papier, Pappe oder Karton bestand, trägt die Plastiktüte entscheidend zu diesem Müllberg bei. Im Jahre 2010 kamen die Bundesbürger pro Kopf auf einen Jahresverbrauch von ca. 70 Plastiktüten, bei 82 Millionen Einwohnern in Deutschland also mehr als sechs Milliarden Tüten.

Wenn man dann noch bedenkt, dass die meisten Plastiktüten nur einmal verwendet und dann weggeworfen werden, wird das Umweltschutzpotenzial durch die Vermeidung von Plastiktüten deutlich, insbesondere wenn man berücksichtigt, dass Plastiktüten je nach verwendetem Kunststoff erst nach 100 bis 500 Jahren zerfallen sind.

In Deutschland haben sich der Handelsverband und das Bundesumweltministerium darauf geeinigt, den Verbrauch von Plastiktüten drastisch zu reduzieren. So sollen innerhalb von zwei Jahren 80 Prozent der bislang kostenlos abgegebenen Plastiktüten kostenpflichtig abgegeben werden. Eine gesetzliche Regelung ist hierzu bisher nicht geplant. Seit dem 1. Juli 2016 können die Einzelhändler selbst entscheiden, zu welchem Preis sie die Plastiktüten abgeben.

Mittlerweile gibt es auch eine ganze Reihe von Alternativen zur Plastiktüte. Baumwoll-, Papier- und sogar kompostierbare Tüten werden heute vom Einzelhandel angeboten. Allerdings können auch recycelte Plastiktüten einen wertvollen Beitrag zum Umweltschutz liefern. So muss z. B. eine Baumwolltasche 83-mal verwendet werden, um eine geringere Umweltbelastung als eine recycelte Plastiktüte zu haben.

Die nun eingeleiteten Maßnahmen zur Vermeidung von Plastikmüll durch Plastiktüten sind dringend notwendig. Schon heute stellt die weltweite Vermüllung der Meere eines der schwerwiegendsten Umweltprobleme dar. Drei Viertel des Mülls in den Weltmeeren bestehen mittlerweile aus Plastik bzw. Kunststoffen. Hauptgrund hierfür ist die achtlose bzw. nicht umweltgerechte Entsorgung des Plastikmülls. Daher möchte auch die Europäische Union den jährlichen Verbrauch von Plastiktüten in der EU von derzeit rund 200 Tüten bis zum Jahre 2025 auf 40 Tüten je EU-Bürger senken.

Vermüllte Meere und Strände belasten Mensch und Natur.

ALLES KLAR?

1 Welche zu vereinbarenden Prinzipien beinhaltet „Nachhaltigkeit?

a) Ökologie, Ökonomie und soziale Gerechtigkeit
b) Demokratie, Freiheit und Ökologie
c) Ökonomie, Wirtschaft und Finanzen
d) Demografie, soziale Gerechtigkeit und Ökologie
e) Umweltschutz, Wirtschaft und Ökologie

2 Welche Folgen hat die stetig steigende Weltbevölkerung hinsichtlich der benötigten Lebensmittel für die Umwelt?

a) Das Ozonloch wird größer, deswegen wird mehr Trinkwasser benötigt.
b) Mehr Ackerbaufläche wird benötigt, deswegen wird Regenwald abgeholzt.
c) Es bilden sich lange Warteschlangen vor den Supermärkten.
d) Immer mehr Menschen ernähren sich vegetarisch, um die Tiere zu schützen.
e) Regionale Lebensmittel verlieren an Bedeutung, weil in vielen Regionen nichts angebaut wird.

3 Welche sinnvollen Möglichkeiten gibt es für einen Einzelhandelsbetrieb, mit Umweltschutz gleichzeitig Geld zu sparen?

a) Lieferservice einstellen oder reduzieren
b) Klimaanlage abschalten oder wärmer laufen lassen
c) Licht im Laden abdimmen oder morgens später einschalten
d) Kühlung isolieren, z.B. durch Glastüren vor den Kühlregalen
e) Öffnungszeiten verkürzen oder Mittagspausen einführen

4 Wieviel Plastiktüten werden in Deutschland pro Jahr verbraucht?

a) ca. 600 000
b) ca. 6 000 000
c) ca. 60 000 000
d) ca. 600 000 000
e) ca. 6 000 000 000

5 Plastiktüten sollten grundsätzlich mehrfach verwendet werden, denn sie halten insbesondere bei Nichtgebrauch sehr lange. Nach wie vielen Jahren verrotten Plastiktüten von alleine?

a) Nach 1 000 – 5 000 Tagen
b) Nach 100 – 500 Stunden
c) Nach 100 – 500 Monaten
d) Nach 100 – 500 Jahren
e) Nach 1 000 – 5 000 Stunden

6 Welche Vorteile bieten regionale Waren neben der Frische und der Nachvollziehbarkeit der Herkunft?

a) Regionale Waren sind viel billiger als importierte Waren.
b) Regionale Waren sind vielfältiger als importierte Waren.
c) Regionale Waren sind langlebiger als importierte Waren.
d) Regionale Waren sind durch kurze Transportwege umweltfreundlicher als importierte Waren.
e) Regionale Waren sind hochwertiger als importierte Waren.

7 Im Zuge einer Sanierung der Fassaden und Dächer des Ladens können Einzelhändler im Sinne des Umweltgedankens …

a) z.B. durch das Anbringen von Kollektoren die Sonnenenergie nutzen.
b) grüne Farben verwenden, die umweltfreundlich wirken.
c) halboffene Schaufenster verwenden, um Energie zu sparen.
d) moderne Filteranlagen einbauen, damit im Laden die Luft so gut ist wie im Wald.
e) zusätzliche Klimaanlagen anbringen, um im Laden eine „Antarktis"-Präsentation zu ermöglichen.

2

Verkaufsgespräche kundenorientiert führen

Grundlagen der Kommunikation

Begrüßung und Kontaktaufnahme

Bedarfsermittlung und Warenvorlage

Verkaufsargumente und Kundeneinwände

Preisnennung und Kaufentscheidung

Ergänzungs- und Alternativangebote

Serviceleistungen

Verabschiedung

1 Grundlagen der Kommunikation

Lernsituation 15

Verkaufsgespräch
→ LF 2, Kap. 2

Verbal
mit Worten

Kommunikation ist der Austausch von Informationen zwischen **Sender** und **Empfänger**. Der Sender hat unterschiedliche Möglichkeiten, um dem Empfänger seine Informationen zu übermitteln, z. B. durch die Sprache, durch eine Zeitung, einen Brief oder ein Bild. Bei einem direkten Gespräch, z. B. einem Verkaufsgespräch mit einem Kunden, ist die Sprache (**verbale** Kommunikation) des Verkäufers von enormer Bedeutung.

Nonverbal
ohne Worte

Unterstützt wird die Sprache durch die **nonverbale** Kommunikation, die manchmal wichtiger sein kann als die verbale Kommunikation. Zu der nonverbalen Kommunikation zählt die Körpersprache des Verkäufers. Beide Kommunikationsformen zusammen entscheiden darüber, ob die Verständigung zwischen Sender und Empfänger funktioniert und ob das Gespräch als angenehm empfunden wird.

1.1 Verbale Kommunikation

Bei der Beratung im Verkaufsgespräch findet ein ständiger Rollentausch zwischen Sender (Sprecher) und Empfänger (Zuhörer) statt. Der Kunde tritt als Sender auf, indem er seine Wünsche äußert, während der Verkäufer die Rolle des Empfängers hat. Danach tritt der Verkäufer als Sender auf – er vermittelt Informationen zur Ware – und der Käufer nimmt die Rolle des Empfängers ein. Das Kommunikationsmodell nach Friedemann Schulz von Thun gibt eine erste Hilfestellung für die Analyse verbaler Kommunikation.

1.1.1 Kommunikationsmodell nach F. Schulz von Thun

Das Modell von Schulz von Thun ist als das so genannte **„Vier-Ohren-Modell"** bekannt geworden. Danach umfasst die verbale Kommunikation vier verschiedene Bedeutungsebenen, d. h., die Information des Senders an den Empfänger wird auf vierfache Weise wirksam. Jede Äußerung enthält vier Botschaften an den Empfänger auf vier verschiedenen Ebenen.

Appell
Aufruf, Mahnung

Die Qualität eines Gespräches hängt davon ab, in welcher Weise die „vier Ohren" und die „vier Münder" zusammenspielen.

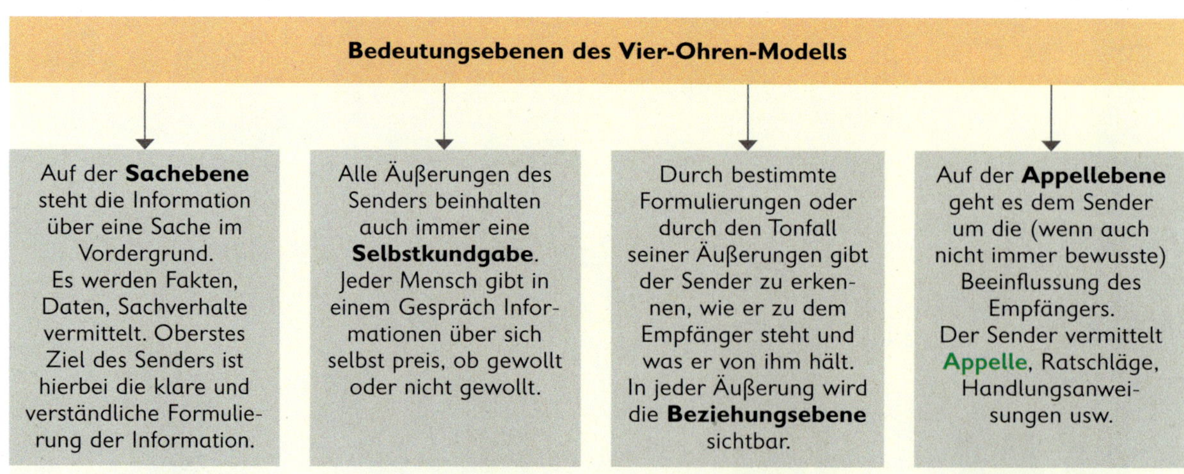

Beispiel

Dieser Satz kann über den Sender (Verkäuferin) folgendes offenbaren:

Sachebene
Verkäuferin stellt fest, dass das Kleid günstig und pflegeleicht ist.

Selbstkundgabe
Verkäuferin möchte das Kleid gerne selbst haben.

Beziehungsebene
Verkäuferin möchte, dass sich die Kundin ihrer Meinung anpasst, da sie schließlich die Fachfrau ist.

Appell
Verkäuferin fordert die Kundin auf, das Kleid zu kaufen.

Die Kundin empfängt diese Information auf ihren „vier Ohren“:

Sachebene
Kundin stellt fest, dass der Preis für ein pflegeleichtes Kleid günstig ist.

Selbstkundgabe
Kundin stellt fest, dass das Kleid, auch wenn es der Verkäuferin gefällt, ihr selbst noch lange nicht gefallen muss.

Beziehungsebene
Kundin missfällt der bestimmende Tonfall.

Appell
Kundin fühlt sich gedrängt, das Kleid zu kaufen.

Vom Sprecher werden die vier Ebenen einer Nachricht nicht gleichwertig vermittelt. Durch Wortwahl, Tonfall und seine Körpersprache macht der Sender klar, um welchen Aspekt es ihm besonders geht. Hierbei besteht natürlich die Gefahr, dass sich der Sprecher im Tonfall vergreifen kann oder seine Gestik nicht mit der Aussage übereinstimmt. Dann kommt die Botschaft des Sprechers auf mindestens einer der vier Ebenen anders als beabsichtigt beim Zuhörer an. Das Gespräch verläuft für beide Seiten nicht zufrieden stellend.

Gestik
→ LF 2, Kap. 1.2.2

Nonverbale Kommunikation
→ LF 2, Kap. 1.2

Beispiel

Verkäufer geht forsch, schnellen Schrittes und freundlich auf eine Kundin zu und spricht sie mit einem sehr leisen und undeutlichen Ton an.

Zu **Kommunikationsstörungen** zwischen Verkäufer und Kunde kann es kommen, wenn

- Verkäufer und Kunde unterschiedliche Ansichten haben und sich nicht einigen können,
- der Verkäufer während des Verkaufsgespräches ständig von Dritten gestört wird,
- der Kunde seine Kaufabsichten beschreibt und der Verkäufer nicht „richtig“ zuhört und/oder
- der Verkäufer Verkaufsargumente anführt, die der Kunde nicht versteht.

Um Verständigungsschwierigkeiten zu vermeiden, sollte der Verkäufer mit der Sprache sicher umgehen können und ein aktiver Zuhörer sein.

Aktives Zuhören
→ LF 2, Kap. 1.1.3

1.1.2 Sprache des Verkäufers

Das Aushängeschild jedes Verkäufers ist seine Sprache. Jeder Verkäufer sollte seiner Sprache eine hohe Aufmerksamkeit zukommen lassen, denn sie steht im Mittelpunkt des Verkaufsgespräches. Dabei kommt es nicht nur auf den Inhalt der Sprache an, sondern auch darauf, „wie“ gesprochen wird, also auf den Einsatz der Stimme. Die Verwendung geeigneter Wörter und die Formulierung verständlicher Sätze sind inhaltliche Merkmale der Sprache.

Mit dem richtigen Ton, der angemessenen Lautstärke, der korrekten Aussprache, der gezielten Betonung, dem richtigen Sprechtempo und ausreichenden Sprechpausen wird die Stimme im Verkaufsgespräch erfolgreich eingesetzt. Die gewünschte Wirkung des gesprochenen Wortes setzt voraus, dass die Stimme und die inhaltliche Aussage des Verkäufers im Einklang sind. Im Folgenden werden die Gesprächsstörer (Grundfehler des Sprechens) aufgeführt und anschließend die Gesprächsförderer (Bausteine der Sprache) im Beratungsgespräch dargestellt.

Gesprächsstörer hemmen den Gesprächsverlauf und sind damit schlecht für die Gesprächsatmosphäre:

Der Verkäufer

- spricht **undeutlich** und zu **leise**.
  Er wirkt unsicher und wenig vertrauenserweckend. Das kann daran liegen, dass er fachlich nicht gut informiert ist oder dass er Begriffe verwendet, die er nicht richtig aussprechen kann.
- spricht viel **zu schnell** und macht **zu wenig Pausen**.
  Der Kunde kann dem Gesprächsverlauf nicht folgen. Der Verkäufer vermittelt den Eindruck, dass er das Gespräch schnell „hinter sich bringen“ möchte oder dass er über das Thema „hinwegredet“.
- benutzt **Füllwörter** wie „ähm“, „äh“ und „ne“.
  Der Kunde gewinnt den Eindruck, dass der Verkäufer Zeit braucht, um nach den „richtigen“ Worten zu suchen. Das wirkt unprofessionell.
- benutzt **zu viele Fachbegriffe**.
  Eine Überfrachtung des Verkaufsgespräches mit Fachbegriffen wirkt überheblich, selbst, wenn der Kunde entsprechende Vorkenntnisse hat.
- spricht in **langatmigen Sätzen**.
  Lange Sätze mit vielen Verschachtelungen wirken kompliziert und ermüdend. Der Kunde wird innerhalb kurzer Zeit kein Interesse mehr an der Fortführung des Gespräches haben. Außerdem besteht die Gefahr, dass der Verkäufer selbst „den Faden verliert“ und den Satz nicht mehr korrekt zu Ende formulieren kann.
- benutzt **Killerphrasen** wie „Glauben Sie mir, so wie Sie das beschreiben, kann es nicht funktionieren!“.
  Statt dem Kunden sachbezogene Informationen zu geben, stellt er ihn bloß, nach dem Motto: „Du hast ja keine Ahnung!“ Solche Äußerungen wirken abwertend. Der Kunde fühlt sich verletzt, er wird das Gespräch möglichst schnell beenden.

Killerphrasen
abwertende Angriffe in einem Gespräch, ohne sachlichen Bezug, z.B.: „Das können Sie doch gar nicht genau wissen!“

- **versucht** den Kunden **zu überreden**.
  Der Kunde empfindet einen Kaufzwang. Selbst, wenn es zu einem Verkaufsabschluss kommt, wird der Kunde von dem Artikel nicht überzeugt sein. Er wird in Zukunft vielleicht sogar das Geschäft meiden.

Gesprächsförderer wirken vertrauensbildend und erhöhen die Glaubwürdigkeit:

Der Verkäufer

- **spricht** den Kunden **direkt an**.
  Die Ansprache im „Sie-Stil" ist persönlich, der Kunde steht damit im Mittelpunkt des Gespräches. Statt „ich gebe Ihnen die Beschreibung", ist es besser zu sagen: „Sie erhalten von mir die Beschreibung".
- **betont** die wichtigsten Punkte.
  Mit der Betonung kann der Verkäufer die Aufmerksamkeit des Kunden auf wesentliche Inhalte lenken. Ein Wechsel in der Tonhöhe (Modulation) und die gezielte Betonung machen eine Sprache lebendig.
- spricht **angemessen laut** und **deutlich**.
  Wenn der Verkäufer seine Lautstärke dem Hörvermögen des Kunden und der Geräuschkulisse im Geschäft anpasst, kann das Gespräch ohne Anstrengung geführt werden. Für das akustische Verständnis ist besonders bei Schwerhörigen die deutliche Aussprache wichtiger als mehr Lautstärke. Auch ein zu lautes Sprechen kann störend sein, wenn es den Kunden einschüchtert.
- legt **wirkungsvolle Pausen** ein.
  Das Gesagte erhält durch gezielte Sprechpausen eine besondere Wirkung. Der Verkäufer erreicht auf diese Weise beim Kunden eine erhöhte Aufmerksamkeit.
- spricht **verständlich** und **abwechslungsreich**.
  Der Verkäufer verwendet Fachwörter, Fremdwörter und Abkürzungen nur, wenn diese dem Kunden bekannt sind, oder er gibt entsprechende Erklärungen dazu ab. Zur Beschreibung von Produkteigenschaften verwendet er treffende Begriffe.

Beispiel

Das Aussehen eines Kleidungsstückes ist nicht „schön", sondern geschmackvoll, attraktiv, elegant, sportlich, repräsentativ, zeitlos, festlich, kostbar, schick, apart, kleidsam, stilvoll, ausdrucksvoll, modisch, vornehm oder passend.

- **drückt sich positiv aus**.
  Positive Formulierungen verschaffen dem Verkäufer Sympathie und sorgen für eine angenehme Verkaufsatmosphäre.

Beispiel

Statt negativ zu formulieren wie „Sie müssen daran denken, die Äpfel aus der Folie zu nehmen" oder „Vergessen Sie nicht …", besser positiv ausdrücken: „Wenn Sie die Äpfel zu Hause aus der Folie nehmen, können Sie sie mindestens zwei Monate lagern."

Die Gesamtwirkung der Sprache hängt davon ab, ob sich der Verkäufer auf die Verkaufssituation einlassen kann und ob er sich in den Kunden hineinversetzen kann (**Empathie**).

Empathie
Fähigkeit, sich in jemanden hineinzuversetzen

1.1.3 Aktives Zuhören

Beispiel

Eine Kundin sucht verzweifelt nach einer Ledertasche. Die Verkäuferin holt ein aktuelles Modell aus dem Regal.
Kundin: „Das Modell finde ich nicht so schön!"
Die Verkäuferin lässt sich nicht aus der Ruhe bringen, legt die Tasche auf die Theke, wendet sie hin und her, klappt sie auf.
Kundin: „Die Tasche gefällt mir nicht!"
Die Verkäuferin zeigt nun das Innenleben der Ledertasche, bis sie endlich begreift …

Zuhören ist eine Kunst, die leider immer mehr verloren geht. Gerade als Verkäufer im Beratungsgespräch ist das Zuhören aber außerordentlich wichtig. Zuhören bedeutet für den Verkäufer eine aktive Tätigkeit. Das bedeutet: Schauen Sie Ihren Kunden während des Verkaufsgespräches an. Sie benötigen den Blickkontakt, um dem Kunden Ihr Interesse zu signalisieren. Durch die Körpersprache (Kopfnicken, Lächeln) Ihres Kunden erfahren Sie, ob die Beratung für ihn positiv verläuft.

Nonverbale Kommunikation → LF 2, Kap. 1.2

Aber auch durch Bestätigungslaute wie „ja", „so", „hmm" usw. und durch sprachliche Signale wie gezielte Nachfragen erkennen Sie das Interesse des Kunden. Fassen Sie anschließend das Gehörte zusammen, um festzustellen, ob Sie Ihren Gesprächspartner richtig verstanden haben. So können Sie erste Kommunikationsstörungen vermeiden.

Beispiel

Verkäufer: „Wenn ich Sie richtig verstanden habe, dann suchen Sie also einen Teppichboden, der robust und leicht zu reinigen ist?"

Aktives Zuhören ist mehr als Hören!

Hören

Geräusche werden wahrgenommen, ohne dass der Hörer auf die Bedeutung der Geräusche fixiert ist.

Der Hörer verfolgt noch seine eigenen Gedanken, er hört dem Sprecher nicht wirklich zu!

→

Hinhören

Der Hörer achtet zwar auf das, was der Sprecher sagt, aber er bemüht sich nicht zu verstehen, was der Sprecher meint.

Der Hörer ist noch unbeteiligt an dem, was der Sprecher sagt.
Der Sprecher nimmt das aber so wahr, als würde der Hörer ihm schon richtig zuhören!

→

Aktives Zuhören

Der Hörer hört nicht nur, was der Sprecher sagt, sondern er will auch wissen, was der Sprecher meint. Der Hörer achtet nicht nur auf die Wörter, sondern auch auf die Körpersprache des Sprechers.

Der Hörer zeigt dem Sprecher, durch Blickkontakt, Körpersprache und gelegentliche verbale Rückmeldungen, dass er gewillt ist, mit dem Sprecher wirklich zu kommunizieren und ihn zu verstehen. Der Hörer handelt empathisch.

1.2 Nonverbale Kommunikation

Nonverbale Kommunikation läuft zu einem großen Teil unbewusst ab. Im Grunde ist die Körpersprache unsere Gefühlssprache. Wir erkennen ihre Hinweise oft instinktiv, können mit ihr aber auch schwieriger etwas verbergen als mit Worten, denn die Körpersprache kann nicht gut „lügen“ und ist deshalb besonders wichtig. Bei einem Verkaufsgespräch sind sowohl der erste Eindruck, Gestik, Mimik, der Blick als auch die Distanz zum Gesprächspartner Bestandteile der nonverbalen Kommunikation. Die Glaubwürdigkeit der Sprache hängt davon ab, ob die verbale Kommunikation zu der Körpersprache passt.

1.2.1 Erster Eindruck

Der erste Eindruck von einer Person ist zwar nicht unbedingt der richtige, dennoch ist er der entscheidende. Nur ungern sind wir bereit, später unser Anfangsurteil umzustoßen. Umso bedeutsamer ist es, den ersten Sekunden einer Begegnung besonderes Interesse zu widmen, denn es gibt schließlich keine zweite Chance für einen ersten Eindruck. Der erste Eindruck setzt sich aus drei Phasen zusammen.

Der erste Eindruck

1. Phase	erste Sekunde / Sekundenbruchteile	Wir gliedern Personen, denen wir begegnen, in ein Raster ein: bekannt/unbekannt, männlich/weiblich, alt/jung, ansprechend/belanglos.
2. Phase	erste 30 Sekunden	Auf Grund des äußeren Erscheinungsbildes und der Körpersprache – möglicherweise auch der Sprache – entsteht eine grobe Abschätzung: angenehm, abstoßend, diffus, widerspruchsvoll.
3. Phase	erste drei Minuten	Während eines Gesprächs bekommen wir die Möglichkeit, unseren Eindruck zu bestätigen oder zu korrigieren.

Ein angemessenes äußeres Erscheinungsbild beeinflusst den ersten Eindruck. Kleidung, Farben, Frisur und auch der Duft, der einen Verkäufer umgibt, beeinflusst seine Ausstrahlung, seine Vertrauenswürdigkeit und seine Kompetenz. Ein Verkäufer, der den Kunden optisch nicht gefällt, wird es schwer haben, Kunden vom Kauf eines Produktes zu überzeugen. Attraktivität im Sinne von „schön“ ist hier nur bedingt gemeint, denn jeder Kunde darf ein gepflegtes, sauberes und ansprechendes Erscheinungsbild erwarten. Ein individuelles Verkaufsoutfit ist die persönliche Note des Verkäufers. In einigen Einzelhandelsunternehmen gibt es Kleidervorschriften, die das Personal einzuhalten hat.

Modisch gekleidete Verkäuferin in der Damenabteilung eines Kaufhauses

Beispiele

- Eine Verkäuferin im Parfümeriefachgeschäft ist dezent geschminkt und von einem unaufdringlichen Duft umgeben.
- Ein Verkäufer im Sportfachgeschäft trägt ein sportliches Outfit.
- Eine Verkäuferin beim Herrenausstatter kleidet sich förmlich und zurückhaltend.
- Ein Textilkaufhaus schreibt dem Personal vor, weiße Oberbekleidung und eine schwarze Hose bzw. einen schwarzen Rock zu tragen.

1.2.2 Gestik

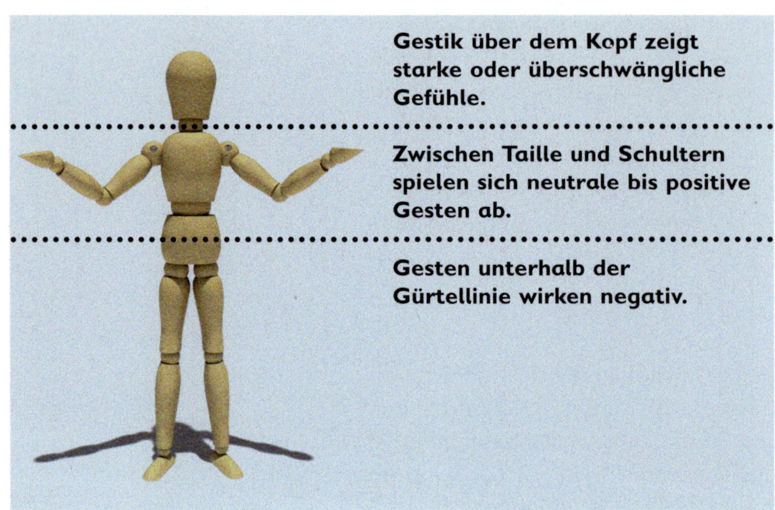

Die Bewegung der Hände unterstützt die gesprochenen Worte. Für die Wirkung der Gestik ist ausschlaggebend, in welcher Höhe sich die Hände befinden:

- Alle Gesten, die sich unterhalb der Taille abspielen, werden als negativ gewertet, z. B. hängende Arme vermitteln den Eindruck einer wegwerfenden Geste Richtung Boden.
- Gesten oberhalb der Taille bis zu den Schultern werden als neutral bis positiv gewertet. Hier sind die Arme angewinkelt, sodass die Hände sich im Bereich des Bauchnabels oder darüber befinden.
- Starke oder überschwängliche Gefühle drücken Sie oberhalb der Schultern und des Kopfes aus, z. B. wenn Sie sich beim Fußball über ein Tor freuen, fliegen ihre Arme in die Luft.

Verkaufsgespräch → LF 2, Kap. 2

Sie sollten im Verkaufsgespräch Ihre Hände bevorzugt im positiven Bereich halten und daran denken, dass Gesten Ihren Worten Glaubwürdigkeit verleihen.

Die Sichtbarkeit der Hände ist ein wichtiges Merkmal der nonverbalen Kommunikation. Verdeckte Hände – in den Hosentaschen oder hinter dem Rücken – werden immer als Ablehnung empfunden. Es ist wichtig, wiederholt zeigende und öffnende Gesten einzusetzen. Vor der Brust verschränkte Arme oder Zeigen des Handrückens anstatt der Handfläche erscheinen als Abwehrhaltung, Schulterzucken zeigt Ablehnung und Gleichgültigkeit. Grundsätzlich gilt: Es wirkt natürlicher, wenn ablehnende Gestik vermieden wird, als wenn bewusst eine positive Gestik antrainiert wird.

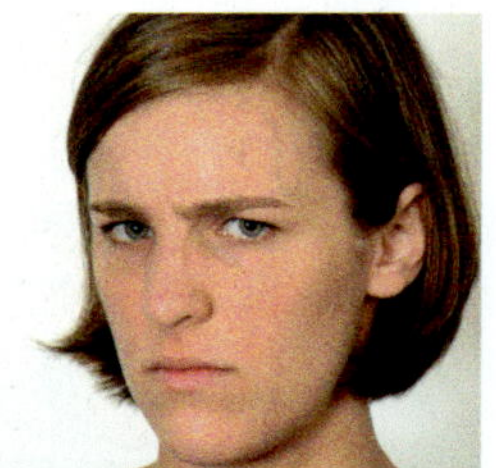

Skepsis/Ablehnung

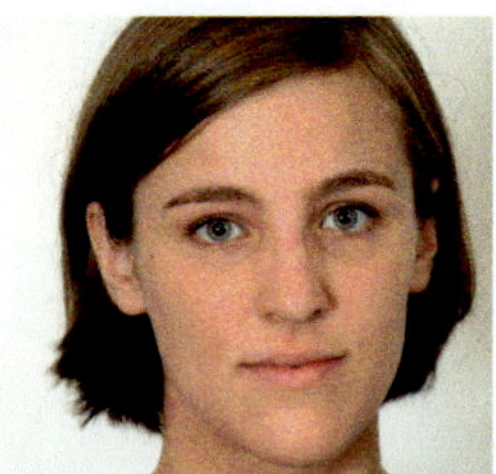

Aufmerksamkeit/Interesse

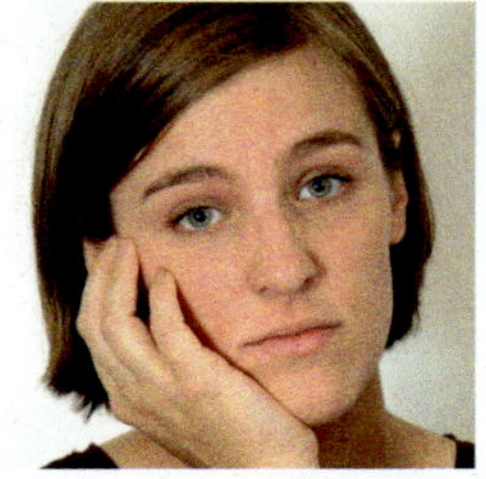

Langeweile

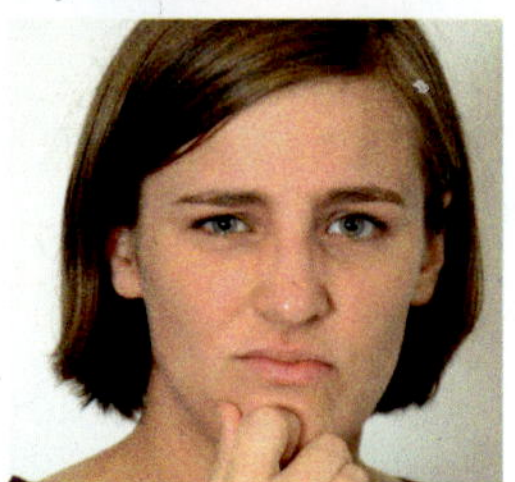

Verunsicherung/ Unschlüssigkeit

1.2.3 Mimik

Ein Lächeln wirkt Wunder – das gilt natürlich besonders in Verkaufssituationen. Bemerkenswert ist dabei, dass unsere Mimik auch uns selbst beeinflusst. Wer viel lacht, hat also nicht nur eine positive Wirkung auf seine Umgebung, sondern auch die Chance, sich selbst besser zu fühlen als jemand, der mit trübem Gesicht durch den Tag geht. Denn das Lächeln wird oft vom Gegenüber erwidert und wirkt deshalb auf uns selbst zurück.

Die Mimik spiegelt Stimmungen und Gedanken wider. Ein Dauergrinsen kommt bei Ihrem Gegenüber als gekünstelt und falsch an. Der Kunde wird Ihnen nicht glauben. Ein warmes Lächeln, das ernst gemeint ist, dagegen weckt das Vertrauen des Kunden. Versuchen Sie bei Nervosität, bei schlechter Laune oder gar Angst an etwas Positives zu denken, an etwas, das Sie spontan zum Lächeln veranlasst.

1.2.4 Blick

Der Blick ist die wichtigste Möglichkeit, ohne körperliche Berührung Kontakt zu anderen Menschen aufzunehmen. Ein freundlicher Blick wird vom Kunden gerne gesehen. Halten Sie stets den Blickkontakt aufrecht, denn ein Blick sendet Signale, wie z. B. „Sie sind gemeint" und „Es ist mir wichtig, dass Sie mich verstehen". Als besondere Unfreundlichkeit gilt es, wenn ein Mensch absichtlich übersehen bzw. ignoriert wird. Einen möglichen Kunden bewusst zu vernachlässigen, rächt sich sehr schnell. Er wird sehr wahrscheinlich nichts kaufen und auch nicht wiederkommen. Was sich mit Blicken alles ausdrücken, aber auch anrichten lässt, zeigt folgende Liste von Ausdrücken:

- „mit Blicken töten"
- „große Augen machen"
- „ein Auge auf jemanden werfen"
- „jemandem einen Wunsch von den Augen ablesen"
- „jemandem schöne Augen machen"
- „jemanden mit Blicken durchbohren"
- „der Blick spricht Bände"

Mit Ihrem Blick können Sie aber auch Informationen vom Kunden empfangen, wie z. B. „Im Gesicht des Kunden sehe ich ein Fragezeichen, deshalb erkläre ich das noch einmal." und „Der Kunde blickt mich freundlich und interessiert an."

1.2.5 Distanzzonen

Es ist wichtig, das Distanzbedürfnis anderer Menschen zu beachten. Wer jemandem zu dicht „auf die Pelle" rückt, muss sich nicht wundern, wenn er unangenehm wirkt. Das Eindringen eines Fremden in die vertrauliche Distanzzone wird fast immer als unwillkommene Grenzübertretung empfunden. Man unterscheidet folgende Distanzzonen:

- **Vertrauliche Distanzzone:** Vor und hinter einer Person gilt ein Abstand von unter 50 cm als vertraulich, an der Seite ist der Abstand etwas kleiner. In diese Zone dürfen andere Personen nur mit einer ausdrücklichen Erlaubnis vordringen.
- **Persönliche Distanzzone:** Die persönliche Distanzzone beginnt bei der vertraulichen Zone und reicht etwa 1 bis 1,5 Meter nach vorne und hinten. Seitlich ist der Abstand auch hier etwas geringer. In dieser Zone führen wir Gespräche, ohne uns belästigt zu fühlen.
- **Öffentliche Distanzzone:** Von der Grenze der persönlichen Distanzzone bis zu einem Abstand von zirka drei Metern nach vorne und hinten reicht die öffentliche Distanzzone. In diesem Bereich nehmen wir andere Personen wahr.

Diese vertrauliche Nähe ist bei sehr guten Freunden und Familienmitgliedern möglich.

1.3 Kundenorientierung als Erfolgsfaktor

Jedes Einzelhandelsunternehmen hat das Ziel der Kundenorientierung, wobei Kundenorientierung nicht allein Kundenfreundlichkeit bedeutet. Kundenorientierung ist mehr als die Haltung des Verkäufers. Kundenorientierung bedeutet, dass das gesamte Handeln und Denken eines Unternehmens sich an den Kundenwünschen, Bedürfnissen und Problemen vor, während und nach dem Kauf orientiert. Einzelhandelsunternehmen müssen daher verschiedene Anforderungen erfüllen, um wirklich kundenorientiert handeln zu können:

Unternehmensziele → LF 1, Kap. 7.1

- Kundenorientierung muss im Leitbild des Unternehmens verankert sein, d. h., sie muss im Unternehmen gelebt werden. Sowohl Vorgesetzte als auch Mitarbeiter müssen nach dieser Unternehmensphilosophie handeln, dann empfindet sie auch der Kunde als positiv.
- Der Verkäufer muss die Möglichkeit haben, bei Kundenwünschen schnell und kompetent zu handeln. Dazu muss er seine Kompetenzen und die Abläufe im Unternehmen kennen. Er muss z. B. wissen, wer bei Beschwerden Entscheidungen trifft und wie diese schnell abgewickelt werden können, ohne den Kunden unnötig warten zu lassen.
- Vom Verkäufer wird ein hohes Maß an Kundenfreundlichkeit und Kundennähe erwartet. So motivierte Mitarbeiter werden bei den Kunden erfolgreich sein.

Ziel der Kundenorientierung ist es, die Erwartungen der Kunden zu übertreffen, um sie zu zufriedenen und begeisterten Kunden zu machen. Ein Kunde, der zufrieden ist, wird mit großer Wahrscheinlichkeit wiederkommen und einen weiteren Kauf tätigen. Er wird seine Erfahrungen anderen Personen erzählen und sie somit für das Unternehmen gewinnen. Dem Kunden ist u. a. Folgendes wichtig:

Zahlungsformen → LF 3, Kap. 6

Absatzwerbung → LF 5, Kap. 1

- Das Einfühlungsvermögen des Verkäufers: Der Verkäufer bietet dem Kunden nicht nur Produkte an, um den Umsatz zu steigern, sondern er erfasst und erkennt die Kundenwünsche und -bedürfnisse und bietet dem Kunden entsprechende Lösungen für seine Wünsche an.
- Das Auftreten des Verkäufers: Der Kunde erwartet einen freundlichen und glaubwürdigen Verkäufer mit einem gepflegten Erscheinungsbild.
- Die Serviceleistungen eines Unternehmens: Lieferungen, Reparaturen, Montage und unterschiedliche Zahlungsweisen.

Einen neuen Kunden zu gewinnen ist zehnmal teurer, als einen zufriedenen Kunden zu binden!

Kundenzufriedenheit wirkt sich konkret auf die **Kundenbindung** aus, denn zufriedene Stammkunden sichern langfristig das Bestehen des Unternehmens: Sie kaufen öfter und mehr. Sie werben für das Unternehmen. Sie reklamieren weniger. Sie sind gezielt ansprechbar, z. B. für Werbemaßnahmen.

ALLES KLAR?

1 Die nonverbale Kommunikation ist im Vergleich zur verbalen Kommunikation zu über 50 Prozent dafür verantwortlich, welchen Gesamteindruck jemand vermittelt und wie man von seinem Gesprächspartner wahrgenommen wird.

a) Unterscheiden Sie verbale und nonverbale Kommunikation.
b) Wovon hängt nach F. Schulz von Thun die Qualität eines Gespräches ab?
c) Welche körpersprachlichen Signale machen die nonverbale Kommunikation aus?

2 Beschreiben Sie anhand von drei Beispielen, wie Sie mithilfe der Sprechtechnik den Verlauf des Verkaufsgespräches positiv beeinflussen können.

3 Eine ältere Kundin in der Heimwerkerabteilung spricht einen Fachbegriff sehr leise und falsch aus. Wie können folgende Verkäuferaussagen auf die Kundin wirken?

a) Sie fordern die Kundin auf, den Begriff zu wiederholen, um sich zu vergewissern, ob Sie es richtig verstanden haben.
b) Sie verbessern die Kundin, damit sie merkt, dass sie etwas falsch gemacht hat.
c) Sie lächeln nachsichtig, um der Kundin zu zeigen, dass so etwas mal passieren kann.
d) Sie überhören den Fehler und beraten die Kundin, indem Sie den Fachbegriff unauffällig korrekt aussprechen.
e) Sie imitieren die Kundin mit der falschen Aussprache, um ihr nicht das Gefühl zu geben, einen Fehler gemacht zu haben.

4 Der Erfolg des Verkaufsgespräches hängt von der Fähigkeit des Verkäufers zur Empathie ab. Was bedeutet Empathie?

5 Aktives Zuhören ist die Voraussetzung für einen positiven Gesprächsverlauf. Das ist im Beratungsgespräch manchmal nicht einfach, wenn der Kunde mit unwichtigen Details abschweift. Wie können Sie als Verkäufer kontrollieren, ob Sie den Kunden richtig verstanden haben?

6 In der Sportabteilung der Beska GmbH empfiehlt ein Auszubildender im ersten Ausbildungsjahr einem Kunden beim Kauf einer Outdoor-Jacke ein Spezialwaschmittel. Auf die Frage des Kunden „Kann ich damit auch Daunenjacken waschen?“ antwortet der Auszubildende:

a) „Ähm, das muss man mal, äh, ausprobieren, ob das geht. Also die, äh, Texapore-Beschichtung hier bei der Outdoor-Jacke mit einer Wassersäule von 1500 mm unterscheidet sich vom Material her, äh, schon ein bisschen von einer Daunenjacke.“
b) „Schauen Sie mal auf die Verpackung, da steht das sicher drauf.“

Begründen Sie, warum diese Antworten vom Kunden als Gesprächsstörer empfunden werden.

7 Experimentieren Sie mit Ihrer Betonung und auch mit Ihrer Lautstärke. Versuchen Sie, folgende Sätze möglichst häufig in unterschiedlicher Betonung und Lautstärke vorzulesen.

a) Als mein Wecker heute Morgen klingelte, merkte ich, dass ich noch furchtbar müde war!
b) Ein Tag ohne Lächeln ist ein verlorener Tag.
c) We can do it!
d) Haben Sie noch einen Moment Zeit?
e) Sie müssen schon noch warten, noch sind Sie nicht dran!
f) Sie sind noch nicht an der Reihe!
g) Wünschen Sie Bedienung?
h) An welche Preislage haben Sie denn gedacht?
i) Das wird schwierig werden, diese Ware zu besorgen!
j) Darf ich Ihnen irgendetwas zeigen?
k) Wir führen aber nur diesen Artikel.
l) Ich kann Ihnen leider nur diesen Artikel anbieten.

8 Der erste Eindruck zählt, auch beim Verkaufsgespräch. Dazu gehört auch das ansprechende Erscheinungsbild des Verkäufers. Nennen Sie fünf Elemente eines ansprechenden Erscheinungsbildes des Verkaufspersonals.

9 Gesprächsstörer im Verkaufsgespräch finden auch auf der nonverbalen Ebene statt. Welche Gesten sollte man im Gesprächsverlauf vermeiden?

10 Welche Signale sendet der Verkäufer aus, wenn er mit dem Kunden Blickkontakt aufnimmt?

11 In welcher Distanzzone sollten Verkaufsgespräche geführt werden, damit der Kunde sich nicht belästigt fühlt?

12 Sie beobachten Verkäufer und Kunden in einem Warenhaus. Wie deuten Sie folgende Körpersignale?

a) In der Abteilung für Herrenoberbekleidung steht ein junger Verkäufer mit herabhängenden Schultern und gesenktem Blick.
b) Ein Kunde wühlt in den Waren auf einem Aktionstisch. Der Kundenbegleiter schaut ständig auf die Uhr.
c) Während der Anprobe eines Kleides schaut eine Kundin ihren Begleiter fragend an. Der Kundenbegleiter zupft sich Fusseln von der Kleidung.
d) Eine Kundin, die von einer Verkäuferin beraten wird, reibt an ihrem Kinn.
e) Ein älteres Paar gerät während eines Verkaufsgespräches in Streit. Der Mann lüftet mit der Hand seinen Hemdkragen.

13 Jeder Einzelhandelsbetrieb hat das Ziel, Kunden langfristig an das Geschäft zu binden. Das gelingt dem Einzelhändler besonders gut, wenn seine Kunden zufrieden sind. Beschreiben Sie vier Maßnahmen, wie die Kundenzufriedenheit und damit die Kundenbindung positiv beeinflusst werden können.

14 Nennen Sie vier Vorteile, die Stammkunden dem Einzelhandelsbetrieb bieten.

15 Nennen Sie zwei Sortimentsbereiche, in denen der Verkäufer in die vertrauliche Distanzzone des Kunden eindringen muss.

16 In einem Sporthaus für jugendliche Sportler trägt der Verkäufer an einem heißen Sommertag ein Muscle-Shirt. Beurteilen Sie, ob die Bekleidung gut gewählt ist.

17 Warum ist Kommunikation so komplex und manchmal auch widersprüchlich?

18 Bedeutet Selbstkundgabe im Verkaufsgespräch,

a) dass der Kunde von seiner Familie erzählt?
b) dass der Verkäufer von seiner Freundin erzählt?
c) dass in einem Gespräch die Gesprächspartner immer auch Informationen über sich selbst preisgeben?
d) dass der Kunde selbst sehen muss, wie er zurechtkommt?

19 Warum formuliert der Verkäufer möglichst positiv?

2 Verkaufsgespräch

Lernsituation 16

2.1 Begrüßung und Kontaktaufnahme

Lernsituation 17

Die Begrüßung und die Kontaktaufnahme mit dem Kunden als erste Stufe (Phase) des Verkaufsgesprächs sind für den Verlauf des Verkaufsgespräches von entscheidender Bedeutung. Nehmen Sie Ihren Kunden zur Kenntnis, d. h., nehmen Sie bewusst Blickkontakt mit ihm auf! Damit signalisieren Sie dem Kunden, dass Sie ihn willkommen heißen und ihn gerne beraten. Sprechen Sie den Kunden mit freundlicher und kräftiger, aber nicht zu lauter Stimme an. Wie die Kontaktaufnahme mit den Kunden gestaltet wird und wann sie erfolgt, hängt auch von der jeweiligen Verkaufsform im Einzelhandel ab.

Verkaufsform
→ LF 1, Kap. 9

2.1.1 Bedienungssystem

In einem Einzelhandelsgeschäft mit Bedienungssystem sollten Sie Ihren Kunden von sich aus wahrnehmen und sofort beim Eintreten in das Geschäft ansprechen, wobei Sie alle anderen Tätigkeiten unterbrechen. Die Begrüßung formulieren Sie so, dass der Kunde sie als ein freundliches Entgegenkommen empfindet. Wenn der Kunde in Ihrem Haus als Stammkunde bekannt ist, begrüßen Sie ihn selbstverständlich mit seinem Namen.

Beispiel

Verkäufer: „Guten Tag, Frau Kenarci! Schön, Sie wieder in unserem Hause begrüßen zu können. Was führt Sie diesmal zu uns?“

Verkaufsform: Bedienungssystem

2.1.2 Vorwahlsystem

Im Vorwahlsystem ist es der Kunde gewöhnt, sich im Laden ungestört und selbstständig umzuschauen. Nur in bestimmten Fällen erwartet er eine Beratung seitens des Verkaufspersonals. Manchmal wird er dann von sich aus auf Sie zukommen und Sie ansprechen. Häufig zeigt er aber auch durch unbewusstes Verhalten, dass er Ihre Hilfe benötigt. Beobachten Sie Ihren Kunden ganz genau! Wenn Sie solche Signale erkennen, ist es Ihre Aufgabe, den Kunden anzusprechen:

- Er hält längere Zeit die Ware in der Hand und betrachtet sie intensiv von allen Seiten.
- Er schaut sich Hilfe suchend um.
- Er geht zielstrebig auf den Verkäufer zu.
- Sein Gesicht sieht ratlos aus.
- Er probiert die Ware aus.
- Er vergleicht Waren miteinander.

Falls Sie gerade ein anderes Verkaufsgespräch führen: Lassen Sie Ihren Kunden nicht unbeachtet. Nicken Sie ihm zu oder bitten ihn um etwas Geduld. Zeigen Sie ihm, dass Sie ihn wahrgenommen haben.

Verkaufsform: Vorwahlsystem

Um im Vorwahlsystem den größtmöglichen Erfolg zu erzielen, nutzen Sie auch die Chance, den Kunden über die Ware anzusprechen!

Beispiel

Verkäuferin: „Diese Schuhe sind ein italienisches Fabrikat und aus feinstem Kalbsleder gemacht."

Vermeiden Sie bei der Kontaktaufnahme unpräzise Floskeln. Der Kunde hat dann die Möglichkeit, mit kurzen Antworten Ihrem Verkaufsgespräch auszuweichen.

Beispiel

Verkäufer: „Suchen Sie etwas Bestimmtes?"

Kunde: „Ich schau mich nur mal um."

Verkäufer: „Wie kann ich Ihnen behilflich sein?"

Kunde: „Danke, erst mal gar nicht, ich komme dann vielleicht später auf Sie zurück."

2.1.3 Selbstbedienungssystem

Verkaufsform: Selbstbedienungssystem

Das Ziel der Kunden bei der Selbstbedienung ist das ungestörte Zusammenstellen seiner Waren im Geschäft. Aus diesem Grunde erwartet der Kunde keine Kontaktaufnahme seitens des Verkäufers. In manchen Fällen spricht der Kunde einen Verkäufer an, um zu erfahren, wo die gesuchte Ware zu finden ist. Anschließend setzt sich der Kunde mit diesem Artikel dann alleine auseinander.

Begegnen Sie Ihrem Kunden freundlich im Laden, nicken Sie ihm beispielsweise zu. Signalisiert Ihnen Ihr Kunde die Bitte um Hilfe, sollten Sie selbstverständlich zur Stelle sein, auch wenn Sie gerade mit anderen Arbeiten beschäftigt sind.

Beispiel

Ein Verkäufer begleitet einen älteren Herrn, der auf der Suche nach Diätmarmelade ist, zu dem Regal mit Diätprodukten.

2.2 Bedarfsermittlung

In dieser Phase des Verkaufsgespräches wird der Kontakt zum Kunden ausgeweitet und es liegt an Ihnen, diesen Kontakt nicht zu früh abreißen zu lassen. Das Ziel besteht darin, mit Hilfe angemessener Frageformen oder auch einer probeweisen Warenvorlage herauszufinden, was der Kunde wirklich möchte. Erst wenn Sie die Wünsche des Kunden genau kennen, können Sie ihn auch gut beraten. Dies ist der erste Schritt, um ein Verkaufsgespräch erfolgreich abschließen zu können.

2.2.1 Kaufmotive

Motiv
Beweggrund

Das Kaufmotiv wird beschrieben als Beweggrund des Kunden, Ware zu kaufen. Kennen Sie das Kaufmotiv des Kunden, können Sie seinen genauen Bedarf gezielter ermitteln. Kaufmotive können für jeden Kunden unterschiedlich sein, weil jeder Mensch andere Bedürfnisse, Ansprüche und Vorlieben hat. So kann für einen Kunden der Kauf einer neuen Hose die reine Notwendigkeit sein, weil ihm seine alte Lieblingshose nicht mehr passt. Für einen anderen Kunden bedeutet der Hosenkauf aber ein angenehmes Erlebnis (z. B. Shopping mit der Freundin). Kaufmotive werden unterteilt in objektive und subjektive Kaufmotive.

Kaufmotiv: Zeitersparnis

Die **objektiven Kaufmotive** werden vom Verstand gelenkt. Der Kunde kann meist genau begründen, warum er eine bestimmte Ware will. Objektive Kaufmotive können sein:
- Notwendigkeit (z. B. Kauf von Nahrungsmitteln)
- Preisbewusstsein (z. B. Kauf von Sonderangeboten)
- Gesundheit (z. B. Kauf von ökologischen Lebensmitteln)
- Umweltbewusstsein (z. B. Kauf von Joghurt in Pfandgläsern)
- Bequemlichkeit/Zeitersparnis (z. B. Kauf von Fertigmenüs)
- Gebrauchswert der Ware, der sich aus der üblichen Warenverwendung ergibt (z. B. verlängert Schuhcreme den möglichen Gebrauch der Schuhe)

Der Gebrauchswert einer Ware beschreibt die nützlichen Eigenschaften einer Ware, wie zum Beispiel eine sichere Handhabung oder eine langlebige Qualität. Die Ware muss eine bestimmte praktische Funktion erfüllen.

Kaufmotiv: Erlebnis

Die **subjektiven Kaufmotive** werden vom Gefühl gelenkt. Subjektive Kaufmotive können sein:
- Prestige/Anerkennung (z. B. Kauf eines Sportwagens)
- Erlebnis (z. B. Buchung eines Abenteuerurlaubs)
- Sicherheit (z. B. Kauf eines Motorrads mit ABS)
- Schönheit (z. B. Kauf von Kosmetikartikeln)
- Freizeitspaß (z. B. Kauf von Videospielen)
- Geltungswert der Ware, der durch sein exklusives Aussehen oder seine hochwertige Wirkung den Kundenwunsch nach gesellschaftlicher Anerkennung erfüllt (z. B. kauft der Kunde statt der üblichen Krawatte eine Fliege)

2.2.2 Direkte und indirekte Bedarfsermittlung

Sollte der Kunde nach der Begrüßung nicht unaufgefordert seinen Kundenwunsch äußern, versuchen Sie die Wünsche des Kunden zu ermitteln. Dies können Sie direkt erreichen, indem Sie dem Kunden Fragen stellen. Sie können Ihr Ziel aber auch indirekt erreichen, indem Sie ihm probeweise ein „Testangebot" machen.

Warenvorlage
→ LF 2, Kap. 2.3

Offene Fragen („W-Fragen") sind Informationsfragen: Wer? Wie? Wo? Was? Wann? Wozu? Warum? Wie viel? Welche?

Bei der **direkten Bedarfsermittlung** wird der Kunde durch geschickte und gezielte Fragen dazu animiert, sich möglichst genau zu seinem Kaufmotiv und zu seiner Vorstellung von der Ware zu äußern. Dies hat den Vorteil, dass Sie dann zügig die passende Ware vorlegen können. Nutzen Sie bei der direkten Bedarfsermittlung zu Beginn des Verkaufsgespräches die offene Frageform. **Offene Fragen** dienen der Informationsbeschaffung und fordern Ihren Kunden zu einer ausführlichen Antwort auf. Versuchen Sie etwas über den Verwendungszweck und das Kaufmotiv Ihres Kunden zu erfahren.

Beispiele

Verkäufer (in der Spielwarenabteilung): „Wie alt ist Ihr Sohn?"

Verkäufer: „Für welchen Anlass suchen Sie das Kleid?"

Verkäufer: „Wozu wollen Sie die Holzbuntstifte verwenden?"

Verkäufer: „Wie viele Personen kommen zum Grillfest?"

Geschlossene Fragen
Kontrollfragen

Haben Sie im Verlauf des Gespräches das Kaufmotiv Ihres Kunden eingegrenzt oder ist von vornherein klar, was Ihr Kunde sucht, dann stellen Sie ihm eher **geschlossene Fragen**. Bei geschlossenen Fragen hat der Kunde die Möglichkeit, einfach mit „Ja" oder „Nein" oder nur mit einem Wort, z. B. „gelb", zu antworten. Sie lenken die Gedanken des Kunden damit in eine bestimmte Richtung und ersparen ihm das manchmal mühevolle Formulieren seines Einkaufswunsches. Bedenken Sie aber, dass geschlossene Fragen das Verkaufsgespräch abrupt beenden können, da der Kunde nichts zu seinem Kaufwunsch äußern muss und dem Verkaufsgespräch aus dem Weg gehen kann.

Beispiele

Verkäufer: „Brauchen Sie die Skischuhe für Skiwanderungen?"

Verkäufer: „Hat Ihr Sohn Spaß am Zeichnen?"

Verkäufer: „Haben Sie die richtige Größe gefunden?"

Bei der **indirekten Bedarfsermittlung** legen Sie Ihrem Kunden ein **„Testangebot"** vor. Sie konfrontieren den Kunden also probeweise sehr schnell mit der Ware. Dies setzt voraus, dass der Kunde Sie mit einem gezielten Wunsch angesprochen hat. Achten Sie beim Vorlegen von Testangeboten darauf, dass Sie einen Bezug zwischen dem vom Kunden genannten Verwendungszweck und einem Produktmerkmal der vorgelegten Ware herstellen.

Warenmerkmal
→ LF 2, Kap. 2.4.1

Beispiel

Kunde: „Ich suche eine Hose fürs Büro."

Verkäufer: „Diese Hose ist für das Büro (= Verwendungszweck) sehr gut geeignet. Sie ist knitterarm und sehr robust (= Warenmerkmale)."

2.2.3 Fragetechniken

Jede Frage, die der Verkäufer dem Kunden stellt, ist mit einer bestimmten Absicht verbunden. Die offene und die geschlossene Fragestellung dient vor allem der Bedarfsermittlung. Es gibt aber noch weitere Frageformen, die besonders für spätere Phasen des Verkaufsgespräches von Bedeutung sind.

Will der Verkäufer das Interesse des Kunden auf eine bestimmte Ware lenken, stellt er **Suggestivfragen**. Suggestivfragen dienen dazu, den Kunden in bestimmter Weise zu beeinflussen. Eine Suggestivfrage ist verkaufsfördernd, wenn mit dieser Frage ein Mehrumsatz erzielt werden kann, wenn also der Kunde z. B. eine größere Packung kauft, als er ursprünglich geplant hatte. Der Verkäufer legt durch geschickte Formulierung dem Kunden die gewünschte Antwort „in den Mund". Aber Vorsicht! Wenn der Kunde merkt, dass Sie lediglich Interesse am Umsatz und nicht an ihm haben, kann das Verkaufsgespräch schnell zu Ende sein.

Suggerieren = beeinflussen, lenken

Füllwörter zur Frageformulierung: doch, sicher, wohl, auch, bestimmt ...

Suggestivfragen finden Anwendung in folgenden Phasen des Verkaufsgespräches:

- Warenvorlage → LF 2, Kap. 2.3
- Verkaufsargumentation → LF 2, Kap. 2.4
- Ergänzungsangebote → LF 2, Kap. 2.9

Beispiele

Verkäufer: „Sie sind doch auch der Meinung, dass Umweltfreundlichkeit besonders wichtig ist? Dann würde ich Ihnen wiederaufladbare Batterien empfehlen."
Verkäufer: „Sie finden das Angebot doch sicher auch preiswert?"

Suggestivfragen können aber auch verkaufshemmend sein, wenn der Kunde durch ungeschickte Formulierung zu einer Antwort gelenkt wird, die nicht im Sinne des Verkäufers ist.

Beispiele

Verkäufer: „Sie haben doch bestimmt nichts gegen einen kleinen Farbunterschied einzuwenden?"

Verkäufer: „Daran haben Sie kein Interesse, oder?"

Alternativfragen sollen dem Kunden helfen, sich zwischen mehreren gleichwertigen Kaufmöglichkeiten (Alternativen) zu entscheiden. Durch die Eingrenzung wird das Angebot übersichtlicher und dem Kunden die Entscheidung erleichtert.

Alternativfragen finden Anwendung in folgenden Phasen des Verkaufsgespräches:

- Warenvorlage → LF 2, Kap. 2.3
- Verkaufsargumentation → LF 2, Kap. 2.4
- Kaufentscheidung → LF 2, Kap. 2.7–2.8

Beispiele

Verkäufer: „Suchen Sie ein einfarbiges oder ein gemustertes Hemd?"

Verkäufer: „Möchten Sie lieber einen Rhein- oder einen Moselwein?"

Rhetorische Fragen dienen nicht zur Informationsbeschaffung, denn eine Antwort wird nicht erwartet. Es handelt sich oft um Aufforderungen, die in Frageform „gekleidet" werden: z. B.

- „Wollen Sie bitte mitkommen?"
- „Möchten Sie den Mantel ablegen"?

2.3 Warenvorlage

Lernsituation 19

Selbstbedienungssystem
→ LF 1, Kap. 9.3

In den selbstbedienungsorientierten Verkaufsformen hat der Kunde selbst freien Zugang zu den Artikeln. Der Kunde nutzt diese Möglichkeit, indem er die Ware im wahrsten Sinne des Wortes „begreift". Nicht nur über die Augen werden die Sinne des künftigen Käufers angesprochen, sondern auch über den Tastsinn, den Geschmackssinn, das Gehör (z. B. durch das Geräusch, das der Stoff eines Sakkos beim Anprobieren macht) und über den Geruchssinn (z. B. wenn der Kunde das teure Leder einer Tasche auch riechen kann). Werden die Sinne des Kunden aktiviert, wächst sein Besitzwunsch schneller und intensiver als ohne diese zusätzlichen Sinnesreize. Darum werden Sie auch in einem Verkaufsgespräch möglichst bald versuchen, den Kunden mit Ware in Kontakt zu bringen und so seine fünf Sinne anzusprechen.

Die fünf Sinne

Der **Zeitpunkt der Warenvorlage** ist stark abhängig von der Bedarfsermittlung. Je genauer der Kundenwunsch eingegrenzt werden konnte, desto leichter fällt es, die passende Ware vorzulegen. Oft wird aber in einem Testangebot die Ware auch dann schon vorgelegt, wenn der Kaufwunsch noch gar nicht vollständig ermittelt worden ist. Als Faustregel gilt: Je eher, desto besser, aber auch wiederum nicht so früh, dass der Kunde sich missverstanden fühlt, weil die vorgelegte Ware überhaupt nicht mit seinem Einkaufswunsch übereinstimmt.

Es ist immer von Vorteil, dem Kunden eine große Auswahl bieten zu können. Deshalb wird ein Verkäufer in der Regel zuerst ein Produkt der mittleren Preisklasse vorlegen, denn dann hat er die Möglichkeit, je nach Kundenreaktion sowohl günstigere als auch höherwertigere Angebote zu machen. Äußert der Kunde einen Preiswunsch, dann muss der Verkäufer sich zunächst daran halten.

Die Artikel sollten so vorgelegt werden, dass dadurch der Produktwert im besten Licht gezeigt und der Gebrauchsnutzen deutlich wird.

Beispiele

Im Juweliergeschäft sollten Uhren und Schmuck unter kaltem Licht und auf dunklen Filzplatten vorgelegt werden, um sie besonders zum Funkeln zu bringen und den Werteindruck zu steigern.
In einem Baumarkt kann der Kunde mit einer Probemaschine in verschiedene Baustoffe bohren.

Selbstverständlich kommt bei der Warenvorlage nur absolut einwandfreie, gepflegte Ware zum Einsatz. Verstaubte, mit Fingerabdrücken früherer Kunden übersäte Artikel wecken nicht den Kaufwunsch, sondern stoßen den Kunden eher ab. Entnehmen Sie die Artikel, wenn möglich, aus der Verpackung und führen Sie die sachgerechte Handhabung vor, damit der Kunde es Ihnen dann ohne Scheu nachmachen kann. Sie unterstützen die Warenvorlage durch Aussagen zu den speziellen Produktmerkmalen und dem Kundennutzen, der sich daraus ableiten lässt. Aber auch aus der Reaktion des Kunden auf die Ware können Sie wichtige Rückschlüsse ziehen. Das kurze Zögern vor dem Zugreifen, der ablehnende Gesichtsausdruck sind untrügliche Zeichen dafür, dass man noch nicht das Richtige gefunden hat. Solche Signale helfen, den Kaufwunsch zu präzisieren.

Waren pflegen
→ LF 4, Kap. 1.5

Warenmerkmale und Kundennutzen
→ LF 2, Kap. 2.4.1

Warenvorlage einer Bohrmaschine

Nicht mehr benötigte Artikel sollten Sie sofort zur Seite legen und, wenn möglich, gleich wieder wegräumen, um den Kunden nicht zu verwirren. Die Zahl von etwa drei bis fünf Artikeln ist in der Regel günstig, um die Kaufentscheidung des Kunden positiv zu beeinflussen.

Warenvorlage

- alle fünf Sinne des Kunden ansprechen
- Kunden möglichst früh mit der Ware in Kontakt bringen
- mit mittlerer Preisklasse beginnen
- Produktwert „im besten Licht“ präsentieren
- nur einwandfreie Ware vorlegen
- sachgerechte Verwendung vorführen
- Kundenreaktionen beachten
- nicht mehr benötigte Artikel wegräumen

2.4 Verkaufsargumente

Lernsituation 20

Image
Bild, das ein Einzelner oder eine Gruppe von einem Unternehmen hat

Die Sortimentsvielfalt im Einzelhandel überfordert viele Kunden, eine Kaufentscheidung zu treffen. Sie benötigen Orientierungshilfen von Verkäufern. Auch Kunden mit erheblichen Vorkenntnissen erwarten manchmal eine spezifische Beratung. Wird die Erwartungshaltung nicht erfüllt, so entsteht schnell ein schlechtes Unternehmens**image**: „Die haben ja keine Ahnung". Überzeugende Beratungsgespräche setzen branchenspezifische Warenkenntnisse voraus. Die Aussage „Dieses Produkt hat eine gute Qualität" ist keine sachgerechte Verkäuferaussage. Der Verkäufer sollte wissen, dass die Qualität eines Produktes von ganz unterschiedlichen Faktoren bestimmt wird:

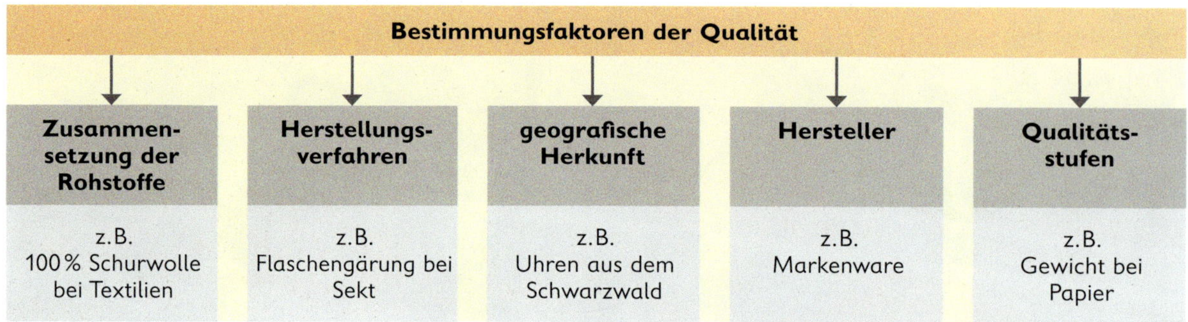

Warenbeschreibung → AB 1, LF 2, Lernsituation 20

Ein Kunde fühlt sich gut beraten, wenn die Ware seinen Ansprüchen gerecht wird und eine angemessene Lebensdauer hat. Deshalb sollten Verkäufer auch Kenntnisse darüber haben, wie der Wert des Produktes erhalten oder gesteigert werden kann. Verkäufer sollten deshalb gut informiert sein über die Waren hinsichtlich der

- Handhabung (z. B. Bedienung eines technischen Gerätes),
- Pflege (z. B. Erhaltung von Form und Aussehen bei Schuhen),
- Haltbarkeit (z. B. Schutz vor Verderben bei Lebensmitteln) sowie
- ergänzenden Artikel (z. B. Fliesenschneider für Bodenfliesen).

Warenkennzeichnung → LF 4, Kap. 2

Im Wettbewerb um Kunden und Stammkunden müssen sich Verkäufer immer wieder über neue technische Entwicklungen, veränderte rechtliche Vorschriften und Trends, z. B. in den Bereichen Gesundheit, Umweltschutz, Freizeit und Mode, schnell und situationsbezogen informieren. Das notwendige **Warenwissen** liefern

- die Hersteller mit Verpackungsaufschriften, Montage- und Bedienungsanleitungen, Beipackzetteln, Faltblättern für Kurzinformationen, Schulungsfilmen, Schulungen im praktischen Umgang mit der Ware und Informationen von Vertretern und anderen Repräsentanten der Lieferfirmen
- die Einzelhandelsunternehmen selbst durch den Erfahrungsaustausch mit Kollegen und Vorgesetzten und betriebsinterne Schulungen
- Weiterbildungsorganisationen unterschiedlicher Träger
- Testergebnisse, Beiträge im Internet, Fachliteratur und -zeitschriften

Je hochwertiger eine Ware ist und je seltener sie gekauft wird, desto größer ist der Beratungsbedarf beim Kunden. Versuchen Sie Ihren Kunden mit Hilfe von Verkaufsargumenten von den Vorteilen der angebotenen Ware zu überzeugen. Die Argumentation ist gelungen, wenn der Kunde am Ende der Argumentationskette signalisiert, sich für den Kauf der vorgelegten Ware zu entscheiden. Dabei ist es wichtig, dass der Kunde das Gefühl hat, die richtige Entscheidung getroffen zu haben.

2.4.1 Vorgehensweise

Aufbau einer Argumentationskette

1. Schritt: Warenmerkmal nennen
2. Schritt: Warenvorteil beschreiben
3. Schritt: Kundennutzen ableiten

Warenmerkmal
Eigenschaft der Ware = warenbezogene Aussage

1. Schritt: Warenmerkmale nennen

Die Argumentationsphase eines Beratungsgespräches beginnt mit einer Aussage über die **Merkmale** der vorgelegten Ware. Sie beziehen sich z. B. auf das Material, die Zusammensetzung, die Verarbeitung oder auf technische Eigenschaften der Ware.

Beispiel

Warenmerkmale einer Freizeitjacke:
- 2-Lagen-Material
- Obermaterial: Mischgewebe aus Polyester und Polyamid
- synthetisches Untermaterial mit mikrofeinen Poren
- kein zusätzliches Futter
- Verarbeitung mit Nahtversiegelung
- modischer Zierreißverschluss
- klassischer Schnitt
- recycelbares Material

Wählen Sie zu Beginn der Argumentation ein Merkmal aus, das wesentlich zur Erfüllung des Kaufmotives beitragen kann.

2. Schritt: Warenvorteile beschreiben

Ob das Material aus zwei oder drei Lagen besteht und ob die Freizeitjacke ein Futter hat oder nicht, ist für den Kunden nur dann von Bedeutung, wenn er weiß, welche Vorteile mit diesen Merkmalen verbunden sind. Nennen Sie **Warenvorteile**, aus denen der Kunde erkennt, welche Verwendungsmöglichkeiten der von Ihnen empfohlene Artikel bietet.

Warenvorteil
Begründung, warum ein Produktmerkmal für den Kunden vorteilhaft ist = verwendungsbezogene Aussage

Beispiel

Warenmerkmale und Warenvorteile einer Freizeitjacke

Warenmerkmal	Warenvorteil
Obermaterial: Mischgewebe aus Polyester und Polyamid	strapazierfähig, extrem belastbar, knitterfrei
synthetisches Untermaterial mit mikrofeinen Poren	Schutz vor Nässe, winddicht, Wärmetransport nach außen
kein zusätzliches Futter	leicht, weich, Platz sparend
Verarbeitung mit Nahtversiegelung	Wasser abweisend
auffällige Farbkombination	freundliches, modisches Aussehen
klassischer Schnitt	zeitlos
recycelbares Material	umweltschonend

Jeder Artikel verfügt über eine Vielzahl von Vorteilen. Bei einer schematischen Auflistung aller Vorteile würde der Kunde jedoch bald das Interesse verlieren und abschalten.

Kundennutzen
Verbindung zwischen Warenvorteil und Kundenwunsch herstellen = kundenbezogene Aussage

Nennen Sie deshalb nur die Vorteile, die für die Lösung des individuellen Kundenproblems von **Nutzen** sind.

Beispiel

Ein Kunde sucht eine Freizeitjacke für den Sommerurlaub an der Nordsee. Für ihn ist es von besonderem Interesse, dass die Jacke vor Wind und Regen schützt, leicht und atmungsaktiv ist und sich Platz sparend im Koffer verstauen lässt.

3. Schritt: Kundennutzen ableiten

Es kommt zu einem Kaufabschluss, wenn der Kunde überzeugt ist, dass der vorgelegte Artikel für ihn einen persönlichen Nutzen hat. Stellen Sie bei der Argumentation einen konkreten Bezug zwischen den genannten Warenvorteilen und dem Nutzen für den Kunden heraus. Greifen Sie das Kaufmotiv in Ihrer Formulierung wieder auf, damit für den Kunden sichtbar wird, dass Sie sich mit seinen Problemen befasst haben.

Beispiel

Verkäuferin: „Mit dieser Jacke fühlen Sie sich bei jedem Wetter wohl. Sie knittert nicht und lässt sich leicht im Koffer verstauen."

Das Drei-Schritt-Verfahren bei der Verkaufsargumentation:

1. Warenmerkmal
„Diese zweilagige Wetterjacke mit mikrofeinen Poren im Untermaterial und den versiegelten Nähten ...

2. Warenvorteil
... ist wasser- und winddicht und dabei besonders atmungsaktiv.

3. Kundennutzen
Sie können sich den ganzen Tag im Freien aufhalten und fühlen sich bei jedem Wetter darin wohl."

2.4.2 Formulierung

Auch bei der Formulierung von Verkaufsargumenten steht die Kundenorientierung an erster Stelle. Die Wortwahl bei der Argumentation hat einen erheblichen Einfluss auf die Vertrauensbildung beim Kunden. Folgende Regeln sind zu beachten:

Argumentieren Sie fachkundig, aber verständlich
Eine ehrliche und fachkundige Beratung gibt dem Kunden Entscheidungshilfen und trägt außerdem dazu bei, das Vertrauen des Kunden zu gewinnen. Ein Verkäufer, der zu einer Kundin sagt: „Dieser Laufschuh wird Ihren hohen Ansprüchen sicher nicht gerecht, weil …“, identifiziert sich mit den Problemen der Kundin und sucht nach einer Lösung.

Wenn jedoch der Verkäufer versucht, den Kunden mit einer Ansammlung von Fachbegriffen zu beeindrucken, wirkt das oft überheblich. Formulierungen, die jeder Nichtfachkundige verstehen kann, regen die Kunden dagegen zur aktiven Beteiligung am Verkaufsgespräch an. In diesem Fall haben die Kunden viel eher das Gefühl, eine eigene Entscheidung treffen zu können und nicht überrumpelt zu werden.

Beispiel

„Dieser Laminatboden mit Quick-Snap-Silent-IQ-System ist ideal für die intensive Beanspruchung im Wohnbereich.“

„Dieser Laminatboden ist ideal für den Wohnbereich, weil durch eine Trittschalldämmung im Unterboden die Gehgeräusche reduziert werden.
Sie können den Boden schnell und sauber verlegen, denn die einzelnen Teile werden einfach ineinandergeklickt.“

Erkennt der Verkäufer, dass er es im Verkaufsgespräch mit einem Experten zu tun hat, sollten Fachbegriffe verwendet werden. Er ist dadurch für den Kunden ein kompetenter Ansprechpartner.

Argumentieren Sie positiv
Positive Informationen lösen beim Kunden angenehme Empfindungen aus und fördern seine Kauflust. Umgekehrt führen negative Aussagen zu unangenehmen, verkaufshemmenden Gefühlen.

Beispiel

„Mit dem Netzeinsatz an der Rückseite des Rucksacks schwitzen Sie nicht so schnell.“

„Der Rucksack ist mit einem Netzeinsatz an der Rückseite ausgestattet. Durch die Flächenverteilung der Wärme haben Sie selbst bei langen Wanderungen eine gute Rückenbelüftung.“

„Dieser Kochtopf aus Edelstahl geht nicht so schnell kaputt.“

„An diesem Topf aus Edelstahl werden Sie lange Freude haben.“

Argumentieren Sie anschaulich

Anschauliche und treffende Begriffe bewirken beim Kunden eine genaue, bildliche Vorstellung und prägen sich besser ein. Sie helfen dem Kunden bei seiner Kaufentscheidung, während allgemeine Formulierungen wie gut, schön, nett, hübsch eher nichts sagend sind und keinen persönlichen Nutzen für den Kunden erkennbar machen.

Beispiel

 „Der frisch geriebene Parmesankäse verleiht der Lasagne einen guten Geschmack."

„Der frisch geriebene Parmesankäse verleiht der Lasagne den würzigen, typisch italienischen Geschmack."

Argumentieren Sie glaubwürdig

Überspitzte Superlative, wie z. B. extra Klasse, super oder großartig, wirken unsolide und unglaubwürdig. Sachlich vorgebrachte Argumente dagegen überzeugen nachhaltig. Die Glaubwürdigkeit der Argumentation wird besonders durch das Zitieren von Fakten (Zahlen, Statistiken oder Testergebnissen) erhöht.

Beispiel

 „Dieser Kochtopf besteht aus einem fantastischen Material. Sie sparen eine Menge Zeit beim Kochen."

 „Dieser Kochtopf hat einen Boden aus Mehrschicht-Edelstahl, der die Hitze besonders gut leitet. Dadurch wird die Garzeit um ein Drittel verkürzt."

Argumentieren Sie persönlich

Neben der Wortwahl bei der warenbezogenen Argumentation ist auch die persönliche Ansprache des Kunden Bestandteil einer guten Verkaufsargumentation. Wählen Sie beim Herausstellen des Kundennutzens immer die „Sie-Form". Damit stellen Sie eine unmittelbare Verbindung zwischen dem Kunden und der Ware her.

Beispiel

 „Diese Alu-Trinkflasche mit abgedichtetem Trinkverschluss ist sogar für kohlensäurehaltige Getränke geeignet."

 „In dieser Alu-Trinkflasche mit abgedichtetem Trinkverschluss können Sie sogar kohlensäurehaltige Getränke mitnehmen."

Formulieren von Verkaufsargumenten

- verständlich
- positiv
- anschaulich
- glaubwürdig
- persönlich

2.5 Kundeneinwände behandeln

Im Verlauf eines Verkaufsgespräches kann es immer wieder vorkommen, dass der Kunde Einwände gegen Ihre Argumente vorbringt. Hierbei sollten Sie zunächst durch gezieltes Nachfragen feststellen, wogegen sich der Einwand konkret richtet. Ist das klar geworden, so können Sie mit Hilfe verschiedener Methoden versuchen, den Einwand zu entkräften.

Wenn der Kunde einen Einwand vorbringt, so sollten Sie vor allem ruhig und sachlich bleiben. Zeigen Sie weder verbal noch durch Ihre Körpersprache, dass Sie diesen Einwand vielleicht völlig abwegig und unberechtigt finden. Geben Sie dem Kunden vielmehr das Gefühl, dass sein Einwand ernst genommen wird. Hören Sie seinen Ausführungen aufmerksam zu und bleiben Sie dabei stets freundlich. Geben Sie ihm Recht und stellen Sie eventuell eine Gegenfrage, um selbst Zeit für eine entsprechende Antwort zu finden. Versetzen Sie sich in die Lage des Kunden, identifizieren Sie sich mit dem angesprochenen Problem und antworten Sie dann genau und sachlich.

2.5.1 Arten

Äußert der Kunde konkrete Kritik, z. B. an einem bestimmten Merkmal der Ware, kann dies bei der Fortführung des Verkaufsgespräches sehr nützlich sein. Je genauer Sie wissen, was Ihrem Kunden nicht gefällt, desto besser können Sie ihn beraten. Solche konkreten Einwände werden als echte Einwände bezeichnet und können sich gegen folgende Aspekte richten:

Echte Einwände sind „Gold" wert.

Eigenschaften der Ware
Die Ware erscheint dem Kunden von nicht geeigneter Qualität oder entspricht hinsichtlich der Farbe, der Größe, des Materials oder der Ausstattung nicht seinen Anforderungen und Vorstellungen.

 **Beispiel**

Kundin: „Die Farbe der Bluse passt überhaupt nicht zu meiner Hose."

Preis
Der Preis ist ein häufiger Ansatzpunkt für Einwände. Meistens wird der Preis als zu hoch für die angebotene Qualität oder im Vergleich zum Mitbewerber angesehen. Es kann aber auch vorkommen, dass der Kunde den Preis als zu niedrig ansieht, wenn er der Meinung ist, dass gute Qualität auch immer gleichbedeutend mit einem hohen Preis ist.

Vergleichsmethode → LF 2, Kap. 2.6

 **Beispiel**

Kunde: „Der Preis für diesen DVD-Player erscheint mir aber ziemlich hoch. Der andere DVD-Player, den Sie mir vorhin gezeigt haben, ist wesentlich günstiger."

Geschäft

Serviceleistungen → LF 2, Kap. 2.10

Manchmal richtet sich der Einwand des Kunden gegen das Geschäft des Einzelhändlers insgesamt. Hier können ein zu kleines Sortiment oder fehlende Serviceleistungen Gründe für Einwände sein.

Beispiel

Kunde: „Haben Sie nicht mehr Auswahl?“

Personal

Relativ selten sind direkte Einwände gegen das Personal. Gerade Auszubildende und junge Verkäufer hören aber manchmal Einwände in Bezug auf ihre fehlende Erfahrung, geringe Beratungskompetenz und den generellen Umgang mit dem Kunden.

Beispiel

Kunde: „Sie verkaufen aber noch nicht lange, oder?“

Unechte Einwände sind „Fluchtversuche“.

Allerdings sind auch solche Einwände denkbar, die der Kunde nur deshalb äußert, um das Verkaufsgespräch vorzeitig zu beenden. Diese Einwände sind meistens ungenau formuliert und werden als unechte Einwände bezeichnet. In solchen Fällen ist eine Einwandbehandlung des Verkäufers nicht erforderlich. Verabschieden Sie den Kunden freundlich, damit er Ihr Geschäft in guter Erinnerung behält.

Beispiel

Kunde: „Ich glaube, das ist nichts für mich, ich muss mir das noch mal überlegen.“

Verkäufer: „Selbstverständlich, gern. Ich wünsche Ihnen noch einen schönen Tag.“

2.5.2 Methoden

Viele Methoden zur Einwandbehandlung sind nicht immer klar voneinander abzugrenzen, sie gehen teilweise ineinander über. Deshalb finden Sie im weiteren Textabschnitt eine beschränkte Auswahl von den wichtigsten Methoden zur Einwandbehandlung wieder. Da sich Einwände des Kunden im Laufe des Verkaufsgesprächs nicht vermeiden lassen und sie oft auch berechtigt sind, ist es für den Verkäufer wichtig zu wissen, wie er auf diese Einwände reagieren kann. Folgende Methoden haben sich bei der Behandlung von Kundeneinwänden bewährt:

Ja-aber-Methode

Im ersten Schritt stimmen Sie dem Kunden zu. Im zweiten Schritt entkräften Sie den Einwand des Kunden mit einem Gegenargument.

Ja-aber-Methode

Beispiel

Kunde: „Das ist aber ein älteres Modell, nicht wahr?“

Verkäufer: „Ja, da haben Sie Recht, aber dafür ist es im Preis deutlich reduziert. Außerdem hat sich diese Technik jetzt schon über viele Jahre gut bewährt.“

Bumerangmethode (Umkehrmethode)

Sie nutzen den Einwand des Kunden selbst als ein wirkungsvolles Argument, das für den Kauf des Artikels spricht. Zeigen Sie dem Kunden einen Vorteil auf, den er bis zu diesem Zeitpunkt noch nicht gesehen hat.

Bumerangmethode

Beispiel

Kunde: „Dieses Handy ist aber recht groß."

Verkäufer: „Gerade deswegen ist es ja besonders für die von Ihnen gewünschten Multimediafunktionen wie das Verschicken von Bildern und das Surfen im Internet geeignet."

Rückfragemethode (Gegenfragemethode)

Gewinnen Sie ein wenig Zeit und stellen Sie dem Kunden bezüglich seines Einwandes eine Frage. Mit Hilfe der dadurch erhaltenen Informationen können Sie sich Argumente überlegen, die den Einwand des Kunden entkräften.

Rückfragemethode

Beispiel

Kunde: „Diese Bioprodukte sind doch alle nicht lange haltbar."

Verkäufer: „Wie lange wollen Sie denn diesen Biokäse aufbewahren?"

Kunde: „Na, zwei bis drei Tage sollte er schon halten!"

Verkäufer: „Das ist überhaupt kein Problem. Wenn Sie den Käse hier in dem speziellen Verpackungspapier lassen, können Sie ihn im Kühlschrank ohne Probleme und ohne Geschmacksverlust vier bis fünf Tage aufbewahren."

Nachteil-Vorteil-Methode

Häufig sind Einwände des Kunden durchaus berechtigt. Hier sollten Sie dem Kunden Recht geben und Verständnis zeigen. Dann sollten Sie versuchen, den Nachteil des Artikels auszugleichen, indem Sie die sich daraus ergebenden Vorteile und somit zusätzliche Verkaufsargumente aufzeigen.

Nachteil- Vorteil-Methode

Beispiel

Kunde: „Diese Digitalkamera ist aber relativ schwer."

Verkäufer: „Die Kamera ist etwas schwerer als andere Modelle. Bedenken Sie aber, dass die Kamera durch das Edelstahlgehäuse sehr robust und vor allem wetterfest ist. Sie können damit ruhig einmal in einen Regenschauer kommen oder sie sogar mal fallen lassen, das ist überhaupt kein Problem."

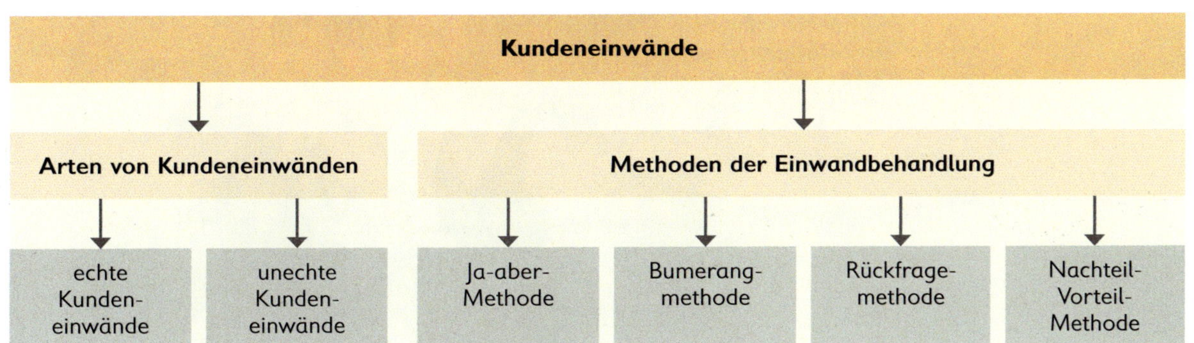

2.6 Preisnennung

Lernsituation 22

Kosten-Nutzen-Relation
Mit welchen Kosten erziele ich welchen Nutzen?

Solange ein Kunde über eine Ware noch nicht genau Bescheid weiß, ist sie für ihn häufig grundsätzlich zu teuer. Während eines geschickt geführten Verkaufsgesprächs verändert sich jedoch die Sicht des Kunden. Er erkennt die Vorteile und den Nutzen der Ware, die ihm der Verkäufer nahebringt. Er erkennt das Preis-Leistungs-Verhältnis, d. h., er setzt Qualität und Nutzen der Ware in eine Beziehung zu ihrem Preis. Damit der Kunde diese **Kosten-Nutzen-Relation** erkennt, kann der Verkäufer unterschiedliche Methoden nutzen, um den Preis zu nennen. Es muss dem Verkäufer gelingen, dem Kunden zu verdeutlichen, dass das Produkt seinen Preis wert ist und ihm den entsprechenden Nutzen bringt.

Die Verzögerungsmethode

Fragt ein Kunde nach dem Preis einer Ware, erwartet er eine klare Antwort. Deshalb sollte der Verkäufer die Preisnennung nicht allzu sehr hinauszögern. Trotzdem sollte der Kunde einen guten Eindruck vom Preis-Leistungs-Verhältnis der Ware bekommen.

Beispiel

„Was kostet dieser Regenschirm?"

„Sie meinen den Schirm mit automatischer Öffnung? Das ist ein sehr robustes Modell und kostet mit 24,99 Euro ein wenig mehr als die einfacheren Modelle."

Die Sandwichmethode

Hier wird die Nennung des Preises in die Verkaufsargumentation verpackt. Bevor der Verkäufer einen Preis nennt, erklärt er gezielt die Vorteile und Eigenschaften der Ware, um nach der Preisnennung damit fortzufahren:

Beispiel

Die Vergleichsmethode

Ohne genauere Informationen über die Qualität der Ware ist für Kunden der Preis oftmals nicht einsichtig, sodass es zu Einwänden gegen den aus ihrer Sicht hohen Preis kommen kann. In diesen Fällen ist das Herausstellen der Vorzüge der Ware gegenüber einer preiswerteren Vergleichsware besonders wichtig.

Beispiel

Vermeiden Sie die Begriffe „teuer" und „billig" im Verkaufsgespräch. Beim Begriff „teuer" versteht der Kunde meist, dass „ihn etwas teuer zu stehen kommt" und er wahrscheinlich zu viel Geld bezahlen soll. Den Begriff „billig" beziehen Kunden dagegen erfahrungsgemäß auf die Warenqualität, die zu niedrig ist. Deshalb sollten beide Begriffe im Verkaufsgespräch vermieden werden.

Formulierungshilfen

Begriffe an Stelle von „teuer"	Begriffe an Stelle von „billig"
hochwertig	erschwinglich
exklusiv	günstig
wertvoll	reduziert
kostbar	preiswert
ausgesucht	mit besonders gutem Preis-Leistungs-Verhältnis
erstklassig	besonders knapp kalkuliert
edel	angemessen

Grundsätzlich neigen Menschen dazu, mit einem hohen Warenpreis auch eine entsprechend hohe Qualität zu verbinden. Wir vermuten also beim Vergleich zweier Waren, dass die teurere auch die hochwertigere ist. Verkaufsargumente wie „Die Qualität ist noch da, wenn der Preis längst vergessen ist" oder aus dem Englischen **„You only get what you pay for"** sind fest in unserem Einkaufsverhalten verankert. Jedoch beweisen Discountmärkte mit guten oder sehr guten Testurteilen für verschiedenste preisgünstige Waren oftmals das Gegenteil.

Der Preis sagt demnach eigentlich nicht viel über Qualität und Nutzen der Ware aus. Es liegt also am Verkäufer, den Preis einer Ware zu begründen. Der Kunde ist davon zu überzeugen, dass der Preis in einem berechtigten Verhältnis zum Kundennutzen steht.

You only get what you pay for „Du bekommst nur das, wofür du auch bezahlst" – im Sinne von: „Wer mehr Qualität verlangt, muss dafür auch mehr bezahlen."

Discounter
→ LF 1, Kap. 10.1

2.7 Kaufentscheidung

Lernsituation 23

Die alles entscheidende Phase im Verkaufsgespräch ist die Phase der Kaufentscheidung. Kauft der Kunde, nachdem Sie ihm den Nutzen der Ware verdeutlicht haben, seine Einwände aus der Welt schaffen konnten und auch den Preis entsprechend begründet haben? Oder verlässt der Kunde ohne Kaufabschluss das Geschäft?

Jeder Verkäufer wünscht sich natürlich die erste Variante: Der Kunde kauft nach eingehender Beratung. Aber auch wenn der Kunde das Geschäft ohne Ware wieder verlässt, heißt das nicht, dass Sie nicht erfolgreich beraten haben. Eine gute Beratung zahlt sich oft erst langfristig aus, wenn der Kunde nach ein paar Tagen wiederkommt, um dann doch dort zu kaufen, wo er gut beraten worden ist.

Neben diesen beiden eindeutigen Entscheidungsformen gibt es noch eine dritte, sozusagen schwebende Variante: Der Kunde ist zwar von der Ware überzeugt, kann sich aber dennoch nicht zum Kauf entschließen. Sollte dies der Fall sein, müssen Sie als Verkäufer aktiv werden und dem Kunden eine Entscheidungshilfe geben. Diese Entscheidungshilfe hat nichts mit Überreden oder Beeinflussen des Kunden tun. Sie nehmen damit dem Kunden vielmehr die Entscheidungsangst und befreien ihn von seinen möglichen Bedenken.

Beispiel

Bedenken/Fragen von Kunden, die sich nicht entscheiden können:

Diese Bedenken hat ein Kunde nur, wenn er sich mit der Kaufentscheidung beschäftigt und zum Kauf bereit ist. Sie als Verkäufer müssen diese generelle Kaufbereitschaft natürlich erkennen, um dann die entscheidenden Hilfestellungen geben zu können.

2.7.1 Kaufsignale

Kunden geben durch Signale zu erkennen, dass sie unmittelbar vor der Kaufentscheidung stehen. Wir unterscheiden verbale und nonverbale Kaufsignale. Häufig treten verschiedene Signale gleichzeitig auf.

Verbale Kaufsignale:
- Der Kunde äußert sich zustimmend, z. B.: „Doch, das gefällt mir sehr gut!"
- Der Kunde wiederholt die wichtigsten Kaufargumente, um zu überprüfen, ob er alles richtig verstanden hat, z. B.: „Also, dieses Sofa gibt es wirklich ohne Aufpreis auch als Viersitzer, in der Farbe Cognac und mit der Veloursledersausstattung?"
- Der Kunde stellt Fragen zu weiteren Einzelheiten, wie zur richtigen Handhabung, Pflege, Garantie und zu Umtauschmöglichkeiten, z. B.: „Wenn das Kissen farblich nicht zu meinem Teppich passt, kann ich es dann umtauschen?" Hier spielt der Kunde gedanklich schon einmal durch, wie sich der Besitz der Ware auf ihn auswirken würde.
- Der Kunde fragt bei größeren Beträgen nach den Zahlungsmodalitäten, z. B.: „Kann ich das Sofa auch auf Rechnung zahlen?"
- Der Kunde fragt nach Referenzen. Er sucht hierbei noch letzte Sicherheit. Die guten Erfahrungen anderer können seine Zweifel zerstreuen, z. B.: „Und das Laminat wurde auch in der Einkaufspassage verwendet, wo es ja deutlich mehr beansprucht wird als bei mir zu Hause?"

Nonverbale Kaufsignale:
- Der Kunde ergreift erneut die Ware. Durch diese Geste zeigt er an, dass er die Ware gern besitzen würde, z. B. streichelt die Kundin vorsichtig über das extra weiche Nappaleder der Handtasche.
- Der Kunde nickt und signalisiert seine Zustimmung zu den Ausführungen des Verkäufers.
- Der Kunde zeigt eine positive Mimik, z. B. lächelt der Kunde und schaut seine Begleitung mit hochgezogenen Augenbrauen an. Damit fordert er die Zustimmung seiner Begleitung ein.
- Der Kunde simuliert den Besitz der Ware, z. B.: Die Kundin dreht und wendet sich in einem Abendkleid vor dem Spiegel, als wäre sie auf einem Ball.

Um die Kaufsignale des Kunden zu erkennen, müssen Sie ihn während des gesamten Verkaufsgespräches beobachten, ihm aktiv zuhören und seine Reaktionen analysieren. Der Kaufentschluss kann jederzeit erfolgen, sodass der Kunde die Kaufsignale auch zu jeder Zeit senden kann.

Aktives Zuhören
→ LF 2, Kap. 1.1.3

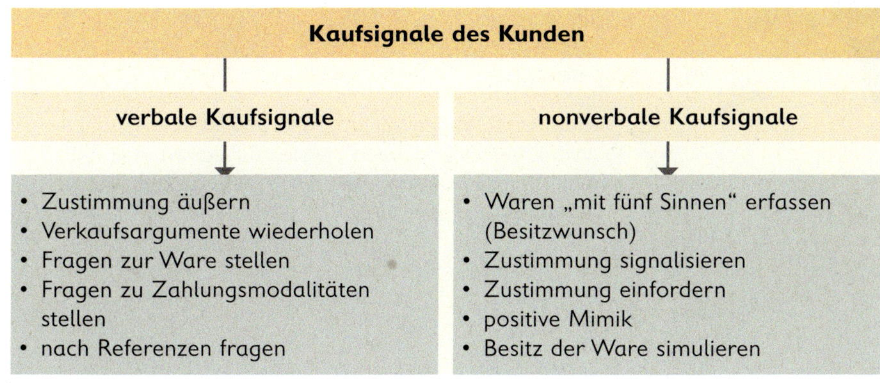

2.7.2 Abschlusstechniken

Haben Sie beobachtet, dass sich der Kunde in der Entscheidungsphase befindet, aber noch unschlüssig ist, sollten Sie ihn bei seiner Entscheidung unterstützen. Zu diesem Zweck stehen verschiedene Abschlusstechniken zur Verfügung, die eine positive Kaufentscheidung vorbereiten, ohne sie zu diktieren.

Die Ja-Fragen

Der Verkäufer stellt dem Kunden Fragen zu seinen Produktwünschen, die der Kunde alle mit Ja beantworten kann, denn die zum Kauf stehende Ware erfüllt alle diese Wünsche. Am Ende der Frageserie wird dem Kunden klar, dass das Produkt perfekt auf seine speziellen Bedürfnisse zugeschnitten ist.

Beispiel

Verkäuferin: „Sie wollen doch einen Ski, der gut dreht?"

Kunde: „Ja, richtig."

Verkäuferin: „Und der Ski soll auch gute Gleiteigenschaften haben?"

Kunde: „Stimmt, das ist besonders wichtig."

Verkäuferin: „Dann ist der Gneissel 500 genau der richtige Ski für Sie!"

Die Alternativfrage

Alternativfragen → LF 2, Kap. 2.2.3

Haben sich im Verkaufsgespräch zwei Alternativen ergeben, spitzen Sie die Auswahl und die Entscheidung auf diese beiden Artikel zu.

Beispiel

Verkäufer: „Gefällt Ihnen der Blazer in Rot oder in Schwarz besser?"

Die Zusammenfassung

Die vom Kunden während des Verkaufsgespräches mit Zustimmung begleiteten Verkaufsargumente werden noch einmal zusammengefasst. Dabei stehen die stärksten Argumente am Schluss. Dem Kunden wird so noch einmal verdeutlicht, dass seine Vorstellungen mit diesem Produkt erfüllt werden.

Beispiel

Verkäufer: „Die Digitalkamera X 300 ist eine sehr gute Wahl, besonders, wenn Sie sich für das Modell mit optischem Zoom und dem besonders leistungsstarken Akku entscheiden."

Das Schweigen des Verkäufers

In manchen Situationen ist es angebracht, den Kunden in Ruhe überlegen zu lassen und eine Gesprächspause einfließen zu lassen. Dies führt entweder direkt zu einer Kaufentscheidung oder der Kunde erhält die Gelegenheit, sich bezüglich seiner Bedenken zu äußern. Es bestehen folgende Möglichkeiten für eine Gesprächspause:

- kurze Sprechpause, während der Kunde mit der Ware beschäftigt ist
- Hinweis: „Lassen Sie sich ruhig Zeit, ich kümmere mich nur kurz um die andere Kundin."
- Hinweis: „Ich bin gleich wieder für Sie da!" – Dabei sollte der Verkäufer sich aber nicht zu lange und nicht außer Sichtweite vom Kunden entfernen.

Die Empfehlung

Manche Kunden sind in ihrer Kaufentscheidung so unsicher, dass sie die Verantwortung dafür gerne an den Verkäufer abgeben. Aber Vorsicht: Dies setzt voraus, dass die Empfehlung aus Sicht des Kunden ausgesprochen wird. Der Verkäufer muss sich in die Lage des Kunden hineinversetzen und aus dieser Perspektive heraus die Empfehlung aussprechen. Das erfordert sehr viel Einfühlungsvermögen, denn sonst ist hier die Gefahr einer späteren Beschwerde recht groß.

Beispiel

Verkäufer: „An Ihrer Stelle würde ich den grünen Pullover wählen, denn die Farbe passt perfekt zu Ihren Augen!"

Einschränken der Auswahl

Ist während des Verkaufgesprächs erkennbar, dass ein Artikel nicht in Frage kommt, sollte dieser beiseitegelegt werden. Dies lenkt die Aufmerksamkeit auf die wirklich relevante Ware.

Warenvorlage
→ LF 2, Kap. 2.3

Beispiel

Verkäufer: „Diese Hose kommt wohl nicht mehr in Frage?"

Die direkte Kaufaufforderung

Diese Abschlusstechnik sollten Sie nur einsetzen, wenn Sie sich der Kaufbereitschaft des Kunden sehr sicher sind. Sie fordern damit den Kunden direkt zu einer Entscheidung auf.

Beispiel

Verkäuferin: „Darf ich Ihnen das Silberbesteck als Geschenk einpacken?"

Der Einsatz dieser Abschlusstechniken erfordert ein der Situation angepasstes Timing. Werden sie zu früh eingesetzt, wenn der Kunde noch gar keine Kaufbereitschaft signalisiert hat, fühlt er sich „überrollt" und zum Kauf gedrängt. Werden die Abschlusstechniken zu spät eingesetzt, so kann es leicht passieren, dass der Kunde das Geschäft verlässt, ohne sich entschieden zu haben. In beiden Fällen scheitert das Verkaufsgespräch.

2.8 Bekräftigung der Kaufentscheidung

Lernsituation 24

Viele Kunden haben direkt nach dem Kaufabschluss einen so genannten Kaufkater. Sie bereuen die getroffene Kaufentscheidung und werden vielleicht sogar von einem schlechten Gewissen geplagt. Fangen Sie den Kunden in dieser Stimmung auf, indem Sie ihm Bestätigung für seine Kaufentscheidung geben. Sie bestärken den Kunden in seinem Selbstwertgefühl und ermöglichen ihm ein positives Kauferlebnis. Außerdem zeigen Sie dem Kunden, dass sein Wohl Ihnen am Herzen liegt, denn Sie interessieren sich auch nach dem Kaufabschluss noch für ihn. Der Kunde verlässt das Geschäft mit einem guten Gefühl. Nur so können Sie ihn langfristig an Ihr Haus binden. Die Bekräftigung der Kaufentscheidung kann erfolgen durch:

Bezugnahme auf das Kaufmotiv

Kaufmotiv
→ LF 2, Kap. 2.2.1

Der Verkäufer bestätigt erneut, dass die gewählte Ware das Kaufmotiv zu 100 % erfüllt, z. B.: „Diese Funktionsjacke ist wirklich ideal für Ihre Ansprüche: Dadurch, dass sie so leicht ist, werden Sie sie auf Ihrer Alpentour so gut wie gar nicht spüren!“

Die Möglichkeit zum Umtausch

Der Verkäufer gibt dem Kunden Sicherheit durch die Betonung der Umtauschmöglichkeit, denn eine eventuelle Fehlentscheidung wird keine Konsequenzen haben. Der Kunde kann die Ware ja umtauschen, z. B.: „Sollte Ihnen der Pyjama doch nicht passen, können Sie ihn selbstverständlich umtauschen.“

Betonung der Qualität

Der Verkäufer als Fachmann lobt die Entscheidung und damit auch das Urteilsvermögen des Kunden, z. B.: „Mit dieser Antarktis-Daunendecke haben Sie sich wirklich für eine erstklassige Ware entschieden. An dieser besonders hochwertigen Ware werden Sie viele Jahre Freude haben.“

Hinweis auf Kundendienst und Serviceleistungen

Serviceleistungen
→ LF 2, Kap. 2.10

Der Verkäufer weist auf Dienstleistungen hin, die der Kunde beim Kauf der Ware in Anspruch nehmen kann. Dadurch signalisiert er dem Kunden, dass der Kunde auch bei zukünftigen Problemen nicht allein dastehen wird, sondern auf die Unterstützung des Einzelhändlers vertrauen kann, z. B.: „Sollte bei der Installation der Software wider Erwarten doch ein Problem auftreten, steht Ihnen unser Kundendienst jederzeit zur Verfügung!“

Tipps zum Gebrauch und zur Pflege der Ware

Der Verkäufer signalisiert dem Kunden, dass er ihn langfristig zufrieden stellen möchte. Er ist nicht nur am gerade erzielten Umsatz, sondern an einer langfristigen Kundenbindung interessiert, z. B.:„Bitte düngen Sie die Pflanze regelmäßig, dadurch stellen Sie sicher, dass sie kräftig blühen wird. Geben Sie einfach einmal in der Woche Flüssigdünger in das Blumenwasser, fertig!“

2.9 Ergänzungsangebote

In jedem Verkaufsgespräch sollten Sie daran denken, Ergänzungsangebote zu unterbreiten. Hierbei handelt es sich um Artikel, die den eigentlichen Hauptkauf sinnvoll ergänzen oder vervollständigen. Aber es können auch Artikel sein, die zur Lösung von Kundenproblemen beitragen, die im Laufe des Verkaufsgespräches deutlich wurden.

Viele Verkäufer scheuen sich, Ergänzungsartikel anzubieten, weil sie befürchten, aufdringlich zu erscheinen. Dies spiegelt aber eine grundsätzlich falsche Sichtweise wider. Natürlich unterbreiten Sie Ergänzungsangebote auch, um den Umsatz Ihrer Abteilung zu steigern. Aber es ist auch im Sinne Ihres Kunden, dass der Hauptkauf sinnvoll ergänzt und ggf. erst funktionsfähig wird.

Durch ein sinnvolles oder notwendiges Ergänzungsangebot zeigen Sie Ihrem Kunden, dass Sie mitdenken und ersparen ihm möglicherweise unnötige Wege, Zeit und Geld. Nichts ist ärgerlicher, als wenn man voller Vorfreude den neu gekauften Artikel ausprobieren möchte und zu Hause feststellt, dass noch etwas fehlt! Es ist möglich, dass der Kunde sich erst durch das Ergänzungsangebot auch zum Hauptkauf entscheidet.

Beispiel

Ein Kunde kauft für seinen Neffen ein ferngesteuertes Auto zum Geburtstag. Leider denkt der Verkäufer nicht daran, ihn darauf aufmerksam zu machen, dass die Batterien nicht beiliegen. Beim Neffen ist die Enttäuschung groß, denn das Auto fährt nicht! Die Geburtstagsüberraschung ist misslungen.

Notwendige Ergänzungsartikel sind Artikel, ohne die der jeweilige Hauptkauf nicht funktioniert. Solche Artikel sollten Sie Ihrem Kunden beim Kauf des Hauptartikels in jedem Fall anbieten.

Beispiel

Hauptartikel		notwendige Ergänzungsartikel
Spielkonsole	→	Spiel
Digitalkamera	→	Speicherkarte
Espressomaschine	→	Kaffee
Drucker	→	Papier

Sinnvolle Ergänzungsartikel erweitern, erleichtern oder verbessern den Gebrauch des Hauptartikels, sind aber für die Funktion des Hauptartikels nicht zwingend notwendig.

Beispiel

Hauptartikel		sinnvolle Ergänzungsartikel
Schuhe	→	Schuhcreme
Handy	→	Handytasche
Kamera	→	Stativ

Notwendige und sinnvolle Ergänzungsartikel stehen mit ihrem Verwendungszweck in engem Zusammenhang mit dem Hauptartikel. Der Preis sollte deshalb unter dem des eigentlichen Hauptartikels liegen.

Diese Ergänzungsartikel werden auch Zusatzartikel genannt.

Darüber hinaus gibt es aber auch Ergänzungsangebote, die nicht unbedingt mit dem eigentlichen Hauptkauf im Zusammenhang stehen. Diese **verdeckten Ergänzungsangebote** lösen ein Problem, das der Kunde im Laufe des Verkaufsgespräches erwähnt hat. Als aktiver Zuhörer sollten Sie dieses Problem entdecken und von sich aus eine geeignete Lösung anbieten, wenn Sie einen passenden Artikel im Sortiment haben.

Beispiel

Sie führen mit einem Kunden ein Verkaufsgespräch über eine Weinglasserie. Im Verlauf des Gespräches erfahren Sie, dass der Kunde am Wochenende ein Spargelessen für zwölf Personen veranstalten möchte, bei dem die neuen Weingläser zum Einsatz kommen sollen.

Nachdem der Kunde sich für eine Serie von Weingläsern entschieden hat, machen Sie ihn auf die neue Spargelschälmaschine aufmerksam, mit der der Kunde in kurzer Zeit große Mengen Spargel schälen kann.

Verkäuferin:
„Dort drüben finden Sie die neue Spargelschälmaschine."

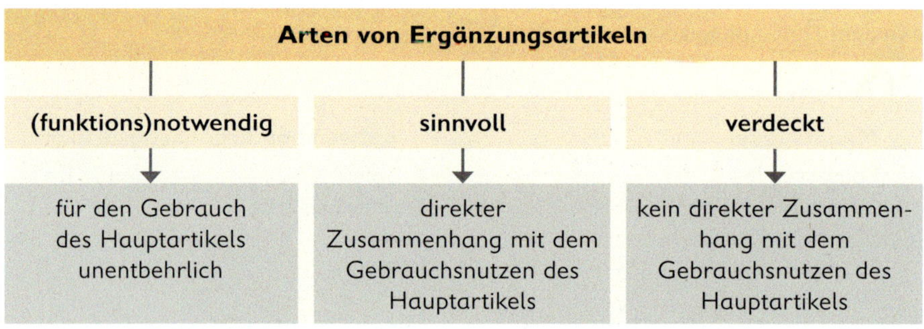

Zahlungsformen → LF 3, Kap. 6

Grundsätzlich gilt die Regel, dass ein Ergänzungsartikel nach der Kaufentscheidung für den Hauptartikel, aber vor der Zahlung dieses Artikels angeboten werden sollte. Vor der Kaufentscheidung könnte das Ergänzungsangebot den Kunden abschrecken – er sieht zuerst die zusätzlichen Kosten, die auf ihn zukommen, und hat den Eindruck, ohne Ergänzung taugt der Artikel nichts. Befindet sich der Kunde bereits auf dem Weg zu Kasse, ist der Moment für ein Ergänzungsangebot verpasst. Der Kunde hat dann seine Kaufentscheidung bereits abgeschlossen und den Geldbetrag festgelegt, den er jetzt ausgeben möchte. Ebenso ungünstig für ein Ergänzungsangebot ist der Moment an der Kasse nach der Zahlung. Kaum ein Kunde wird jetzt bereit sein, das Portemonnaie noch einmal herauszuholen.

Aber wie immer bestätigen die Ausnahmen die Regel: So ist es durchaus denkbar, einen Ergänzungsartikel schon während der Warenvorlage anzubieten, nämlich dann, wenn dieser Ergänzungsartikel den Hauptartikel aufwertet.

Beispiel

Eine Verkäuferin zeigt dem Kunden, passend zum gekauften Anzug ein Oberhemd und eine Krawatte.

Ergänzungsangebote erfolgreich zu unterbreiten, ist eine echte Kunst. Kunden sind häufig misstrauisch und unterstellen dem Verkäufer als Hauptinteresse Umsatzsteigerung. Umso wichtiger ist die Art und Weise, wie Sie ein Ergänzungsangebot formulieren und präsentieren. Vermeiden Sie allgemeine Formulierungen oder solche, die dem Kunden das „Nein“ förmlich in den Mund legen. Machen Sie den Kunden vielmehr fachkundig und anschaulich auf notwendige Ergänzungen aufmerksam. Nutzen Sie bei der Präsentation des Ergänzungsartikels den Hauptartikel, d. h., präsentieren Sie den Ergänzungsartikel möglichst immer am bzw. zusammen mit dem Hauptartikel.

Beispiel

- „Diese Ledertasche schützt Ihre wertvolle Kamera vor Beschädigungen.“
- „Haben Sie noch genügend Schuhpflege für Wildlederschuhe?“

2.10 Serviceleistungen

Lernsituation 26

Das Wort „Service“ stammt aus dem Englischen und bedeutet „Unterstützung“, „Dienstleistung“, „Kundendienst“. Serviceleistungen sind Dienstleistungen, die der Kunde vor, während und nach dem Kauf eines Produktes in Anspruch nehmen kann. Sie können den Gebrauchswert der Ware verbessern, dem Kunden einen bequemeren Einkauf ermöglichen oder ihm zu einem finanziellen Spielraum verhelfen. Diese zusätzlichen Leistungen werden immer bedeutsamer, denn mit ihnen kann sich der Einzelhändler von der Konkurrenz abheben, ein eigenes Profil gewinnen und die Kundenbindung verstärken. Weiß ein Kunde den Service des Hauses zu schätzen, kommt er wahrscheinlich wieder, und das ist für den Einzelhändler überlebenswichtig! Welche Serviceleistung Sie einem Kunden anbieten, hängt jedoch von seinen spezifischen Bedürfnissen ab.

Beispiel

Ein Kunde kauft sich einen Tennisschläger. Früher oder später wird er eine neue Bespannung benötigen. Sie machen den Kunden deshalb schon beim Kauf des Schlägers auf den günstigen Bespannungsservice im Hause aufmerksam und gewähren ihm möglicherweise noch einen Gutschein dafür. Er wird dann sicher wiederkommen und den Bespannungsservice in Anspruch nehmen.

Serviceleistungen für den Kunden sind hauptsächlich vom Sortiment des Einzelhändlers abhängig. Man unterscheidet fünf Kategorien von Serviceleistungen.

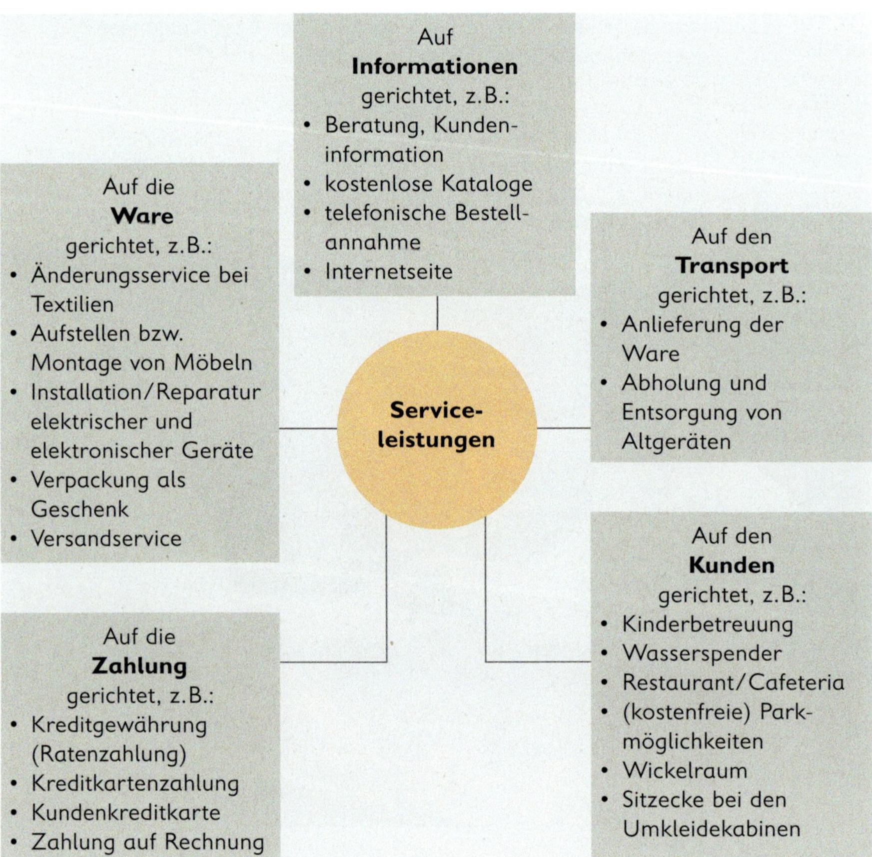

Zahlungsformen
→ LF 3, Kap. 6

Die Serviceleistungen des Einzelhändlers lassen sich während des Beratungsgesprächs als zusätzliches Verkaufsargument nutzen. Nachdem Sie den Kunden über die Eigenschaften und Nutzen der Ware informiert haben, sollte auch das Serviceangebot in das Gespräch einfließen.

Achten Sie darauf, spezielle Bedürfnisse oder Probleme Ihres Kunden richtig zu erfassen. Dann kann der Hinweis auf den guten Service der ausschlaggebende Impuls für die Kaufentscheidung sein.

Die folgenden Beispielfälle sollen dies verdeutlichen.

Serviceleistung im Elektronikfachhandel

Beispiele

Eine Kundin möchte eine neue Waschmaschine kaufen.	
Hinweis für den Verkäufer: Sie kann die Waschmaschine nicht allein transportieren und weiß nicht, was sie mit ihrem defekten Altgerät machen soll.	**Mögliche Serviceleistungen:** • Lieferung • Entsorgung • Anschluss
Verkaufsargument: „Unser Lieferservice bringt Ihnen selbstverständlich die Waschmaschine nach Hause und schließt sie Ihnen fachgerecht an. Wenn Sie möchten, nehmen wir Ihre alte Maschine auch gleich mit zur Entsorgung.“	

Eine Kundin kauft einen Baukasten zum Geburtstag ihres Patenkindes.	
Hinweis für den Verkäufer: Sie hat keine Zeit, den Baukasten selbst als Geschenk einzupacken.	**Mögliche Serviceleistungen:** • Verpackung als Geschenk • Versand
Verkaufsargument: „Sie können den Baukasten gern gleich als Geschenk verpacken lassen. Wenn Sie wünschen, übernehmen wir für Sie auch den Versand als Paket.“	

Ein Kunde möchte sich für die Geschäftsreise nächste Woche einen neuen Anzug kaufen.	
Hinweis für den Verkäufer: Die Ärmel sind zu lang.	**Mögliche Serviceleistungen:** • Änderungsservice • Sondergröße bestellen
Verkaufsargument: „Für unseren Änderungsservice ist das Kürzen der Ärmel kein Problem. Wenn Sie in der Umgebung noch etwas zu besorgen haben, erledigen wir das währenddessen für Sie.“	

2.11 Alternativangebote

Lernsituation 27

Obwohl in der Regel jeder Einzelhändler versuchen wird, sein gesamtes Sortiment nach den Wünschen seiner Kunden zu gestalten, wird es immer wieder vorkommen, dass Sie einzelne vom Kunden gewünschte Artikel nicht in Ihrem Sortiment gelistet haben. Hier ist es Ihre Aufgabe, dem Kunden sinnvolle Alternativen anzubieten. Oft verbindet der Kunde mit dem Wunsch nach einem bestimmten Artikel nur die Warenmerkmale dieses Artikels, die seinen speziellen Bedürfnissen entsprechen. Wenn Sie einen gewünschten Artikel nicht in Ihrem Sortiment führen, sollten Sie Ihrem Kunden eine Alternative anbieten, die seinen Bedürfnissen mindestens ebenso gut gerecht wird. Vermeiden Sie dabei aber Formulierungen, die Ihr Alternativangebot in den Augen des Kunden minderwertiger erscheinen lassen können.

Beispiele

- „Wir haben leider nur Modelle der Marke Knorps."
- „Dieser Fernseher ist aber auch ganz gut."
- „Ich kann Ihnen höchstens eine Bluse von SSOB anbieten."

Sprechen Sie so wenig wie möglich über den nicht vorhandenen Artikel, sondern führen Sie dem Kunden die Vorteile Ihres Alternativangebotes direkt vor Augen. Auch die Frage nach den speziellen Warenmerkmalen des nicht vorhandenen Artikels hilft Ihnen, ein für den Kunden bedarfsgerechtes Alternativangebot zu finden.

Beispiel

Kundin: „Ich hätte gerne den neuen 40-Zoll-Fernseher von Scod."
Verkäufer: „Scod führen wir nicht, aber wenn ich Sie richtig verstanden habe, suchen Sie einen Fernseher, der eine sehr gute Auflösung besitzt und gleichzeitig nahezu flimmerfrei ist? Da kann ich Ihnen den neuen Full-HD LED-Fernseher von Helinea anbieten, der eine noch bessere Auflösung als der Scod bietet und der zudem auch noch preisgünstiger ist."
Kundin: „Können Sie mir den mal zeigen?"

2.12 Verabschiedung

Lernsituation 28

Der erste Eindruck, den der Kunde vom Verkäufer bekommt, ist sicherlich ein entscheidender. Aber ein positiver erster Eindruck kann durch einen schlechten letzten Eindruck auch wieder zunichte gemacht werden. Fatal daran ist, dass der Verkäufer dann keine Chance mehr hat, diesen schlechten Eindruck auszugleichen. Deshalb Achtung: Das Verkaufsgespräch endet erst nach der Verabschiedung. Dabei spielt es keine Rolle, ob der Kunde kauft, nicht kauft oder es sich noch einmal überlegen möchte. Für alle drei Varianten gelten die Regeln der Höflichkeit!

Die Verabschiedung sollte zwei Elemente umfassen:

1. Die eigentliche Verabschiedung. Hier bietet sich eine **situations-** oder **personenbezogene Formulierung** an.
2. Dank an den Kunden für seinen Besuch bzw. Einkauf:

Beispiel

„Auf Wiedersehen und vielen Dank für Ihren Besuch! Ich wünsche Ihnen viel Spaß beim Geburtstag Ihres Patenkindes!“

Situationsbezogene Formulierung
z.B.
„Frohe Ostern“,
„Noch einen schönen Feierabend“

Personenbezogene Formulierung
z.B.
„Viel Spaß bei Ihrer Grillparty“,
„Einen schönen Urlaub“

Bei der Verabschiedung ist außerdem zu beachten:

- Wie im gesamten Verkaufsgespräch sollten Sie sich natürlich verhalten und hochtrabende Formulierungen vermeiden, wie z. B. „Vielen Dank, gnädige Frau, und beehren Sie uns bald wieder.“
- Unabhängig vom Kunden und dessen Erscheinung (Alter, Kleidung, gesellschaftliche Stellung) sollten Sie stets höflich und freundlich sein.
- Ist Ihnen der Name des Kunden bekannt, verabschieden Sie sich namentlich von ihm.
- Helfen Sie hilfsbedürftigen Kunden von sich aus beim Verlassen des Geschäftes, z. B. Müttern mit Kinderwagen oder gehbehinderten Menschen.

ALLES KLAR?

1 Legen Sie die sachgerechte Reihenfolge bei einem vollständigen Verkaufsgespräch fest.

Der Verkäufer

a) fragt den Kunden, was ihm bei der Ware nicht gefällt.
b) demonstriert dem Kunden die Funktionsweise eines Artikels und beschreibt dabei die Vorteile des Artikels.
c) fragt den Kunden nach dem Verwendungszweck einer Ware.
d) vergleicht die Wertigkeit des vorgelegten Artikels mit einem preiswerteren Artikel.
e) fasst die wichtigsten Verkaufsargumente noch einmal zusammen.
f) begrüßt den Kunden.

2 Beschreiben Sie kurz, wie bei der Kontaktaufnahme des Verkäufers mit dem Kunden in den unterschiedlichen Verkaufsformen vorgegangen werden sollte.

3 Unterscheiden Sie objektive und subjektive Kaufmotive und nennen Sie je drei Beispiele.

4 Erklären Sie den Unterschied zwischen einem Gebrauchs- und Geltungswert einer Ware und nennen Sie jeweils ein Beispiel.

5 Welche der folgenden Kaufmotive stehen bei den unten stehenden Fragen und Anmerkungen eines Kunden im Vordergrund? Ordnen Sie zu.

Kaufmotive

1) Preisbewusstsein
2) Umweltbewusstsein
3) Gebrauchswert
4) Geltungswert

Kundenwünsche

a) Ist die Bedienungsanleitung verständlich?
b) Wo finde ich den Tisch mit den Sonderangeboten?
c) Ich hätte lieber Handtücher der Firma Toop.
d) Gibt es bei der Waschmaschine eine Spartaste?

6 Ein Verkäufer spricht einen Kunden an, der das Vorführmodell einer Bohrmaschine testet. Begründen Sie, warum in dieser Situation die indirekte Bedarfsermittlung vorteilhaft ist.

7 Die direkte Bedarfsermittlung erfolgt durch gezielte Fragen. Dabei werden verschiedene Fragetechniken angewendet.

a) Erklären Sie folgende Fragetechniken:
- offene Fragen
- geschlossene Fragen
- Alternativfragen
- Suggestivfragen
- rhetorische Fragen

b) Welche Ziele werden mit der jeweiligen Fragetechnik verfolgt?

8 Warum kann es falsch sein, die Warenvorlage

a) mit einem hochpreisigen Artikel oder
b) mit einem niedrigpreisigen Artikel zu beginnen?

9 Warum sollten Verkäufer bei der Warenvorlage versuchen, die „Sinne“ des Kunden anzusprechen?

10 Wie können die Sinne des Kunden bei der Warenvorlage folgender Artikel am besten angesprochen werden?

a) Handcreme
b) Käse
c) Herrenanzug
d) Fernsehgerät

11 Das erfolgreiche Verkaufsgespräch im beratungsintensiven Einzelhandelssortiment setzt gute Warenkenntnisse voraus. Wie können Sie sich die dafür notwendigen Informationen beschaffen?

12 Warum sollten Sie bei der Formulierung von Verkaufsargumenten das Kaufmotiv wieder aufgreifen?

13 Zählen Sie fünf Regeln auf, die bei der Formulierung von Verkaufsargumenten beachtet werden sollten.

14 Ersetzen Sie bei den folgenden Verkäuferaussagen die Wörter „gut", „schön" und „nett" durch aussagekräftige Formulierungen.

a) Diesen Duft erhalten Sie zusammen mit einem Duschgel in einer netten Geschenkverpackung.
b) Ich empfehle Ihnen diesen Wein, er schmeckt sehr gut.
c) Diese schöne Uhr können Sie zu jedem Anlass tragen.

15 Sie beobachten, wie sich eine Kundin bei einer Kollegin lauthals beschwert. Die Kollegin sagt nach diesem Gespräch zu Ihnen: „Die Kunden haben doch immer etwas zu meckern".
Begründen Sie, warum Kundeneinwände nützlich sein können.

16 Grundsätzlich sollten Verkäufer immer mit Empathie auf einen Kundeneinwand reagieren. Was bedeutet das?

17 Wie können Sie echte von unechten Einwänden unterscheiden? Erläutern Sie kurz verschiedene Methoden der Einwandbehandlung bei Kundeneinwänden.

18 Begründen Sie, welche Fehler bei folgenden Preisnennungen gemacht wurden?

a) Dieser Shopper von Bigutti ist ideal für Business und Alltag. Er ist aus leicht genarbtem weichem Leder und kostet 239,00 Euro. Gute Qualität hat eben einen hohen Preis.
b) Der Kindersneaker kostet nur 19,00 Euro. Sie können dasselbe Modell auch mit Leuchtsohlen erhalten, dies ist aber 10,00 Euro teurer.
c) Dieser Füllfederhalter für 499,00 Euro ist ein Meisterstück der Firma „montebianco".
d) Das Piratenschiff ist im Augenblick ganz billig zu haben, es kostet nur 79,00 Euro. Wir haben alle Artikel von „logo" um 20 % gesenkt.

19 Erklären Sie die Sandwichmethode im Zusammenhang mit der Preisnennung.

20 Warum bringen Kunden oft nur indirekt durch verbale und nonverbale Signale ihre Kaufbereitschaft zum Ausdruck?

21 Formulieren Sie vier verbale Kaufsignale des Kunden.

22 Warum ist es für den Verkäufer wichtig herauszufinden, dass der Kunde mit der Kaufentscheidung zögert?

23 Zählen Sie vier nonverbale Kaufsignale des Kunden auf.

24 Zählen Sie fünf verschiedene Abschlusstechniken auf, um die Kaufentscheidung positiv zu beeinflussen.

25 Wie können Sie den Kunden nach der getroffenen Kaufentscheidung in seiner Entscheidung bekräftigen? Geben Sie vier Beispiele.

26 Schweigen des Verkäufers

a) ist besonders wichtig in der Phase der Kaufmotivsuche.
b) kann bei der Warenvorlage dazu führen, dass der Kunde die Warenvorteile nicht kennenlernt.
c) sollte vor allem dann eingesetzt werden, wenn der Kunde nach dem Preis fragt.
d) ist eine Abschlusstechnik, die dem Kunden Zeit zum Überlegen gibt.
e) darf in keiner Phase des Verkaufsgespräches eingesetzt werden.

27 Was bezeichnet man als Ergänzungsartikel und was sind Zusatzartikel?

28 Beschreiben Sie Vorteile des Ergänzungsverkaufs für den Einzelhändler und die Kunden.

29 Unterscheiden Sie notwendige und sinnvolle Ergänzungsartikel aus Ihrem Ausbildungssortiment und nennen Sie je ein Beispiel.

30 Zu welchem Zeitpunkt sollen Ergänzungsartikel angeboten werden?

31 Von einem verdeckten Ergänzungsangebot spricht man, wenn

a) der Zusammenhang zum Hauptkauf nicht direkt erkennbar ist.
b) der Ergänzungsartikel im Gegensatz zum Hauptartikel eingepackt ist.
c) der Ergänzungsartikel nicht durch die Kasse laufen muss.
d) der Hauptkauf schon vor 3 Tagen stattfand.
e) der Kunde gar nicht weiß, dass er den Ergänzungsartikel bezahlen muss.

32 Im Wettbewerb mit dem Onlinehandel setzt der stationäre Handel verstärkt auf Serviceleistungen. Welche Serviceleistungen kann der Einzelhändler seinen Kunden vor, während und nach dem Einkauf anbieten? Nennen Sie je drei Beispiele.

33 Selbst Discounter bieten immer häufiger Serviceleistungen an. Nennen Sie drei Beispiele.

34 Welche Serviceleistungen innerhalb und außerhalb der Verkaufsräume ermöglichen dem Kunden einen bequemen Einkauf?

35 Beurteilen Sie, ob das Angebot eines Ergänzungskaufs während der Argumentationsphase sinnvoll sein kann.

36 Sie beobachten einen Verkäufer beim Verkaufsgespräch. Ein Kunde wünscht einen Artikel, den Sie nicht im Sortiment führen. Der Verkäufer antwortet: „Wir führen leider diese Marke nicht, aber dafür können wir Ihnen den Artikel der Firma XY anbieten."
Welche Fehler hat der Verkäufer beim Anbieten des Alternativartikels gemacht?

37 Nennen Sie drei Gründe, warum der Einzelhändler einen von Kunden gewünschten Artikel nicht im Sortiment hat und stattdessen Alternativen anbieten muss.

38 Bei welchen der folgenden Verkaufssituationen liegen Alternativangebote vor?

a) Ein Artikel ist nicht vorrätig. Der Verkäufer verspricht, den gewünschten Artikel aus der nächsten Lieferung für den Kunden zu reservieren.
b) Der Verkäufer bietet als Ersatz für eine mangelhafte Ware einen gleichen, fehlerfreien Artikel an.
c) Einem Kunden gefällt ein gekaufter Artikel wegen der Qualität nicht. Der Verkäufer bietet einen Umtausch an und empfiehlt einen Artikel von einem anderen Hersteller.
d) Ein Artikel wird nicht im Sortiment geführt. Der Verkäufer bietet einen Artikel mit ähnlichen Merkmalen an.
e) Ein Artikel ist nicht vorrätig. Der Verkäufer verweist den Kunden auf eine andere Filiale.

39 Welche Elemente sollte eine höfliche und freundliche Verabschiedung enthalten?

40 Beurteilen Sie, ob der Verkäufer in der Grafik von Kapitel 2.12 seinen Kunden fachgerecht verabschiedet.

41 Begründen Sie, warum es richtig ist, wenn der Verkäufer sich beim Kunden für dessen Einkauf bedankt.

42 Die Verabschiedung eines Kunden, auch wenn er nicht gekauft hat, ist wichtig,

a) weil der Verkäufer damit dem Kunden klar macht, dass das Gespräch beendet ist.
b) damit die Kollegen wissen, dass der Kunde keinen Umsatz gebracht hat.
c) weil der Kunde dann merkt, dass man mit ihm nichts mehr zu tun haben will.
d) weil dann der nächste Kunde weiß, dass er nun dran ist.
e) weil dann der letzte Eindruck des Kunden von dem Einzelhandelsgeschäft positiv ist und lange anhält.

3

Kunden im Servicebereich Kasse betreuen

Kassensysteme

Kasse im Warenwirtschaftssystem

Kassenorganisation und Serviceleistungen an der Kasse

Datenschutz an der Kasse

Umsatzsteuersystem

Zahlungsformen an der Kasse

Rechtliche Rahmenbedingungen

Wichtige Rechenverfahren

1 Kassensysteme

Lernsituation 30

Die Kasse ist der richtige Platz, um verschiedenste **Daten**, die **für** eine **umsatzbezogene Waren- und Finanzanalyse** benötigt werden, zu erfassen. An der Kasse fließen Informationen über Geldbewegungen, Belege, Waren und Kunden zusammen. Jeder verkaufte Artikel passiert die Kassenstelle und im täglichen Geschäft ist dies mit einer großen Anzahl von einzelnen Geldbewegungen (Einnahmen und Ausgaben) und Belegen, die mit diesen Geldbewegungen zusammenhängen (Gutscheine, Kreditbelege, Rechnungen), verbunden.

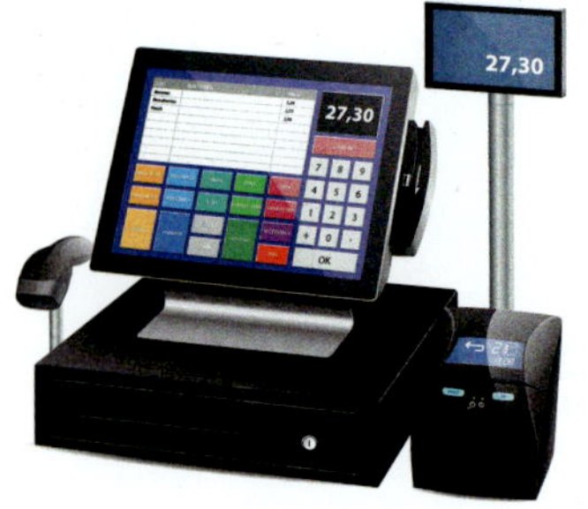

Alle Unternehmen, die tagtäglich mit Bargeldgeschäften zu tun haben, wie zum Beispiel der Einzelhandel, müssen aus diesem Grunde darauf achten, dass ihr eingeführtes Kassensystem laut Bundesfinanzministerium (BMF) die handels- und steuerrechtlichen Ordnungsvorschriften erfüllt. Sie müssen den „Grundsätzen zur ordnungsmäßigen Führung und Aufbewahrung von Büchern, Aufzeichnungen und Unterlagen in elektronischer Form sowie zum Datenzugriff (**GoBD**)" entsprechen.

Ein **elektronisches Kassensystem** aus dem Einzelhandel ist deshalb unabdingbar. Das BMF schreibt vor, dass alle elektronischen Kassensysteme ab dem 01.01.2017 Daten elektronisch aufbewahren müssen. Folgende Daten aus der Registrierkasse müssen für das Finanzamt 10 Jahre aufbewahrt werden, jederzeit verfügbar sein, unverzüglich lesbar und maschinell auswertbar sein:

- Journaldaten, komplette Historie der im System hinterlegten Artikel,
- Warengruppen und Preise,
- Daten zu Änderungen von Auswertungen und Stammdatenänderungen,
- die Bedienungsanleitung des Kassensystems und
- Protokolle der Einsatzorte und -zeiten (z. B. auf Messen) der Registrierkasse.

An die elektronische Datenkasse können verschiedene automatische **Etikettenlesegeräte** und **Datenaufzeichnungsgeräte** angeschlossen werden:

Strichcode (GTIN)
→ LF 3, Kap. 2

Scanner und Lesepistole: Der Scanner erfasst z. B. durch den auf den Waren aufgebrachten **Strichcode** alle wichtigen Daten für die Identifizierung und Erfassung dieser Waren. Ist die Lesevorrichtung fest mit der Kassenvorrichtung verbunden, spricht man auch von einer Scannerkasse. Lesepistolen sind bewegliche Scanner.

Bezahlen mit Kredit- oder Debitkarten
→ LF 3, Kap. 6.2

Kontaktloses Bezahlen mit Smartphone oder App
→ LF 3, Kap. 6.3

Bezahlterminals: Diese Lesegeräte werden eingesetzt, um mit Kredit- oder Debitkarten (girocard) bezahlen zu können. Zu Beginn des Zahlungsvorgangs werden die Daten vom Magnetstreifen oder Chip gelesen. Immer häufiger werden auch kontaktlose Karten oder Smartphones mit Bezahlapplikation genutzt.

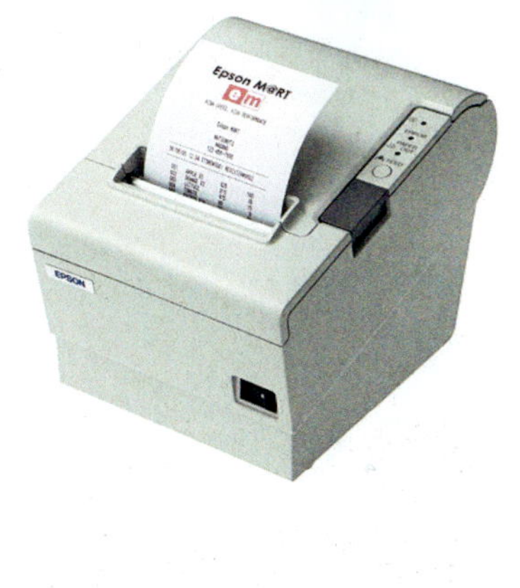

Bondrucker: Der Kassenbon wir in allen Einzelheiten ausgedruckt und der Kunde erhält den Beleg für die erfolgte Zahlung. Mit den Informationen auf dem Bon kann der Einzelhandel Rückschlüsse über das Kaufverhalten der Kunden ziehen. In diesem Zusammenhang wird auch vom „sprechenden" Kassenbon gesprochen.

Kundendisplay: Auf dem Display kann der Kunde seinen Einkauf kontrollieren, denn jeder einzelne Preis wird beim Scannen des Strichcodes angezeigt. Zum Schluss erscheint die zu zahlende Summe.

Waagensystem: Mit einer so genannten Checkout-Waage wird der Artikel aus der Obst- und Gemüseabteilung an der Kasse gewogen. Der dazugehörige Preis wird automatisch von der Kasse errechnet.

Datenkassen die einen eingebauten Datenträger (wie z. B. CD oder Speicherkarte) besitzen und deren Daten darüber nach Geschäftsschluss in eine EDV-Anlage „eingelesen" werden, werden **Stand-alone-Terminal** genannt. Besteht eine direkte Verbindung zwischen allen Datenkassen des Geschäftes und der zentralen EDV-Anlage, handelt es sich um ein **Point-of-Sale-Verbundsystem**. Die Speicherung von Daten findet nicht mehr in den einzelnen Kassen statt, sondern nur noch auf dem Zentralrechner.

Point-of-Sale-Verbundsysteme werden zusammen mit dem **Warenwirtschaftssystem** eingesetzt und liefern folgende Informationen und Möglichkeiten:

Warenwirtschaftssystem
→ LF 3, Kap. 2

- Stammdaten für Artikel, Warengruppen, Kassierer, Lieferanten
- automatischer Zugriff auf Artikeldatenbank
- offener Artikel mit freier Preiseingabe
- zwei Preislisten für Privat- und Gewerbekunden
- zeitlich begrenzte Angebotspreise
- umfangreiche Preisnachlass- und Rabattfunktionen
- verkäufergenaues Kassieren
- Warengruppenverwaltung
- Kassenbericht
- Ein-/Auszahlungen
- Storno
- Bondruck mit frei konfigurierbaren Kopf- und Fußzeilen
- Werbelauftext auf dem Kundendisplay

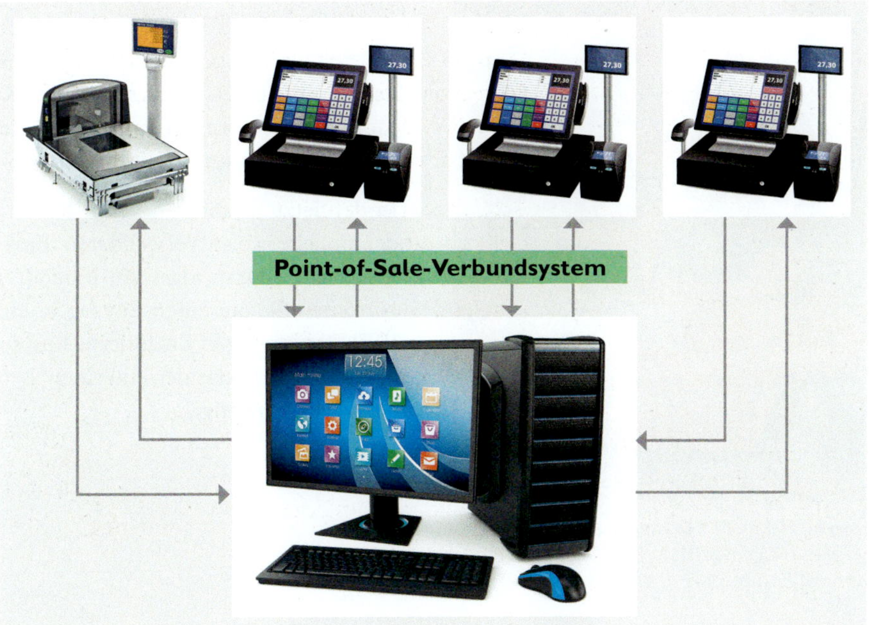

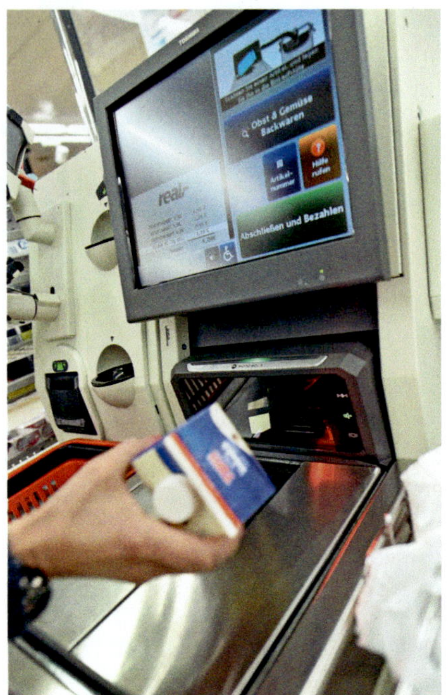

Self-checkout (SB-Kasse)

Self-checkout-Kassen

Kunden empfinden Warteschlangen an der Kasse oft als den lästigsten Störfaktor beim Einkaufen. Deshalb werden zur Optimierung von Kassenprozessen immer wieder neue Techniken erprobt. Neben den üblichen Servicekassen, an denen die Kassierer die Waren einscannen, werden in einigen Einzelhandelsgeschäften verschiedene **Selbstbedienungssysteme**, kurz SB-Kassen, eingesetzt. Laut einer Umfrage hat jeder Fünfte diese Kassen irgendwann auch schon einmal benutzt – und sich damit oft das weit verbreitete Gefühl erspart, grundsätzlich in der falschen Schlange zu stehen.

Bei der **SB-Kasse** zieht der Kunde selbst die Strichcodes der Artikel über den integrierten Scanner, legt die Ware anschließend auf das Band oder packt diese in bereitstehende Tüten, die auf Waagen stehen. Zählsensoren oder der Gewichtsvergleich der Tüten mit den gebongten Artikeln soll gewährleisten, dass alle Artikel gescannt werden bzw. nur die gescannten Artikel in die Tüten eingepackt wurden. Anschließend begibt sich der Kunde zum Zahlterminal, das sich entweder direkt neben der Scanstation oder an einem gesonderten Ort im Geschäft befindet. In Deutschland setzen zurzeit nur ein paar wenige Händler dieses System überhaupt um. Vorreiter sind allen voran die Möbelkette IKEA und der Supermarkt real.

Zwei Detektoren scannen den Inhalt des Einkaufwagens mittels RFID Technologie im real Future Store der Metro Group.

Registrierkassen mit RFID

RFID ist eine Abkürzung und bedeutet: Radio Frequenz Identifikation. Dabei handelt es sich um einen Chip, der so klein ist (Mikrochip), dass dieser unter jedem Warenetikett angebracht werden kann. Wird dieser Mikrochip von einem Sender, z. B. an der Registrierkasse, angefunkt, reflektiert er ein Datenmuster, welches alle notwendigen Informationen zu dem einzelnen Artikel liefert. Ein RFID-Lesegerät an der Kasse erfasst die gesamten Waren im Einkaufswagen auf einmal und die Kunden können die Kassenzone zügig passieren und an der Zahlstation bezahlen.

In den letzten Jahren hat sich **RFID** als Nachfolger des im Einzelhandel üblicherweise verwendeten **Barcodes** durchsetzen können. Dies liegt sicher daran, dass ein Barcode lediglich nur eine zuzuordnende Nummer, die auf einen Eintrag in einer Datenbank verweist, darstellt. RFID dagegen gibt detaillierte Auskunft über produktbezogene Daten, wie z. B. die Preise der einzelnen Artikel oder die Erfassung mehrerer Artikel gleichzeitig.

2 Kasse im Warenwirtschaftssystem

Lernsituation 31

Lernsituation 32

Durch das Erfassen jedes Verkaufsvorgangs an einer Datenkasse im Verbund mit einem computergestützten Warenwirtschaftssystem erhält der Einzelhändler beispielsweise

- Kundendaten (bei Kartenzahlungen),
- die Information, wie viele Artikel im Regal oder im Lager noch vorhanden sind und wann sie nachbestellt werden müssen und
- welche Artikel sich gut verkaufen lassen und welche auf Grund einer zu geringen Nachfrage aus dem Sortiment genommen werden sollten.

Bei einem **Warenwirtschaftssystem** (WWS) handelt es sich um ein Datenbanksystem, das zentral die Verwendung der Daten durch viele Anwender bzw. Programme kontrolliert. Das Datenbanksystem besteht aus einer Datenbank, einem System von Dateien und einem Datenverwaltungsprogramm. Mit dem Datenverwaltungsprogramm wird der Zugriff auf die Daten, die Abspeicherung und die Änderung der Daten vorgenommen. Es verhindert z. B., dass die Daten eines Kunden doppelt erfasst werden oder dass Daten in unterschiedlichen Dateien mit verschiedenen Werten existieren.

Der **Kassiervorgang** läuft mit Hilfe eines Warenwirtschaftssystems wie folgt ab: Nachdem die Artikelcodierung, z. B. per Scanner, eingelesen wurde, wird aus der Datenbank des Warenwirtschaftssystems der für diese Codierung hinterlegte Preis im Computer abgerufen und an der Kasse angezeigt. Dieser Vorgang wird als **Price-look-up-Verfahren (PLU)** oder auch Preisabrufverfahren bezeichnet. Somit wird nicht mehr jeder Artikel einzeln mit einem Preis versehen, sondern nur einmalig die auf dem Artikel vorhandene Codierung mit einem Preis in dem Warenwirtschaftssystem angelegt. Es reicht dann eine Preisauszeichnung am Artikelregal aus. Fehlerquellen, wie z. B. Veränderungen der Preisauszeichnung durch Kunden oder falsche Eingabe des Preises in die Kasse, werden vermieden. Zudem können bei Sonderangeboten die Preise zu Beginn und zum Ende der Aktion automatisch in dem Warenwirtschaftssystem umgestellt werden.

Die GTIN (Global Trade Item Number) ist eine Identifikationsnummer, mit der Produkte und Packstücke weltweit eindeutig identifiziert werden.
Die GTIN ist ein Sammelbegriff für die Code-Schemata der Barcode-Kennzeichnung mit der EAN.

Zur Codierung können sowohl hauseigene Artikelnummern als auch Artikelnummern nach der internationalen Norm GTIN verwendet werden.

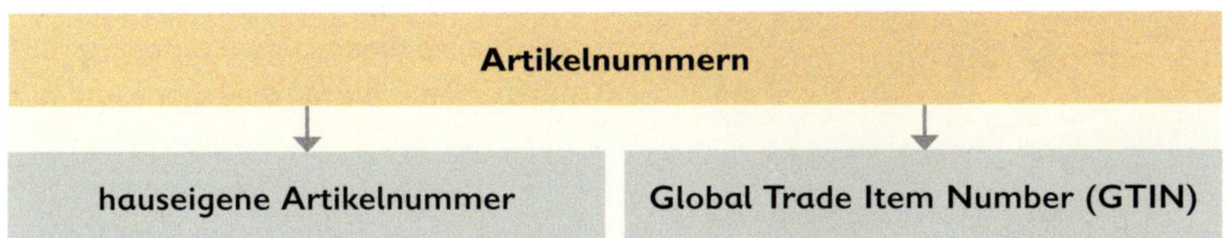

Auszug aus Artikeldatenbank

Art.-Nr.	Art.-Bezeich.	Preis
1256	Körperlotion	3,59

Bei der **hausinternen Vergabe der Artikelnummern** kann der Einzelhändler die Artikelnummern nach seinen internen betrieblichen Belangen festlegen und vergeben. Damit aber eine Kommunikation zu anderen Unternehmen möglich wird, muss eine Standardisierung der Artikelnummern erfolgen. Mit der **Internationalen Artikelnummerierung GTIN**, die die bisherige Europäische Artikelnummer (EAN) ersetzt, wurde ein weltweit gültiger Standard geschaffen. Dieses Kennzeichnungssystem, dem sich mehr als 125 Länder der Welt angeschlossen haben, ermöglicht unabhängig von Betriebsform, Branche und Erdteil einen zwischenbetrieblichen Austausch von Artikeldaten.

Die GTIN besteht im Regelfall aus 13 Ziffern und wird vom Hersteller/Vertreiber/Importeur in Eigenverantwortung auf der Basis der Global Location Number (GLN) vergeben. Diese sieben- bis neunstellige Basisnummer wird von der zuständigen Länderorganisation GS 1 (Global Standard 1) – in Deutschland GS 1 Germany – zugeteilt. Die drei- bis fünfstellige Artikelnummer wird vom Hersteller individuell vergeben. Dabei erhält jede Artikelvariante nach ihrer spezifischen Ausführung, z. B. Größe, Farbe, Verpackungseinheit, eine eigene GTIN.

Nähere Informationen unter www.gs1-germany.de

Die weltweit eindeutige und überschneidungsfreie GTIN wird bereits vom Hersteller auf die Packungen der Produkte gedruckt. Die GTIN ist eine reine Zählnummer. Sie kann am Artikel als offene Zahl, als Barcode (Strichcode) oder auch in einem Chip als Identifizierung für die **RFID** angebracht sein. Mit Hilfe der Ziffern werden bestimmte Daten verschlüsselt. Die GTIN enthält selbst keine gespeicherten betriebswirtschaftlichen Daten, sondern sie bildet nur den Schüssel (Zugang) zu den entsprechenden Computerdateien, wo die Informationen zum Beispiel über Warengruppierungen, Lieferanten, Konditionen und Preise abgerufen werden können.

RFID
→ LF 3, Kap. 1

Damit an der Kasse die Artikelnummern zudem automatisch gelesen werden können, müssen die Artikelnummern in einer maschinenlesbaren Sprache auf den Produkten/Preisetiketten vorhanden sein. Derzeit existieren zwei maschinenlesbare Codierungen: Der **Strichcode** und der **OCR**-Code.

Strichcode
auch Balkencode genannt

OCR
Optical Character Recognition

Der **Strichcode** wird überwiegend genutzt, um die GTIN maschinenlesbar aufzubereiten. Die Zahlen der Artikelnummer werden jeweils als Kombination aus einem weißen und einem schwarzen Balken unterschiedlicher Breite dargestellt. Der Strichcode allein ist für das menschliche Auge nicht lesbar.

Der **OCR-Code** wird hingegen überwiegend bei der hausinternen Artikelnummerierung verwendet und ist sowohl für den Menschen als auch für die Maschine lesbar. Er besteht aus eckigen, normierten Schriftzeichen und wird im Einzelhandel häufig im Textilbereich eingesetzt, um hauseigene Artikelnummern zu dokumentieren.

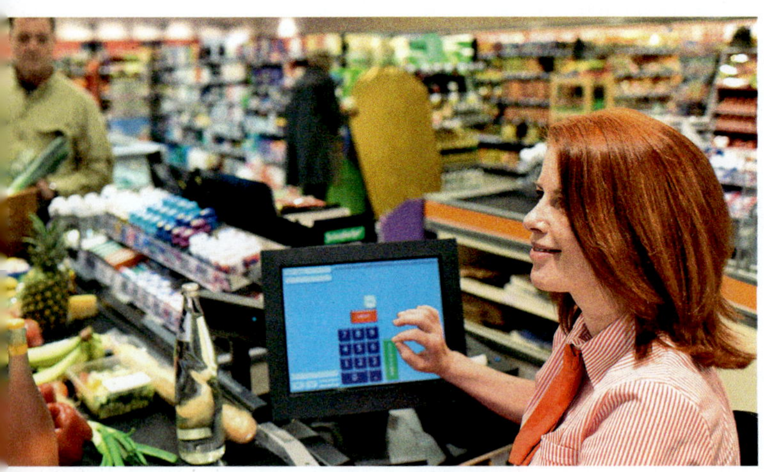

Nach Abschluss des Verkaufsvorgangs wird der Bestand der Artikel automatisch um die verkaufte Menge verringert. Dazu ist es wichtig, dass der Artikel mit der Codierung erfasst wurde und genau zugeordnet werden kann. Wurde bei einem Kassiervorgang statt der Codierung nur die Warengruppe und der Preis oder nur der Preis eingegeben, ergibt dies Fehler in den Lagerbeständen und die Aussagekraft der artikelgenauen Umsatzauswertungen sinkt. Ein sorgfältiges Kassieren ist deshalb eine unabdingbare Voraussetzung für den erfolgreichen Einsatz eines Warenwirtschaftssystems.

Ablauf des Kassiervorgangs mit Hilfe des Warenwirtschaftssystems

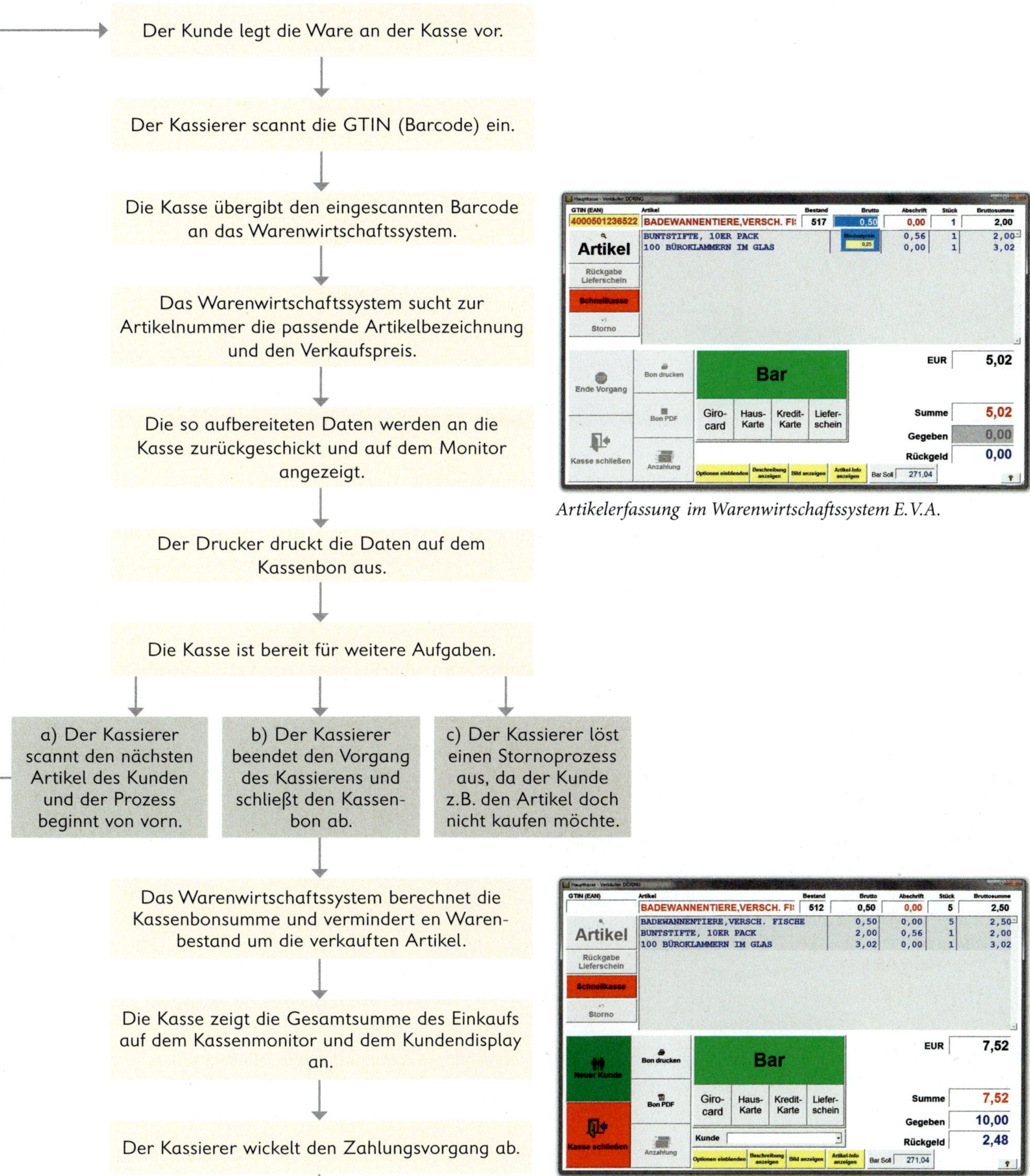

Artikelerfassung im Warenwirtschaftssystem E.V.A.

Bezahlung der Ware in bar mit dem Warenwirtschaftssystem E.V.A.

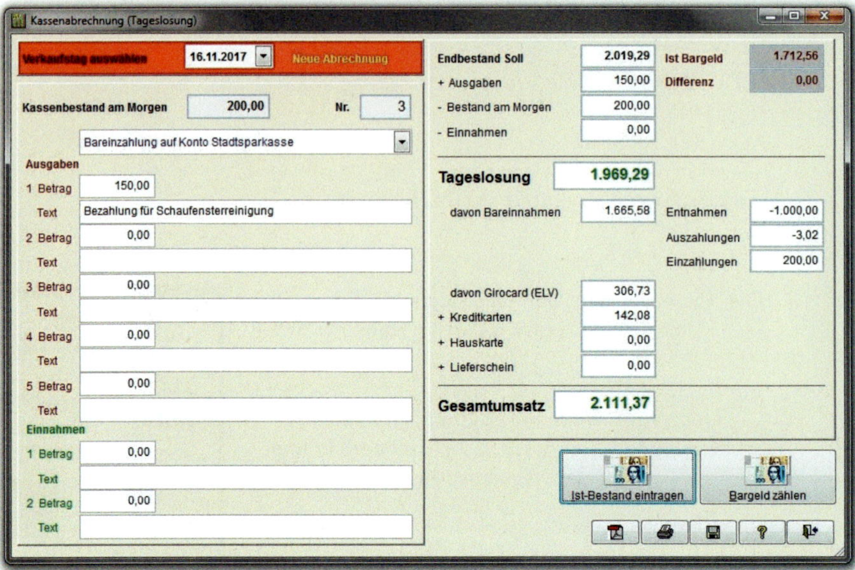

Tageskassenbericht aus dem Warenwirtschaftssystem E.V.A.

Richtig angewandt, ist es mit einem Warenwirtschaftssystem also problemlos möglich, den aktuellen Bargeldbestand zu jeder Tageszeit zu überprüfen und eine **Kassenkontrolle** durchzuführen. Des Weiteren ist eine **Leistungskontrolle** des Kassenpersonals möglich, indem die Kassierzeit je Kunde und/oder die Anzahl der stornierten Zahlungsvorgänge ermittelt werden.

Tageskassenbericht

Zum Ende des Kassendienstes wird üblicherweise ein **Tageskassenbericht/Kassenbericht** erstellt. Der Tageskassenbericht wird in der Regel am Ende eines Tages durchgeführt oder wenn es einen Personalwechsel an der Kasse gibt. Mit einer Datenkasse wird dieser Bericht automatisch ermittelt. Bei einem Tageskassenbericht muss das folgende Grundschema beachtet werden.

Barentnahmen erfolgen aus Sicherheitsgründen, wenn sich zu viel Bargeld in der Kasse befindet.

Grundschema Tageskassenbericht

Bargeldbestand
\+ Barentnahmen
\+ Kartenzahlungen
– Wechselgeld

= Kasseneinnahmen (Tageslosung)

Der **Kassensturz** ist eine nicht geplante Kassenkontrolle. Hierbei sollen Kassendifferenzen wegen falschen Kassierens, Diebstahls, Unterschlagungen oder Reklamationen von Kunden („angeblich falsches Wechselgeld“) sofort aufgeklärt werden.

Der Kassensturz wird immer neben der normalen Kassenabrechnung durchgeführt. Bei der Durchführung eines Kassensturzes wird das in der Kasse vorhandene Geld gezählt und mit dem Sollbestand (laut Kassenzählwerk) verglichen.

Lernsituation 30

3 Kassenorganisation und Serviceleistungen an der Kasse

Die Aufgaben des Mitarbeiters im Einzelhandel sind sehr vielseitig. Nach erfolgreichem Abschluss eines Verkaufsgesprächs führt der Mitarbeiter den Kunden zur Kasse. Hier sind bestimmte Regeln für das Kassieren und Informationen über die Kassenorganisation und die unterschiedlichen Zahlungsformen zu beachten.

Verkaufsgespräche → LF 2, Kap. 2

Je nach Größe und Verkaufsform des Geschäfts sind die Kassensysteme im Einzelhandel unterschiedlich angeordnet. Angestrebt wird mit der gewählten Platzierung der Kasse ein für den Kunden günstiger Kassenweg. Auf dem Weg zur Kasse soll der Kunde ferner auf auffällig platzierte Waren oder Sonderangebote aufmerksam gemacht werden. Lange Wartezeiten an der Kasse sollen vermieden werden. Ziele der **Kassenorganisation** sind es

- alle baren und bargeldlosen Zahlungen zu erfassen,
- den Zahlungsvorgang zügig und schnell abzuwickeln,
- die Zahlungen zu kontrollieren und
- sämtliche Kassendaten auszuwerten.

Verkaufsform → LF 1, Kap. 9

Zahlungsformen → LF 3, Kap. 6

Arbeitsschritte vor Geschäftsöffnung

- genügend Wechselgeld bereitstellen
- die Listen für Stückpreise kontrollieren und gegebenenfalls anpassen
- genügend Verpackungsmaterial (z. B. Tragetaschen) und Kassenrollen bereitstellen
- funktionsfähige Schreibmaterialien bereitstellen

Beispiel

Eine Kundin kommt mit zwei T-Shirts zu je 12,00 Euro und einer Jeans zu 69,90 Euro an die Kasse. Der Verkäufer reicht die Hände in Richtung Kundin, um die Ware entgegenzunehmen.

Verkäufer: „Guten Tag, vielen Dank! Dies sind drei Teile?"
Kundin: „Ja."
Verkäufer: „Gut." Der Verkäufer scannt die drei Teile ein.
Verkäufer: „Dies macht dann 93,90 Euro für Sie. Wie möchten Sie zahlen?"
Kundin: „Mit Bargeld."
Verkäufer: „Gut". Die Kundin reicht dem Verkäufer einen 100-Euro-Schein.
Verkäufer: „100,00 Euro, danke schön."

Der Verkäufer überprüft die Richtigkeit des 100-Euro-Scheins mit Hilfe eines Infrarotlesegerätes. Dann gibt der Verkäufer den erhaltenden Betrag in die Kasse ein. Er steckt dabei den Geldschein sichtbar in die Halterung an der Kasse und nimmt das Rückgeld in Höhe von 6,10 Euro heraus.

Verkäufer: „Bitte schön, 6,10 Euro für Sie zurück." Der Verkäufer entfernt nach der Übergabe des Rückgeldes alle Sicherheitsetiketten und legt die Waren mit dem Kassenbon in eine Tüte.

Verkäufer: „Bitte, Ihr Einkauf. Der Kassenbon liegt in der Tüte. Vielen Dank für Ihren Einkauf und viel Freude mit den neuen Sachen. Auf Wiedersehen und einen schönen Nachmittag."
Kundin: „Danke. Auf Wiedersehen."

Wenn man den Grundsatz „Erst Zahlung abwickeln, dann Ware und Kassenbon herausgeben!“ beachtet, erleichtert man sich den Vorgang des Kassierens. Auch der Kunde sollte während des Kassierens über den Kaufpreis (Gesamtsumme) und das erstattete Rückgeld informiert werden. Jedes Einzelhandelsunternehmen stellt dazu individuelle **Kassieranweisungen** zusammen, um einen reibungslosen Kassiervorgang durchführen zu können.

Kassieranweisungen sind von Unternehmen zu Unternehmen unterschiedlich.

Grundregeln einer Kassieranweisung

- Nennen Sie dem Kunden deutlich den Betrag, den er zahlen muss.
- Sorgen Sie dafür, dass Sie immer nachvollziehen können, welche Geldscheine der Kunde Ihnen gegeben hat. An vielen Kassen gibt es dafür spezielle Halterungen.
- Zählen Sie den Kunden das Rückgeld laut vor.
- Geben Sie Waren und Kassenbon erst heraus, wenn die Zahlung erfolgt ist.

In jedem Einzelhandelsgeschäft ist der Kassiervorgang normalerweise der letzte (oft sogar nur der einzige) Kontakt zwischen dem Verkäufer und dem Kunden. Indem der Kunde seine Ware an der Kasse zahlt, wird der **Kaufvertrag** abgeschlossen und die Ware geht in sein Eigentum über. Demnach ist der Kassiervorgang für den Verkäufer ein äußerst wichtiger Vorgang.

Kaufvertrag
→ LF 3, Kap. 7.5

Der Verkäufer muss die Reihenfolge seiner Kunden an der Kasse im Blick haben. Da sich die Kasse häufig in unmittelbarer Nähe zum Ausgang befindet, sollte der Kassierer auch sehr aufmerksam sein, um Taschendiebe vor dem Verlassen des Geschäftes dingfest zu machen. Und vor allem muss er darauf achten, dass er sämtliche Waren erfasst und ihm kein Fehler bei der Annahme und Rückgabe des Geldes unterläuft.

Der Kassiervorgang wird entweder von dafür speziell angestellten Mitarbeitern durchgeführt oder vom beratenden Verkäufer selbst. Als **Grundregel** gilt für beide Arten **des Kassiervorgangs**: Zunächst wird der Kunde immer freundlich begrüßt und anschließend situationsgerecht verabschiedet. Denn der letzte Eindruck des Kunden vom Verkäufer bzw. vom Einzelhandelsgeschäft entscheidet darüber, ob der Kunde noch einmal wiederkommt oder nicht.

Allerdings dient die Kasse nicht nur dem Verkauf der Ware, sondern kann vom Mitarbeiter auch dazu genutzt werden, dem Kunden spezielle **Serviceleistungen** anzubieten, z. B. in Form unterschiedlicher Kundenkarten, Anzahlungsmöglichkeiten oder Gutscheinangebote.

Kundenkarte ohne Bezahlfunktion

Diese Karte ist für die Unternehmen relativ unkompliziert. Der Kunde muss nur wenige Angaben über sich abgeben und die Karte gibt es schon für Kunden ab 14 Jahren. Sie hat die Funktion, sämtliche Einkäufe des Kunden zu registrieren.

Die bekannteste deutsche Rabattkarte ist die **PAYBACK Karte**. Mit dieser Karte kann man in sehr vielen Unternehmen (u. a. real, dm, Galeria Kaufhof) **Bonuspunkte** sammeln und diese gegen Prämien eintauschen. Beim Bezahlen der Ware an der Kasse legt der Kunde seine PAYBACK Karte vor und sein Einkauf wird darauf registriert. Als Gegenleistung wird dem Kunden auf die Kaufsumme ein je nach Unternehmen unterschiedlicher Bonus in Form von Punkten auf seinem Konto gutgeschrieben.

PAYBACK Karte
→ LF 3, Kap. 6.3.4

Beispiel

Nachdem die Kundin Luise Tremmel an der Kasse ihre Ware aufs Band gelegt hat, fragt sie der Kassierer, ob sie eine PAYBACK Karte besitzt. Nach der Bestätigung der Kundin, wird ihre PAYBACK Karte vom Kassierer gescannt und die Kundin Frau Tremmel erhält auf den Wert ihres Einkaufs Bonuspunkte gutgeschrieben.

Für die Unternehmen stellt die Kundenkarte ein wichtiges **Marketing-Instrument** dar. Sie ist ein effizientes Instrument der Kundengewinnung. Durch interessante Waren- und Serviceangebote möchte das Unternehmen den Kunden zum wiederholten Einkauf animieren und ihn so an sein Unternehmen binden.

Anzahlung

Eine Kundenanzahlung ist eine Form der **Fremdfinanzierung**, die für den Einzelhandel einen kurzfristigen Kredit darstellt.
Es handelt sich um eine Anzahlung, bei der die Ware teilweise noch vor der Lieferung bzw. Aushändigung an den Kunden vom Kunden gezahlt wird.

Fremdfinanzierung
Geldmittel, die von außen zur Verfügung gestellt werden

Der Einzelhandel nutzt dieses Instrument, um sich Aufträge vorzeitig zu sichern. Denn hat der Kunde erst einmal angezahlt, geht der Einzelhändler davon aus, dass er auch weiterhin an der bestellten Ware interessiert ist. Dieses Anzahlungsmodell kommt häufig im Möbeleinzelhandel, in der Unterhaltungselektronik oder auch bei speziellen, individuellen Wünschen des Kunden vor.

Beispiel

Die Kundin Barbara Müller kauft sich in der Beska GmbH einen 4K-Fernseher „Ultra High Definition“ von Sungsam im Wert von 3.999,00 Euro und leistet dafür eine Anzahlung von 250,00 Euro.

Der Vorteil einer Kundenanzahlung für den Einzelhandel ist, dass ein solch entstandener Kaufvertrag nicht rückgängig gemacht werden kann, und demnach ist das Risiko der Nichtabnahme bei bestellter Ware gleich Null.
Ein daraus resultierender Nachteil für den Einzelhandel könnte sein, dass eine Kundenanzahlung beim Kunden zur Unzufriedenheit führt und der potenzielle Kaufvertrag daher nicht zustande kommt.

Was passiert, wenn der Kunde anzahlt und nicht wiederkommt? Der Einzelhändler hat die Möglichkeit, lt. § 323 BGB vom Kaufvertrag zurückzutreten. Allerdings muss der Gläubiger (Einzelhändler) dem Schuldner (Kunde) zunächst eine angemessene Nachfrist zur **Nacherfüllung** anbieten.

Nacherfüllung
gehört zu den Gewährleistungsansprüchen beim Kaufvertrag

Gutschein

Vor allem in der Weihnachtszeit sind Geschenkgutscheine der absolute Renner. Oft fehlt es an tollen Ideen oder an ausreichender Zeit, um ein individuelles Weihnachtsgeschenk zu besorgen. Und damit die Oma dem Enkel nicht das zehnte Paar Strümpfe schenkt, wird gerne mal auf einen Geschenkgutschein zurückgegriffen.

Rechtlich betrachtet ist ein Gutschein ein Dokument, das einen **Anspruch auf eine Leistung** dokumentiert. Ein Gutschein beinhaltet also für den Besitzer das Recht, sich eine Ware oder Dienstleistung des Ausstellers auszusuchen.

Ein Gutschein muss folgende Angaben enthalten:
- Name und Anschrift des Geschäftes
- Gutscheinwert in Euro
- eventuelle Einschränkung des Gutscheins auf bestimmte Waren
- Ausstellungsdatum des Gutscheins
- nicht verpflichtender Bestandteil: Stempel und/oder Unterschrift des Ausstellers

Buchgutscheine müssen länger als ein Jahr Gültigkeit besitzen.

Das häufigste Problem bei Geschenkgutscheinen ist ihre **Gültigkeit**. Laut Rechtsprechung ist ein Geschenkgutschein drei Jahre gültig ab Ende des Jahres, in dem der Gutschein erworben wurde.

Beispiel

Merit Zaun erwirbt in der Beska GmbH am 16. September 2017 einen Gutschein. Der Gutschein ist bis zum 31.12.2020 gültig und bei der Beska einlösbar.

Ein Gutschein kann auch vom Einzelhändler befristet ausgestellt werden, z. B. gültig für zwei Jahre. Dabei kann es aber schnell zu einer Klage von Verbraucherschützern kommen. Sollte der Verkäufer allerdings die **Gültigkeitsdauer** während der Erstellung des Gutscheins handschriftlich eingetragen haben, dann gilt dies als individuell vereinbart und der Kunde kann sich in diesem Fall nicht auf eine unangemessene Benachteiligung berufen.

Sinn und Zweck eines Gutscheins ist es, den Gutschein gegen eine Ware im Einzelhandel einzutauschen. Deshalb hat der Kunde auch grundsätzlich keinen Anspruch auf Auszahlung des Gutscheinwertes. Das gleiche gilt auch für Restbeträge, wenn der Kunde zunächst nur einen Teilbetrag von dem Gutschein verwendet hat. Der Restbetrag wird vom Verkäufer auf dem Gutschein als Vermerk notiert und kann zu einem späteren Zeitpunkt gegen einen weiteren Artikel eingetauscht werden. Allerdings ist der Händler verpflichtet, den Geldbetrag auszuzahlen, wenn der Gutschein für eine bestimmte Ware ausgestellt wurde und dieses Produkt aus dem Sortiment genommen worden ist.

Inhaberpapier
Wertpapiere, die den jeweiligen Inhaber ohne einen zusätzlichen Nachweis als berechtigt ausweisen

Da ein Gutschein ein sogenanntes **Inhaberpapier** ist, spielt es für Einzelhändler keine Rolle, wer ihm den Gutschein vorlegt.

4 Datenschutz an der Kasse

Lernsituation 30

Kassensysteme
→ LF 3, Kap. 1

Nach dem Kennenlernen der verschiedenen Kassensysteme ist klar zu erkennen, dass Registrierkassen überaus nützlich und aus der heutigen Geschäftswelt nicht mehr wegzudenken sind. Ihre Möglichkeiten sind umfassend: Sie registrieren die Waren, addieren die Preise und drucken Kassenbons aus. Des Weiteren können mit diesen Systemen Warenbestände überprüft und gesteuert werden. Der Einzelhändler hat somit mit Hilfe statistischer Auswertung die Chance, Waren, die zum Langsamdreher geworden sind, zu ermitteln und aus dem Sortiment herauszunehmen oder natürlich auch umgekehrt. Die einzelnen Waren müssen vom Verkäufer nicht mehr einzeln ausgezeichnet werden, die Zuordnung der Preise zu den Artikeln erfolgt mit Hilfe des Warenwirtschaftssystems.

Warenwirtschaftssystem
→ LF 3, Kap. 2

Dies ist die sachliche bzw. fachliche Seite. Allerdings kann die Registrierkasse und die damit verbundene Datenbank weit mehr: Kauft ein Kunde Ware ein und zahlt diese z. B. mit seiner Kreditkarte oder verwendet noch zusätzlich seine PAYBACK-Karte, werden die gekauften Waren digital mit dem Kunden verknüpft und dauerhaft gespeichert. Anschließend werden die Daten statistisch ausgewertet. Aus den Daten lassen sich dann die **Einkaufsgewohnheiten des Kunden** ermitteln. Die daraus resultierenden Daten dienen dem Einzelhändler vornehmlich für Werbezwecke.

Hier ist festzuhalten, dass der Einzelhändler die volle Verantwortung für den **Schutz dieser Daten** hat und sie keinesfalls an Dritte weitergeben darf.

Im Umgang mit personenbezogenen Daten gibt es strenge Regeln, die durch das **Bundesdatenschutzgesetz (BDSG)** vorgegeben werden. Zweck dieses Gesetzes ist es, den Einzelnen davor zu schützen, dass er durch den Umgang mit seinen personenbezogenen Daten in seinem Persönlichkeitsrecht beeinträchtigt wird.

www.bfd.bund.de

Unternehmen, die **personenbezogene Daten** automatisiert verarbeiten, müssen, wenn sie damit mehr als neun Arbeitnehmer beschäftigen, einen **betrieblichen Datenschutzbeauftragten** bestellen, der zur Erfüllung seiner Aufgaben (Überwachung der Datenverarbeitung, Schulung von Mitarbeitern usw.) die erforderliche Fachkunde und Zuverlässigkeit besitzen muss. Er hat insbesondere

- die ordnungsgemäße Anwendung der Datenverarbeitungsprogramme, mit deren Hilfe personenbezogene Daten verarbeitet werden sollen, zu überwachen, und
- die bei der Verarbeitung personenbezogener Daten tätigen Personen durch geeignete Maßnahmen mit den Vorschriften dieses Gesetzes sowie anderen Vorschriften über den Datenschutz und mit den jeweiligen besonderen Erfordernissen des Datenschutzes vertraut zu machen.

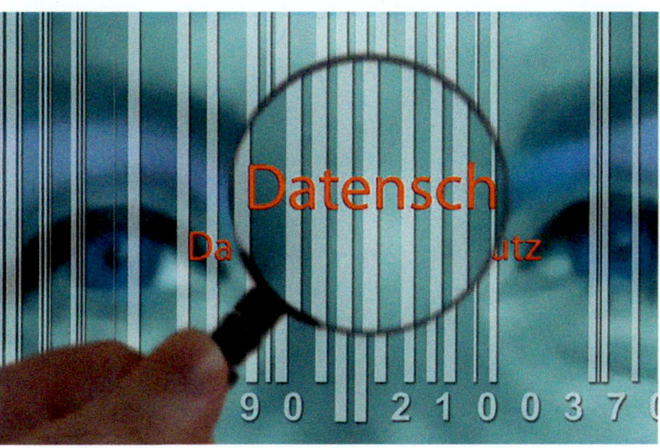

ALLES KLAR?

1 Beschreiben Sie, was ein Warenwirtschaftssystem ist und aus was es besteht!

2 In der Beska GmbH wird mit Hilfe eines EDV-gestützten Warenwirtschaftssystems gearbeitet. Wie kann die Beska GmbH Warenumsätze sofort erfassen?

a) Einsatz von maschinellen Scannerkassen
b) Einsatz von maschinellen Einzelkassen
c) durch mobile Datenerfassungsgeräte
d) Einsatz von Sammelkassen
e) durch externe Arbeitsspeicher

3 Welche Informationen und Möglichkeiten stehen der Beska GmbH zur Verfügung, wenn sie ein Warenwirtschaftssystem (WWS) zusammen mit dem Point-of-sale-Verbundsystem einsetzt?

a) Das WWS informiert über personenbezogene Daten aller Mitarbeiter.
b) Das WWS ermittelt, wie schnell die Abwicklung der Kassiervorgänge ist.
c) Das WWS erfasst verkäufergenau den Kassiervorgang.
d) Das WWS erfasst die Werbewirksamkeit von Verkaufsfördermaßnahmen.
e) Das WWS ermittelt die Umsatzprognosen für das nächste Quartal.

4 Mit welcher Hilfe kann die Beska GmbH die Datenschutzbestimmungen einhalten?

a) durch das Warenwirtschaftssystem
b) durch den Filialleiter
c) durch den Sicherheitsbeauftragten
d) durch den Datenschutzbeauftragten
e) durch den Betriebsrat

5 Wie wird ein Tageskassenbericht erstellt?

6 Welche Grundregel entspricht nicht einer sorgfältigen Kassieranweisung?

a) Das Rückgeld wird dem Kunden laut und deutlich vorgezählt.
b) Der Kassenbon wird dem Kunden ausgehändigt, wenn die Zahlung abgewickelt worden ist.
c) Der zu zahlende Betrag wird dem Kunden laut genannt.
d) Der entgegengenommene Geldschein wird aus Sicherheitsgründen direkt in die Kasse hineingelegt.
e) Der Kunde wird nach dem Kassiervorgang freundlich verabschiedet.

7 Bei der Arbeit an der Kasse muss der Kassierer bei der Beska GmbH eine klare Vorgehensweise berücksichtigen. Bringen Sie dazu die folgenden Schritte einer Kassieranweisung in die richtige Reihenfolge, indem Sie die Ziffern 1 bis 7 diesen Schritten zuordnen!

a) Empfang des Geldes vom Kunden und Ablage des Geldes neben/auf der Kasse
b) Preiserfassung an der Ladenkasse
c) Wiederholung und Eingabe des erhaltenen Geldbetrages in die Kasse
d) deutliche Nennung des zu zahlenden Endpreises
e) Ware und Bon werden an den Kunden übergeben
f) Kasse berechnet das Rückgeld, Kassierer gibt dieses heraus
g) Kassierer sortiert das erhaltene Geld in die Kasse ein

8 Welche der nachfolgenden Informationen können Sie durch ein Warenwirtschaftssystem ermitteln?

a) Zu jeder beliebigen Zeit kann der Kassen-Istbestand abgerufen werden.
b) Durch Kartenzahlungen werden Kundendaten ermittelt.
c) Das Warenwirtschaftssystem ermöglicht ein schnelleres Einlösen von Gutscheinen.
d) Der Istbestand eines bestimmten Artikels kann jederzeit abgerufen werden.
e) Das Warenwirtschaftssystem kann nicht die Kassierzeit eines Verkäufers pro Kunde ermitteln.

9 Welche Ziele verfolgt die Beska GmbH mit der Anschaffung eines Warenwirtschaftssystems?

a) Die Beska GmbH kann ihre Verkaufsdaten mit denen der Konkurrenz vergleichen.
b) Alle Bezugspreise der im Sortiment vorhandenen Artikel aller Hersteller werden automatisch kalkuliert.
c) Das Warenwirtschaftssystem unterstützt die Beska GmbH beim Einkauf, der Lagerung und dem Abverkauf der Ware.
d) Die Beska GmbH erhält einen Überblick über sämtliche Istbestände ihrer Artikel.
e) In der Lebensmittelabteilung der Beska GmbH überprüft das Warenwirtschaftssystem das Mindesthaltbarkeitsdatum aller Artikel.

10 Die meisten Artikel in der Beska GmbH sind mit einem RFID-Code versehen. Welchen Vorteil verbindet die Beska GmbH damit?

a) Dadurch werden Preisänderungen zentral im Kassensystem vorgenommen.
b) Vermeidung von Kassendifferenzen
c) Bei Erreichen des Meldebestandes wird der Artikel mit RFID-Code automatisch nachbestellt.
d) Durch den RFID-Code entfällt die Preisauszeichnung für alle Artikel.
e) Durch den RFID-Code kann das Herstellungsland und der Hersteller ermittelt werden.

11 Welche Rechte haben die Kunden der Beska GmbH aus dem Datenschutzgesetz?

a) Recht auf Verschlüsselung ihrer Daten
b) Recht auf sofortige Vernichtung ihrer Rechnungen
c) Recht zu erfahren, welche persönlichen Daten in Dateien gespeichert worden sind
d) Recht darauf, dass die auf sie ausgestellten Rechnungen nicht für das Finanzamt aufbewahrt werden
e) Recht der Einsichtnahme in alle Kunden-Stammdaten der Beska GmbH

12 Welche Angaben muss ein Gutschein nicht beinhalten?

a) Name und Anschrift des Geschäftes
b) Gutscheinwert in Euro
c) evtl. Einschränkung des Gutscheins auf bestimmte Waren
d) Ausstellungsdatum des Gutscheins
e) Stempel und/oder Unterschrift des Ausstellers

13 Das PLU-Verfahren dient dazu:

a) Fehlbeträge in der Kasse zu vermeiden.
b) die Umsätze dem jeweiligen Kassierer zuzuordnen.
c) Artikelbezeichnungen und Preis aus dem WWS abzurufen, auf dem Kassendisplay anzuzeigen und auf den Bon zu drucken.
d) festzustellen, welche Bestände am Lager vorhanden sind.
e) zu Beginn der Kassentätigkeit das Passwort des Kassierers abzufragen.

14 Beim PLU-Verfahren

a) gibt der Kassierer den Artikelnamen in die Kasse ein.
b) muss der Kassierer gut aufpassen, dass er den richtigen Preis eingibt.
c) kann bei Stromausfall nicht kassiert werden.
d) braucht die Kasse eine Online-Verbindung zum WWS.
e) wird der Ablauf des Verfahrens durch den Einsatz eines Scanners sehr beschleunigt.

15 Die Global Trade Item Number

a) ist eine internationale Artikelnummerierung.
b) kann jede Unternehmung selbst vergeben.
c) muss unbedingt als Barcode auf dem Artikel angegeben sein.
d) gibt den Wettbewerbern Auskunft über das Sortiment des Verwenders.
e) ist für die Kunden eine wichtige Information.

5 Umsatzsteuersystem

Lernsituation 33

In Deutschland müssen Unternehmen, wenn sie einen Umsatz tätigen, Umsatzsteuer (USt) an den Staat abführen und darüber genaue Aufzeichnungen führen.

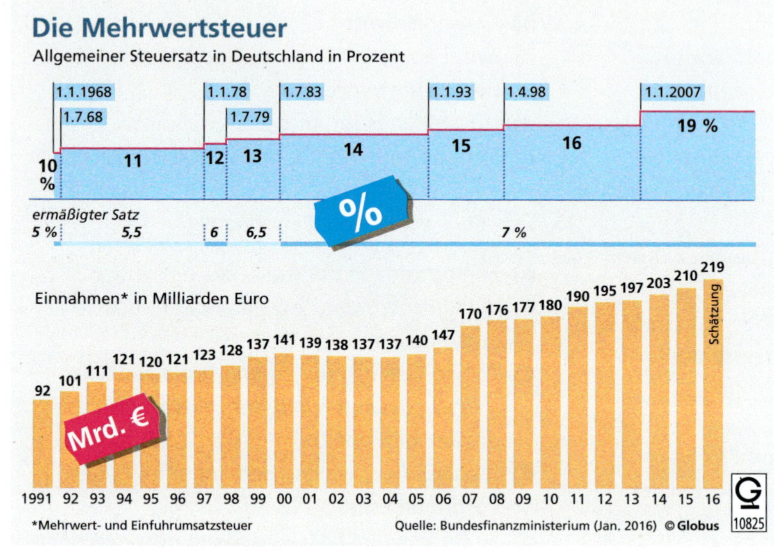

Die Umsatzsteuer, die umgangssprachlich auch Mehrwertsteuer genannt wird, ist in Deutschland die wichtigste Einnahmequelle des Staates. Der Begriff „**Mehrwertsteuer**“ existiert steuerrechtlich nicht mehr, wird aber noch vielfach verwendet. Die Bezeichnung ist auch auf Belegen, z. B. Quittungen erlaubt. Zu den besteuerungspflichtigen Umsätzen zählen

- Lieferungen (Warenverkäufe),
- sonstige Leistungen (z. B. Reparaturen, Provisionen, Warentransport und Lagerung) und
- der Eigenverbrauch.

Quittung
→ LF 3, Kap. 5.4

Beispiel

- Sonstige Leistungen: Die Beska GmbH stellt ihren Kunden für den Lieferservice eine Kostenpauschale in Rechnung.
- Eigenverbrauch: Klaus List entnimmt aus der Schreibwarenabteilung Kopierpapier für die Verwaltung.

Die Umsatzsteuer besteuert also den gesamten privaten und öffentlichen Konsum. Die **Steuerlast** trägt immer der Endverbraucher. **Steuerschuldner** gegenüber dem Finanzamt ist jedoch das Unternehmen, das die Steuern auf Grund seiner Umsätze berechnet und an das Finanzamt abführt.

5.1 Umsatzsteuer nach Steuersätzen

Waren und Dienstleistungen unterliegen unterschiedlichen Steuersätzen. Der **Regelsteuersatz** (allgemeiner Steuersatz) beträgt zurzeit **19 %** (Steuersätze Stand November 2016). Der **ermäßigte Steuersatz** von zurzeit **7 %** gilt u. a für

- die meisten Lebensmittel (ausgenommen Getränke),
- Bücher, Zeitungen und andere Verlagserzeugnisse, Kunstgegenstände,
- bestimmte landwirtschaftliche Erzeugnisse (z. B. Schnittblumen),
- öffentliche Personenbeförderung bis zu einer Entfernung von 50 km,
- Kulturveranstaltungen wie Theater, Konzerte usw. und
- Übernachtungen in Hotels, Gaststätten usw.

Liste für den mit dem ermäßigten Steuersatz belegten Waren: §12 UStG Anlage 2

Mit dem ermäßigten Satz soll vor allem der Grundbedarf der Bürger berücksichtigt werden. Im Einzelfall ist das oft nicht nachvollziehbar. Wie will man den Verkauf von Pralinen mit 7 % USt und den Verkauf von Mineralwasser mit 19 % begründen?

Kombinationsartikel, wie z. B. Süßwaren oder Kinderzeitschriften mit Spielzeug, Bücher mit CD o. Ä., werden im Einzelhandel oft als Impulsartikel eingesetzt. Umsatzsteuerlich gelten für die Einzelartikel unterschiedliche Steuersätze: Während die Anteile aus Lebensmitteln, Büchern und Zeitschriften dem ermäßigten Umsatzsteuersatz von 7 % unterliegen, gilt für Spielwaren und Tonträger der Regelsteuersatz von 19 %. Hier darf der Einzelhändler von der Vereinfachungsregelung Gebrauch machen, dass für den Kombinationsartikel ein einheitlicher Steuersatz berechnet werden kann.

Kombinationsartikel = für den Verkauf zusammengestellte Artikel, die einzeln unterschiedlichen Steuersätzen unterliegen und nur in der Gesamtmenge abgegeben werden

Impulsartikel
→ LF 1, Kap. 8.4 und LF 4, Kap. 1.4.3

Voraussetzungen für die **Anwendung des ermäßigten Steuersatzes**:
- Der Wertanteil der Gegenstände mit dem ermäßigten Steuersatz liegt über 90 %.
- Der Verkaufspreis des Kombinationsartikels darf nicht mehr als 20,00 € betragen.

Für die anderen Kombinationsartikel, die die 90-Prozent-Grenze nicht überschreiten, gilt der einheitliche Regelsteuersatz von 19 %. Die Wertanteile der einzelnen Komponenten ergeben sich aus dem Einkaufspreis zuzüglich der Nebenkosten.

Beispiel

Die Beska GmbH verkauft vor Muttertag 250-g-Trüffelpralinen in Keramikschalen für 19,90 Euro.

Einkaufspreispreise:

Keramikschale	1,49 € netto (Einzelartikel 19 % USt)
Trüffelpralinen	13,50 € netto (Einzelartikel 7 % USt)

Da der Wertanteil der Pralinen 91 % beträgt, darf die Beska GmbH den ermäßigten Steuersatz von 7 % einheitlich auf den gesamten Kombinationsartikel berechnen.

Der Einzelhändler kann selbst entscheiden, ob er bei Kombinationsartikeln den einheitlichen Steuersatz anwendet oder die Beträge auf den Warenanteil mit reduziertem Steuersatz und den Warenanteil mit dem Regelsteuersatz aufteilt. Der Einzelhändler hat jedoch kein Wahlrecht, wenn die Warenzusammenstellung nach den individuellen Wünschen des Kunden erfolgt.

Beispiel

Die Beska GmbH stellt für einen Kunden einen Präsentkorb mit Länderspezialitäten zusammen. Hier muss jeder einzelne Artikel mit seinem jeweiligen Steuersatz in Rechnung gestellt werden.

Unterschiedlich besteuert werden die Umsätze von Nahrungsmitteln für den Außenverkauf und den Innenverkauf. Für den Außenverkauf gilt der ermäßigte Steuersatz von 7 %, während die Abgabe für den Innenverkauf als typische Dienstleistung angesehen wird und damit dem Regelsteuersatz von 19 % unterliegt.

Beispiel

Die Beska GmbH hat neben der Bedienungstheke für Fleisch- und Wurstwaren eine „Heiße Theke“ eingerichtet. Hier können Kunden selbst zubereitetes Fingerfood kaufen und in einer eingerichteten Ecke mit Stehtischen verzehren. Solche Verkäufe unterliegen dem Regelsteuersatz von 19 %. Für Fingerfood als Mitnahmeartikel wird 7 % USt berechnet.

5.2 Pflichtangaben auf Zahlungsbelegen

Preisauszeichnung und Preisangabenverordnung
→ LF 4, Kap. 3

Kassenbon und Quittung
→ LF 3, Kap. 5.4 und 6.1

Die Umsatzsteuer-Identifikationsnummer (USt-Id.-Nr.) gilt als Nachweis der Unternehmereigenschaft, Privatpersonen erhalten keine solche Nummer.

Skonto = Preisnachlass für vorzeitige Zahlung

Beim Verkauf von Waren und Dienstleistungen wird dem Kunden der Bruttoverkaufspreis, der die Umsatzsteuer enthält, in Rechnung gestellt. Nach der **Preisangabenverordung** müssen alle Preise brutto, also inklusive der gesetzlichen Umsatzsteuer, ausgewiesen werden. Auf Zahlungsbelegen wie Rechnungen, Quittungen und Kassenbons muss die Umsatzsteuer, die im Bruttoverkaufspreis enthalten ist, ausgewiesen werden. Das gilt allerdings nicht für kleine Beträge (sogenannte Kleinbetragsrechnungen). Hierfür gilt ein Grenzbetrag von 250,00 Euro brutto. Beträge, die unter bzw. genau auf dieser Grenze liegen, müssen demnach nur den Bruttorechnungsbetrag sowie den Umsatzsteuersatz ausweisen, nicht aber den konkreten Umsatzsteuerbetrag. Dies soll den Bürokratieaufwand für Kleinbetriebe minimieren.

An die Erstellung einer ordnungsgemäßen **Rechnung** stellt das Umsatzsteuergesetz (UStG) die folgenden Anforderungen:

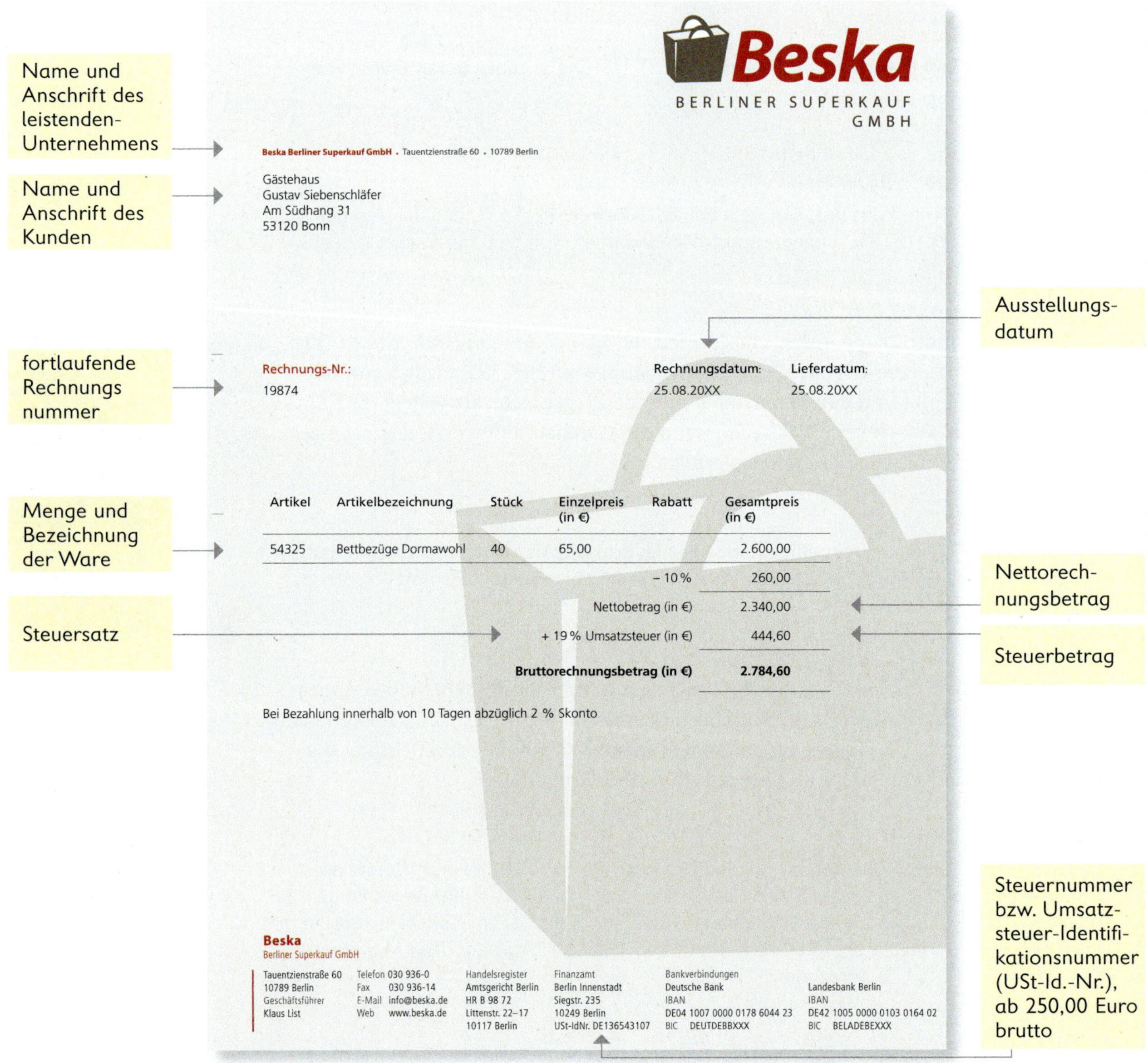

Beska
BERLINER SUPERKAUF GMBH

Beska Berliner Superkauf GmbH . Tauentzienstraße 60 . 10789 Berlin

Gästehaus
Gustav Siebenschläfer
Am Südhang 31
53120 Bonn

Rechnungs-Nr.:	Rechnungsdatum:	Lieferdatum:
19874	25.08.20XX	25.08.20XX

Artikel	Artikelbezeichnung	Stück	Einzelpreis (in €)	Rabatt	Gesamtpreis (in €)
54325	Bettbezüge Dormawohl	40	65,00		2.600,00
				− 10 %	260,00
				Nettobetrag (in €)	2.340,00
				+ 19 % Umsatzsteuer (in €)	444,60
				Bruttorechnungsbetrag (in €)	**2.784,60**

Bei Bezahlung innerhalb von 10 Tagen abzüglich 2 % Skonto

Beska
Berliner Superkauf GmbH

Tauentzienstraße 60
10789 Berlin
Geschäftsführer
Klaus List

Telefon 030 936-0
Fax 030 936-14
E-Mail info@beska.de
Web www.beska.de

Handelsregister
Amtsgericht Berlin
HR B 98 72
Littenstr. 22–17
10117 Berlin

Finanzamt
Berlin Innenstadt
Siegstr. 235
10249 Berlin
USt-IdNr. DE136543107

Bankverbindungen
Deutsche Bank
IBAN
DE04 1007 0000 0178 6044 23
BIC DEUTDEBBXXX

Landesbank Berlin
IBAN
DE42 1005 0000 0103 0164 02
BIC BELADEBEXXX

5.3 Berechnung der Umsatzsteuer

Die Ermittlung der Umsatzsteuer ist eine Anwendung der **Prozentrechnung**. Die Höhe der Umsatzsteuer ist entweder aus dem Bruttobetrag herauszurechnen oder dem Nettobetrag hinzuzurechnen. Ist der Nettorechnungsbetrag gegeben und der Steuersatz bekannt, errechnet sich der Umsatzsteuerbetrag wie folgt:

Prozentrechnung
→ LF 3, Kap. 8.2

Steuersatz
→ LF 3, Kap. 5.1

$$\text{Umsatzsteuer in €} = \frac{\text{Nettorechnungsbetrag} \cdot \text{Steuersatz}}{100\,\%} = \frac{2.340{,}00\,€ \cdot 19\,\%}{100\,\%} = 444{,}60\,€$$

Ist der Bruttorechnungsbetrag und der Steuersatz bekannt, so ist die Prozentrechnung vom vermehrten **Grundwert** anzuwenden:

$$\text{Umsatzsteuer in €} = \frac{\text{Bruttorechnungsbetrag} \cdot \text{Steuersatz}}{(100\,\% + \text{Steuersatz})} = \frac{2.784{,}60\,€ \cdot 19\,\%}{119\,\%} = 444{,}60\,€$$

Zu einer **Steuerberichtigung** kommt es, wenn nachträglich in Anspruch genommene Preisnachlässe zur Änderung des Nettoverkaufsbetrages führen.

Beispiel

Das Gästehaus Siebenschläfer zahlt die Rechnung innerhalb der Skontierungsfrist. Es muss eine Steuerberichtigung gemacht werden.

Die Beska GmbH hat zum Zeitpunkt des Warenverkaufs 444,60 Euro Umsatzsteuer gebucht. Da sie aber durch Skontoabzug des Kunden 8,89 Euro weniger Umsatzsteuer vom Kunden erhalten hat, verringert sich die ursprüngliche Umsatzsteuerschuld von 444,60 Euro um 8,89 Euro. Die Beska GmbH schuldet dem Finanzamt nur noch 435,71 Euro.

Auszug der Rechnung aus LF 3, Kap. 5.2:

Rechnungs-Nr.:				Rechnungsdatum:	Lieferdatum:
19874				25.08.20XX	25.08.20XX

Artikel	Artikelbezeichnung	Stück	Einzelpreis (in €)	Rabatt	Gesamtpreis (in €)
54325	Bettbezüge Dormawohl	40	65,00		2.600,00
				– 10 %	260,00
				Nettobetrag (in €)	2.340,00
				+ 19 % Umsatzsteuer (in €)	444,60
				Bruttorechnungsbetrag (in €)	**2.784,60**

Bei Bezahlung innerhalb von 10 Tagen abzüglich 2 % Skonto

Steuerberichtigung

1. Berechnungsmöglichkeit:

$$\text{Skontobetrag in €} = \frac{\text{Bruttorechnungsbetrag} \cdot \text{Skontosatz}}{100\,\%} = \frac{2.784{,}00\,€ \cdot 2\,\%}{100\,\%} = 55{,}68\,€$$

Aus diesem Skontobetrag muss der Umsatzsteueranteil herausgerechnet werden:

$$\text{USt-Anteil in €} = \frac{\text{Skontobetrag} \cdot \text{Steuersatz}}{(100\,\% + \text{Steuersatz})} = \frac{55{,}68\,€ \cdot 19\,\%}{119\,\%} = 8{,}89\,€$$

2. Berechnungsmöglichkeit:

$$\text{USt-Anteil in €} = \frac{\text{Umsatzsteuerbetrag} \cdot \text{Skontosatz}}{100\,\%} = \frac{444{,}60\,€ \cdot 2\,\%}{100\,\%} = 8{,}89\,€$$

5.4 Ausstellen von Quittungen

Kleinbetragsrechnung
→ LF 3, Kap. 5.2

Zwischen dem Einzelhandel und seinen Kunden werden gelegentlich Rechnungen, die als Zahlungsbeleg gelten, ausgestellt. Üblich ist allerdings im Einzelhandel die Bezahlung an der Kasse mit Bargeld. Gelegentlich wünschen sich dabei die Kunden neben dem Kassenbon das Ausstellen einer Quittung. Sie benötigen diesen Beleg meistens als **Nachweis für das Finanzamt**. Bis zu einem Betrag von 250,00 Euro reicht als Nachweis der Kassenbon, erst ab 250,01 Euro dieser Summe ist ein separater Quittungsbeleg unerlässlich.

Auf dem **Quittungsbeleg** wird die Umsatzsteuer (umgangssprachlich auch Mehrwertsteuer genannt) gesondert ausgewiesen. Die derzeitigen Mehrwertsteuersätze betragen:

a) 19 % = allgemeiner Steuersatz (Regelsteuersatz)
b) 7 % = ermäßigter Steuersatz, z. B. beim Verkauf von Grundnahrungsmitteln (Brot oder Milch), Büchern und Zeitschriften, Theaterkarten u. a.

Die Quittung muss enthalten

1. Zahlungsbetrag in Ziffern
2. Zahlungsbetrag in Buchstaben
3. Umsatzsteuerbetrag (ab 250,01 Euro, brutto)
4. Name des Zahlenden
5. Zahlungsgrund
6. Bestätigung des Empfangs
7. Ort und Datum der Ausstellung
8. Unterschrift des Zahlungsempfängers

Quittung ab 250,01 Euro brutto

Quittung bis 250,00 Euro brutto

5.5 Steuerfrei einkaufen

Reisende aus Nicht-EU-Mitgliedstaaten sind berechtigt, sich bei Einkäufen ab 25,00 € in Deutschland die gezahlte Umsatzsteuer rückerstatten zu lassen. Wenn Sie vermuten, dass einer Ihrer Kunden berechtigt ist, umsatzsteuerfrei einzukaufen, weisen Sie Ihn darauf hin und erklären Sie das Vorgehen.

EU-Mitgliedstaaten sind zurzeit (Stand Dezember 2016): Belgien, Bulgarien, Dänemark, Deutschland, Estland, Finnland, Frankreich, Griechenland, Großbritannien, Irland, Italien, Kroatien, Lettland, Litauen, Luxemburg, Malta, Niederlande, Österreich, Polen, Portugal, Rumänien, Schweden, Slowakei, Slowenien, Spanien, Tschechien, Ungarn, Zypern.

Die **Rückerstattung der Umsatzsteuer** ist an folgende Bedingungen geknüpft:

- Der Kunde muss seinen Wohnsitz außerhalb der EU haben und kann dieses durch Personaldokumente nachweisen.
- Der Kunde hat keine Aufenthaltsberechtigung, die ihn dazu berechtigt, sich länger als drei Monate im Land aufzuhalten (z. B. Studenten aus Nicht-EU-Staaten). Er besitzt lediglich ein dreimonatiges Touristenvisum.
- Die Waren müssen für private Zwecke bestimmt sein.
- Der Kunde führt die Ware im persönlichen Reisegepäck innerhalb von drei Monaten aus der EU aus.

Der Kunde wird nicht von der Umsatzsteuer befreit, wenn er Waren kauft, die der Ausstattung privater Fahrzeuge (z. B. Autoersatzteile) und Waren, die zur Versorgung eines Fahrzeuges wie Kraftstoff, Motoröl und Pflegemittel dienen.

Wenn ein Kunde berechtigt ist, die **Steuerbefreiung** in Anspruch zu nehmen, muss er vorerst beim Einzelhändler den Bruttopreis, also einschließlich Umsatzsteuer, zahlen. Der Einzelhändler erstattet die Umsatzsteuer zurück, sobald ihm ein Nachweis vorliegt, dass die Ware ordnungsgemäß ausgeführt wurde.

Als **Ausfuhrnachweis** dient der Vordruck „Ausfuhr- und Abnahmebescheinigung für Umsatzsteuerzwecke bei Ausfuhr im nicht kommerziellen Reiseverkehr". In Teil A des Vordrucks muss der Verkäufer Angaben zum Kauf eingetragen. In Teil B des Ausfuhrnachweises bestätigt die Grenzzollstelle die Ausfuhr der Ware. Weisen Sie Ihren Kunden darauf hin, dass er die Waren bei der Ausreise aus der EU am Zoll vorlegen muss, um den Ausfuhrnachweis zu erhalten. Der Kunde muss dem Händler seinen Ausfuhrnachweis und seine Kontodaten zukommen lassen. Erst nach Erhalt dieses Ausfuhrnachweises kann der Einzelhändler seinem Kunden die Steuer zurückerstatten. Dies erfolgt meist per Überweisung auf das Konto des Kunden.

Um es dem Kunden so einfach wie möglich zu machen, schalten viele Einzelhändler ein **Serviceunternehmen** (z. B. Global Blue, Tax Free Worldwide und Premier Tax Free) ein. Im Beisein des Kunden füllt das Verkaufspersonal die vom Serviceunternehmen bereitgestellten Tax-free-Unterlagen aus. Der Kunde legt dieses Formular dem am Flughafen ansässigen Serviceunternehmen vor. Er lässt sich den Nachweis bestätigen und bekommt den Steuerbetrag nach Abzug einer Bearbeitungsgebühr ausgezahlt. Das Serviceunternehmen legt die Ausfuhrbelege bei den inländischen Einzelhandelsunternehmen vor und erhält den ausgezahlten Steuerbetrag.

Logo des Tax-Free-Unternehmens Global Blue

Mittlerweile entscheiden sich immer mehr Tax-free-Serviceunternehmen registrierten Globe Shoppern (internationalen Ferntouristen) eine **Tax-free-Card** anzubieten. Dort werden alle Informationen des Globe Shoppers hinterlegt. Wenn er bei einem Einzelhändler einkauft, scannt dieser z. B. den Barcode der Karte ein und die registrierten Kundendaten werden automatisch auf ein Tax-free-Formular übertragen und dem Kunden als Ausdruck ausgehändigt. So müssen die Mitarbeiter nicht mehr manuell die Felder ausfüllen und haben somit mehr Zeit für ein Kundengespräch.

Ausfuhr- und Abnehmerbescheinigung für Umsatzsteuerzwecke bei Ausfuhren im nichtkommerziellen Reiseverkehr (§ 6 Abs. 3 a UStG)

(§ 17 UStDV, Abschnitt 6.11 UStAE)

Angaben des Unternehmers (Zutreffendes bitte ankreuzen [X])

Dieser Abschnitt ist leserlich auszufüllen (möglichst in Maschinenschrift oder Druckschrift) und durch Unterschrift zu bestätigen.

Nr.		Nr.	
1	**Name/Firma und Anschrift des liefernden Unternehmers (Straße, Hausnummer, Postleitzahl, Ort)**	2	**Angaben zur Identität des Abnehmers:** – Bitte Hinweise auf der Rückseite beachten – Name, Vorname des Abnehmers im Drittland
			Anschrift: Land, Wohnort, Straße, Hausnummer
			Pass- bzw. Ausweisnummer:

Nr.				
3	**Gelieferte Gegenstände (oder Hinweis auf beigefügte Rechnungen oder Kassenzettel):** Für die Angabe der Gegenstände ist die handelsübliche Bezeichnung zu verwenden. Handelsübliche Sammelbezeichnungen reichen aus (z.B. Waschmittel), nicht dagegen Bezeichnungen allgemeiner Art (z.B. Geschenkartikel) oder die Verwendung nicht allgemein verständlicher Abkürzungen. Wird auf beigefügte Rechnungen oder Kassenzettel verwiesen, muss sich die handelsübliche Bezeichnung der Gegenstände aus diesen Belegen ergeben.		☐ **Kaufpreis** (einschl. Umsatzsteuer) ☐ **Entgelt** (Kaufpreis abzüglich Umsatzsteuer)	
4	**Menge**	**Handelsübliche Warenbezeichnung**	**EUR**	**Ct**
5				
6				
7				
8				
9		Summe:		
10	**EURO-Betrag aus Nr. 9 in Buchstaben wiederholen.**			
	Sonstiges (z. B. Angaben zu einer Umsatzsteuererstattung)			
11 12	**Ort, Datum, Unterschrift des liefernden Unternehmers oder seines Bevollmächtigten**			

B	**Bestätigungen der Grenzzollstelle/Customs certification/Certificat des douanes** **Kann die Abfertigung zur Ausfuhr für keinen Gegenstand bestätigt werden, erteilt die Grenzzollstelle auch keine Abnehmerbestätigung.**
13	Die in Nr. 4 bis 8 bezeichneten Gegenstände wurden/The products specified under Nos. 4 - 8/Les biens indiqués ci-dessus de 4 à 8 – mit Ausnahme der in Nr. ______________ bezeichneten Gegenstände – (except those listed under No. ____________ /à l'exception des biens figurant sous ____________) zur Ausfuhr abgefertigt (have been cleared for export/visés pour l'exportation).
14	Die Angaben über den Namen und die Anschrift des Abnehmers (Nr. 2) stimmen mit den Eintragungen in dem vorgelegten Reisepass oder sonstigen Grenzübertrittspapier des Ausführers überein. Identity and address of foreign buyer (No. 2) are identical to those on passport or travel document. Les indications ci-dessus concernant le nom et l'adresse du destinataire (no. 2) correspondent aux renseignements inscrits sur le passeport/la pièce d'identité présenté(e) par l'exportateur. **Anmerkung:** **Können die Angaben nicht bestätigt werden, ist das Feld 14 durchzustreichen.**
15	**Bemerkungen/Remarks/Remarques (Nr. 1 - 14)**
16	**Ort, Datum, Dienststempel/ Place, Date, Official Stamp/ Lieu, date, cachet du service**

ALLES KLAR?

1 Ordnen Sie folgenden Waren und Leistungen die Umsatzsteuersätze 19 % und 7 % zu!

a) Schnittblumen
b) 3-Zonen-Busticket
c) 250 g Margarine
d) Zugticket (Zielort ist 150 km entfernt vom Abfahrtsbahnhof)
e) Konzertkarte für Peter Fox
f) 250 g Spaghetti
g) Bier
h) Kaffee
i) Drive-in-Essen eines Schnellrestaurants
j) Essen in dem Schnellrestaurant McDuck
k) Buch des Cornelsen Verlags

2 Die Beska GmbH bietet ein Mittagsessen „T0-G0" an. Welcher Steuersatz fällt an?

a) 10 %
b) 2,5 %
c) 20 %
d) 7 %
e) 19 %

3 Die Beska GmbH verkauft zu Weihnachten ein Nougat-Genießerpaket mit einer Weihnachtslieder-CD. Für diesen Kombinationsartikel kann sie einen ermäßigen Steuersatz anwenden. Welche Voraussetzung muss für die Anwendung des ermäßigten Steuersatzes erfüllt sein?

a) Der Wertanteil der Gegenstände mit dem ermäßigten Steuersatz liegt über 20,00 €.
b) Der Wertanteil der Gegenstände mit dem ermäßigten Steuersatz liegt über 10,00 €.
c) Der Wertanteil der Gegenstände mit dem ermäßigten Steuersatz liegt über 50,00 €.
d) Der Wertanteil der Gegenstände mit dem ermäßigten Steuersatz liegt über 90 %.
e) Der Wertanteil der Gegenstände mit dem ermäßigten Steuersatz liegt über 20 %.

4 Welche der aufgeführten Angaben auf Zahlungsbelegen ist verpflichtend?

a) Sitz des Amtsgerichts
b) Umsatzsteueridentifikationsnummer
c) Artikelbezeichnung
d) Bankverbindung
e) Lieferdatum

5 Wie lautet die Formel zur Berechnung des Umsatzsteuerbetrags, wenn der Nettorechnungsbetrag und der Steuersatz bekannt sind.

a) Bruttorechnungsbetrag · Steuersatz/100
b) Nettorechnungsbetrag · 100/Steuersatz
c) 100 · Bruttorechnungsbetrag/Steuersatz
d) 100 · Steuersatz/Bruttorechnungsbetrag
e) Nettorechnungsbetrag · Steuersatz/100

6 Wie lautet die Formel zur Berechnung des Umsatzsteuerbetrags, wenn der Bruttorechnungsbetrag und der Steuersatz bekannt sind.

a) Bruttorechnungsbetrag · Steuersatz/ 100 + Steuersatz
b) Nettorechnungsbetrag · (100 + Steuersatz) /Steuersatz
c) Nettorechnungsbetrag · Steuersatz/100
d) (100+Steuersatz) · Steuersatz/ Bruttorechnungsbetrag
e) Bruttorechnungsbetrag · Steuersatz/100

7 Bis zu welchem Betrag reicht dem Finanzamt der Kassenbon als Zahlungsbeleg?

a) 220,00 €
b) 251,00 €
c) 250,00 €
d) 200,00 €
e) 250,01 €

8 Welche der folgenden Angaben muss eine Quittung enthalten?

a) Steuernummer für das Finanzamt
b) Zahlungsgrund
c) Artikelnummer
d) Handelsübliche Artikelbezeichnung
e) Güteklasse des Artikels

9 Welche Bedingung muss erfüllt sein, um sich die Umsatzsteuer für gekaufte Waren zurückerstatten lassen zu können? Der Kunde

a) muss seinen Wohnsitz in der EU haben.
b) hat eine Aufenthaltsgenehmigung für 1 Jahr.
c) kauft Ware für private Zwecke ein.
d) lässt sich die gekaufte Ware nachsenden.
e) kauft die Ware und führt diese in seinem persönlichen Gepäck nach 4 Monaten aus.

6 Zahlungsformen an der Kasse

Lernsituation 34

Der Einzelhandel ist darauf angewiesen, seinen Kunden jederzeit zufriedenstellende Zahlungsmöglichkeiten anzubieten. Hier spielt es keine Rolle, ob die Zahlung im Ladengeschäft erfolgt oder im Onlinehandel stattfindet bzw. ob klassisch mit Bargeld und über Karte gezahlt wird oder innovative Zahlungswege wie das kontaktlose oder das mobile Zahlen zum Einsatz kommen. Dabei sollte der Handel auf der Höhe der Zeit sein und sich stetig mit neuen Entwicklungen befassen.

6.1 Barzahlung an der Kasse

Das EHI Retail Institute e.V. (EHI) ist ein Forschungs- und Bildungsinstitut für den Handel

Noch immer ist das Bargeld ein wesentlicher Bestandteil der verschiedenen Zahlungsmöglichkeiten im deutschen Einzelhandel. Laut **EHI Retail Institute** aus dem Jahr 2016 werden 52,4 % des Einzelhandelsumsatzes über das Bargeld abgewickelt. Dies verdeutlicht, dass das Bargeld in der Bevölkerung einen sehr hohen Stellenwert einnimmt.

Bei der Deutschen Bundesbank finden Sie unter folgender Adresse www.bundesbank.de unter Aufgaben/Bargeld/Falschgeld weitere Informationen zur Überprüfung von Banknoten und Münzen.

Für die Ausgabe der Euro-Banknoten ist die Deutsche Bundesbank (Zentralbank der Bundesrepublik Deutschland mit Hauptsitz in Frankfurt am Main) mit Genehmigung der Europäischen Zentralbank (EZB) zuständig. Die auf Euro ausgegebene Banknote gilt als das einzige unbeschränkt gesetzliche Zahlungsmittel. Die Euro- und Centmünzen (die Bundesregierung besitzt für die Münzen das alleinige Recht zur Prägung und Ausgabe) sind ebenfalls ein gesetzliches Zahlungsmittel, allerdings nur im begrenzten Umfang. Der Einzelhändler ist nicht verpflichtet, mehr als 50 Münzen pro Zahlungsvorgang vom Kunden anzunehmen.

Eine Barzahlung bedeutet für den Einzelhändler eine unmittelbare Einnahme, es entfällt die Notwendigkeit des Mahnens und das Risiko einer fehlenden Kontodeckung. Beim Umgang mit Bargeld kann es aber auch zum Verlust kommen, z. B. durch falsche Herausgabe oder Diebstahl. Außerdem besteht das Risiko, auf **Falschgeld** hereinzufallen. Deswegen muss der Verkäufer die Sicherheitsmerkmale von Münzen und Scheinen kennen.

Sicherheitsmerkmale der Euro-Banknoten

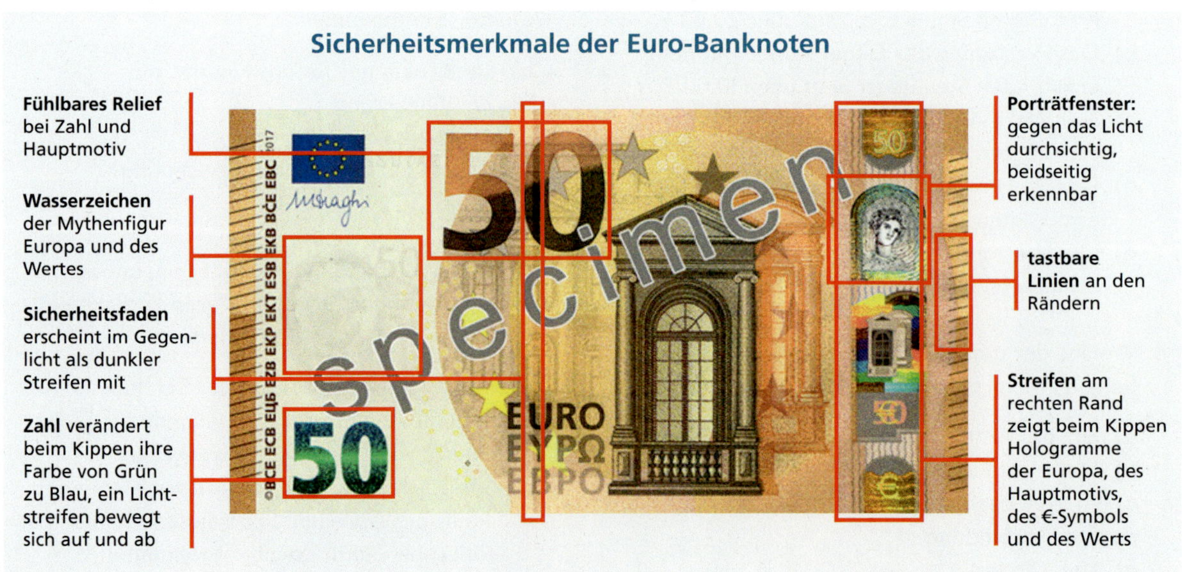

Auf dem Markt werden sehr viele **Banknotenprüfgeräte** angeboten, z. B. Lupen, UV-Lampen oder auch elektronische Geräte mit eigenständiger Prüfung. Die Deutsche Bundesbank empfiehlt dem Einzelhandel, nur solche Geräte zu verwenden, mit denen sich unterschiedliche Merkmale der Banknoten testen lassen.

Was ist aber zu tun, wenn der Mitarbeiter an der Kasse Falschgeld entdeckt hat? Grundsätzlich gilt: Die Mitarbeiter sind verpflichtet, die Polizei zu benachrichtigen. Anschließend müssen die falschen Banknoten bei einer zuständigen Filiale der Bundesbank eingereicht werden. Es gilt daher für jeden Verkäufer: die Ware nicht vor Bezahlung mit gültigem Geld herauszugeben!

Die Deutsche Bundesbank veröffentlicht regelmäßig ein Verzeichnis von geprüften Gerätetypen zur Banknotenbearbeitung (Geräte zur Echtheitsprüfung). Veröffentlichung abzurufen auf folgender Internetseite: www.ecb.europa.eu

Bedeutung der Barzahlung

Vorteile für den Händler	Nachteile für den Händler
• Er erhält sofort Geld.	• Verlust des Geldes durch Diebstahl oder falsche Herausgabe
• Er trägt nicht das Risiko, dass er kein Geld erhält, falls das Kundenkonto nicht gedeckt ist.	• Es könnte Falschgeld angenommen werden.
• Es fallen keine Kosten für Mahnungen an, wenn der Kunde nicht zahlt.	

BGB
Bürgerliches Gesetzbuch

Bei Barzahlung kann der Kunde nach § 368 BGB einen Zahlungsnachweis verlangen. Als Beweis für seine Zahlung erhält der Kunde gewöhnlich einen **Kassenbon**, der von der Kasse gedruckt wird und als Rechnungs- und Quittungsbeleg gilt.

Für die Bestandteile eines Kassenbons gelten die rechtlichen Bestimmungen einer Rechnung.
→ LF 3, Kap. 5.2

Der „sprechende Kassenbon"

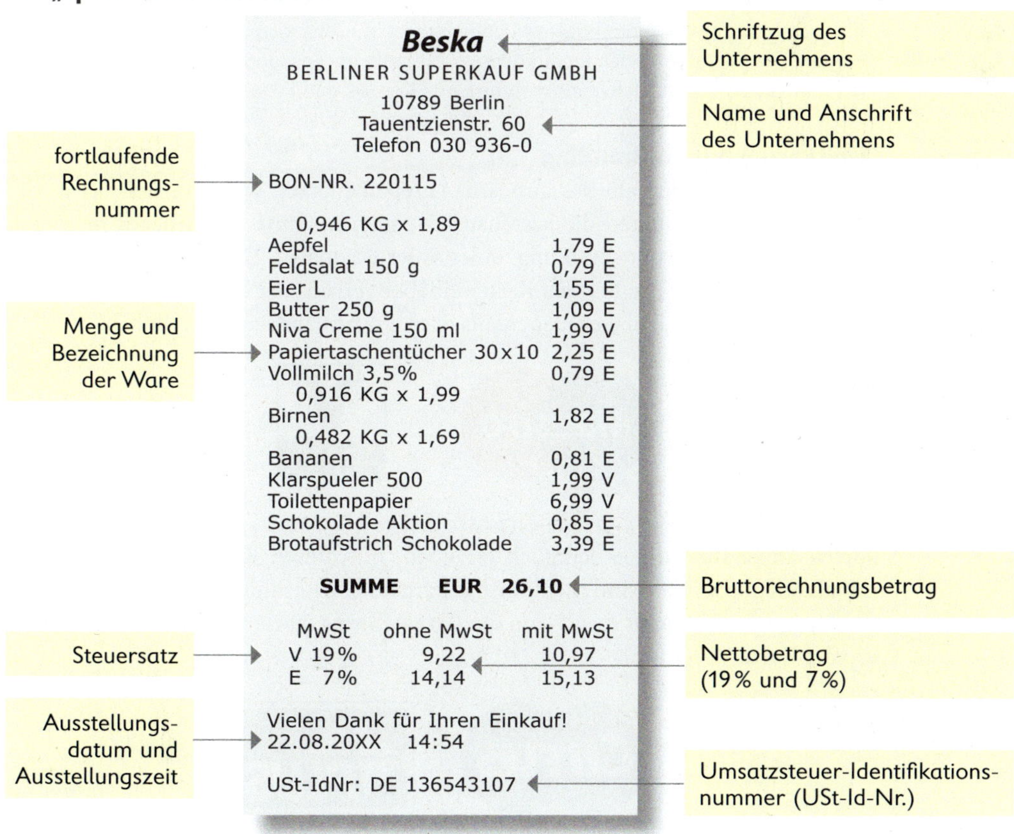

6.2 Kartengestützte Zahlungssysteme

Auslaufende Akzeptanzzeichen für Electronic Cash

Kunden sind zunehmend ohne Bargeld unterwegs und vertrauen darauf, im gesamten Handel mit ihrer Bankkarte bezahlen zu können. Eröffnet ein Kunde ein Girokonto bei einer Bank, wird ihm automatisch eine zugehörige **Debitkarte** ausgegeben. Der offizielle Name dieser Debitkarten der Deutschen Kreditwirtschaft lautet girocard. Überall dort, wo das girocard Logo zu sehen ist, können Kunden mit dieser Karte am Automaten Geld abheben bzw. an der Kasse mittels Eingabe einer PIN bezahlen. Im Unterschied zu Kreditkarten führt der Kauf mit einer Debitkarte zur sofortigen Belastung des Girokontos. Das Logo ersetzt dabei alle bisherigen Logos für „Electronic Cash". Ziel der Einführung eines einheitlichen Logos für den SEPA-Raum ist es, die internationale Akzeptanz der deutschen Debitkarte zu erhöhen, sodass die Zahl der Akzeptanzstellen im Ausland steigt und damit die girocard zukünftig auch im Ausland mehr und mehr für Zahlungen eingesetzt werden kann.

SEPA
Single European Payments Area
→ LF 3, Kap. 6.2.2

Mit der Einführung eines einheitlichen Euro-Zahlungsverkehrsraums – **SEPA** gab die EU-Kommission das Ziel vor, dass die Bürger Zahlungsverkehrsdienstleistungen im Euro-Raum zu den gleichen Konditionen ausführen können wie im Heimatland (EU-Preisverordnung 2001). Konkret dürfen dann bei Zahlungen mit girocard im SEPA-Raum in Euro im Ausland keine höheren Kosten als bei vergleichbaren Zahlungen im Inland anfallen.

Beispiel

Frau Weinheim verbringt mit ihrer Familie einen wunderschönen Urlaub in Spanien. Sie kauft im Supersol gerade für das gemeinsame Abendessen ein und möchte mit ihrer Debitkarte die eingekauften Lebensmittel in Höhe von 65,50 € bargeldlos bezahlen. Die Benutzung der Debitkarte wird sofort im Kassenterminal registriert und der Betrag von dem Verfügungsrahmen des Kontos von Frau Weinheim abgezogen.

Debitkarten mit Co-Branding

Für Zahlungen außerhalb des girocard-Akzeptanznetzes, wie zum Beispiel in der Regel im Ausland, statten die kartenausgebenden Institute die girocard meist mit einem sogenannten Co-Branding eines internationalen Debit-Systems wie z. B. Maestro oder V Pay aus. Für den Karteninhaber verläuft der Bezahlvorgang genauso wie im girocard-System. Gegebenenfalls wird ein Auslandsentgelt erhoben.

Des Weiteren werden von den Kreditkartengesellschaften reine **Bargeldbezugskarten** angeboten, die es lediglich erlauben, mit diesen Karten Bargeld an Terminals abzuheben. Sie sind nicht für das bargeldlose Bezahlen im Handel geeignet. Bei MasterCard handelt es sich um die Bargeldbezugskarte Cirrus, bei VisaEurope um die Karte Visa Plus.

6.2.1 Electronic Cash (Kartenzahlung am „Point of Sale")

Beispiel

Die Kundin Julia Lange kauft bei der Beska GmbH eine Uhr für 198,00 Euro. Da sie nicht genug Bargeld dabei hat, tätigt sie den Kauf bargeldlos mit ihrer Debitkarte. Sie wird gebeten, dazu ihre **PIN** in ein Kartenterminal einzugeben.

PIN = Persönliche Identifikationsnummer

Bei dieser Zahlungsform erfolgt die Zahlung mit einer Debitkarte direkt am Ort des Verkaufes, also im Geschäft. Nach Eingabe der PIN wird über das zuständige Rechenzentrum der kontoführenden Bank (online) geprüft, ob Karte und PIN übereinstimmen, die Karte nicht gesperrt ist und eine ausreichende Kontodeckung vorliegt. Ist alles korrekt, wird die Zahlung innerhalb weniger Sekunden freigegeben und ausgeführt.

Für diese Zahlungsweise benötigt der Zahlungsempfänger ein spezielles **Kartenlesegerät**. Üblicherweise werden diese Geräte über die Geldinstitute im Direktvertrieb angemietet. Zu dem monatlichen Mietpreis, der je nach Anbieter unterschiedlich hoch sein kann, und den Kosten für die Onlineverbindung kommen noch Gebühren in Prozent des getätigten Umsatzes hinzu. Für den Händler fallen Gebühren von 0,2 Prozent des Umsatzes an, der Mindestbetrag liegt i. d. R. bei 5 Cent (Stand 2016). Diese Kosten werden zu Lasten des Zahlungsempfängers abgerechnet.

Kartenlesegeräte → LF 3, Kap. 1

Zahlungsablauf Electronic Cash

1. Der Verkäufer gibt den Zahlungsbetrag in die Kasse ein.
2. Der Kunde steckt dann seine Debitkarte in das Kartenlesergerät. Die Karte und das Kartenlesegerät sind miteinander verbunden, sodass der Geldbetrag im Lesgerät erscheint.
3. Der Kunde muss den Betrag durch „ok" bestätigen.
4. Der Kunde gibt seine PIN ein und bestätigt durch „ok".
5. Folgende Eingaben werden dann online beim zuständigen Rechenzentrum der kontoführenden Bank überprüft:
   - Stimmen Karte und PIN überein?
   - Ist die Karte gesperrt?
   - Ist genug Geld auf dem Konto?
6. Die Bestätigung der Zahlung wird durch den Hinweis „Zahlung erfolgt" angezeigt.
7. Der Kunde erhält einen Beleg als Zahlungsnachweis und seine Karte zurück.

In der letzten Zeit ist das Verfahren **Electronic Cash Chip** hinzugekommen. Der Zahlungsvorgang ähnelt dem Electronic Cash, allerdings wird hier nicht der Magnetstreifen, sondern der Chip der Debitkarte genutzt (auch für die Geldkarten-Funktion zuständig). Dieser Chip wird mit einem von der Bank vorgegebenen, zeitlich beschränkten Guthabenlimit geladen. Der Händler ist nun berechtigt, den Zahlungsbetrag von dem „Chip" abzuziehen. Falls das Guthaben auf dem Chip aufgebraucht sein sollte, erfolgt die Bezahlung als Electronic-Cash-Zahlung. Diese Version hat gegenüber Electronic Cash (Magnetstreifen) den Vorteil geringerer Verbindungskosten, da eine Leitung nur bei Bedarf aufgebaut wird.

6.2.2 SEPA-Lastschrift

Beispiel

Der Kunde Andreas Huesmann zahlt seine eingekaufte Ware in Höhe von 89,90 € in der Beska GmbH mit seiner Debitkarte. Nach Einlesen der Debitkarte legt der Kassierer dem Kunden einen Zahlungsbeleg vor und Andreas Huesmann bestätigt mit seiner Unterschrift auf dem Zahlungsbeleg seinen Einkauf.

Das elektronische Lastschriftverfahren (Zahlen mit girocard und Unterschrift) unterliegt seit dem 01.02.2016 der SEPA Verordnung, d.h. bei Euro-Transaktionen wird nicht mehr zwischen nationalen und grenzüberschreitenden Zahlungen unterschieden. Grundsätzlich gelten in allen SEPA-Ländern dieselben Bedingungen, Rechte und Pflichten.

Für die SEPA-Lastschrift benötigt der Kunde, wie beim Electronic Cash, eine Debitkarte. Allerdings muss der Kunde seine PIN nicht angeben. Anhand der Daten auf der Debitkarte des Kunden wird eine **SEPA-Lastschrift (Einzugsermächtigung)** eingeleitet. Der Kunde erhält an der Kasse einen Lastschriftenbeleg und unterschreibt diesen. Mit seiner Unterschrift erteilt er dem Einzelhändler die Berechtigung, den Betrag von seinem Konto einzuziehen. Dazu reicht der Einzelhändler die Lastschrift bei seiner Bank ein, die den Betrag dann vom Konto des Kunden abbucht.

Die SEPA-Lastschrift wird von den Einzelhändlern immer weniger unterstützt, da hierbei eine Onlineprüfung der Kontodeckung bzw. der Sperrung des Kontos sowie eine Überprüfung der persönlichen Identifikationsnummer (PIN) nicht stattfindet. Den Einzelhändler trifft das Risiko, dass der fällige Betrag nicht eingelöst wird.

Zahlungsablauf bei SEPA-Lastschrift

1. Der Rechnungsbetrag wird in die Kasse eingegeben.
2. Der Kunde steckt dann seine Debitkarte in das Kartenlesegerät. Die Karte und das Kartenlesegerät sind miteinander verbunden, sodass der Geldbetrag im Lesegerät erscheint.
3. Es werden zwei Zahlungsbelege (Lastschriften) ausgedruckt. Ein Zahlungsbeleg wird vom Kunden unterschrieben.
4. Der Einzelhändler vergleicht die Unterschrift des Kunden auf dem Beleg mit der Unterschrift auf der Karte und überprüft möglichst die Identität des Kunden mit Hilfe eines Ausweises. Er behält dann den unterschriebenen Beleg ein.
5. Der Kunde erhält einen Zahlungsbeleg, die Karte und gegebenenfalls seinen Ausweis zurück.
6. Der Einzelhändler reicht den Beleg bei seiner Bank ein und erhält die Gutschrift.

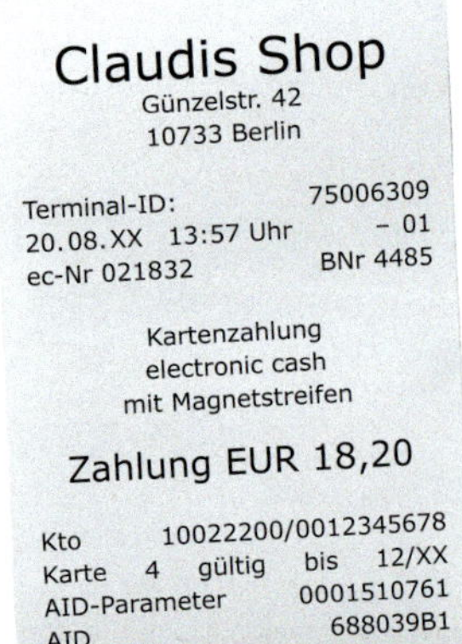

Claudis Shop
Günzelstr. 42
10733 Berlin

Terminal-ID: 75006309
20.08.XX 13:57 Uhr - 01
ec-Nr 021832 BNr 4485

Kartenzahlung
electronic cash
mit Magnetstreifen

Zahlung EUR 18,20

Kto 10022200/0012345678
Karte 4 gültig bis 12/XX
AID-Parameter 0001510761
AID 688039B1
Zahlung erfolgt

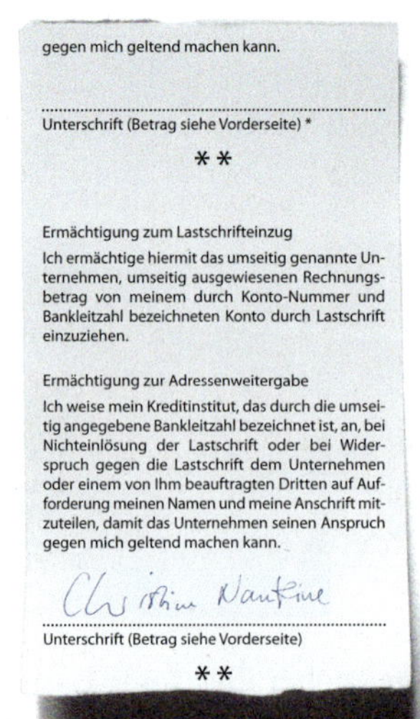

gegen mich geltend machen kann.

Unterschrift (Betrag siehe Vorderseite) *

**

Ermächtigung zum Lastschrifteinzug
Ich ermächtige hiermit das umseitig genannte Unternehmen, umseitig ausgewiesenen Rechnungsbetrag von meinem durch Konto-Nummer und Bankleitzahl bezeichneten Konto durch Lastschrift einzuziehen.

Ermächtigung zur Adressenweitergabe
Ich weise mein Kreditinstitut, das durch die umseitig angegebene Bankleitzahl bezeichnet ist, an, bei Nichteinlösung der Lastschrift oder bei Widerspruch gegen die Lastschrift dem Unternehmen oder einem von Ihm beauftragten Dritten auf Aufforderung meinen Namen und meine Anschrift mitzuteilen, damit das Unternehmen seinen Anspruch gegen mich geltend machen kann.

Unterschrift (Betrag siehe Vorderseite)

**

6.2.3 GeldKarte

Beispiel

Jan Simons fährt mit der U-Bahn in die Berliner Innenstadt und zahlt seine Fahrkarte am Fahrkartenautomat mit seiner Geldkarte.

Die GeldKarte, auch „elektronisches Portemonnaie“ genannt, funktioniert wie Bargeld und kann zur Zahlung von Kleinbeträgen eingesetzt werden. Eine Debitkarte kann nur dann als Geldkarte genutzt werden, wenn sie mit einem Chip versehen ist und das GeldKarte-Logo trägt. Online mit einem Chipkartenleser oder am Geldautomaten der Hausbank kann der Chip bis zu maximal 200,00 Euro aufgeladen werden. Der Betrag wird dem Girokonto des Kunden sofort belastet. Eine **Debitkarte mit Chip** ist immer wieder aufladbar. Beim Verlust der Geldkarte kann der Finder über das Guthaben verfügen, da weder PIN noch Unterschrift zum Bezahlen erforderlich sind.

Weitere Informationen zur Geldkarte finden sie unter

www.geldkarte.de

Zahlungsablauf mit Geldkarte

1. Der Verkäufer gibt den Zahlungsbetrag in das Kartenlesegerät ein.
2. Der Kunde steckt dann die GeldKarte in das Lesegerät.
3. Der Betrag wird vom Prepaidguthaben auf dem Chip abgebucht und dem Händler gutgeschrieben.
4. Der Kunde erhält seine Karte zurück.

6.2.4 Kreditkarte

Beispiel

Anton Seewald holt sein Auto nach einer größeren Reparatur aus der Autowerkstatt ab. Da die Autowerkstatt alle gängigen Kreditkarten akzeptiert, kann Martin Doppelhammer mit seiner VISA-Karte die Rechnung über 1.589,90 Euro zahlen.

Kreditkarten (z. B. American Express, Visa, Diners Club, MasterCard) werden bei der entsprechenden Kreditkartenorganisation beantragt, die die Kreditwürdigkeit prüft und dann über die Vergabe entscheidet. Der Kreditkarteninhaber muss der Kreditkartenorganisation eine Einzugsermächtigung für sein Konto erteilen, damit die Beträge, die er mit der Kreditkarte bezahlt, abgebucht werden können. Inhaber einer Kreditkarte können überall dort, wo im In- und Ausland die entsprechende Kreditkarte akzeptiert wird, Waren oder Dienstleistungen bargeldlos bezahlen. Für die Bereitstellung einer Kreditkarte berechnen die meisten Kreditkartenorganisationen eine Gebühr (Jahresgebühr). Die Gebühren für eine Zahlung mit Kreditkarte belaufen sich für den Einzelhändler in allen EU-Staaten (Beschluss des Europaparlaments 2014) auf 0,3 Prozent des Zahlungsbetrags.

Kreditkarten sind daran zu erkennen, dass auf der Vorderseite die 12-, maximal 16-stellige Kreditkartennummer geprägt ist.

Bei Bezahlungen mit Kreditkarte wird dem Zahlungsempfänger (z. B. Einzelhändler) der Zahlungsbetrag von der Kreditkartenorganisation erstattet, diese wiederum belastet das Konto des Kreditkarteninhabers (Kunde) bei dessen Kreditinstitut. Dies erfolgt in der Regel elektronisch oder mittels einer mechanischen Vorrichtung, die Identifikationsmerkmale der Karte auf einen Beleg überträgt, auf dem zusätzlich der Rechnungsbetrag und das Rechnungsdatum eingetragen werden. Der Karteninhaber muss den Beleg unterschreiben und erhält einen Durchschlag als Zahlungsbeleg. Der Zahlungsempfänger reicht den Beleg bei der Kreditkartenorganisation zur Gutschrift auf sein Konto ein. Durch die Verringerung der Gebühren für den Händler bei der Bezahlung mit der Kreditkarte auf 0,3 % könnte die Bezahlung mit der Kreditkarte für den Handel an Attraktivität gewinnen. In der Regel werden die getätigten Kreditkartenumsätze gesammelt und gemeinsam (z. B. einmal pro Monat) fällig und vom Konto abgebucht.

Mit der Kreditkarte kann weltweit zusammen mit der PIN an Geldautomaten auch Geld vom Konto abgehoben werden. Hierfür werden in der Regel aber Gebühren fällig.

Zahlungsablauf mit Kreditkarte

1. Der Rechnungsbetrag wird in die Kasse eingegeben.
2. Der Kunde steckt dann seine Kreditkarte in das Kartenlesegerät. Die Karte und das Kartenlesegerät sind miteinander verbunden, sodass der Geldbetrag im Lesegerät erscheint.
3. Online wird überprüft, ob die Karte gesperrt ist. Ist die Karte nicht gesperrt, wird die Zahlung freigegeben.
4. Von der Karte werden die Kontonummer und die Bankleitzahl des Kunden eingelesen.
5. Es werden zwei Zahlungsbelege ausgedruckt. Ein Zahlungsbeleg wird vom Kunden unterschrieben.
6. Der Einzelhändler vergleicht die Unterschrift des Kunden auf dem Beleg mit der Unterschrift auf der Karte und überprüft möglichst die Identität des Kunden mit Hilfe eines Ausweises. Er behält dann den unterschriebenen Beleg ein.
7. Der Kunde erhält einen Zahlungsbeleg, die Karte und gegebenenfalls seinen Ausweis zurück.
8. Die Kreditkartenorganisation belastet das Konto des Kunden und schreibt dem Einzelhändler den Betrag gut.

Kundenkreditkarten

Die **Kundenkarte mit Bezahlfunktion** ist eine sogenannte Kundenkreditkarte. Diese wird von Einzelhandelsunternehmen nur für ihre eigenen Kunden ausgegeben. Die bekannteste Kundenkreditkarte im Einzelhandel ist die Douglas-Card. Mit dieser können die Kunden wie mit einer Kreditkarte bezahlen. Am wEnde eines Monats werden dann die Einkäufe des Kunden von seinem Girokonto abgebucht.

PrePaid-Kreditkarten

Die PrePaid-Kreditkarte bietet den Kunden auf **Guthabenbasis** alle Freiheiten einer normalen Kreditkarte. Mit dieser Karte kann der Kunde Online-Einkäufe tätigen oder im Supermarkt einkaufen gehen. Besonders geeignet ist sie für Personen, die über kein regelmäßiges Einkommen verfügen oder negative Schufa-Eintragungen haben. Um eine solche PrePaid-Karte nutzen zu können, muss der Inhaber dieser Karte im Vorfeld auf sein Girokonto ein Guthaben einzahlen. Dies ist möglich entweder per Dauerauftrag oder per Überweisung. Der Vorteil für den Kunden: die aufladbare Kreditkarte kann nicht überzogen werden, denn sie wird nur im Plus geführt. Nachteilig ist sicherlich, dass der Kunde immer dafür Sorge tragen muss, dass seine Karte ausreichend gedeckt ist. Die Kartennutzung ist meist auch mit Gebühren behaftet.

6.3 Neue Bezahlsysteme

Wissen die Endverbraucher, dass sie in vielen deutschen Supermärkten kontaktlos bezahlen können? Möglich ist dies, entweder mit einer Kredit- oder einer Debitkarte. Die Kunden erkennen dies, da diese Karten das **„Kontaktlos-Symbol"** tragen. Kontaktloses Bezahlen ist desweiteren mit girogo, **NFC**-fähigen Smartphones und sogar mit Apps möglich, die die Händler ihren Kunden für deren Smartphone anbieten.

Mit Karten oder Smartphone kontaktlos bezahlen via NFC (Near Field Communication)

Dies ist möglich mit Hilfe von NFC-Kassen. NFC ist ein auf der **RFID**-Technik basierender internationaler Übertragungsstandard zum kontaktlosen Austausch von Daten.

RFID
→ LF 3, Kap. 1

6.3.1 Kontaktloses Bezahlen „Wellensymbol"

Das Bezahlen mit der Kreditkarte ist in deutschen Supermärkten noch nicht sehr verbreitet bzw. bei den Händlern beliebt. Dies wird sich aber zukünftig ändern. Der Grund für die aufkeimende Kartenliebe des Handels ist sicherlich das EU-Abkommen über die Abgabe bei Bezahlung mit Kredit- und Debitkarten, das die Transaktionsgebühren für den Händler beim bargeldlosen Zahlungsverkehr gedrosselt hat.

Gebühren
→ LF 3, Kap. 6.2.4

In allen Geschäften Deutschlands, in denen das „Wellensymbol" für kontaktloses Bezahlen abgebildet ist, kann der Kunde dann mit seiner Kredit- oder Debitkarte bezahlen. Voraussetzung dafür ist, dass er im Besitz einer solchen Karte ist, die ebenfalls dieses Wellensymbol aufweist. Am meisten verbreitet sind die kontaktlosen Debit- und Kreditkarten von Mastercard (Maestro, MasterCard) und Visa (VPay, Visa). Seit neuestem gibt es aber auch die girocard kontaktlos der Deutschen Kreditwirtschaft, die ebenfalls eine kontaktlose Debit-Zahlung direkt vom Konto ermöglicht.

Kontaktloses Bezahlen mit Debit- oder Kreditkarte

Wenn der Kunde mit seiner auf NFC basierenden Debit- oder Kreditkarte zahlen möchte, hält er die Karte ca. in 4 cm Entfernung zum Kassenterminal und die auf der Karte integrierten Daten werden dann per Funk an die Kasse übertragen. NFC-Zahlungen sind bis maximal 25,00 € möglich, ohne dass eine PIN eingegeben werden muss. Bei Beträgen über 25,00 € erfolgt eine PIN-Abfrage.

6.3.2 Kontaktloses Bezahlen mit girogo

Die bisher geläufige Funktion der Geldkarte wurde um eine kontaktlose Bezahlfunktion, nämlich um die der **girogo-Funktion** erweitert. Das girogo-Bezahlen basiert auf einer PrePaid-Lösung und wird zum Bezahlen von Kleinstbeträgen auf der Basis deutscher Sicherheits- und Datenschutzrichtlinien genutzt. Für den Kunden bedeutet dies, dass er, bevor er das Bezahlsystem girogo nutzen möchte, seinen Kartenchip mit einem Geldbetrag aufladen muss. Lademöglichkeit besteht z. B. am Geldautomaten der Hausbank. Maximal hat er die Möglichkeit bis 200,00 € auf den Chip zu laden. Auch hier beträgt der Maximalbetrag für das kontaktlose Bezahlen 25,00 €. Dabei werden keine Beträge vom Girokonto des Kunden abgebucht, sondern es wird auf die elektronische Geldbörse zugegriffen. Zahlungen mit girogo sind u. a. in einzelnen dm-Filialen, bei Netto und Norma möglich.

girogo

Geldkarte
→ LF 3, Kap. 6.2.3

Die Beliebtheit dieses Systems nimmt zurzeit aber stark zugunsten der kontaktlosen Debit- und Kreditkarten ab, die sich aufgrund des einfacheren Handlings wahrscheinlich langfristig eher am Markt durchsetzen werden.

6.3.3 Kontaktloses Bezahlen mit dem Smartphone

Für die Händler ist klar: wer das Handy ohnehin schon den ganzen Tag in der Hand hält, z. B. beim Warten an der Kasse, freut sich bestimmt, auch damit zahlen zu können. Deshalb bieten schon zahlreiche Einzelhändler das Bezahlen mit dem Smartphone an. Aus dem Smartphone wird dann eine Kreditkarte. Zwei unterschiedliche Systeme werden momentan für die Kunden angeboten.

- Nutzung des Smartphones als Kreditkarte über eine Wallet-App und
- Nutzung des Smartphones als Kreditkarte über Bezahl-Apps von Händlern.

Nutzung des Smartphones über Wallet-App

Verschiedene Mobilfunkanbieter stellen den Nutzern von Smartphones Wallet-Apps zur Verfügung, mit denen Sie kontaktlos bezahlen können.

 **Beispiel**

- Telekom: My Wallet
- Vodafone: Smart Pass

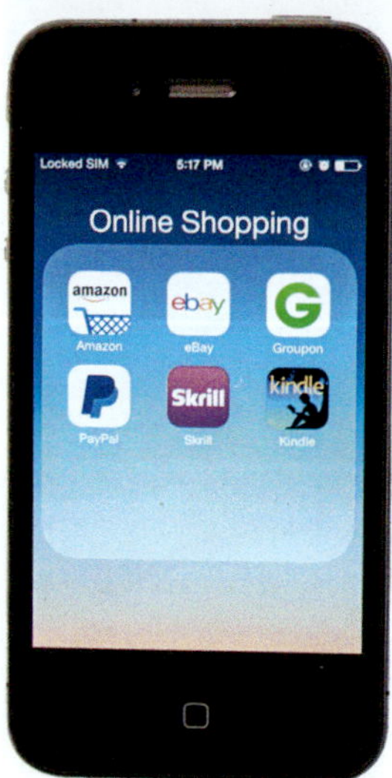

mobiles Bezahlen
engl. mobile payment

Nutzung des Smartphones als Kreditkarte über Händler-Bezahl-Apps

Zusätzlich zu den Wallet-Apps bieten die Einzelhändler auch eigene Apps zum Bezahlen an. Der Kunde lädt sich zunächst die Bezahl-App des Händlers auf sein Smartphone. Danach legt sich der Kunde einen Benutzer-Account an: Name, E-Mail-Adresse, Passwort. Viele Anbieter setzen auf den **QR-Code**, der ähnlich funktioniert wie ein Barcode. Wenn der Kunde dann an der Supermarktkasse mit seinem Smartphone und der runtergeladenen Händler-App bezahlen will, scannt er mit dem Smartphone den QR-Code ein. Das Geld wird dann von einem vom Kunden vorher hinterlegten Guthaben abgebucht.

Egal, ob der Kunde nun mit der Wallet-App oder der Händler-App bezahlt, ihm werden immer reizvolle Rabatte per Coupon angeboten. Zudem erhält der Kunde regelmäßig Werbeangebote der Händler.

Es gibt auch **Risiken**, die sich durch das kontaktlose Bezahlen ergeben. Der Überblick über den Kontostand könnte verloren gehen und bei Verlust oder Diebstahl der Karte oder des Smartphones drohen finanzielle Verluste.

Die **Haftung beim mobilen Bezahlen** unterliegt einer klaren Regelung. Der Kunde muss lediglich nur für solche Transaktionen geradestehen, die er auch selbst veranlasst hat. Sollte das Smartphone des Kunden verloren gegangen sein und mit dem Handy wurden Zahlungen getätigt, kann der Kunde vom Zahlungsdienstleister die Abbuchung zurückverlangen. Allerdings muss der Kunde möglichst schnell seinen Zahlungsdienstleister (SIM-Karten- und Kreditkartensperrung) über den Verlust seiner auf NFC-basierenden Bezahlsysteme (Karte oder Smartphone) informieren. Sollten bis zur Verlustmeldung bereits Transaktionen von Dritten durchgeführt worden sein, haftet der Kontoinhaber hierfür bis zu einem Betrag von 150,00 €. Unbegrenzt haftet der Kunde sogar, wenn er grob fahrlässig oder vorsätzlich seine Sorgfaltsplicht missachtet hat.

6.3.4 Bezahlen mit der PAYBACK Karte

PAYBACK Karte
→ LF 3, Kap. 3

Bekannt wurde die PAYBACK Karte durch das Sammeln von Punkten und das Eintauschen der Punkte gegen Prämien. Mittlerweile ist es aber auch für die Kunden möglich, gesammelte Punkte in den Filialen gegen Warengutscheine einzulösen und mit diesen den Einkauf bzw. einen Teil des Einkaufs an der Kasse zu zahlen.

PAYBACK Kunde kann in Deutschland werden, wer mindestens 16 Jahre alt ist und einen Wohnsitz in Deutschland hat. Die Kunden erhalten von einem PAYBACK Vertragsunternehmen eine PAYBACK Karte mit einer individuellen Kundennummer. Die Anmeldung erfolgt dann entweder im Internet, telefonisch oder schriftlich.

PAYBACK Vertragspartner u.a. Aral, dm-drogerie markt, GALERIA Kaufhof, real, REWE, Thalia oder Fressnapf sowie viele Onlinepartner wie Expedia oder myToys

Bei einem Einkauf von Waren legt der Kunde dann seine PAYBACK Karte an der Kasse vor und der Kunde erhält **Gutschriften in Form von PAYBACK Punkten**. Die genauen Konditionen, wie viele Punkte der Kunde auf seinen Einkauf erhält, legen die Vertragspartner individuell fest.

Ab einem gewissen Punktestand kann der Kunde mit seinen Punkten bezahlen. PAYBACK bietet dazu zwei verschiedene Möglichkeiten an. Die erste Möglichkeit sieht für den Kunden vor, dass er seine gesammelten Punkte an Service-Terminals in den Märkten in Einkaufsgutscheine umwandelt und zum anderen kann er mit den Punkten am Point of Sale oder im Internet bei bestimmten Partnern auch direkt bezahlen.

Das Bezahlen mit der PAYBACK App ist seit Juni 2016 bisher nur in ausgewählten Unternehmen möglich. Der Kunde hinterlegt dazu in der PAYBACK App seine Bankverbindung, wählt eine persönliche PIN und kann dann an der Kasse mit seinem Smartphone bezahlen und auch digital Punkte sammeln. Jede Zahlung ist durch diese PIN geschützt. Die Bezahlfunktion basi ert auf QR-Code und NFC-Technologie. Der fällige Betrag wird dann per Lastschrift eingezogen.

Rabattkarten im Vergleich

Mit einer Payback-Karte oder DeutschlandCard sammeln Kunden **Punkte**, indem sie bei teilnehmenden Unternehmen einkaufen. Die Punkte können sie in verschiedene **Rabatte** umtauschen. Im Gegenzug werten die Geschäfte **persönliche Daten und das Einkaufsverhalten** der Kunden aus, um gezielt Werbung an diese zu richten.

	PAYBACK	DeutschlandCard
Start in Deutschland	**2000**	**2008**
Zahl der Unternehmen, bei denen Punkte gesammelt werden können*	**mehr als 620**	**mehr als 320**
Auswahl teilnehmender Unternehmen	**Aral, Galeria Kaufhof, Rewe, Sixt**	**Edeka, Esso, Hertz, L'Tur**
Kartennutzer in Deutschland	**mehr als 25 Mio.**	**mehr als 14 Mio.**
Einlösen gesammelter Punkte in	**Einkaufsgutscheine, Bargeld, Prämien, Spenden**	**Verrechnung beim Einkauf, Prämien, Spenden**
Wert eines Punktes	**1 Cent**	**1 Cent**

Quelle: Payback, DeutschlandCard * inkl. Online-Händler **dpa•22177**

ALLES KLAR?

1 Welcher gesetzliche Bestandteil gehört nicht auf einen Kassenbon?

a) Name und Anschrift des Unternehmens
b) Menge und Bezeichnung der Ware
c) Name des Verkäufers
d) Steuersatz
e) Bruttorechnungsbetrag

2 Welche Bedeutung hat der Kaufbeleg für den Kunden?

3 Eine Kundin erhält von der Beska GmbH einen Rabatt von 5 % auf einen Einkaufswert von 55,00 €. Welchen Betrag muss die Kundin bezahlen?

a) 42,60 € **b)** 78,90 € **c)** 52,25 € **d)** 45,45 € **e)** 100,90 €

4 Welche Aussage zur Kreditkarte ist richtig?

a) Der Kreditkarteninhaber kann mit der Kreditkarte von seinem Bankkonto Bargeld in unbegrenzter Höhe abheben.
b) Der Kreditkarteninhaber kann mit der Kreditkarte von seinem Bankkonto Bargeld in begrenzter Höhe abheben.
c) Der Kreditkarteninhaber kann in verschiedenen Einzelhandelsgeschäften mit der Kreditkarte bargeldlos zahlen.
d) Nach Bezahlung mit der Kreditkarte wird das Konto des Kreditkarteninhabers sofort mit der Ausgabe belastet.
e) Jeder, der eine Kreditkarte bei seinem Kreditkarteninstitut beantragt, erhält auch eine Kreditkarte.

5 Ordnen Sie die Begriffe Geldkarte, ec-cash und Kreditkarte den nachfolgenden Informationen zu.

a) Nach Eingabe der PIN muss der Kunde zusätzlich den Kassenbeleg unterschreiben.
b) Mit dem gespeicherten Guthaben kann der Kunde Kleinstbeträge bezahlen.
c) Nur durch die Unterschrift kann der Kunde weltweit mit dieser Karte Rechnungen begleichen.
d) Der Kunde muss zur Bezahlung seine 4-stellige PIN eingeben.
e) Eine Debitkarte kann nur bei dem eigenen Kreditkarteninstitut aufgeladen werden.

6 Durch welches Hilfsmittel wird Electronic Cash im Handel unterstützt?

a) Datenkasse
b) Persönliches Organisationssystem
c) Selbstscannerkassensystem
d) Preisauszeichnungssystem
e) Elektronisches Registrierungssystem

7 Sie arbeiten an der Kasse und erhalten einen 50-Euro-Schein. Was gehört nicht zu den Sicherheitsmerkmalen einer Banknote?

a) Folienstreifen
b) Sicherheitsetikett
c) Durchsichtsregister
d) Farbwechsel
e) Wasserzeichen

8 Eine Ware im Schaufenster der Beska GmbH ist mit 589,90 € ausgezeichnet. Wie viel Euro Umsatzsteuer (19 %) muss der Kunde zahlen?

a) 89,90 € **b)** 94,19 € **c)** 92,89 € **d)** 78,45 € **e)** 90,90 €

9 Die Auszubildende Frieda bekommt von der Beska GmbH einen Personalrabatt von 12,5 %. Mit wie viel Euro war das Kleid ausgezeichnet, wenn sie es für 112,00 € kaufte?

a) 189,90 € **b)** 194,19 € **c)** 62,89 € **d)** 128,00 € **e)** 210,00 €

10 Mit welchen der unten aufgeführten Zahlungsmöglichkeiten kann ein Kunde kontaktlos zahlen? Wählen Sie die richtigen Antwortmöglichkeiten aus!

Zahlungsmöglichkeiten
a) Geldkarte
b) Paybackkarte
c) Kreditkarte
d) Kundenkreditkarte
e) PrePaidKarte

11 Die Beska GmbH hat sich entschieden, Kundenkreditkarten auszugeben. Nennen Sie drei Vorteile, die für eine Einführung einer Kundenkreditkarte sprechen!

12 Das Bezahlen mit der PAYBACK-Karte wird immer attraktiver. Welche Voraussetzung muss ein Kunde haben, dass er PAYBACK-Kunde der Beska GmbH werden kann?

a) Der Kunde muss ein gesichertes Einkommen nachweisen.
b) Der Kunde muss mindestens 16 Jahre alt sein.
c) Der Kunde muss mindestens 18 Jahre alt sein.
d) Der Kunde muss keinen Wohnsitz in Deutschland haben.
e) Der Kunde verpflichtet sich, nur bei der Beska GmbH einzukaufen.

13 In vielen Geschäften Deutschlands ist es bereits möglich, kontaktlos zu bezahlen. Welches Symbol kennzeichnet die Möglichkeit eines kontaktlosen Bezahlens an der Kasse?

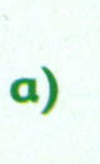

c)

14 Für welche Personen ist eine Prepaid-Kreditkarte besonders gut geeignet?

a) für Personen mit geregeltem Einkommen
b) für Personen, die keine negativen Schufa-Eintragungen haben
c) für Personen, die kein regelmäßiges Einkommen haben
d) für Personen, die kein Girokonto besitzen
e) für Personen, die sich regelmäßig im Ausland aufhalten

15 Das girogo-Bezahlen ist für viele Kunden eine attraktive Bezahlmöglichkeit. Welche Aussage trifft auf das girogo-Bezahlen zu?

a) Girogo wird zum Bezahlen von hohen Beträgen genutzt.
b) Um dieses Bezahlsystem nutzen zu können, kann der Kunde seinen Kartenchip mit höchstens 100,00 € aufladen.
c) Mit dem girogo-Bezahlsystem ist es nicht möglich, kontaktlos zu bezahlen.
d) Um dieses Bezahlsystem nutzen zu können, wird vor der Bezahlung die Kontodeckung des Kunden online bei der Bank überprüft.
e) Um dieses Bezahlsystem nutzen zu können, kann der Kunde seinen Kartenchip mit höchstens 200,00 € aufladen.

16 Einem Kunden der Beska GmbH wird eine Kundenkreditkarte angeboten. Welche Daten muss der Kunde der Beska GmbH mitteilen?

a) Arbeitgeber des Kunden

a) Geburtsdatum
b) Familienstand
c) Nationalität
d) Einkommensnachweis

17 Eine Kundin der Beska GmbH möchte mit ihrer Debitkarte an der Kasse zahlen. Bringen Sie die nachfolgenden Schritte in die richtige Reihenfolge.
a) Entnehmen der Karte
b) Eingabe der PIN
c) Karte in das Kartenlesegerät einführen
d) Online-Abfrage
e) Aushändigen des Kassenbons und der Ware

7 Rechtliche Rahmenbedingungen

Lernsituation 35

Lernsituation 36

Jeder Mensch steht in einer Vielzahl von rechtlichen Beziehungen zu anderen, z. B. als Auszubildender oder Arbeitnehmer, als Mieter einer Wohnung, als Abonnent einer Zeitung oder als Kunde in einem Warenhaus. Diese Beziehungen werden durch Gesetze und Vorschriften geregelt. Die Gesamtheit dieser Regeln wird **Rechtsordnung** genannt. In Deutschland umfasst die Rechtsordnung die Bereiche des öffentlichen und des privaten Rechts. Das **öffentliche Recht** regelt z. B. die Rechtsbeziehungen zwischen dem Staat und Gemeinden oder zwischen Gemeinden und Privatsubjekten. Das **Privatrecht** regelt dagegen die Rechtsbeziehungen zwischen Privatsubjekten untereinander.

Privatrecht wird auch bürgerliches Recht oder Zivilrecht genannt.

7.1 Rechtsfähigkeit

Rechtssubjekt
Träger von Rechten und Pflichten

Die in der bestehenden Rechtsordnung verankerten Rechte und Pflichten setzen immer ein **Rechtssubjekt** als Träger von Rechten und Pflichten voraus. Rechte und Pflichten bestehen dabei immer gegenüber anderen Rechtssubjekten. Die Fähigkeit, diese Rechte und Pflichten zu übernehmen, nennt man Rechtsfähigkeit. Rechtsfähig können natürliche und juristische Personen sein.

Natürliche Personen sind alle Menschen, unabhängig von ihrer Herkunft oder ihrer geistigen und körperlichen Leistungsfähigkeit. Die Rechtsfähigkeit der natürlichen Personen beginnt mit Vollendung der Geburt und endet mit dem Tod.

§ 1 Bürgerliches Gesetzbuch (BGB)

Die Rechtsfähigkeit des Menschen beginnt mit der Vollendung der Geburt.

Natürliche Personen sind Rechtssubjekte.

Beispiel

Nach der Geburt kann ein Mensch erben, da er rechtsfähig ist. Allerdings ist ein Kleinkind noch nicht in der Lage, seine Rechte selbst wahrzunehmen und seine Pflichten zu erfüllen (hier: Erbschaftssteuer zu zahlen). Daher handeln für Kinder deren gesetzliche Vertreter.

Das sind in der Regel die Eltern. Ein treues Haustier ist nicht rechtsfähig und kann nicht als Erbe eingesetzt werden.

Obwohl Tiere rechtlich gesehen keine Sachen sind, haben sie keine Rechte. Daraus folgt, dass sie weder als Erbe noch als Vermächtnisnehmer eingesetzt werden können. Auf Grund ihrer fehlenden Rechtsfähigkeit sind sie nicht erbberechtigt.

Tiere
→ § 90 a BGB

Juristische Personen dagegen sind in besonderer Form organisierte Personenvereinigungen (z. B. Kapitalgesellschaften, Vereine, Anstalten, Körperschaften) oder Stiftungen, denen bei der Erfüllung bestimmter Auflagen ebenfalls die Fähigkeiten verliehen wird, Träger von Rechten und Pflichten zu sein. Bei den juristischen Personen wird zwischen juristischen Personen des Privatrechts und juristischen Personen des öffentlichen Rechts unterschieden.

Die Rechtsfähigkeit **juristischer Personen des Privatrechts** entsteht durch eine Eintragung in ein Register (z. B. Vereinsregister oder Handelsregister). Beendet wird die Rechtsfähigkeit durch Auflösung der Vereinigung und Löschung im entsprechenden Register. Die Rechtsfähigkeit **juristischer Personen des öffentlichen Rechts** entsteht durch staatliche Verleihung. Sie verlieren ihre Rechtsfähigkeit durch staatlichen Entzug.

Beispiel

- Juristische Personen des Privatrechts: eine Aktiengesellschaft (AG), eine Gesellschaft mit beschränkter Haftung (GmbH), ein eingetragener Verein (e.V.), eine Genossenschaft (e.G.)
- Juristische Personen des öffentlichen Rechts: Städte und Gemeinden, die Bundesländer, die Industrie- und Handelskammern

Juristische Personen des öffentlichen Rechts

Juristische Personen sind zwar rechtsfähig, können aber nicht selbstständig im Wirtschaftsleben tätig werden. Hierzu ist die Hilfe natürlicher Personen notwendig. Daher handeln für die juristischen Personen deren **Organe**. Das kann z. B. der Vorstand eines Vereins oder einer Aktiengesellschaft sein.

Beispiel

Der Geschäftsführer der Beska GmbH, Herr List, bestellt für die Mitarbeiter neue Büromöbel. Käufer der Möbel ist aber nicht Herr List, sondern die Beska GmbH, die auch haftet, wenn die Lieferung nicht bezahlt wird.

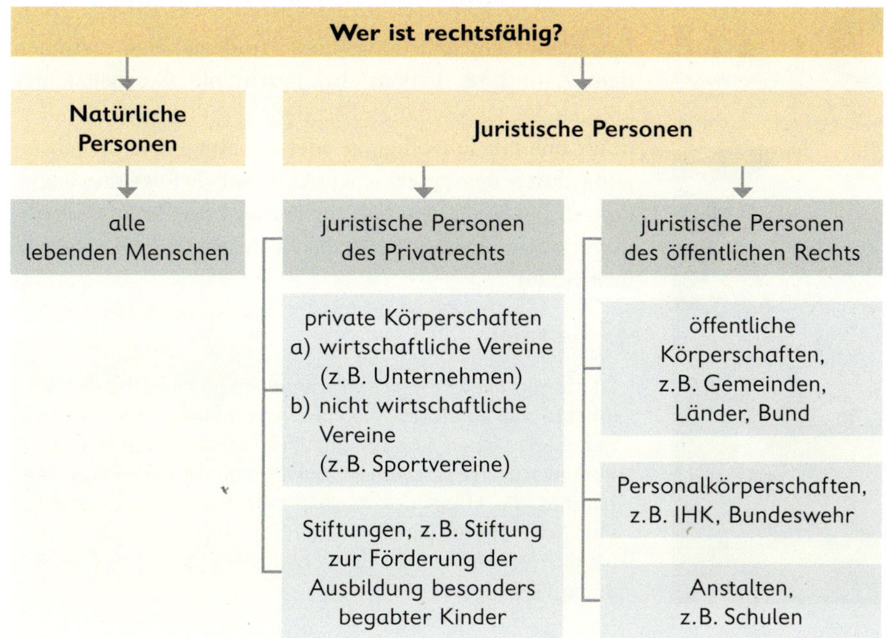

7.2 Geschäftsfähigkeit

Rechtsgeschäfte
→ LF 3, Kap. 7.4

Willenserklärung
Eine geschäftsfähige Person äußert eindeutig ihren Willen, ein Rechtsgeschäft abzuschließen.

Man unterscheidet die Rechtsfähigkeit des Menschen (natürliche Personen) von dessen Geschäftsfähigkeit. Geschäftsfähigkeit ist die Fähigkeit, gültige Rechtsgeschäfte selbstständig abzuschließen. Nicht jede Person ist rechts- und geschäftsfähig. Kinder, Jugendliche und auch bestimmte andere Personengruppen sollen vor den Rechtsfolgen unüberlegt abgeschlossener Geschäfte geschützt werden. Die verschiedenen **Stufen der Geschäftsfähigkeit** werden in den §§ 104 bis 113 BGB geregelt.

7.2.1 Geschäftsunfähig

Geschäftsunfähig sind **Kinder unter sieben Jahren** sowie Personen mit einer dauerhaften geistigen Behinderung. Rechtsgeschäfte, die ein Geschäftsunfähiger abschließt, sind nichtig (ungültig). Für Geschäftsunfähige handeln die **gesetzlichen Vertreter**, also in der Regel die Eltern oder manchmal auch ein Betreuer.

Beispiel

- Ein fünfjähriger Junge kauft bei der Beska GmbH ein Spielzeugauto. Das Rechtsgeschäft, hier ist es ein Kaufvertrag, ist nichtig. Auf Verlangen der Mutter muss die Beska GmbH das Auto zurücknehmen und das Geld zurückgeben.
- Wenn dasselbe Kind aber für die Mutter einkauft, handelt es als Bote. Das heißt, es überbringt die Willenserklärung der Mutter und nicht seine eigene. Der abgeschlossene Kaufvertrag ist dann gültig.

7.2.2 Beschränkte Geschäftsfähigkeit

Beschränkt geschäftsfähig sind **Minderjährige zwischen dem 7. und 18. Lebensjahr**. Beschränkt Geschäftsfähige können Rechtsgeschäfte abschließen, gültig sind sie allerdings nur mit Einwilligung oder nachträglicher Genehmigung durch den gesetzlichen Vertreter. Erfolgt dies nicht, kommt das Rechtsgeschäft nicht zustande. Bis zur Genehmigung oder Ablehnung ist das Rechtsgeschäft „schwebend unwirksam".

Beispiel

Die 16-jährige Marit ist Auszubildende im Einzelhandel. Sie möchte sich von ihrer Ausbildungsvergütung ohne Wissen der Eltern einen Laptop für 1.200,00 Euro kaufen. Der Kaufvertrag ist schwebend unwirksam, da der Preis des Laptops die Höhe der Ausbildungsvergütung übersteigt. Der Kaufvertrag wird erst gültig, wenn die Eltern nachträglich zustimmen. Er ist nichtig, wenn sie ihre Zustimmung verweigern.

In bestimmten **Ausnahmefällen** kann eine beschränkte Geschäftsfähigkeit zu einer vollen Geschäftsfähigkeit werden. Diese Ausnahmen sind im Gesetz genau festgelegt:

Taschengeldparagraf (§ 110 BGB)
Geschäfte, die ein beschränkt Geschäftsfähiger mit seinem Taschengeld begleicht, sind rechtsgültig. Das gilt allerdings nur für Geschäfte, die sofort bar bezahlt werden, und nicht für Geschäfte, die auf Raten beglichen werden sollen. Über zukünftiges Taschengeld kann nicht verfügt werden.

Beispiel

Lars Friedrich ist 14 Jahre alt und großer Fußballfan. Monatlich bekommt er von seinen Eltern 20,00 Euro Taschengeld. Ohne Zustimmung der Eltern kann er sich am Kiosk eine Fußballzeitschrift für 2,50 Euro kaufen oder andere Kaufverträge bis 20,00 Euro abschließen.

Erlangung eines lediglich rechtlichen Vorteils (§ 107 BGB)
Geschäfte, die einem beschränkt Geschäftsfähigen lediglich einen rechtlichen Vorteil bringen, müssen von den gesetzlichen Vertretern nicht genehmigt werden.

Beispiel

- Die zwölfjährige Jessica bekommt von ihrem Onkel ein Mountainbike geschenkt. Die Eltern halten das für zu gefährlich und sind dagegen. Da dieses Geschäft aber nur rechtliche Vorteile bringt, ist es auch ohne Zustimmung der Eltern gültig.
- Der siebenjährige Tom bekommt von seinen Großeltern ein Haustier geschenkt. Dieses Geschenk beinhaltet aber eine spätere Verpflichtung und zwar die Kosten für das Futter. Hier ist die Einwilligung der Eltern notwendig.

Ein Kind bekommt einen Hund geschenkt – rechtlicher Vorteil?

Selbstständiger Betrieb eines Erwerbsgeschäfts (§ 112 BGB)
Mit Erlaubnis der gesetzlichen Vertreter und des Vormundschaftsgerichtes darf ein Minderjähriger selbstständig einen Betrieb führen. Für alle Geschäfte, die den Geschäftsbetrieb betreffen, ist der Minderjährige unbeschränkt geschäftsfähig.

Beispiel

Ein 16-Jähriger betreibt mit Zustimmung seiner Eltern und mit der Genehmigung des Vormundschaftsgerichts einen Internetbestellshop für Computerzubehör. Er kann die im Rahmen dieses Betriebes anfallenden Geschäfte (z.B. Warenein- und -verkauf, Anmieten von Lagerräumen) selbst tätigen.

HGB
Handelsregister

Dienst- oder Arbeitsverhältnis (§ 113 BGB und § 56 HGB)

Befindet sich ein Minderjähriger in einem Ausbildungsverhältnis sowie in einem Dienst- oder Arbeitsverhältnis, darf er Geschäfte, die dieses Verhältnis betreffen, unbeschränkt tätigen. Die gesetzlichen Vertreter haben nämlich zu diesem Verhältnis ihre Zustimmung gegeben (§ 113 BGB). Minderjährige, die in einem Laden oder einem Warenlager angestellt sind, dürfen Waren eigenmächtig an Kunden verkaufen (§ 56 HGB).

Beispiel

- § 113 BGB: Einrichtung eines Kontos für die Ausbildungsvergütung, Kauf von Berufskleidung, Kündigung des Arbeitsverhältnisses
- § 56 HGB: Die 17-jährige Wiebke ist im Einzelhandel für einen Ferienjob angestellt. Sie kann eigenmächtig Waren an einen Kunden verkaufen.

7.2.3 Unbeschränkte (volle) Geschäftsfähigkeit

Unbeschränkte (volle) Geschäftsfähigkeit besitzen alle **juristischen Personen und** alle **natürlichen Personen über 18 Jahre** (Volljährige). Die Rechtssubjekte können gültige Rechtsgeschäfte abschließen und müssen die volle Verantwortung dafür übernehmen.

Konsequenz der Geschäftsfähigkeit

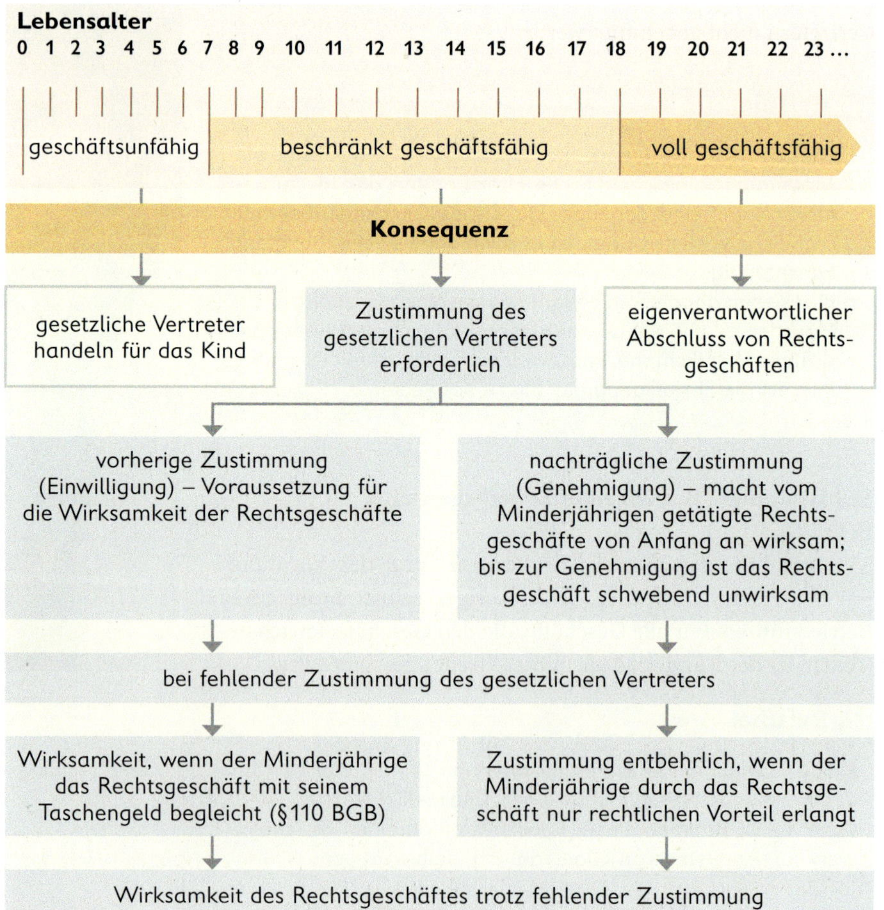

7.3 Rechtsobjekte

Gegenstand von Rechtshandlungen sind Rechtsobjekte, die sich wie folgt unterscheiden lassen. Im Sachenrecht des BGB wird unterschieden, ob jemand die rechtliche Herrschaft (**Eigentum**) oder nur die tatsächliche Herrschaft (**Besitz**) über eine Sache ausübt.

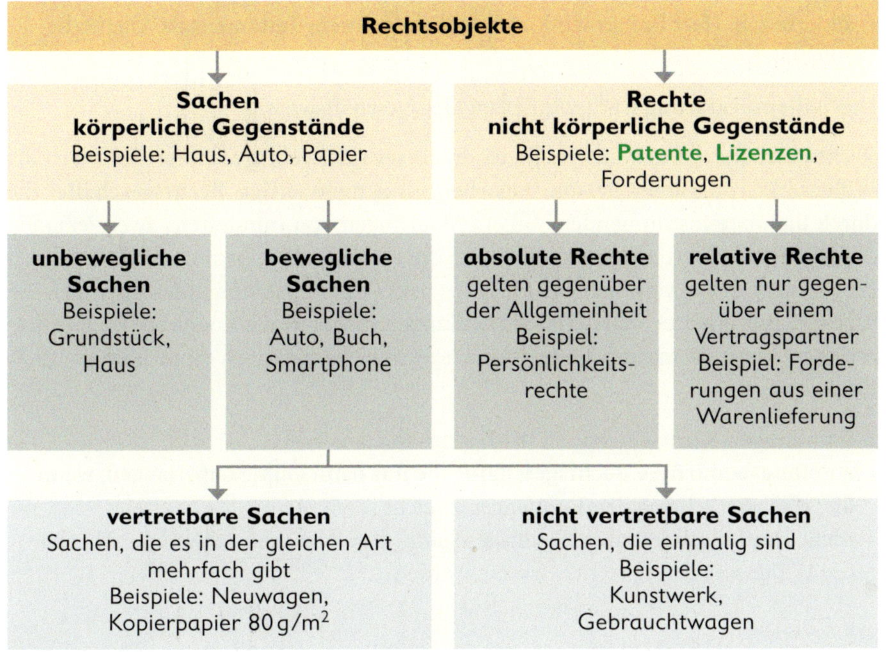

Patent
Stellt ein Schutzrecht (max. 20 Jahre) für eine Erfindung dar.

Lizenz
Erlaubnis, Sachen zu tun, die ohne diese Erlaubnis verboten sind, z.B. vergibt die Fifa die Erlaubnis (Lizenz) zur Übertragung der Europameisterschaft 2016 auf Großleinwänden für das Public Viewing.

Das Eigentum an unbeweglichen Sachen wird durch Einigung und anschließende Eintragung in das Grundbuch übertragen. Ein solcher Vertrag bedarf der **notariellen Beurkundung**. Das Eigentum an beweglichen Sachen wird durch Übertragung verschafft, d.h. durch Einigung und Übergabe.

Notarielle Beurkundung
→ LF 3, Kap. 7.6

Beispiel

Susanne erhält von ihren Eltern zum Geburtstag eine Digitalkamera geschenkt. Sie ist damit Eigentümerin und Besitzerin der Kamera. Susanne leiht ihrer Freundin Andrea die Kamera für deren Skiurlaub. Jetzt ist Andrea Besitzerin, während Susanne Eigentümerin bleibt.

In bestimmten Fällen kann der Erwerber das Eigentum an einer Sache auch von einem Nichteigentümer erhalten, jedoch nur dann, wenn er **gutgläubig** war. Der gute Glaube schützt ihn jedoch nicht, wenn die Sache dem Eigentümer gestohlen wurde, verloren gegangen oder sonst abhandengekommen ist.

Beispiel

Andrea geht im Urlaub das Taschengeld aus. Deshalb verkauft sie Susannes Kamera an ihren ahnungslosen Skilehrer. Da der Skilehrer nicht weiß, dass die Kamera Andrea gar nicht gehört, ist er gutgläubig und erwirbt das Eigentum an der Kamera. Hätte er allerdings gewusst, dass die Kamera nur geliehen ist, wäre er nicht mehr gutgläubig gewesen und hätte das Eigentum an der Kamera nicht erwerben können.

Lernsituation 36

7.4 Rechtsgeschäfte

Rechtssubjekt
→ LF 3, Kap. 7.1

Rechtsgeschäfte sind **Geschäfte zwischen Rechtssubjekten**, aus denen sich Rechtsfolgen (Rechte und Pflichten) ergeben. Sie entstehen durch Willenserklärungen, die Rechtsverhältnisse

- begründen: z. B. Abschluss eines Vertrages,
- aufheben: z. B. Kündigung eines Arbeitsvertrages oder
- ändern: z. B. Herr Breuer wird nachträglich in einem Testament als Alleinerbe eingesetzt.

Die **Willenserklärung** ist die Äußerung des Geschäftswillens.

Ein Kaufvertrag ist ein Beispiel für ein mehrseitiges Rechtsgeschäft.

Rechtsgeschäfte werden unterschieden in **einseitige Rechtsgeschäfte**, die durch die Willenserklärung einer Person entstehen, und **mehrseitige Rechtsgeschäfte**, die durch die übereinstimmenden Willenserklärungen von mindestens zwei Personen entstehen. Bei mehrseitigen Rechtsgeschäften kann entweder nur eine der beiden Personen zu etwas verpflichtet werden (z. B. bei der Schenkung, hier muss der Beschenkte nur erklären, dass er die Schenkung annehmen will) oder beiden (mehreren) Personen erwachsen aus dem Rechtsgeschäft bestimmte Verpflichtungen (z. B. Kaufvertrag).

Bei einseitigen Rechtsgeschäften wird unterschieden in

- **empfangsbedürftige Rechtsgeschäfte**, die nur dann Gültigkeit erlangen, wenn die Willenserklärung den Empfänger erreicht sowie
- **nicht empfangsbedürftige** Rechtsgeschäfte, die allein schon durch die Abgabe der Willenserklärung rechtswirksam werden.

Beispiel

- Empfangsbedürftiges Rechtsgeschäft: Die Kündigung eines Mietvertrages muss dem Mieter persönlich übergeben oder durch den Postboten in seinem Briefkasten zugestellt werden.
- Nicht empfangsbedürftiges Rechtsgeschäft: Ein Testament wird bereits mit der schriftlichen Äußerung des letzten Willens gültig, ohne dass die zukünftigen Erben darüber informiert werden müssen.

7.5 Kaufvertrag

Der Kaufvertrag kommt durch zwei übereinstimmende Willenserklärungen, den **Antrag** (1. Willenserklärung) und die **Annahme** (2. Willenserklärung) zustande. Wird ein Antrag nur mit Änderungen oder Einschränkungen angenommen, so gilt das nicht als Annahme, sondern als neuer Antrag, der vom Vertragspartner wiederum erst angenommen werden muss.

Beispiel

Herr Müller sagt zu Herrn Baldus: „Ich verkaufe Ihnen meinen gebrauchten PC für 1.000 €."
Herr Baldus sagt zu Herrn Müller: „OK, ich nehme Ihr Angebot an, zahle aber nur 800,00 €."
Damit ist Herr Baldus einverstanden und übergibt ihm den Computer und er erhält die 800,00 €.

Beim Kaufvertrag kann der Antrag sowohl vom Verkäufer als auch vom Käufer ausgehen. Dabei unterscheidet man zwischen dem verbindlichen Angebot (= Antrag) und dem unverbindlichen Angebot (= kein Antrag), sodass es insgesamt drei Möglichkeiten für das Zustandekommen von Kaufverträgen gibt (siehe Schaubild).

Im täglichen Leben ist es sogar meist der Verbraucher, der das **Angebot** unterbreitet. So kommt nach herrschender Meinung beim Einkauf im Supermarkt der Vertrag erst an der Kasse zustande. Der Käufer unterbreitet ein Angebot, indem er die Ware auf das Kassenband legt. Erst danach entscheidet der Verkäufer, ob er das Angebot annimmt.

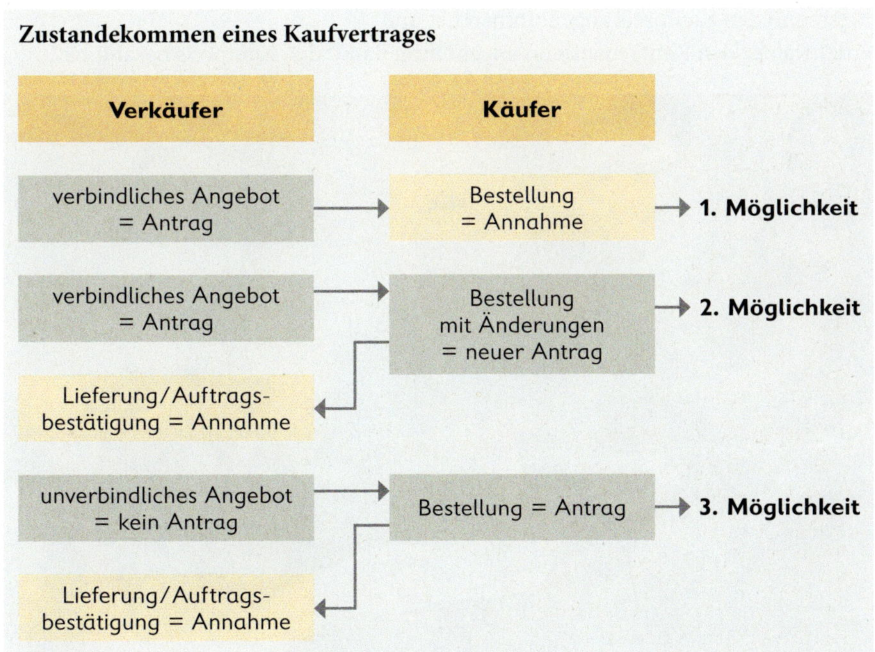

Handeln beide Vertragspartner als Privatpersonen, so spricht man von einem **Privatkauf**. Hier finden ausschließlich die allgemeinen Vorschriften zum Kaufvertrag Anwendung. Ist ein Vertragspartner ein Kaufmann und der andere Nichtkaufmann, so liegt ein **einseitiger Handelskauf** vor. Ist der Verkäufer ein Unternehmer und der Käufer eine Privatperson (Verbraucher), so spricht man von **Verbrauchsgüterkäufen**. Hier gibt es zahlreiche Schutzvorschriften für den Verbraucher als Käufer. Bei **zweiseitigen Handelskäufen(-geschäften)** sind beide Vertragspartner Kaufleute, sodass vor allem die Vorschriften des HGB zu beachten sind.

Verbraucherschutz → LF 5, Kap. 3

Der Kaufvertrag ist sowohl ein Verpflichtungsgeschäft als auch ein Erfüllungsgeschäft. **Verpflichtungsgeschäfte** sind Rechtsgeschäfte, durch die eine Person gegenüber einer anderen Person eine Leistungspflicht übernimmt. Durch das Verpflichtungsgeschäft entsteht ein Schuldverhältnis zwischen den Vertragspartnern.

Pflichten aus dem Kaufvertrag

Pflicht des Verkäufers	Pflicht des Käufers
bestellte Ware mangelfrei und rechtzeitig liefern	die Ware abzunehmen
dem Kunden das Eigentum an der Ware verschaffen	den vereinbarten Kaufpreis rechtzeitig bezahlen
den vereinbarten Kaufpreis annehmen (d.h. beibehalten)	

Die Erfüllung der im Verpflichtungsgeschäft eingegangenen Pflichten erfolgt im **Erfüllungsgeschäft**. Der Kaufvertrag ist erfüllt, wenn

- der Verkäufer Besitz und Eigentum am Kaufgegenstand auf den Käufer übertragen und den Kaufpreis angenommen hat und
- der Käufer den Kaufgegenstand angenommen und den Kaufpreis bezahlt hat.

7.6 Vertragsfreiheit

In Deutschland hat jede geschäftsfähige Person das Recht, Rechtsgeschäfte frei und eigenverantwortlich abzuschließen. Dieser als Vertragsfreiheit bezeichnete Umstand beinhaltet die Abschluss-, die Inhalts- und die Formfreiheit.

Die **Abschlussfreiheit** stellt es jeder geschäftsfähige Person frei, zu entscheiden, ob und mit wem er einen Vertrag abschließt. Für bestimmte Berufsgruppen und Branchen, wie z. B. die Apotheker oder die Post, gibt es jedoch einen **Abschlusszwang**.

Abschlusszwang
Das Unternehmen ist gesetzlich verpflichtet, einen Vertrag abzuschließen.

Beispiel

Während ein Einzelhändler sich weigern kann, mit einem beliebigen Kunden einen Kaufvertrag abzuschließen, muss ein Apotheker jedem Kunden das verschriebene Medikament verkaufen.

Die **Inhaltsfreiheit** besagt, dass der Inhalt von Verträgen und die damit verbundenen Verpflichtungen frei gestaltet werden können. Allerdings müssen dabei gesetzliche Regelungen beachtet werden.

Beispiel

Ein Kunde kann bei dem Kauf eines Pkw die Ausstattung des Fahrzeuges grundsätzlich frei wählen. Er darf dabei aber nicht einen dritten Scheinwerfer einbauen lassen, denn das ist gesetzlich verboten.

Nach dem Grundsatz der **Formfreiheit** bedürfen Willenserklärungen zum Abschluss der meisten Rechtsgeschäfte keiner besonderen Form, d. h., sie können mündlich, am Telefon, schriftlich oder sogar durch **schlüssiges Handeln** abgeschlossen werden. Auch für die Gültigkeit eines Kaufvertrages ist die Form in den meisten Fällen ohne Bedeutung. Allerdings gibt es auch bestimmte Rechtsgeschäfte bzw. Kaufverträge, die einem **Formzwang** unterliegen, d. h., sie müssen für ihre Gültigkeit in der gesetzlich vorgeschriebenen Form abgeschlossen werden:

Ein Kunde legt an der Supermarktkasse seine Einkäufe wortlos aufs Band. Er gibt damit durch schlüssiges Handeln eine Willenserklärung zum Kauf der Artikel ab.

- **Schriftliche Form:** Der Vertragsinhalt muss in schriftlicher Form vorliegen und von den Vertragsparteien unterschrieben werden (z. B. Ausbildungsvertrag, Arbeitsvertrag).
- **Öffentliche Beglaubigung:** Der Vertragsinhalt muss ebenfalls in schriftlicher Form vorliegen, allerdings bestätigt hier ein Notar oder eine Behörde zusätzlich die Echtheit der Unterschriften der Vertragsparteien. Die Bestätigung des Notars oder der Behörde bezieht sich nur auf die Unterschriften, nicht auf den Inhalt des Vertrages.
- **Notarielle Beurkundung:** Der Notar formuliert den Vertragsinhalt und beurkundet sowohl die Echtheit des Inhalts als auch die Unterschriften der Vertragsparteien.

Beispiel

- Schriftliche Form: Ausbildungsvertrag, Arbeitsvertrag, Darlehensvertrag
- Öffentliche Beglaubigung: Schriftliche Anmeldung und Antrag zur Eintragung ins Handelsregister oder in das Grundbuch
- Notarielle Beurkundung: Kaufvertrag über ein Grundstück, Erbverträge, Eheverträge

7.7 Geschäftskorrespondenz zwischen Geschäftsleuten

Geschäftsbriefe müssen einwandfrei formuliert und gestaltet sein. Mit einem korrekten Geschäftsbrief kann ein kompetenter Eindruck bei Geschäftspartnern vermittelt werden. Fehler in der Rechtschreibung oder im Layout hinterlassen einen schlechten Eindruck. Deshalb ist es besonders wichtig, die Rechtschreibung zu beachten und die **Schreib- und Gestaltungsregeln für Geschäftsbriefe** einzuhalten. Nur bei Beachtung dieser Regeln wird dem Geschäftspartner signalisiert: „Ich kenne mich im Geschäftsleben aus, ich gehöre dazu!"

DIN
Diese Normen werden vom Deutschen Institut für Normungen e.V. herausgegeben
www.din.de

Die Schreib- und Gestaltungsregeln für Geschäftsbriefe sind in der Norm **DIN** 5008 festgelegt. Die **DIN 5008** bezieht sich auf die Form von Geschäftsbriefen und ihre Briefteile sowie die Form und Schreibweise von Daten, Abkürzungen, Hervorhebungen, Gliederung von Zahlen und Texten. Die DIN 5008 wird in bestimmten Abständen aktualisiert, sodass man sich über etwaige Änderungen auf dem Laufenden halten sollte.

Auf der folgenden Seite finden Sie einen Geschäftsbrief der Beska GmbH nach DIN 5008 (zum Teil vereinfacht dargestellt). Sie finden weiterhin entsprechende Anmerkungen zur Briefgestaltung. Dabei ist zu beachten, dass jede Leerzeile mit einem Punkt markiert ist. Diese Punkte dienen für Sie als Orientierung, sind aber im tatsächlichen Geschäftsbrief nicht zu sehen.

Wenn Sie einen Geschäftsbrief schreiben, müssen Sie Folgendes beachten:
- Verwendung helles Papier, Schriftfarbe i. d. R. schwarz
- Brieftext als Fließtext ohne Worttrennung schreiben
- Rechtschreibung nach Duden verwenden
- keine Versalschrift
- dezente Hervorhebung, z. B. fett, kursiv, wenig farbige Schrift
- bei Schriftart Times New Roman, Courier oder Bodoni: Schriftgröße von 12 pt und einfachen Zeilenabstand
- bei Schriftart Arial, Candara oder Century Gothic: Schriftgröße von 10 oder 11 pt plus größerem Zeilenabstand

Antworten Sie direkt auf einen eingegangenen Geschäftsbrief, ist es üblich, den zu verfassenden Brief mit einem Dank für das erhaltene Schreiben zu beginnen. Wird der Geschäftsbrief mit Hilfe eines Textverarbeitungsprogramms erstellt, so ist ein Zeilenabstand von einer bis anderthalb Leerzeilen üblich. Als Schriftart wird in der Regel Times New Roman oder Arial verwendet. Alle Zeilen beginnen bei 2,5 cm von der linken Blattkante.

Das Anschriftenfeld besteht aus 9 Zeilen:
1.–3. Zusatz- und Vermerkzone, z. B. Info für die Post, Einschreiben, Werbesendung, Drucksache
4. Empfängerbezeichnung/Anrede, z. B. Firmenbezeichnung oder Frau/Herr
5. Empfänger: Vor- und Nachname, ggf. mit akademischem Grad oder Titel
6. Postfach mit Nummer oder Straße mit Hausnummer
7. Postleitzahl und Bestimmungsort (Postleitzahl wird ohne Leerstelle geschrieben)
8. Bestimmungsland
9. Leerzeile

Beska Berliner Superkauf GmbH • Tauentzienstraße 60 • 10789 B
•
•
•
Wohnungsbaugesellschaft
Meyer & Meyer GmbH
Parkweg 22
12568 Berlin

Die **Bezugszeile** dient der Orientierung des Briefempfängers und des Absenders:
1. Kurzzeichen für Namen werden kleingeschrieben.
2. Für das Datum existieren zwei mögliche Schreibweisen:
a) Jahr-Monat-Tag, z. B. 20XX-07-18
b) Tag.Monat.Jahr, z. B. 18.07.20XX

•

Ihr Zeichen, Ihre Nachricht vom	Unser Zeichen, unsere Nachricht vom	Telefon 030 936-0	Datum
mm	ea/sbz	-36	15.11.20XX

•
•
Kündigung des Mietvertrages
•
•

Betreff
Stichwortartige Inhaltsangabe des ganzen Briefes. Sie dient dazu, dem Leser auf den ersten Blick eine Orientierung zu geben. Der Betreff wird ohne Schlusspunkt geschrieben, er kann z. B. durch Fettdruck hervorgehoben werden.

Sehr geehrter Herr Meyer,
•
hiermit möchte ich im Namen der Beska GmbH die L
31.12.20XX kündigen.

Anrede
Ist der Empfänger bekannt, so wird dieser mit seinem Namen angesprochen. Ansonsten formuliert man allgemein (z. B.: Sehr geehrte Damen und Herren). Nach der Anrede steht ein Komma.

Nachdem wir unsere Umbaumaßnahmen in unserem
benötigen wir das Außenlager in der Marxstraße nich

Ich danke Ihnen für die vertrauensvolle Zusammenar
•
Mit freundlichen Grüßen
•
Berliner Superkauf GmbH
•
i.A. Elisabeth Albrecht
•
Elisabeth Albrecht
•
Anlage
Kopie des Mietvertrages

Gruß
Der Geschäftsbrief wird mit einem Gruß abgeschlossen.
Üblich ist: „Mit freundlichen Grüßen“ oder „Mit freundlichem Gruß“.
Als distanzierte Grußformel, meist im Rahmen von Mahnungen eingesetzt, gilt die Formulierung „Hochachtungsvoll“.

Wiederholung der Firma

Unterschrift
Für die Unterschrift werden in der Regel 3 Zeilen reserviert.
Ist der Unterzeichner (wie im Beispiel) nicht Inhaber des Unternehmens, so gibt ein Kürzel vor der Unterschrift die entsprechende Vollmacht des Unterzeichners an.
ppa. (per Prokura) = Prokura
i. V. (in Vertretung) = Handlungsvollmacht
i. A. (im Auftrag) = Einzelvollmacht

maschinenschriftliche Namenswiederholung des Briefverfassers

Anlagenvermerk
Wenn dem Brief eine Unterlage beigefügt ist, wird ein Anlagenvermerk gemacht und die beigefügte Unterlage aufgezählt. Aus Platzgründen kann der Anlagenvermerk auch rechts neben dem Gruß stehen.

Beska
Berliner Superkauf GmbH

Tauentzienstraße 60 | Telefon 030 936-0 | Handelsregister | Finanzamt | Bankverbindungen

7.8 Allgemeine Geschäftsbedingungen

Allgemeine Geschäftsbedingungen sind vorformulierte **Vertragsbedingungen**, die eine Vertragspartei für eine Vielzahl an Verträgen verwendet. Es handelt sich um Bedingungen, die der anderen Vertragspartei vorgegeben werden. Mit den AGB will der Verwender Vereinbarungen treffen, die von den gesetzlichen Vorschriften abweichen (z. B. zu den Lieferungs- und Zahlungsbedingungen, zur Gewährleistungspflicht, zu Garantien oder zum Eigentumsvorbehalt).

In den AGB darf der Verwender aber nicht nach Gutdünken vereinbaren, was er will. Das BGB setzt **rechtliche Grenzen**, um die Käufer vor unlauteren AGB zu schützen. Insbesondere darf der „Kerngehalt einer gesetzlichen Regel“ nicht zum Nachteil des Vertragspartners abgeändert werden. Beispielweise wäre eine AGB-Klausel, die jegliche Haftung für Mängel ausschließt, unwirksam.

Verbraucherschutz → LF 5, Kap. 3

Durch die gesetzlichen Regelungen soll der wirtschaftlich schwächere Vertragspartner (Verbraucher) geschützt werden. Die AGB müssen wirksam in den Vertrag einbezogen werden, d. h., der jeweilige Kunde muss ihnen zustimmen. Theoretisch können sie zwar vom Kunden abgelehnt oder abgeändert werden, in der Praxis ist dies jedoch selten der Fall (in der Regel wird sich der Verwender nicht darauf einlassen). Durch die AGB kann eine Vielzahl von Verträgen schneller und rationeller abgewickelt werden. Auch werden einzelne Geschäftsrisiken besser kalkulierbar.

Hinsichtlich der Wirksamkeit von AGB gelten u. a. folgende Regelungen:

- **Individuelle Absprachen** haben stets Vorrang vor den AGB. Auch wenn eine Klausel aus den AGB ausgeschlossen wird, geschieht dies durch eine individuelle Vereinbarung.
- **Überraschende und mehrdeutige Klauseln** werden nicht Vertragsbestandteil. Es muss sich um eine objektiv ungewöhnliche Klausel handeln (z. B. eine Gerichtsstandsvereinbarung im Ausland, obwohl deutsches Recht anzuwenden ist) und der Klausel muss ein Überrumpelungseffekt innewohnen (das wäre z. B. nicht der Fall, wenn eine solche Klausel fett gedruckt in großer Schrift verfasst ist).
- Wenn eine **Klausel unwirksam** ist, so bleibt der Vertrag im Übrigen gültig, an die Stelle der AGB treten die gesetzlichen Regelungen.

Damit die AGB Gültigkeit erlangen, müssen sie dem Kunden durch den Aufdruck in zumutbarer Weise auf Bestell- und Rechnungsformularen oder durch einen **Aushang im Ladenlokal** des Einzelhändlers bekannt gemacht werden.

7.9 Nichtige und anfechtbare Rechtsgeschäfte

Trotz weitestgehender Vertragsfreiheit kann nicht jedes beliebige Rechtsgeschäft abgeschlossen werden. Aufgrund gesetzlicher Vorschriften sind bestimmte Geschäfte von vornherein ungültig, d.h. nichtig, oder es besteht die Möglichkeit, Rechtsgeschäfte bei Vorliegen bestimmter Tatbestände anzufechten.

Rechtsgeschäfte, die **nichtig** sind, haben keinerlei Rechtsfolgen. Folgende Rechtsgeschäfte sind nichtig, also von Beginn an unwirksam:

a) Rechtsgeschäfte von geschäftsunfähigen Personen
b) Rechtsgeschäfte, die bei vorübergehender Geistesschwäche abgeschlossen werden
c) Rechtsgeschäfte, die nur zum Schein abgeschlossen werden
d) Rechtsgeschäfte, die gegen die guten Sitten verstoßen
e) Rechtsgeschäfte, die gegen ein gesetzliches Verbot verstoßen
f) Rechtsgeschäfte, die gegen Formvorschriften verstoßen

Beispiel

zu a) Ein fünfjähriges Kind kann sich von seinem Taschengeld kein Eis kaufen.
zu b) Eine stark alkoholisierte Person verschenkt ihr Auto an einen Passanten.
zu c) Um die Umsatzsteuer zu mindern, wird eine Rechnung nicht auf die tatsächliche Höhe von 1.500,00 Euro, sondern nur auf 800,00 Euro ausgestellt.
zu d) Um die finanzielle Notlage einer Person auszunutzen, wird ein Darlehensvertrag mit viel zu hohen Zinsen vereinbart.
zu e) Der Verkauf von Alkohol an einen 14-Jährigen stellt einen Verstoß gegen das Jugendschutzgesetz dar.
zu f) Ein Kaufvertrag über ein Grundstück wird ohne notarielle Beurkundung abgeschlossen.

Die **Anfechtbarkeit** von Rechtsgeschäften bedeutet, dass ein gültig zu Stande gekommenes Rechtsgeschäft rückwirkend als unwirksam erklärt werden kann. Ohne die Anfechtungserklärung bleibt das Rechtsgeschäft wirksam. Folgende Gründe können zur Anfechtung von Rechtsgeschäften führen:

a) Irrtum in der Erklärung
b) Irrtum in der Übermittlung
c) Irrtum über wesentliche Eigenschaften einer Person oder einer Sache
d) arglistige Täuschung
e) widerrechtliche Drohung

Beispiel

zu a) An Stelle des tatsächlichen Preises von 199,00 Euro wird eine Ware versehentlich mit einem Preis von 19,90 Euro ausgezeichnet.
zu b) Bei einer telefonischen Auftragserteilung werden an Stelle von 10 PC durch eine schlechte Telefonverbindung 110 PC bestellt.
zu c) Obwohl Verkäufer und Käufer eine kostbare Vase aus dem 17. Jahrhundert für echt halten, stellt sich später heraus, dass diese Vase eine Fälschung ist.
zu d) Der Verkäufer weiß, dass die Vase aus dem 17. Jahrhundert eine Fälschung ist, verkauft sie aber trotzdem für einen hohen Preis als echt antik.
zu e) Einer Person wird körperliche Gewalt angedroht, wenn sie nicht einen Kaufvertrag unterschreibt.

Rechtsgeschäfte

nichtige

Geschäftsunfähigkeit

Verstoß gegen gesetzliche Verbote oder gute Sitten

Verstoß gegen Formvorschriften

Schein- oder Scherzgeschäft

anfechtbare

Irrtum

Täuschung

Drohung

ALLES KLAR?

1 Wer von den unten aufgeführten Personen ist eine juristische Person?

a) Einzelhandelsunternehmen
b) Rechtsanwältin
c) Mitinhaber eines Unternehmens
d) Richter
e) Schulleiter

2 Welche Aussage trifft auf eine juristische Person nicht zu?

a) Sie kann verklagen.
b) Sie kann verklagt werden.
c) Sie kann Insolvenz anmelden.
d) Sie besitzt eine eingeschränkte Geschäftsfähigkeit.
e) Sie kann zu jeder Zeit Eigentum erwerben.

3 Ab wann ist eine natürliche Person rechtsfähig?

a) ab 18 Jahren
b) ab 21 Jahren
c) ab 16 Jahren
d) ab 7 Jahren
e) ab ihrer Geburt

4 In welchem Zeitraum ist eine natürliche Person beschränkt geschäftsfähig?

a) zwischen dem 6. und 18. Lebensjahr
b) zwischen dem 7. und 18. Lebensjahr
c) zwischen dem 7. und 21. Lebensjahr
d) zwischen dem 7. und 14. Lebensjahr
e) zwischen dem 18. und 21. Lebensjahr

5 Ab wann ist eine natürliche Person unbeschränkt (voll) geschäftsfähig?

a) ab 21 Jahren
b) ab 17 Jahre
c) ab 18 Jahren
d) ab 14 Jahren
e) ab 16 Jahren

6 Ein 16-jähriger Auszubildender möchte ohne Zustimmung eines gesetzlichen Vertreters einen Einkaufsbummel bei der Beska GmbH unternehmen. Was darf er erwerben?

a) Er kauft ein Netbook auf Raten.
b) Er kauft sich die neuste Xbox.
c) Er kauft sich das Kicker-Sonderheft für 4,50 €.
d) Er kauft sich Fußballschuhe für 154,00 €.
e) Er kauft sich den Bildband „Fußballweltmeisterschaften“ für 65,00 €.

7 Die noch minderjährige Tochter eines Einzelhändlers soll das Geschäft ihres verstorbenen Vaters übernehmen. Ab welchem Alter kann der gesetzliche Vertreter und das Vormundschaftsgericht die Tochter für volljährig erklären lassen?

a) ab 21 Jahren
b) ab 18 Jahren
c) ab 17 Jahren
d) ab 16 Jahren
e) ab 25 Jahren

8 Für wen gilt folgende Aussage: „Die Rechtssubjekte können gültige Rechtsgeschäfte abschließen und müssen die volle Verantwortung dafür übernehmen.“

a) natürliche Personen, die das 7. Lebensjahr vollendet haben
b) natürliche Personen, die eine dauerhafte psychische Störung haben
c) natürliche Personen, die das 16. Lebensjahr vollendet haben
d) natürliche Personen, die das 18. Lebensjahr vollendet haben
e) alle natürlichen Personen

9 Welches der nachfolgenden Rechtsobjekte stellt eine Sache dar?

a) Sachen sind nicht körperliche Gegenstände
b) Patente
c) Lizenzen
d) Forderungen
e) Grundstücke

10 Wie wird einer Person Eigentum an einer beweglichen Sache übertragen?

a) durch Eintragung
b) durch Zulassung
c) durch Einigung
d) durch Übereinkommen
e) durch Übergabe der beweglichen Sache

11 Ordnen Sie die Begriffe (1) Geschäftsfähigkeit, (2) Eigentum und (3) Rechtssubjekt den unten aufgeführten Informationen zu.

a) Erlangung eines lediglich rechtlichen Vorteils
b) Träger von Rechten und Pflichten
c) rechtliche Verfügungsgewalt über eine bewegliche Sache
d) tatsächliche Verfügungsgewalt über eine bewegliche Sache
e) Fähigkeit, gültige Rechtsgeschäfte abzuschließen

12 Welches der unten aufgeführten Rechtsgeschäfte ist durch eine einseitige, empfangsbedürftige Willenserklärung zustande gekommen?

a) Ein Mitarbeiter der Beska GmbH nimmt einen Kredit bei seiner Bank auf.
b) Ein Mieter der Beska GmbH kündigt den Mietvertrag für eine Lagerhalle fristgerecht.
c) Ein Auszubildender der Beska GmbH leiht sich von einem Mitarbeiter dessen Fahrrad aus.
d) Der Geschäftsführer der Beska GmbH schreibt sein Testament.
e) Eine Mitarbeiterin kauft sich in der Beska GmbH wertvollen Schmuck.

13 Welches der unten aufgeführten Rechtsgeschäfte hat – ohne empfangsbedürftig zu sein – eine rechtliche Wirkung?

a) Kündigung
b) Mahnung
c) Mietvertrag
d) Kaufvertrag
e) Testament

14 In welchem der unten aufgeführten Fälle handelt es sich um einen Privatkauf (bürgerlicher Kauf)?

a) Der Senat in Berlin stattet das Berufskolleg in Kreuzberg mit neuen Stühlen aus.
b) Ein Lebensmitteleinzelhändler kauft für private Zwecke Grillgut im Wert von 450,00 €.
c) Der Geschäftsführer der Beska GmbH verkauft seinen Privatwagen an seinen besten Freund.
d) Ein Auszubildender der Beska GmbH kauft sich jeden Morgen vor Arbeitsbeginn einen Cappuccino in seiner Stammbäckerei.
e) Die Beska GmbH kauft bei seinem Stammlieferanten 5 Paletten Milch.

15 In welchem der unten aufgeführten Fälle handelt es sich um einen zweiseitigen Handelskauf?

a) Der Geschäftsführer der Beska GmbH kauft seinem befreundeten Geschäftsführer der Handels GmbH das gebrauchte Notebook für private Zwecke ab.
b) Ein Stammlieferant der Beska GmbH liefert der Beska GmbH Ware im Wert von 1.500,00 €.
c) Die Mitarbeiterin Frau Merz kauft sich nach Feierabend ein Eis in der benachbarten Eisdiele.
d) Das Kind einer Mitarbeiterin der Beska GmbH bekommt zur Kommunion von der Beska GmbH ein Buch geschenkt.
e) Ein Auszubildender kauft sich für den Berufsschulunterricht die notwenigen Fachbücher.

8 Wichtige Rechenverfahren

8.1 Dreisatzrechnung

Lernsituation 31

Die Kenntnisse der Dreisatzrechnung sind grundlegend für andere Rechenverfahren, wie z. B. Prozentrechnen, Verteilungsrechnen, Zinsrechnen, Preiskalkulationen. Mit der einfachen Dreisatzrechnung wird aus drei bekannten Größen eine vierte, gesuchte Größe ermittelt.

8.1.1 Einfacher Dreisatz mit geradem Verhältnis

Beispiel

Die Beska GmbH hat für 5 Aushilfskräfte, die für Inventurarbeiten eingestellt wurden, 4.025,00 Euro Personalkosten. Wie hoch sind die Personalkosten für 8 Aushilfskräfte?

Mit Hilfe einer Inventur werden zu einem bestimmten Stichtag die Vermögenswerte und die Schulden eines Unternehmens genau ermittelt.

Weil sich bei der Änderung einer Größe (hier: Aushilfskräfte) die andere Größe (hier: Euro) im gleichen Verhältnis ändert, spricht man von einem geraden oder auch proportionalen Verhältnis.

Gerades (proportionales) Verhältnis

Je mehr Aushilfskräfte, desto mehr Personalkosten und je weniger Aushilfskräfte, desto weniger Personalkosten.

Lösungsweg:

Bedingungssatz (Was ist bekannt?):	5 Aushilfskräfte verursachen 4.025,00 € Personalkosten.
Fragesatz (Was ist gefragt?):	8 Aushilfskräfte verursachen ? € Personalkosten.

Das ? steht für die gesuchte vierte Größe („Wie viel?").

Der Rechenweg erfolgt in drei Sätzen, deshalb nennt man das Verfahren auch Dreisatz:

1. Satz	5 Aushilfskräfte verursachen 4.025,00 € Personalkosten.
2. Satz	1 Aushilfskraft verursacht $\frac{4.025,00}{5}$ Personalkosten.
3. Satz	8 Aushilfskräfte verursachen $\frac{4.025,00 \cdot 8}{5}$ Personalkosten.
Ergebnis:	8 Aushilfskräfte verursachen 6.440,00 Euro Personalkosten.

1 Aushilfskraft:
$\frac{1}{5} \cdot 4.025,00\ € = 805,00\ €$
8 Aushilfskräfte:
$8 \cdot 805,00\ € = 6.440,00\ €$, also 8-mal so viel wie eine Aushilfskraft

Den oben beschriebenen ausführlichen Lösungsweg kann man verkürzen, indem man den 2. Satz weglässt. Die zusammengehörenden Größen können auch in einer Tabelle aufgelistet werden. Hier sind die einzelnen Größen farbig markiert:

Bedingungssatz:	5 Aushilfskräfte → 4.025,00 €	
Fragesatz:	8 Aushilfskräfte → ? €	
Bruchsatz:	? €	$= \frac{4.025,00\ € \cdot 8}{5}$
Ergebnis:	8 Aushilfskräfte verursachen 6.440,00 Euro Personalkosten.	

Dreisatz in Tabellenform:

Aushilfskräfte	€
5	4.025,00
8	?

Merke: Gleiche Größen untereinanderschreiben. Die Größe, die im Text zweimal vorkommt, steht auf der linken Seite. Die gesuchte Größe steht immer rechts unten.

8.1.2 Einfacher Dreisatz mit ungeradem Verhältnis

Beispiel

8 Aushilfskräfte erledigen die Inventurarbeiten bei der Beska GmbH in 15 Stunden. Wie viele Stunden benötigen 10 Aushilfskräfte?

Beim ungeraden Dreisatzverhältnis ändern sich die Größen gegensätzlich. Die Verringerung einer Größe (Aushilfskräfte) führt zur Vermehrung der anderen Größe (Stunden) und umgekehrt. Es handelt sich um ein **ungerades** oder **antiproportionales** Verhältnis.

Ungerades (antiproportionales) Verhältnis

Je mehr Aushilfskräfte, desto weniger Arbeitszeit und je weniger Aushilfskräfte, desto mehr Arbeitszeit.

Lösungsweg:

Bedingungssatz:	8 Aushilfskräfte benötigen 15 Stunden.
Fragesatz:	10 Aushilfskräfte benötigen ? Stunden.
Dreisatz: 1. Satz	8 Aushilfskräfte benötigen 15 Stunden.
2. Satz	1 Aushilfskraft benötigt 15 Stunden · 8.
3. Satz	10 Aushilfskräfte benötigen $\frac{8 \cdot 15}{10}$ Personalkosten.
Ergebnis:	10 Aushilfskräfte benötigen für die Inventur 12 Stunden.

1 Aushilfskraft:
8 · 15 Stunden

10 Aushilfskräfte:
$\frac{120}{10}$ = 12 Stunden,
also $\frac{1}{10}$ mal so viel wie eine Aushilfskraft.

Auch beim Dreisatz kann das verkürzte Rechenschema angewendet werden:

Bedingungssatz:	8 Aus hilfskräfte → 15 Stunden
Fragesatz:	10 Aushilfskräfte ↖↙↓ ? Stunden
Bruchsatz:	? Stunden = $\frac{15 \cdot 8}{10}$
Ergebnis:	10 Aushilfskräfte benötigen für die Inventur 12 Stunden.

Aushilfskräfte	Stunden
8	15
10	?

8.2 Prozentrechnung

Die Prozentrechnung wird u.a zur Berechnung von Preisnachlässen, Entgelten oder zur Kalkulation von Preisen angewendet. Die Prozentrechnung ermöglicht den relativen Vergleich verschiedener Zahlenverhältnisse, indem man die Werte auf eine einheitliche Vergleichszahl bezieht.

Merke:

$$1\,\% = \frac{1}{100} = 0{,}01$$

$$100\,\% = 100 \cdot \frac{1}{100} = 1$$

Beispiel

Die Beska GmbH bietet in einer Aktionswoche Textilien zu reduzierten Preisen an. Eine Kundin hat sich für zwei Artikel aus dem Aktionssortiment entschieden.

Artikel A			**Artikel B**		
	alter Preis:	120,00 €		alter Preis:	160,00 €
	neuer Preis:	96,00 €		neuer Preis:	136,00 €
	Preisnachlass:	24,00 €		Preisnachlass:	24,00 €

Die beiden Preisnachlässe sind betragsmäßig (absolut) gleich hoch. Sie betragen für beide Artikel 24,00 Euro. Aber im relativen Vergleich ist der Preisnachlass bei Artikel A höher, denn 24,00 Euro sind ein größerer Teil von 120,00 Euro als von 160,00 Euro. Um die Werte miteinander vergleichen zu können, müssen die Preisnachlässe auf eine einheitliche Vergleichszahl bezogen werden. Bei der Prozentrechnung ist das die Vergleichszahl 100.

Lösungsweg:

Artikel A

Preis in €	Nachlass in €
120,00	24,00
100	?

Bedingungssatz:	Bei einem Preis von 120,00 € entspricht der Nachlass 24,00 €
Fragesatz:	Bei einem Preis von 100,00 € entspricht der Nachlass ? €
Bruchsatz:	$? \text{ €} = \frac{24{,}00 \text{ €} \cdot 100{,}00 \text{ €}}{120{,}00 \text{ €}}$
Ergebnis:	Für Artikel A gibt die Beska GmbH auf 100,00 Euro einen Nachlass von 20,00 Euro, also 20 von Hundert = 20 Prozent (auch 20 v. H. oder 20 %).

Artikel B

Preis in €	Nachlass in €
160,00	24,00
100	?

Bedingungssatz:	Bei einem Preis von 160,00 € entspricht der Nachlass 24,00 €
Fragesatz:	Bei einem Preis von 100,00 € entspricht der Nachlass ? €
Bruchsatz:	$? \text{ €} = \frac{24{,}00 \text{ €} \cdot 100{,}00 \text{ €}}{160{,}00 \text{ €}}$
Ergebnis:	Für Artikel B gibt die Beska GmbH auf 100,00 Euro einen Nachlass von 15,00 Euro, also 15 Prozent.

Der Preisnachlass für Artikel A ist im relativen Vergleich mit 20 Prozent also höher als der Nachlass für Artikel B, der 15 Prozent beträgt.

8.2.1 Drei Grundbegriffe der Prozentrechnung

In der Prozentrechnung unterscheidet man die drei Größen **Prozentwert, Grundwert** und **Prozentsatz**. Von diesen Größen sind jeweils zwei bekannt. Die dritte, gesuchte Größe wird mit Hilfe des Dreisatzes berechnet.

Grundwert und Prozentwert haben immer die gleiche Benennung (hier: Euro).

Prozentwert		Grundwert		Prozentsatz
24,00 €	von	120,00 €	sind	20 % $= \frac{20}{100} =$ 0,2
Teil des Gesamtwertes: entspricht dem Prozentsatz		Gesamtwert; entspricht immer 100 %		Teil des Gesamtwertes, der das Verhältnis zur Vergleichszahl 100 angibt

8.2.2 Prozentwert

Beispiel

Cordula Kampe kauft einen Blazer zum Preis von 180,00 Euro. Sie erhält einen Personalrabatt in Höhe von 15 %. Wie hoch ist der Rabatt in Euro?

Lösungsweg:

Grundwert: 180,00 € Prozentsatz: 15 % = 0,15 Prozentwert: ? €

%	€
100	180,00
15	?

Bedingungssatz:	100 % → 180,00 €
Fragesatz:	15 % → ? €
Bruchsatz:	? € $= \frac{180{,}00\,€ \cdot 15\,\%}{100\,\%}$
Ergebnis:	Sie erhält auf den Blazer 27,00 Euro Personalrabatt.

Berechnung des Prozentwertes

$$\text{Prozentwert} = \frac{\text{Grundwert}}{100\,\%} \cdot \text{Prozentsatz}$$

8.2.3 Prozentsatz

Beispiel

Cordula Kampe gewährt einer Kundin auf einen am Ärmel leicht beschmutzten Mantel zum regulären Preis von 250,00 Euro einen Nachlass von 30,00 Euro. Wie viel Prozent beträgt dieser Preisnachlass?

Lösungsweg:

Grundwert: 250,00 € Prozentwert: 30,00 € Prozentsatz: ? %

€	%
250,00	100
30,00	?

Bedingungssatz:	250,00 € → 100 %
Fragesatz:	30€ → ? %
Bruchsatz:	? % $= \frac{30{,}00\,€ \cdot 100\,\%}{250{,}00\,€}$
Ergebnis:	Der Preisnachlass beträgt 12 %.

Berechnung des Prozentsatzes

$$\text{Prozentsatz} = \frac{\text{Prozentwert}}{\text{Grundwert}}$$

8.2.4 Grundwert

Beispiel

Cordula Kampe erhält eine Umsatzprämie in Höhe von 2 % ihres Monatsumsatzes. Im Monat April betrug die Prämie 216,00 Euro. Wie hoch war ihr Monatsumsatz?

Umsatz (%)	Umsatz €
2	216,00
100	?

Lösungsweg:

Prozentwert: 216,00 € Prozentsatz: 2 % = 0,02 Grundwert: ? €

Bedingungssatz:	2 % → 216,00 €
Fragesatz:	100 % → ? €
Bruchsatz:	$? € = \frac{216{,}00 € \cdot 100 \%}{2 \%}$
Ergebnis:	Der Monatsumsatz im April betrug 10.800,00 Euro.

Umsatzsteuer → LF 3, Kap. 5

Quittung → LF 3, Kap. 5.4

Berechnung des Grundwertes

$$\text{Grundwert} = \frac{\text{Prozentwert}}{\text{Prozentsatz}}$$

Vermehrter Grundwert

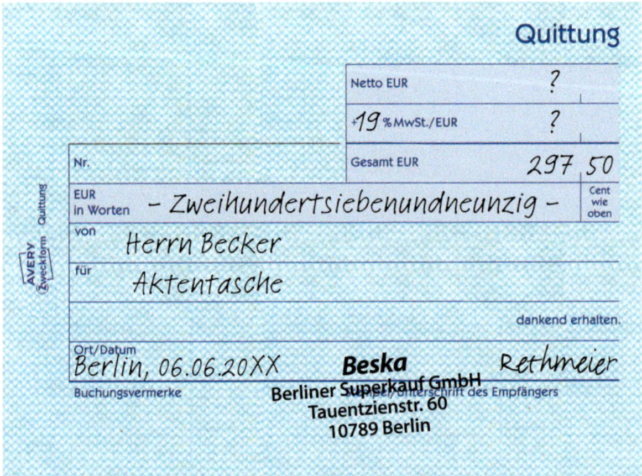
Quittung

Netto EUR	?
19 % MwSt./EUR	?
Gesamt EUR	297,50

Nr.

EUR in Worten – Zweihundertsiebenundneunzig – Cent wie oben

von Herrn Becker

für Aktentasche

dankend erhalten.

Ort/Datum Berlin, 06.06.20XX

Buchungsvermerke

Stempel/Unterschrift des Empfängers Rethmeier

Beska Berliner Superkauf GmbH Tauentzienstr. 60 10789 Berlin

Beispiel

Herr Becker möchte den Kauf einer Aktentasche für 297,50 Euro quittiert haben. Die in den 297,50 Euro enthaltene Umsatzsteuer in Höhe von 19 % muss auf der Quittung ausgewiesen werden.

Die 19 % Umsatzsteuer wurden vom Warenwert ermittelt. In dem Ladenpreis von 297,50 Euro sind sie aber bereits enthalten. Für das Ausstellen der Quittung muss also

a) der Warenwert in Euro und
b) der Umsatzsteueranteil in Euro berechnet werden.

Lösungsweg:

Warenwert: (? €)	= 100 %		Grundwert
+ Umsatzsteuer (? €)	= 19 %	= 0,19	Prozentsatz
= Ladenpreis (297,50 €)	= 119 %		vermehrter Grundwert

a) Berechnung des Warenwertes

%	€
119	297,50
100	?

Bedingungssatz:	119 % → 297,50 €
Fragesatz:	100 % → ? €
Bruchsatz:	$? € = \frac{297{,}50 € \cdot 100 \%}{119 \%}$
Ergebnis:	Der Warenwert beträgt 250,00 Euro.

b) Berechnung des Umsatzsteueranteils

Bedingungssatz:	119 % → 297,50 €
Fragesatz:	19 % → ? €
Bruchsatz:	$? \text{ €} = \frac{297{,}50 \text{ €} \cdot 19 \%}{119 \%}$
Ergebnis:	Der Umsatzsteueranteil beträgt 47,50 Euro.

%	€
119	297,50
19	?

Berechnung bei vermehrtem Grundwert

$$\text{Grundwert} = \frac{\text{vermehrter Grundwert (€)}}{(100\,\% + \text{Prozentsatz})}$$

$$\text{Prozentwert} = \frac{\text{vermehrter Grundwert (€)}}{(100\,\% + \text{Prozentsatz})}$$

Verminderter Grundwert

Beispiel

Der Verkäufer Peter Meyer verkauft einen Gürtel wegen geringer Farbschattierungen mit einem Nachlass von 10 % zum Preis von 36,00 Euro. Wie hoch war der Preis vorher?
Die 10 % Preisnachlass wurden von dem alten Ladenpreis abgezogen. Der herabgesetzte neue Preis in Höhe von 36,00 Euro entspricht also nur 90 % des ursprünglichen Preises.

Lösungsweg:

ursprünglicher Preis: (? €)	= 100 %		Grundwert
– Preisnachlass (? €)	= 10 %	= 0,10	Prozentsatz
= reduzierter Preis (36,00 €)	= 90 %		verminderter Grundwert

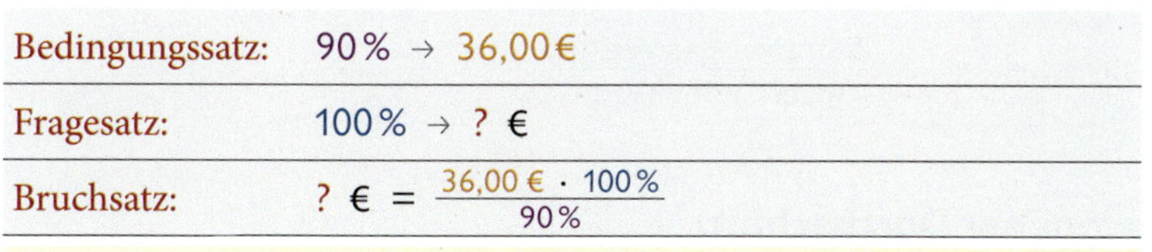

Bedingungssatz:	90 % → 36,00 €
Fragesatz:	100 % → ? €
Bruchsatz:	$? \text{ €} = \frac{36{,}00 \text{ €} \cdot 100 \%}{90 \%}$
Ergebnis:	Der ursprüngliche Preis betrug 40,00 Euro.

%	€
90	36,00
100	

Berechnung bei vermindertem Grundwert

$$\text{Grundwert} = \frac{\text{verminderter Grundwert (€)}}{(100\,\% - \text{Prozentsatz})}$$

8.3 Durchschnittsrechnung

Lernsituation 32

Der Mittelwert wird oft auch als arithmetisches Mittel bezeichnet.

Durchschnittswerte wie durchschnittliche Umsätze, durchschnittliche Lagerbestände, Umsätze je Verkaufskraft u. a werden im Einzelhandel zur Beurteilung der Wirtschaftlichkeit herangezogen. Beim Durchschnittsrechnen wird aus der Summe mehrerer Werte ein **Mittelwert** errechnet. Die einzelnen Werte müssen immer die gleiche Benennung haben.

8.3.1 Einfacher Durchschnitt

Beispiel

In der Beska GmbH wurden in der 14. Kalenderwoche folgende Umsätze ermittelt:

Montag:	15.300,00 Euro
Dienstag:	12.700,00 Euro
Mittwoch:	24.500,00 Euro
Donnerstag:	41.600,00 Euro
Freitag:	43.200,00 Euro
Samstag:	48.100,00 Euro

Ermitteln Sie den durchschnittlichen Tagesumsatz.

Lösungsweg

1. Summe der einzelnen Umsätze berechnen:
   15.300,00 + 12.700,00 + 24.500,00 + 41.600,00 + 43.200,00 + 48.100,00
   = 185.400,00

2. Anzahl der Wochentage ermitteln: 6

3. Summe der Umsätze durch Anzahl der Wochentage dividieren:
   $\frac{185.400,00}{6} = 30.900,00$

Ergebnis: Der durchschnittliche Tagesumsatz beträgt 30.900,00 Euro.

Berechnung des einfachen Durchschnitts

$$\text{Einfacher Durchschnitt} = \frac{\text{Summe aller Werte}}{\text{Anzahl aller Werte}}$$

8.3.2 Gewogener Durchschnitt

Der gewogene Durchschnitt wird dann angewendet, wenn einzelne Werte häufiger vorkommen. Es kann dann sehr umständlich werden, alle Werte einzeln zu addieren. Der gewogene Durchschnitt ist also eine **Vereinfachung** der oben vorgestellten Rechenmethode, die aber zum gleichen Ergebnis kommt:

Beispiel

In der Textilabteilung der Beska GmbH erhalten als Monatsgehalt:
2 Mitarbeiter je 2.500,00 Euro, 6 Mitarbeiter je 1.600,00 Euro und
4 Mitarbeiter je 1.300,00 Euro. Wie hoch ist das monatliche
Durchschnittsgehalt je Mitarbeiter in der Textilabteilung?

Lösungsweg 1: (Rechenmethode nach 8.3.1)

1. Summe der Monatsgehälter berechnen:
   2.500,00 + 2.500,00 + 1.600,00 + 1.600,00 + 1.600,00 + 1.600,00 + 1.600,00 + 1.600,00 + 1.300,00 + 1.300,00 + 1.300,00 + 1.300,00 = 19.800,00
2. Anzahl der Mitarbeiter ermitteln:
   2 + 6 + 4 = 12
3. Summe der Gehälter durch Anzahl der Mitarbeiter dividieren:
   $\frac{19.800,00}{12} = 1.650,00$

Ergebnis: Das durchschnittliche Monatsgehalt je Mitarbeiter beträgt 1.650,00 Euro.

Dieser Rechenweg ist kompliziert. Einfacher geht es, wenn festlegt wird, wie oft die einzelnen Werte vorkommen. Dann werden die Werte mit der Zahl ihrer Häufigkeit multipliziert und aus der Summe dieser gewichteten Werte der Mittelwert errechnet. Dazu wird eine Tabelle angelegt.

Lösungsweg 2: Erstellen einer Tabelle

Anzahl der Mitarbeiter	Monatsgehalt je Mitarbeiter (€)	Summe der Monatsgehälter (€)
2	2.500,00	2 · 2.500,00 = 5.000,00
6	1.600,00	6 · 1.600,00 = 9.600,00
4	1.300,00	4 · 1.300,00 = 5.200,00
Summe: 12		Summe 19.800,00

Durchschnittsgehalt: $\frac{19.800,00}{12} = 1.650,00$ €

Ergebnis: Das durchschnittliche Monatsgehalt je Mitarbeiter beträgt 1.650,00 Euro.

Lösungsweg 3: Verkürzte Schreibweise als Bruch:

$$\frac{2 \cdot 2.500,00 + 6 \cdot 1.600,00 + 4 \cdot 1.300,00}{(2 + 6 + 4)} = \frac{19.800,00}{12} = 1.650,00 \text{ €}$$

Ergebnis: Das durchschnittliche Monatsgehalt je Mitarbeiter beträgt 1.650,00 Euro.

ALLES KLAR?

1 Die Beska GmbH bezieht Kartoffeln (Drillinge) mit einem Gesamtnettogewicht von 785 kg zu 439,60 €. Wie viel Euro kostet ein kleiner Verkaufssack mit 2,5 kg Nettogewicht?

a) 2,80 € **c)** 1,45 € **e)** 2,25 €
b) 1,40 € **d)** 2,30 €

2 Die Beska GmbH hat noch 192 Gläser Kirschmarmelade auf Lager. Wie viel Tage reicht der Vorrat aus, wenn pro Woche (6 Tage) im Durchschnitt 48 Gläser abverkauft werden?

a) 18 Tage **c)** 24 Tage **e)** 20 Tage
b) 19 Tage **d)** 22 Tage

3 Ein Mitarbeiter der Beska GmbH erhält für seine Außendiensttätigkeiten beim Verkauf von 250 Stück eine Provision von 4.500,00 €. Wie viel Euro erhält er, wenn sich beim nächsten Abrechnungstermin der Verkauf auf 230 Stück beläuft?

a) 4.200,00 € **d)** 4.140,00 €
b) 4.250,00 € **e)** 4.400,00 €
c) 4.300,00 €

4 Achtzehn Einzelhandelsunternehmen eines Einkaufszentrums gestalten eine gemeinsame Werbeaktion, wobei jeder anteilige Kosten in Höhe von 462,50 € zu tragen hat. Wie viel Euro beträgt der Kostenanteil, wenn alle 32 Einzelhandelsunternehmen des Einkaufszentrums an der Werbeaktion beteiligt gewesen wären?

a) 220,50 € **c)** 260,16 € **e)** 265,80 €
b) 362,50 € **d)** 280,00 €

5 Die Beska GmbH hat 5 Angebote vorliegen. Welches ist das günstigste?

a) 4.230,00 €, Bezugskosten: 2 % auf den Listeneinkaufspreis
b) 4.500,00 € bei 3 % Rabatt
c) 4.550,00 € bei 4 % Rabatt
d) 4.570,00 € bei 2 % Skonto
e) 4.250,00 € bar ohne Abzug

6 Die Auszubildende Victoria erhält von der Beska GmbH einen Personalrabatt von 14,5 %. Mit wie viel Euro war das von ihr gekaufte Sommerkleid ausgezeichnet, wenn sie es für 145,00 € kaufte?

a) 169,50 € **c)** 165,50 € **e)** 145,00 €
b) 170,00 € **d)** 196,50 €

7 Wie viel Kilogramm Rohkaffee sind geröstet worden, wenn bei 18 2/3 % Röstverlust 1 705,90 kg Röstkaffee übrig bleiben?

a) 2 900,00 kg **d)** 2 120,80 kg
b) 2 810,70 kg **e)** 2 310,50 kg
c) 2 097,42 kg

8 Die Beska GmbH musste den Artikel „Ledertasche Bern“ mit 235,90 € neu auszeichnen, nachdem der bisherige Listenverkaufspreis um 6 % angehoben wurde. Wie viel Euro betrug der Listenverkaufspreis vor der Preiserhöhung?

a) 212, 45 € **c)** 210,50 € **e)** 207,60 €
b) 230,40 € **d)** 222,55 €

9 Ein Einzelhandelsunternehmen hatte folgende Monatsumsätze:

Monat	Umsatz in €	Monat	Umsatz in €
Januar	32.500,00	Juli	28.450,00
Februar	24.880,00	August	27.500,00
März	34.200,00	September	28.750,00
April	28.700,00	Oktober	32.450,00
Mai	44.380,00	November	38.230,00
Juni	51.300,00	Dezember	66.780,00

a) Wie viel Euro betrug der Jahresumsatz?
b) Wie viel Euro betrug der durchschnittliche Monatsumsatz?
c) Wie viel Euro betrug der durchschnittliche Tagesumsatz bei 285 Verkaufstagen?
d) Wie viel Euro betrug der Umsatz je Verkäufer, wenn das Einzelhandelsunternehmen 4 Beschäftigte hat?

4

Waren präsentieren

Außengestaltung

Innengestaltung

Warenplatzierung im Verkaufsraum

Warenpflege

Warenkennzeichnung

Preisauszeichnung

1 Ladengestaltung

Waren sollen möglichst ansprechend präsentiert werden, um beim Kunden das Interesse an der ausgestellten Ware zu wecken und Kaufimpulse auszulösen. Die Präsentation der Waren soll dem Kunden auch einen Überblick über das Angebot des Einzelhandelsunternehmens ermöglichen. Das Thema „Waren präsentieren" umfasst verschiedene Aspekte:

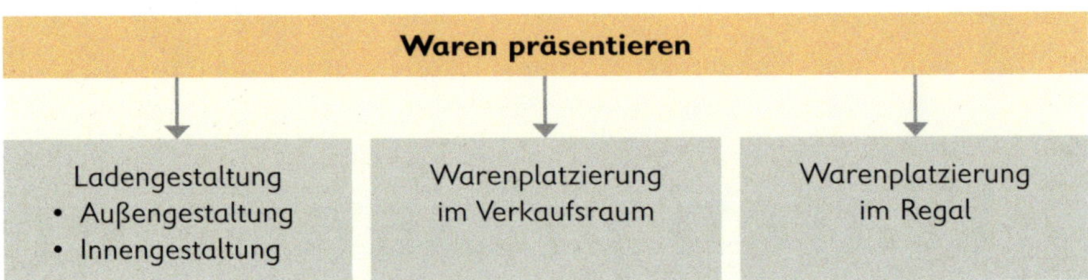

Mit dem Begriff Ladengestaltung werden alle Gestaltungselemente innerhalb und außerhalb des Verkaufsraums verbunden. Durch eine sinnvolle Ladengestaltung soll die Verkaufsfläche optimal genutzt werden. Gleichzeitig soll eine angenehme Atmosphäre geschaffen werden, die den Kunden zum Verweilen einlädt und zum Kauf anregt. Außerhalb des Verkaufsraums sind die Gestaltung des Schaufensters und die Außenwerbung besonders wichtig.

Werbung
→ LF 5, Kap. 1

Lernsituation 37

1.1 Außengestaltung

Zur Außengestaltung zählen die Fassade, das Schaufenster und der Eingangsbereich. Die **Fassade** und das **Schaufenster** des Einzelhandelsunternehmens sollen Passanten auf das Geschäft aufmerksam machen und diese möglichst dazu motivieren, den Verkaufsraum zu betreten. Meistens bestehen die Eingangstüren aus großen Glaselementen, die einen günstigen Einblick in den Verkaufsraum bieten. Der **Eingang** in den Verkaufsraum soll bequem, attraktiv und einladend sein. Automatische Schiebetüren oder schwenkbare Türanlagen sollen gegen die Hemmschwelle der Passanten wirken, den Laden zu betreten (Schwellenangst).

Die Passanten bummeln oder hasten durch die Stadt. Fällt ihr Blick auf ein attraktiv gestaltetes Schaufenster, werden ihre Blicke magnetisch angezogen. Das Schaufenster hat einen seiner Zwecke erreicht: Es hat Aufmerksamkeit erregt. Damit ist der erste Schritt getan – dass aus dem Passanten ein Kunde wird.

Ein Schaufenster sollte die **Verbraucher informieren**, Wünsche wecken und zur Kundengewinnung beitragen. Das Schaufenster ist ein wichtiges Werbemittel des Einzelhändlers. Der potenzielle Kunde sollte bereits im Schaufenster erkennen, welche Art von Geschäft er vor sich hat und welche Waren er dort erwerben kann. Da das Schaufenster den ersten Eindruck von einem Geschäft vermittelt, muss es sorgfältig und werbewirksam gestaltet sein.

Halb offenes Schaufenster

Das Schaufenster ist in den meisten Betriebsformen nicht nur ein Ort der Warenpräsentation, sondern auch die **Visitenkarte des Unternehmens**. Das Schaufenster sagt etwas über
- die Kompetenz des Unternehmens,
- seine Sortimentspolitik und
- die **Unternehmenspersönlichkeit** aus.

Waren die Schaufenster früher noch einfache Schaukästen, die streng vom eigentlichen Geschäft getrennt waren, so gewähren viele Schaufenster von heute einen **Einblick** in das Innere des Geschäfts. Die Passanten sollen möglichst wenig vom Geschäftsraum getrennt sein. Unternehmen bemühen sich daher, durch entspiegeltes und blendfreies Glas, den Passanten von außen in den Verkaufsraum mit hineinzunehmen. Außerdem bringt ein solches Schaufenster zusätzliches Tageslicht ins Ladeninnere und signalisiert Offenheit.

Damit sich die Kunden im Inneren jedoch nicht beobachtet fühlen, wird heute vielfach mit flexiblen Stellwänden, Plakaten, Vorhängen oder anderen Sichtblenden gearbeitet, durch die sich die Einsicht ins Ladeninnere gezielt steuern lässt. Je nachdem, wie viel Einsicht den Passanten in das Geschäft gewährt wird, unterscheidet man die **Schaufensterarten offenes**, **halb offenes** und **geschlossenes** Schaufenster.

Offenes Schaufenster

Geschlossenes Schaufenster

Unternehmenspersönlichkeit = Corporate Identity = einheitliches Bild des Unternehmens nach innen und außen

Werbemittel
→ LF 5, Kap. 1.3

Betriebsformen
→ LF 1, Kap. 10

Dekorationen
→ LF 4, Kap. 1.3.1

Preisauszeichnung
→ LF 4, Kap. 3

Bei der Gestaltung eines Schaufensters gilt der Grundsatz: **„The product is the hero."** Das ausgestellte Produkt steht immer im Mittelpunkt. Zusätzlich können auch Dekorationsgegenstände verwendet werden. Diese müssen das Produkt hervorheben und dürfen die Aufmerksamkeit nicht vom Produkt ablenken. Wichtig ist auch eine korrekte Preisauszeichnung der im Schaufenster ausgestellten Produkte.

Ebenso muss darauf geachtet werden, dass das Schaufenster sowie die darin gezeigten Waren immer in **einwandfreiem Zustand** sind. Schmutzige Scheiben, Staub oder verblichene Farben werden keinen Kunden ins Geschäft locken. Die wichtigste Voraussetzung für eine gelungene Schaufenstergestaltung ist **Kreativität**. Ein fantasie- oder lieblos gestaltetes Schaufenster fällt gar nicht oder sogar negativ auf.

Nach der Gestaltung des Schaufensters und der präsentierten Ware werden unterschiedliche **Schaufenstertypen** unterschieden:

*In einem **Übersichtsfenster** kann die Sortimentsbreite eines Einzelhändlers überblickt werden.*

***Themenfenster** widmen sich einem bestimmten Thema, z. B. einer Jahreszeit oder einem Ereignis, das die Gesellschaft bewegt.*

*Im **Markenfenster** werden aktuelle Markenprodukte präsentiert.*

*Das **Ein-Artikel-Schaufenster** präsentiert ausschließlich einen Artikel, der besonders selten, wertvoll, wichtig oder neu ist.*

Welche Gestaltungsform gewählt wird, hängt in erster Linie von dem Produkt ab, das präsentiert werden soll. Allerdings spielen auch die Architektur des Schaufensters (Breite, Höhe, Tiefe, ebenerdig, kniehoch usw.) und die Betriebsform eine Rolle: Die Schaufenster von Fachgeschäften oder Warenhäusern sind in der Regel aufwändiger und fantasievoller (z. B. als Themenfenster) gestaltet als das Schaufenster eines Discounters (z. B. Plakatfenster).

n **Stapelfenster** werden Warenberge gezeigt, die dem Kunden e Fülle und den Überfluss des Angebots vermitteln sollen.

*Ein **Ramschfenster** ähnelt einem unübersichtlichen Warenlager. Der Kunde wird dadurch eher verwirrt als zum Kauf angeregt.*

*in **Animationsfenster** fordert den Kunden auf, aktiv zu werden.*

*Das **Plakatfenster** ist vollständig oder zum größten Teil mit Plakaten zugeklebt, sodass der Blick ins Ladeninnere nicht möglich ist. Die Plakate bewerben häufig die aktuellen Wochenangebote oder machen auf Preisaktionen aufmerksam.*

Schaufenster entfalten eine **Fernwirkung** z.B. mit den Ausstellungsstücken, die im oberen Teil des Schaufensters zu sehen sind. Eine **Nahwirkung** entfalten vor allem die Produkte im unteren Teilbereich des Schaufensters. Besondere Beachtung verdient der „Blickfang". Er muss den Passantenblick einfangen und neugierig machen.

Fern- und Nahwirkung mit Blickfang

Beleuchtung
→ LF 4, Kap. 1.3.1

Die Wirkung des Schaufensters kann durch eine überlegte **Schaufensterbeleuchtung** verstärkt werden. Als wichtigste Grundelemente gelten breit strahlende Reflektoren für die **Grundbeleuchtung**. Durch Spotlights wird der Blick auf die Lichtinseln für besondere Produkte gelenkt. Sich am Rande überschneidende Lichtkegel können den Blick durch das ganze Schaufenster lenken. Das Schaufenster sollte nicht nur während der Geschäftszeiten beleuchtet sein, sondern auch nach Geschäftsschluss, damit auch noch die Passanten angesprochen werden, die später an den Schaufenstern vorbeigehen.

Nach der Gestaltung eines Schaufensters muss sofort mit der Planung der nächsten Schaufenster begonnen werden. Untersuchungen haben ergeben, dass Schaufenster nach ca. drei Wochen in ihrer Aufmerksamkeitswirkung deutlich nachlassen. Das heißt, es muss eine Neugestaltung stattfinden. Dabei genügt es nicht, nur einige kleine Details zu verändern, sondern es muss eine ganz neue Visitenkarte erstellt werden.

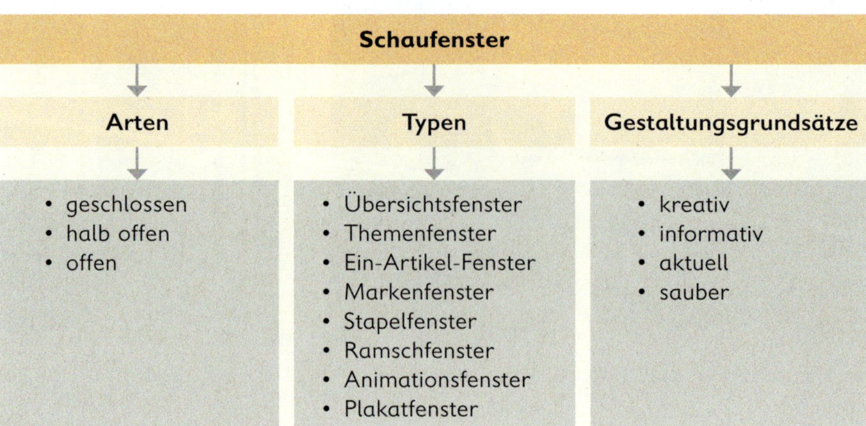

1.2 Innengestaltung

Lernsituation 38

Bei der Innengestaltung wird zunächst unterschieden, ob die Räume für den Kunden zugänglich sind oder nicht. **Nicht zugängliche Räume**, wie z. B. Reservelager, Kühllager, Leergutstationen, Büro- und Sozialräume und andere Nebenflächen, dienen der internen Arbeitsabwicklung und der Sicherstellung der Betriebsbereitschaft. Sie sind in erster Linie unter betriebswirtschaftlichen Gesichtspunkten zu gestalten. Hier stehen die Optimierung der Arbeitsabläufe und die Kosten für Gestaltung und Instandhaltung im Vordergrund.

Aufenthaltsraum der Beska GmbH

Die Gestaltung des für die Kunden zugänglichen **Verkaufsraums** ergibt sich aus der Betriebsform. Zum Verkaufsraum gehören z. B. die Verkaufsfläche, die Umkleidekabinen, die Treppenhäuser und die Aufzüge. Die Begriffe Verkaufsraum und Verkaufsfläche werden oftmals gleichbedeutend genutzt. Als oberster Grundsatz der Verkaufsraumgestaltung sollte gelten: Der Kunde soll sich im Geschäft wohl fühlen. Dabei dürfen betriebswirtschaftliche Aspekt nicht vernachlässigt werden.

Betriebsform
→ LF 1, Kap. 10

Beispiel

In Discountgeschäften kann auf eine luxuriöse Ladeneinrichtung verzichtet werden, bei einem Juwelier jedoch nicht.

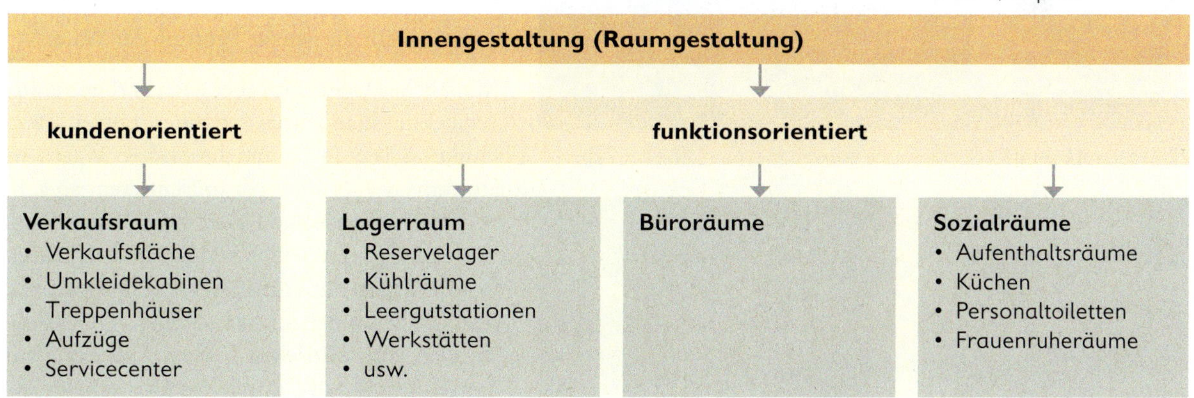

Die richtige Raumtemperatur, bequeme (Roll-)Treppen, gut zu erreichende Aufzüge, rutschfeste Fußböden und andere technische Faktoren der Raumgestaltung sorgen nicht nur für eine erhöhte Raumsicherheit, sondern auch für das **Wohlbefinden des Kunden**. Eine aufeinander abgestimmte, wirkungsvolle Ladengestaltung lässt den Kunden gerne im Geschäft verweilen. Gleichzeitig muss die Ladeneinrichtung funktional sein und der ordnungsgemäßen Lagerung zur Qualitätserhaltung der Waren und der Sicherung der Waren gegen Diebstahl dienen. Mit einer auf das Firmenimage und die Zielgruppen ausgerichteten Ladengestaltung kann sich der Einzelhändler gegenüber seinen Wettbewerbern profilieren und den wirtschaftlichen Erfolg sichern.

Warenpflege
→ LF 4, Kap. 1.5

1.3 Visual Merchandising

Visualisieren auf optisch ansprechende Weise darstellen

Merchandising Vermarktung

Kundenführung und Warenplatzierung → LF 4, Kap. 1.4

Durch **Visual Merchandising**, d. h. durch eine aufeinander abgestimmte wirkungsvolle Ladengestaltung und Warenpräsentation soll beim Kunden ein Kaufwunsch geweckt werden. Dazu sollte das Warenangebot klar und übersichtlich gegliedert sein, wobei Einzelstücke optisch hervorgehoben werden. Außerdem sollte die Kundenführung so gestaltet sein, dass die Kunden bestmöglich an der Ware vorbeigeführt werden.

1.3.1 Elemente des Visual Merchandising

Zu den Elementen des Visual Merchandising gehören:

- Beleuchtung
- Dekoration
- Farben
- Warenträger

Licht setzt Akzente.

Licht gibt Obst einen attraktiven Farbton.

Die **Beleuchtung** hat einen wesentlichen Einfluss auf die Verkaufsförderung und wird deshalb als Gestaltungselement in jedem Einzelhandelsgeschäft gezielt eingesetzt, denn wer seinen Laden und seine Produkte im richtigen Licht präsentiert, kann Kunden gewinnen. Licht

- schafft Atmosphäre,
- schafft und unterteilt den Raum,
- setzt Akzente,
- leitet die Blicke des Kunden,
- führt den Kunden durch das Geschäft,
- macht Preisauszeichnungen gut lesbar und
- ermöglicht die genaue Prüfung der Ware.

Künstliches Licht kann aber auch Farben verändern. Einzelhandelsunternehmen nutzen diese Funktion von Licht, um besondere Waren in attraktiven Farbtönen zu präsentieren, so z. B. bei Obst, Gemüse und Fleischwaren im Lebensmittelhandel. Zusätzliche **Akzentbeleuchtung**, beispielsweise mit größerer Beleuchtungsstärke oder umgewandeltem Lichteinfall, verlockt die Kunden zum Hinsehen. Die Orientierung im Verkaufsraum wird durch die **Grundbeleuchtung** mit einheitlicher Gliederung der Leuchten oberhalb des Verkaufsraums ermöglicht. Die Lichtatmosphäre wird von der Abstimmung der Grund- zur Akzentbeleuchtung geprägt.

Farben wirken emotional und beeinflussen die Stimmung der Menschen. Die Farbenlehre gibt darüber Auskunft, welche Farben und/oder Farbkombinationen jeweils zum Wecken von Kaufwünschen zweckmäßig sind. Den Farben werden bestimmte Wirkungen zugeschrieben. Die Wirkung der Farben wird für die komplette Ladeneinrichtung, Verkaufsraumgestaltung und Beleuchtung genutzt. Farben lassen die Ware vorteilhaft und ansprechend erscheinen.

Als warme Farben gelten diejenigen, deren Rotanteil höher als der Blauanteil ist. Bei kalten Farben ist der Blauanteil höher als der Rotanteil.

Gelb: hell, heiter, warm, stärkend, aufheiternd, optimistisch, leicht, frisch, lebhaft

Rot: anregend, aktiv, stark, dynamisch, wärmend, aber auch warnend, aggressiv und aufwühlend

Blau: stabil, beruhigend, rational, spirituell, harmonisch, ruhig, aber auch kalt und durchschaubar

Grün: ausgeglichen, frisch, naturverbunden, Ruhe, konzentrationsfördernd, aber auch unerfahren

Grau: seriös, neutral, dezent, zurückhaltend, aber auch trostlos, unverbindlich und unbestimmt

Weiß: seriös, rein, klar, frisch, futuristisch, aufrichtig, frei, neutral, festlich, aber auch nüchtern, kalt

Schwarz: feierlich, sinnlich, geheimnisvoll, dramatisch, neutral, seriös, aber auch düster, traurig

Zur **Dekoration** des Ladens zählen Blenden, Rahmen, Vorhänge, Dekors, Decken- und Wandschmuck, die nicht zur dauerhaften Ladeneinrichtung gehören. Durch die Verwendung von Dekorationsmaterial werden der Verkaufsraum, das Schaufenster und das Sortiment optisch attraktiv gestaltet. Der Kreativität sind hierbei keine Grenzen gesetzt, um die gewünschte Ladenatmosphäre zu schaffen. Durch eine angenehme Atmosphäre verbringen die Kunden mehr Zeit im Geschäft und können so die Sortimentsvielfalt und besondere Präsentation besser wahrnehmen. Einzelhändler können sich damit außerdem sehr gut von der Konkurrenz abheben.

Zur erlebnisorientierten Präsentation der Ware dienen so genannte **Fascination-Points**. Der Kunde erlebt im Schaufenster oder an auffälligen Standorten im Verkaufs- oder Treppenraum die Ware in einem möglichen Gebrauchsumfeld.

Warenträger sind Teil der Ladeneinrichtung und dienen dazu, die Ware im Verkaufsraum zu lagern. Sie sollen gleichzeitig dem Kunden das Sortiment ansprechend und gut erreichbar präsentieren. Je nach Branche und Betriebsform können verschiedene Warenträger eingesetzt werden.

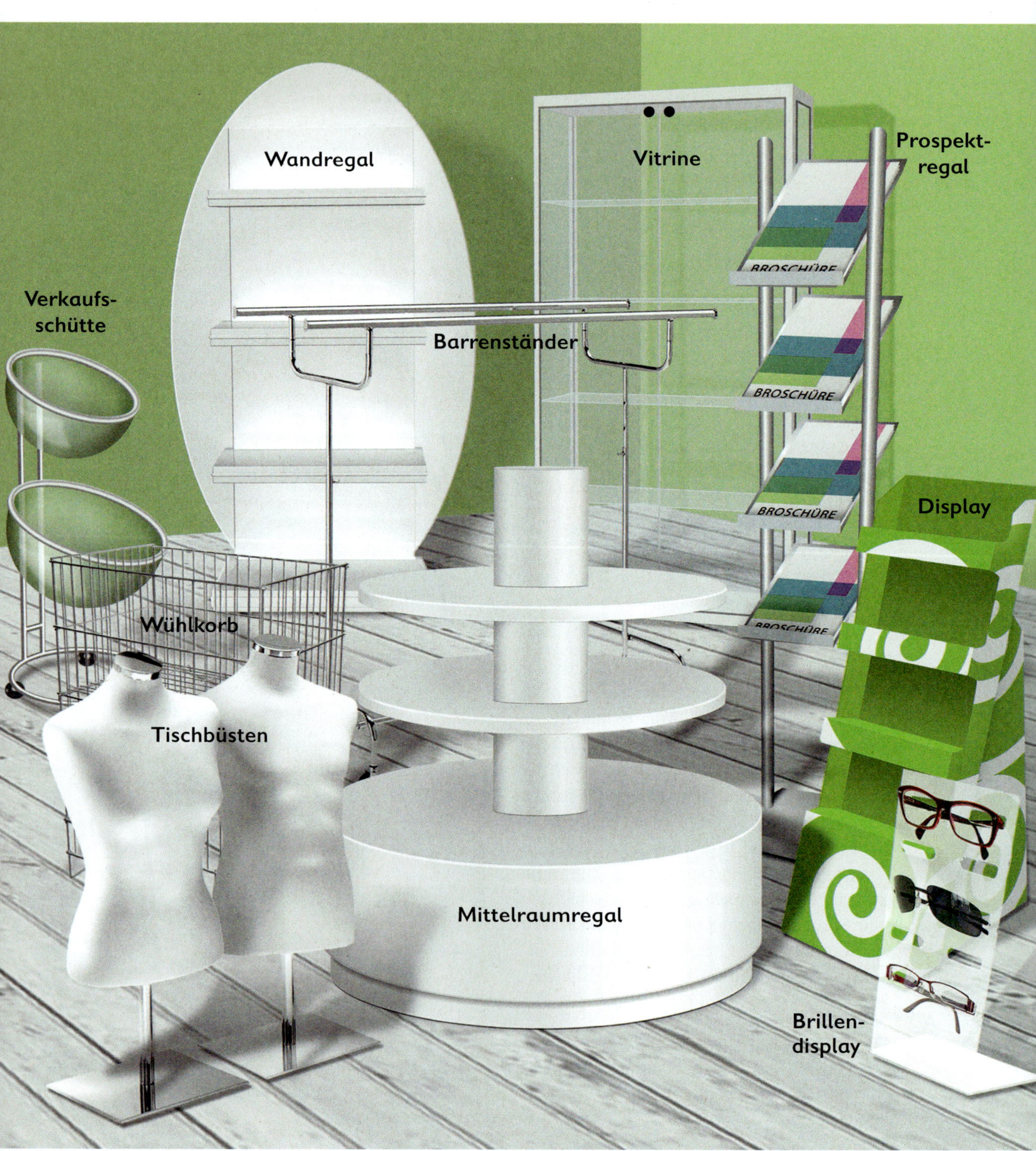

Die verschiedenen Warenträger vermitteln ganz unterschiedliche Botschaften über die darin präsentierte Ware. Ein Wühltisch enthält preisgünstige Ware und regt zu Impulskäufen an. Dagegen wirkt eine einzeln stehende Vitrine wie eine Schatztruhe, die einige wenige, besonders kostbare und exklusive Produkte enthält. Verspiegelte Regale lassen das Angebot in doppelter Menge erscheinen. Ein Warenträger muss also nicht nur funktionell sein, sondern auch zu der präsentierten Ware passen.

Impulskauf
→ LF 1, Kap. 8.4

Entscheidend für die Ladeneinrichtung ist die Bestückung des Verkaufsraums mit Warenträgern. In Selbstbedienungsgeschäften dienen hauptsächlich Regale als Warenträger. Hinsichtlich der **Anordnung der Warenträger** unterscheidet man die:

Selbstbedienung
→ LF 1, Kap. 9.3

- **Längsplatzierung**, die durch lange Warenträger gekennzeichnet ist, an denen der Kunde entlanggeführt wird. Wegen der größeren Übersichtlichkeit sind die Regale einfacher einzuräumen und das Personal hat größere Kontrollmöglichkeiten zur Diebstahlverhütung.

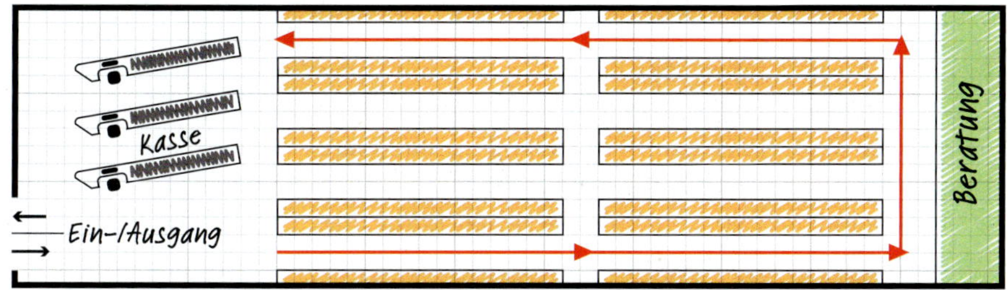

- **Querplatzierung** mit schmaleren Warenträgern, die sich für eine abwechslungsreiche Warenpräsentation eignen. Der häufige Richtungswechsel führt die Kunden an mehreren mit Verbund- und Aktionsartikeln bestückten Regalköpfen vorbei, das fördert den Impulskauf.

Verbundartikel
→ LF 4, Kap. 1.4.4
Aktionsartikel
→ LF 1, Kap. 8.4

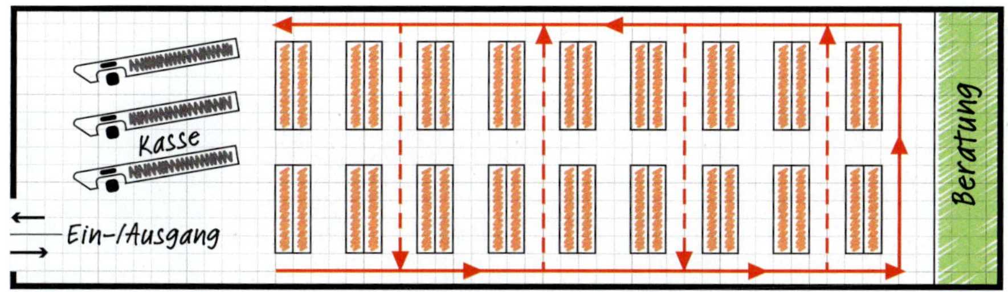

- **Mischplatzierung** mit einer Kombination aus Längs- und Querplatzierungen und anderen Regalsystemen. In Abhängigkeit vom Sortiment und von der Größe des Verkaufsraumes wird die Mittelzone belebt durch Mittelregale (z. B. Pyramidenregal für die Präsentation von Tonträgern), Verkaufsinseln (z. B. Kühlmöbel), halbrunde Regale (z. B. Weinregale) u. a.

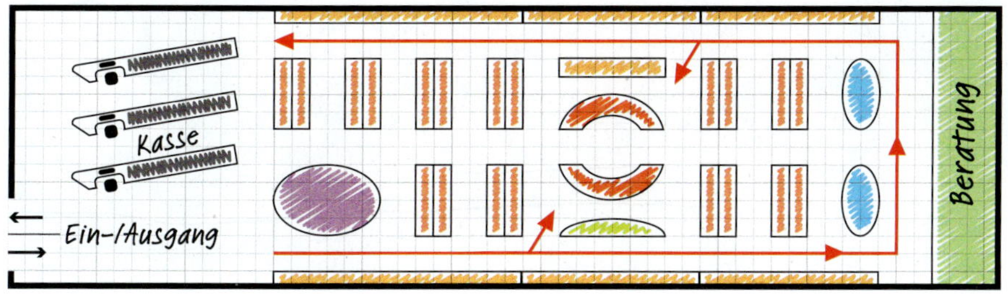

1.3.2 Verkaufsförderung durch Klänge und Düfte

Neben optischer (visueller) Verkaufsförderung können auch Musik, Klänge oder Düfte Emotionen bei Menschen auslösen. Mit **Musik** im Verkaufsraum lässt sich eine entspannte Einkaufsatmosphäre schaffen, denn das Geschäft wirkt lebendig. Die Auswahl der Hintergrundmusik sollte entsprechend der Zielgruppe ausgesucht werden und nicht aufdringlich sein. Auch durch verschiedene Klänge, z. B. Meeresrauschen oder Vogelgezwitscher, kann eine verkaufsfördernde Atmosphäre geschaffen werden.

Beispiele

- In einem Textilgeschäft für Jugendliche wird aktuelle Top-100-Musik gespielt. Andere Kundengruppen fühlen sich bei dieser Musikwahl weniger wohl und verkürzen die Verweildauer in diesem Geschäft.
- In einem Outdoorfachgeschäft wird Vogelgezwitscher gespielt, um Lust auf einen Aufenthalt im Freien zu machen.

Ladenfunk
Einkaufsradio

Neben der Musik können über einen so genannten **Ladenfunk** die Kunden z. B. auf Kaufgelegenheiten hingewiesen werden. So können Einzelhändler und sogar Hersteller gleich am Ort der Kaufentscheidung für ihre Waren werben. Sehr viele Kunden entscheiden sich erst während des Einkaufs für einzelne Artikel. Die Anzahl dieser Impulskäufe kann durch den gezielten Einsatz des Ladenfunks deutlich gesteigert werden.

Durch **Düfte** können positive Verbindungen zu Waren und der Umgebung geschaffen werden. Angenehme Dürfte bleiben den Kunden im Gedächtnis, auch wenn sie das Geschäft schon lange wieder verlassen haben. Gerüche können stimmungsaufhellend oder appetitanregend sein. Allerdings muss beim Einsatz von Düften darauf geachtet werden, dass die Kunden diese zwar bemerken, sich aber nicht belästigt fühlen und deshalb das Geschäft schnellstmöglich verlassen. Wichtig ist außerdem, dass der Duft und das zu verkaufende Produkt in einem Zusammenhang stehen.

In der Abteilung mit Weihnachtsschmuck duftet es nach Zimt und Koriander.

1.4 Warenplatzierung

Die richtige Warenplatzierung beeinflusst wesentlich die Umsatzhöhe des Einzelhandelsunternehmens, deshalb wird die Platzierung der Waren nicht dem Zufall überlassen. Die Entscheidung, wo und wie die zum Verkauf stehenden Produkte gezeigt werden, hängt von Erkenntnissen zum Einkaufsverhalten der Kunden ab.

Unabhängig davon, wie die Warenpräsentation im Einzelnen gestaltet wird, ist eine Reihe von Grundregeln zu beachten, die dem Kundenbedürfnis nach Bequemlichkeit und einem angenehmen Kauferlebnis Rechnung tragen. Die Ware sollte

- in absolut einwandfreiem Zustand sein,
- gut sichtbar und übersichtlich angeordnet werden,
- deutlich **deklariert** sein,
- immer dem Preis richtig zugeordnet sein,
- in ausreichender Menge vorhanden sein und
- optisch ansprechend präsentiert werden.

Deklarieren
Waren kennzeichnen

Preisauszeichnung
→ LF 4, Kap. 3

Kundenansprüche an Warenplatzierung und Warenpräsentation

Bequemlichkeit	Kauferlebnisse schaffen
• geringer Suchaufwand • Übersichtlichkeit	• Kaufanregungen • ansprechende Präsentation

1.4.1 Kundenführung

Große Einzelhandelsgeschäfte können durch Haupt- und Nebenwege in übersichtliche und dekorative Zonen aufgeteilt werden. In kleineren Geschäften kann die Kundenführung durch eine geschickte Regalanordnung, aber auch mit Hilfe

- eines speziellen Bodenbelages,
- der Anordnung der Lampen und
- der Gestaltung der Decke

erreicht werden. Durch die bewusste Führung werden die Kunden bestmöglich an die Ware herangeführt. Außerdem sollen so Kundenstaus, Abkürzungen und Laufüberschneidungen vermieden werden.

Als **Kundenlauf (Loop)** wird der Weg bezeichnet, den die Kunden tatsächlich im Verkaufsraum zurücklegen. Damit bei Selbstbedienung oder Vorwahl der Kunde auch einen interessanten und erlebnisreichen Weg zurücklegt, spielt die Platzierung der Warenträger eine wichtige Rolle.

Die Untersuchung der zurückgelegten Wege von Kunden im Verkaufsraum nennt man **Kundenlaufanalyse**.

Kundenführung in der Kinderabteilung eines Sportgeschäfts

1.4.2 Warenplatzierung im Verkaufsraum

Aus den Kundenlaufanalysen ist bekannt, dass die meisten Kunden beim Betreten des Geschäfts zu einem **Linkslauf** und **Rechtsdrall** tendieren, d. h., sie bewegen sich entlang der Außenwände gegen den Uhrzeigersinn (Linkslauf) und orientieren sich hinsichtlich der Blick- und Greifrichtung nach rechts (Rechtsdrall). Die in Laufrichtung rechts platzierten Waren in der **Randzone** erhalten somit viel mehr Aufmerksamkeit als die links stehenden. Die Kunden versuchen so schnell wie möglich durch das Geschäft zu gelangen. Dabei werden die **Mittelzonen** des Geschäfts wesentlich schwächer frequentiert. Ladenecken, die hinteren Bereiche des Verkaufsraums und Richtungswechsel werden gemieden. Auf Grund dieses Kundenverhaltens ergeben sich verkaufsaktive und weniger verkaufsaktive Bereiche in einem Geschäft.

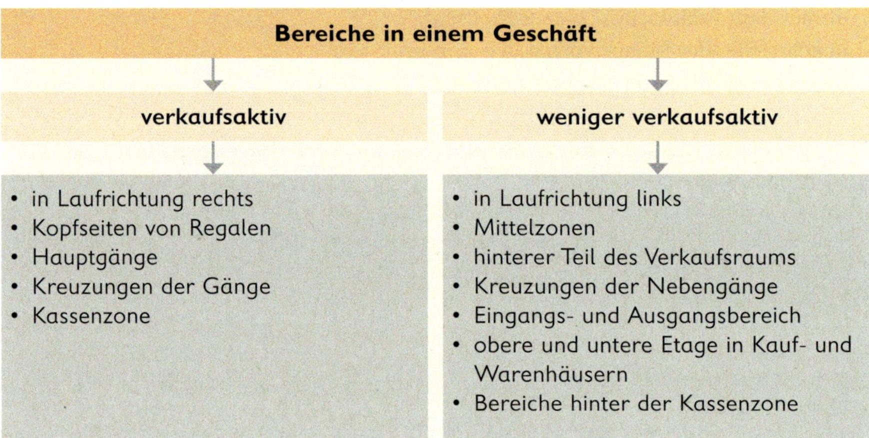

Um die unterschiedliche Aufmerksamkeit der Kunden für die verschiedenen Ladenbereiche zu nutzen oder zu fördern, wenden Einzelhandelsunternehmen folgende Strategien an:

- In der **Eingangszone** werden Waren platziert, die den Kundenlauf verlangsamen, um zu vermeiden, dass sich Kunden zu schnell durch den Laden bewegen, denn: Je länger ein Kunde im Laden verweilt, desto mehr kauft er!
- In **verkaufsaktiven Zonen** wie den Randzonen und den Hauptgängen werden Artikel mit hohen Gewinnspannen platziert.
- **Magnetartikel** und Suchartikel werden in **weniger verkaufsaktiven Zonen** platziert, also in der Mittelzone, den Eckzonen und hinteren Ladenbereichen. Aktions- und Suchartikel sowie Artikel des täglichen Bedarfs ziehen die Kunden auch in diese Ladenbereiche.
- Durch **Aktionsplatzierungen** können weniger verkaufsaktive Zonen aufgewertet werden.

Magnetartikel
Artikel aus Aktionen und Artikel, die auf dem Einkaufszettel stehen
→ LF 1, Kap. 8.4

Aktionsplatzierung
→ LF 4, Kap. 1.4.4

Beispiele

- Eine Obst- und Gemüseabteilung im Eingangsbereich eines Supermarktes bremst eilige Kunden, sodass sie mehr Zeit innerhalb des Marktes verbringen.
- Magnetabteilungen für Molkereiprodukte, für Obst und Gemüse oder Bedientheken (Beratungszonen) befinden sich im hinteren Teil des Geschäfts. Die Kunden werden somit durch den gesamten Verkaufsraum geführt.

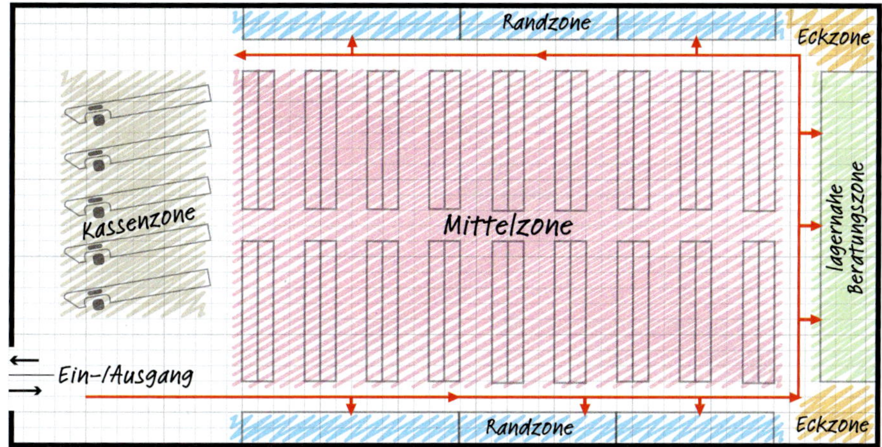

Der **Standort der Kasse** wird häufig von den baulichen Gegebenheiten des Verkaufsraumes, wie z. B. Lage des Ein-/Ausgangs oder aber auch der Anschlüsse für Daten- und Stromverbindungen, vorgegeben. Grundsätzlich sollte die Kasse für die Kunden gut zu erreichen sein. Da der Kassenplatz mit Personal besetzt ist, eignet er sich auch besonders für die „Überwachung" des Verkaufsraumes, um Ladendiebstähle zu verhindern. Er sollte daher einen Überblick über den Verkaufsraum ermöglichen und sich in der Nähe des Ausgangs befinden. Gleichzeitig eignet er sich besonders in Selbstbedienungsgeschäften zur Präsentation von **Impulsartikeln**, da durch die eventuell auftretenden Wartezeiten die Kunden zu Impulskäufen animiert werden.

Kassensysteme
→ LF 3, Kap. 1

Impulsartikel
→ LF 1, Kap. 8.4

1.4.3 Warenplatzierung im Regal

Regalbestückung

Der Einzelhändler kann die Regalbestückung und -pflege selbst übernehmen oder dem Lieferanten überlassen. Übernimmt der Lieferant die Regalbestückung und -pflege, so wird von **Rackjobbing** gesprochen. Entscheidend für die Anordnung der Waren im Regal sind in beiden Fällen unternehmensinterne Daten über Absatz, Umsatz und Erträge der einzelnen Waren.

Regalebenen (Regalzonen)

Die verschiedenen Ebenen eines Verkaufsregals besitzen nicht die gleiche Verkaufswirksamkeit. Da der Blick eines Kunden, der vor einem Regal steht, zunächst auf die in Sichthöhe ausgestellten Produkte gerichtet ist, hat die **Sichtzone** die größte Verkaufswirksamkeit. Die darunter liegende **Greifzone** ist als zweitbeste Regalebene auch eine verkaufsstarke Zone. Der Platz in der **Reckzone** ist relativ verkaufsschwach. Die **Bückzone** liegt nicht direkt im Sichtfeld und ist außerdem für den Kunden unbequem bei der Warenentnahme. Sie ist deshalb die verkaufsschwächste Regalzone.

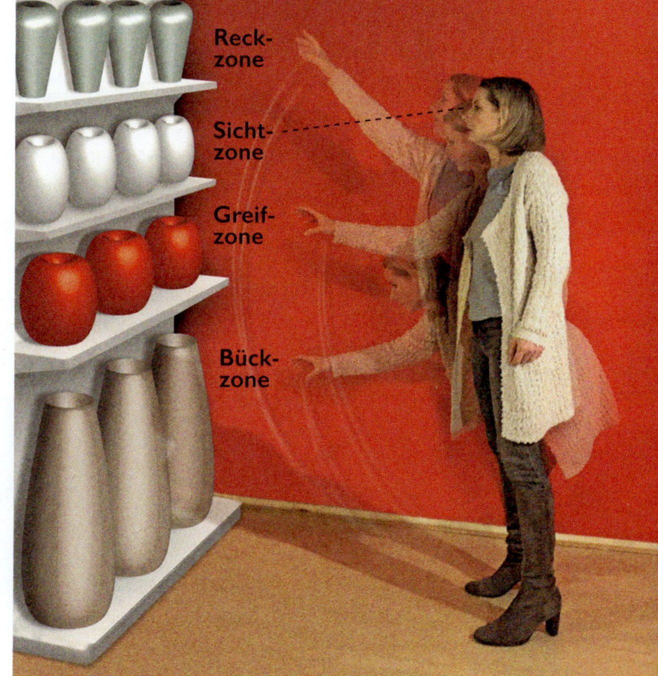

Die Warenplatzierung im Regal orientiert sich am Suchverhalten der Kunden, die sich oft innerhalb sehr kurzer Zeit entscheiden. Dadurch erhalten die Regalplätze sowohl **horizontal** als auch **vertikal** unterschiedliche Wertigkeiten.

Bei der **horizontalen** Gestaltung des Regals hängt die erste Orientierung von der Laufrichtung des Kunden ab. Der Kunde beginnt mit der Suche am **Regalanfang**. Die größte Aufmerksamkeit hat die **Regalmitte**. Der Verkauf von hochwertigen Artikeln mit großer Gewinnspanne kann daher durch eine Platzierung in der Mitte des Regals **forciert** werden. Mit Magnetartikeln, z. B. Sonderpreisaktionen, können die Kunden zum verkaufsschwachen **Regalende** geführt werden. **Regalköpfe**, an denen der Kundenstrom vorbeiläuft oder die den Kundenlauf durch einen erzwungenen Richtungswechsel verlangsamen, sind verkaufsaktiv. Impulsartikel und Ergänzungsartikel werden von den Kunden deshalb an den Regalköpfen eher wahrgenommen und gekauft.

forcieren
(den Verkauf) fördern

Magnetartikel, Impulsartikel, Ergänzungsartikel
→ LF 1, Kap. 8.4

Die **vertikale** Regalplatzierung hängt von der Wertigkeit der verschiedenen Regalebenen ab.

Die Anordnung der Waren in den **verkaufsstarken Sicht- und Greifzonen** ist sinnvoll für
- Artikel, die sich schnell absetzen lassen **(Schnelldreher)**, und für **Schlüsselartikel**, weil die Ware in der Greifzone schnell zu finden und mühelos zu erreichen ist. Die Kunden können die gesparte Zeit für zusätzliche Einkäufe nutzen.
- **Forcierartikel**, die eine hohe Gewinnspanne haben. Bei einer Platzierung in Augen- und Griffhöhe besteht eine bessere Absatzmöglichkeit.
- **Impulsartikel** und **Ergänzungsartikel** im Verbund mit umsatzstarken Hauptartikeln, weil Kunden nicht lange überlegen, ob sie diese Artikel kaufen sollen. Sie können bequem zugreifen.
- **Langsamdreher (Pennerartikel)**, wenn sie **abwechselnd mit Schnelldrehern** platziert werden (Zebrasystem). Die absatzschwachen Artikel erlangen dadurch mehr Aufmerksamkeit und lassen sich besser vermarkten.

Schnelldreher, auch Rennerartikel genannt
→ LF 1, Kap. 8.4

Schlüsselartikel
sind Artikel, auf deren Preise die Kunden besonders achten. Sie sind Beurteilungsmaßstab für das gesamte Sortiment

Forcierartikel, Langsamdreher, Suchartikel
→ LF 1, Kap. 8.4

Verbundplatzierung
→ LF 4, Kap. 1.4.4

Die unbequemere und **wenig rentable Reckzone** eignet sich für
- **Signalartikel**, weil sie durch ihre großen und auffälligen Verpackungen die Aufmerksamkeit der Kunden auf sich ziehen.
- **Markenartikel** mit einem hohen Bekanntheitsgrad wegen ihres Wiedererkennungswertes.
- **Produktneuheiten**, weil sie durch die Bewerbung in den Medien Interesse wecken.
- **Leichte Artikel**, bei denen eine einfache Warenentnahme möglich ist.

In die **verkaufsschwache Bückzone** gehören
- **Alltags-/Suchartikel**, die der Kunde geplant kauft, auch wenn er sich dafür bücken muss.
- Artikel der **unteren Preislage**, weil die Gewinnspanne dafür gering ist.
- **Multipackungen** und schwere sperrige Großgebinde.

Preisgünstige und/oder sperrige Artikel gehören in die Bückzone.

1.4.4 Allgemeine Platzierungsregeln

Durch die Bildung von **Warenblöcken** kommt man den Sehgewohnheiten der Kunden und ihrem Anspruch auf eine übersichtliche Warenpräsentation im Regal entgegen. Die Warenblöcke können nach Qualitäten, Marken, Form, Farben oder Verwendungszwecken zusammengestellt werden. Diese Blockplatzierung kann vertikal oder horizontal erfolgen.

Zu Warenblöcken werden Artikel, die der Kunde zusammen erwartet, in einem Block platziert.

Bei der **vertikalen Blockplatzierung** kann der Kunde von einem bestimmten Haltepunkt aus z. B. eine bestimmte Warengruppe von oben nach unten überblicken. Diese Platzierung eignet sich besonders für breitere Warenträger.

Soll der Kunde die vollständige Warengruppe nebeneinander vorfinden, wird die Ware horizontal platziert. Diese Platzierungsart heißt **horizontale Blockplatzierung** und eignet sich für schmale Warenträger.

Bei der **Kreuzblockplatzierung** wird die Ware nach zwei Kriterien angeordnet. In der horizontalen Ebene werden Warengruppenblöcke mit gleicher Verwendung platziert und in der vertikalen Ebene z. B. nach Farben, nach Marken- oder Herstellerblöcken sortiert.

Verbundplatzierung

Warengruppierungen, die in Bedarfszusammenhängen gebildet werden, regen zum Ergänzungskauf an. Eine solche **Verbundplatzierung** dient dem Kunden als Gedächtnisstütze. Wenn ein Kunde Kaffee benötigt, wird er auf die in der Nähe platzierten Kaffeefilter aufmerksam.

Für den Absatz von Saisonartikeln oder von größeren Warenmengen eignen sich Sonderplatzierungen wie Zweit-, Mehrfach- und Aktionsplatzierung. Bei den **Zweit-** oder **Mehrfachplatzierungen** werden die Artikel an zwei / mehreren verschiedenen Standorten im Verkaufsraum angeboten. Bei **Aktionsplatzierungen** werden die Waren zu einem bestimmten Thema zusammengestellt.

Beispiel

- Es handelt sich um eine Zweitplatzierung, wenn Kaugummi im Süßwarenregal und an der Kasse angeboten wird.
- Bei einer Aktion „Rund ums Grillen“ werden auf einer Aktionsfläche Grillgeräte, Holzkohle, Grillzubehör wie Grillbesteck, Grillhandschuhe, Partygeschirr, Grillsoßen u.a. ausgestellt.

Renner- und Pennerartikel unterscheiden sich nach der Absatzmenge

Bei der **Zebraplatzierung** werden Pennerartikel neben Rennerartikeln platziert. Die umsatzschwachen Pennerartikel erhalten dadurch mehr Aufmerksamkeit, was sich verkaufsfördernd auswirken kann.

1.5 Warenpflege

Verstaubte Regale, verfaultes Obst, abgerissene Knöpfe von Kleidungsstücken, aufgerissene Verpackungen, verschmierte Schrift auf einer Preistafel – wenn im Geschäft solche Zustände herrschen, sind alle Bemühungen um eine wirkungsvolle Warenpräsentation umsonst. Zu einer optisch anregenden Warendarbietung gehören eine konsequente **Waren- und Regalpflege** sowie eine einwandfreie **Preisauszeichnung**.

Warenschäden und wirtschaftliche Folgen

Schäden an Waren und Warenträgern entstehen durch
- fahrlässigen oder sogar mutwilligen Umgang der Kunden mit der Ware,
- falsche Lagerung der Ware,
- mangelnde Qualitätskontrolle und
- unsachgemäße Behandlung der Ware durch das Verkaufspersonal.

Je nach Warengruppen können unterschiedliche Schäden auftreten

Warengruppe	Mögliche Schäden
Körperpflege/Kosmetik	Mengenverluste, verschmutzte oder beschädigte Verpackungen, Bruch
Bürobedarf	Verschmutzungen, Beschädigungen wie abgebrochene Teile, zerkratzte Oberflächen, Verformungen
Lederwaren	Verfärbungen, Beschädigungen wie Kratzer, abgerissene Teile, aufgeplatzte Nähte
Textilwaren	Verschmutzungen, Verfärbungen, abgerissene Teile, aufgeplatzte Nähte
Spielwaren	Beschädigungen wie Kratzer, abgebrochene Teile, technische Defekte, aufgerissene Verpackungen, fehlende Teile
Werkzeug	aufgerissene Verpackungen, fehlende Teile, Beschädigungen wie verbogene oder abgerissene Teile
Uhren/Schmuck	angelaufener Metallschmuck, Verschmutzungen durch Fingerabdrücke, Beschädigungen durch Kratzer
Porzellan/Glas	Bruch, Kratzer, Risse
Lebensmittel	Verderb, Geschmacksverlust, Überschreitung des Mindesthaltbarkeitsdatums

Ware, die nicht mehr verkaufsfähig ist, muss aussortiert und **abgeschrieben** werden. Selbst Ware, die in Ordnung ist, lässt sich nicht oder nur mit Preisnachlässen verkaufen, wenn die Verpackung aufgerissen oder beschädigt ist. Auch Reststücke bleiben oft liegen, weil der Kunde gerne aus dem Vollen schöpft. Finanzielle Nachteile entstehen dem Einzelhändler auch durch die Säuberung verschmutzter und verstaubter Waren und Warenträger. Verunreinigte Textilien können nicht oder nur zu erheblich reduzierten Preisen verkauft werden. Hochwertige Bekleidungsstücke müssen professionell gereinigt werden, zerknitterte Ware wird wieder aufgebügelt.

Abschreibung
Der Wertverlust wird dokumentiert, d.h. buchhalterisch erfasst.

Hat die Ware durch Überalterung oder Zeitablauf an Wert verloren und wird zum Ladenhüter, entsteht für den Einzelhändler ein wirtschaftlicher Schaden durch erhöhte Lagerkosten und Mindereinnahmen infolge von Preisnachlässen.

Treten durch **verdorbene Lebensmittel** gesundheitliche Schäden beim Verbraucher auf, können auf den Einzelhändler **Schadenersatzansprüche** und zusätzlich noch Gerichtskosten zukommen.

Preisauszeichnungen
→ LF 4, Kap. 3

Werden bei Preisumstellungen die Preise an Regalen und Waren nicht geändert, führen solche **fehlerhaften Preisauszeichnungen** zu Auseinandersetzungen und Ärger mit Kunden. Auch unvollständige und der Ware nicht eindeutig zugeordnete Preisauszeichnungen, wie sie beim Umräumen der Ware passieren können, wirken sich geschäftsschädigend aus.

Maßnahmen der Warenpflege

Zur Vermeidung und Verringerung von Schäden können vorbeugende Maßnahmen ergriffen werden:

Regalpflege

Grifflücken erleichtern die Warenentnahme.

- regelmäßige Qualitätskontrollen
- Beseitigung von Schmutz und anderen Verunreinigungen
- Aussortieren verdorbener, stark verschmutzter oder beschädigter Ware
- Nachfüllen der Regale, um Bestandslücken zu vermeiden
- Beachtung des Lagergrundsatzes: alte Ware nach vorne, neue Ware nach hinten einräumen (alt vor neu!)
- Einlagerung nicht mehr aktueller Saisonwaren im Reservelager
- sichtbare Platzierung der Verpackungsfront, um dem Kunden einen Überblick zu verschaffen
- Berücksichtigung kleiner Grifflücken im Regal, um eine bequeme Warenentnahme zu gewährleisten
- Beachtung der Vorschriften der Berufsgenossenschaften zur Stapelung von Waren, um Unfälle zu vermeiden
- Umstellung der Preise am Regal und der Ware bei Preisänderungen
- korrekte Zuordnung der Preise

Die verschiedenen Warengruppen erfordern Besonderheiten bei der Lagerung und zusätzliche, spezielle Maßnahmen der Überwachung und Pflege der Waren.

Beispiel

Bei bestimmten Warengruppen müssen rechtliche Vorschriften der Lebensmittelhygiene in der Frische- und Kühllagerkette vom Hersteller zum Einzelhändler beachtet werden.

Eine attraktive Warenpräsentation ist nur möglich, wenn sich Waren, Verpackungen, Warenträger und Preisauszeichnungen in **einwandfreiem Zustand** befinden.

ALLES KLAR?

1 Nennen Sie drei Aspekte, die das Thema „Ware präsentieren“ umfasst.

2 Die Ladengestaltung umfasst:

a) den Parkplatz
b) den Verkaufsraum
c) das Reservelager
d) die Anbringung einer Neon-Reklame mit dem Unternehmensnamen
e) die Gestaltung der Schaufenster

3 Der Eingangsbereich des Geschäftes soll …

a) Waren präsentieren, die besonders wertvoll sind.
b) die Schwellenangst des Kunden, das Geschäft zu betreten, senken.
c) den Vorübergehenden einen guten Einblick in das Geschäft ermöglichen.
d) möglichst dunkel gestaltet sein, um so Energie zu sparen.
e) Luftvorhänge haben, so dass die Vorübergehenden wegen der Geräuschbelastung schnell weitergehen.

4 Nennen Sie drei Gründe für ein gut gestaltetes Schaufenster.

5 Nennen Sie drei Ziele, die mit einem gut gestalteten Schaufenster erreicht werden sollen.

6 Das offene Schaufenster …

a) zeigt die Waren des Unternehmens unverdeckt.
b) kann durch die Kunden von der Straße aus betreten werden.
c) lässt den Kunden frei in das Geschäft blicken.
d) ist auch nach Ladenschluss für Verkäufe an die Kunden da.
e) schützt die Waren nicht gegen Wind und Wetter.

7 Beschreiben Sie kurz die Warenpräsentationen folgender Schaufenstertypen:

a) Themenfenster
b) Übersichtsfenster
c) Ein-Artikel-Schaufenster

8 Zählen Sie vier Gestaltungsgrundsätze für ein Schaufenster auf.

9 Die Innengestaltung eines Geschäfts …

a) ist egal und soll nur kostenorientiert geplant werden.
b) sorgt für die Sicherheit von Kunden und Personal, z.B. durch rutschfesten Fußboden.
c) braucht keinerlei Rücksicht zu nehmen auf die Warenart, die angeboten wird.
d) hilft dem Einzelhändler, sich gegenüber dem Wettbewerber zu profilieren.
e) berücksichtigt nicht das Unternehmensimage des Einzelhändlers.

10 Zählen Sie vier Merkmale des Visual Merchandisings auf.

11 Die Farbe Gelb hat i.d.R. folgende Wirkungen:

a) festlich, dramatisch
b) aggressiv, aktiv
c) optimistisch, leicht
d) naturverbunden, frisch
e) kalt, neutral

12 Fascination Points …

a) dienen dem Personal zur Information.
b) stellen neue Produkte in den Vordergrund.
c) versorgen die Kunden mit Getränken.
d) sorgen dafür, dass der Kunde die Ware in einem möglichen Gebrauchsumfeld kennen lernt.
e) werden im Outlet an auffälligen Standorten eingerichtet.

13 Zählen Sie sechs unterschiedliche Warenträger auf.

14 Ist die Anordnung der Warenträger im Geschäft quer zur Laufrichtung der Kunden …

a) spricht man von einer Mischplatzierung.
b) führt sie den Kunden an vielen Regalköpfen vorbei.
c) ist dies typisch für eine Querplatzierung.
d) ist dies nicht übersichtlich für das Personal.
e) hat dies keine Auswirkung auf die Abverkäufe.

15 Zählen Sie sechs Grundsätze für die Platzierung der Waren auf dem Warenträger auf.

16 Wie wird der Hauptweg der Kunden durch das Geschäft genannt?

17 Die Ware ist verkaufsaktiv präsentiert …

a) wenn sie im oberen Stockwerk eines Warenhauses gezeigt wird.
b) wenn sie in Laufrichtung rechts vom Laufweg platziert ist.
c) wenn sie an den Kopfseiten der Regale platziert ist.
d) wenn sie in der Kassenzone liegt.
e) wenn sie ihren Platz in der Mittelzone des Geschäfts hat.

18 Die Platzierung der Ware in den Regalen muss kundenorientiert und wirtschaftlich sein. Ordnen Sie den folgenden Aussagen jeweils die passende Regalzone zu.

Aussagen:
a) In der … platziert der Kaufmann i.d.R. Artikel mit geringen Stückgewinnen.
b) Impulsartikel werden in der … platziert.
c) Artikel mit einer hohen Kundennachfrage gehören meistens in die …
d) Zerbrechliche oder schwere Artikel sollten keinesfalls in der … platziert werden.
e) In der … können genau wie in der Bückzone Mussartikel präsentiert werden.

Regalzonen:
1) Reckzone
2) Sichtzone
3) Greifzone
4) Bückzone

19 Wie „liest“ ein Kunde das Regal, wenn er davorsteht? Der Kunde …
a) schaut zuerst in das untere Regal, weil er dort preiswerte Ware vermutet.
b) schaut zuerst mittig auf das obere Regal, weil dort das Licht einfällt.
c) fängt auf der rechten Regalseite an, die Informationen im Regal wahrzunehmen.
d) beginnt wie bei einem Buch links und schaut dann nach rechts weiter.
e) beginnt links oben mit seinem Blick und lässt ihn dann nach rechts unten wandern.

20 „Rackjobbing“ ist …
a) eine neue Indoor-Sportart.
b) eine verbotene Art der Eigentumsaneignung.
c) im Lebensmittelhandel die Aufstellung von Kühlschränken.
d) die Regalbestückung und -pflege durch den Lieferanten.
e) die Möglichkeit, Minijobber im Geschäft einzusetzen.

21 Welche Platzierungsregel wurde bei der Gestaltung des Verkaufsraumes und der Regale in den folgenden Fällen jeweils berücksichtigt?
a) Im Juli werden auf einer besonderen Fläche in der Mitte des Verkaufsraumes Schreibwaren wie Hefte, Stifte, Spitzer, Radiergummi, Füller, Lineale, Zirkel, Scheren, Ringbücher, Schultüten usw. ausgestellt.
b) Im Süßwarenregal sind die Artikelgruppen Schokolade, Pralinen, Zuckerwaren und Dauerbackwaren nebeneinander angeordnet. Die einzelnen Artikelgruppen sind vertikal nach Marken sortiert.
c) Am Kopfende eines Regals mit alkoholfreien Getränken werden Strohhalme und Partygeschirr platziert.
d) Batterien werden im Verkaufsraum bei Elektroartikeln, bei Spielwaren und an der Kasse angeboten.

22 Nennen Sie vier Maßnahmen der Warenpflege, die für alle Sortimentsbereiche gelten.

23 Nennen Sie fünf präventive (vorbeugende) Maßnahmen des Einzelhändlers zur Vermeidung und Verringerung von Schäden an seiner Ware.

2 Warenkennzeichnung

Lernsituation 40

Für Kunden und Mitarbeiter sind Warenkennzeichen, die die Hersteller den Produkten mitgeben, Wegweiser für das breit gefächerte Angebot in den Einzelhandelsgeschäften. Zur **Information** und zum **Schutz** des Verbrauchers vor gesundheitlichen Risiken und wirtschaftlichen Nachteilen gibt der Gesetzgeber den rechtlichen Rahmen für die Warenkennzeichnung durch eine Vielzahl von **Gesetzen und Verordnungen** vor. Wichtige rechtliche Regelungen findet man

- im Lebensmittel- und **Bedarfsgegenstände**gesetz (LMBG) mit zahlreichen Verordnungen,
- im Textilkennzeichnungsgesetz,
- in der Preisangabenverordnung,
- im Produktsicherheitsgesetz und
- in der Gefahrstoffverordnung.

Bedarfsgegenstände sind u.a. Verpackungen, die mit Lebensmitteln in Kontakt kommen, Körperpflegeartikel, Spielwaren oder Reinigungsmittel.

Preisangabenverordnung → LF 4, Kap. 3.1

Neben rechtlich vorgegebenen Mindestangaben sind **freiwillige Warenkennzeichnungen** mit zusätzlichen Verbraucherinformationen nicht nur Orientierungshilfen für den Kunden, sondern auch geeignete Werbemittel für den Hersteller, sofern nicht gegen das „Gesetz gegen unlauteren Wettbewerb“ verstoßen wird.

Gesetz gegen unlauteren Wettbewerb → LF 5, Kap. 4

Warenkennzeichen befinden sich in Form von Texten oder als **Zeichen/Siegel**, so genannte **Labels**, auf Verpackungen, Etiketten und an der Ware selbst. Es handelt sich um Informationen hauptsächlich über Marken, Qualität, Sicherheit, Umwelt-/Sozialverträglichkeit und Zusammensetzung und Nutzung eines Produktes. Besonders durch Labels erhalten Kunden nützliche Hinweise für ihre Kaufentscheidungen.

Weitere Informationen zu Labels unter label-online.de

Markenzeichen

Markenname und Markenzeichen werden vom Hersteller selbst entwickelt. Sie sollen durch Schriftbild, Form und Farben den Verbraucher ansprechen und einen hohen Bekanntheitsgrad erreichen. Die Kunden verbinden damit einen bestimmten Qualitätsstandard. Nach dem Eintrag der Marke beim nationalen Patentamt besteht ein **Markenschutz** und die Ware darf mit ® gekennzeichnet werden.

Markenartikel → LF 1, Kap. 8.4

Beispiele

- Mercedes-Stern von Daimler
- Schriftzug und Farbgebung von Nivea
- Logo von Maggi

Gütezeichen und Güteklassen

Gütezeichen und Güteklassen geben Hinweise auf die Qualität eines Produktes. **Gütezeichen** werden von überbetrieblichen Vereinigungen der Hersteller verliehen, wenn die Produkte bestimmte Mindestanforderungen erfüllen, die die Gütegemeinschaft selbst bestimmt.

Beispiele

- Internationales Wollsiegel
- Echtes Leder
- Gütezeichen DLG

Gen-Food
Lebensmittelzutaten aus Rohstoffen gentechnisch veränderter Pflanzen; bei der Erzeugung der Rohstoffe werden artfremde Inhaltsstoffe verwendet.

In der EU gelten einheitliche Regeln für die Kennzeichnung von so genanntem **Gen-Food**. Gentechnische Veränderungen müssen durch eine Fußnote oder durch Klammern hinter der betreffenden Zutat deutlich auf dem Preisschild oder Etikett sichtbar sein. Dabei sind beispielsweise die Formulierungen „enthält gentechnisch veränderte ..." oder „gentechnisch verändert" erlaubt. Das gilt für alle Lebensmittel mit einem Anteil von mehr als 0,9 % gentechnisch veränderten Organismen der jeweiligen Zutat, auch wenn die Stoffe unbeabsichtigt während oder nach der Produktion der Rohstoffe in das verzehrfertige Lebensmittel gelangen. Wird der Schwellenwert von 0,9 % unterschritten, entfällt die Kennzeichnungspflicht und das Produkt darf sogar mit dem Label „ohne Gentechnik" versehen werden.

Güteklassen werden auch Handelsklassen genannt. Weitere Informationen erhalten Sie unter www.aid.de und www.was-wir-essen.de

Güteklassen klassifizieren die Qualitäten von Lebensmitteln nach verschiedenen Kriterien, wie z. B. Aussehen, Geschmack, Herkunft, Reifegrad o. Ä.

Beispiele

- Der Einzelhandel bietet Eier der Güteklassen A und A extra an sowie überwiegend die Gewichtsklassen M (mittel) und L (groß) mit Gewichten zwischen 53 und 73 Gramm. Eier der Güteklasse B werden in der Industrie verarbeitet.
- Handelsklassen bei Obst und Gemüse (EU-Qualitätsnorm)

Prüfzeichen und CE-Kennzeichen

Prüfzeichen garantieren einen bestimmten Sicherheitsstandard oder geben Informationen für den sicheren Umgang mit dem Produkt. Sie werden meistens von wissenschaftlich-technischen Instituten vergeben, wenn das Produkt bestimmten Sicherheitsanforderungen genügt.

Das **GS-Zeichen** wird von zugelassenen Prüf- und Zertifizierungsstellen, wie z. B. vom TÜV oder von Berufsgenossenschaften, für Geräte- und Produktsicherheit vergeben. Die Vergabe dieses Zeichens gilt für maximal fünf Jahre, danach ist eine erneute Kontrolle erforderlich.

Auch das **VDE-Prüfzeichen** für die Sicherheit elektrisch betriebener Geräte wird vom unabhängigen und gemeinnützigen VDE Prüf- und Zertifizierungsinstitut vergeben und ist wie das GS-Zeichen eine **freiwillige Kennzeichnung**.

Hersteller von Kinderspielzeug, Küchengeräten, Computern und Computerzubehör, die ihre Produkte innerhalb der Europäischen Gemeinschaft nach den europäischen Richtlinien produzieren bzw. solche Produkte in die Europäische Union exportieren, sind verpflichtet, das **CE-Kennzeichen** auf ihren Erzeugnissen zu führen. Damit erklärt der Hersteller, dass das Produkt mit allen dafür anzuwendenden europäischen Richtlinien konform ist. Der Hersteller muss dies durch Dokumentation nachweisen können. Eine Prüfung durch eine unabhängige Institution ist nicht erforderlich, kann aber vom Hersteller zum Zweck der Verkaufsförderung veranlasst werden.

Gefahrstoffkennzeichnung

Für Produkte, bei denen die Gefahr einer gesundheitlichen Beeinträchtigung besteht, ist eine generelle Kennzeichnungspflicht durch entsprechende Texthinweise oder einheitliche Gefahrstoffkennzeichnung gemäß Gefahrstoffverordnung vorgeschrieben.

Leicht entzündlich

Brandfördernd

Unter Druck stehende Gase

Umweltgefährlich

Beispiel

- Spülmittel: „außerhalb der Reichweite von Kindern aufbewahren"
- Scheibenwaschkonzentrat: „Flammzeichen" für leicht entzündliche Stoffe
- Spielzeug: „ungeeignet für Kinder unter drei Jahren"

Entsprechende Gefahrstoffkennzeichnungen warnen den Verbraucher davor, dass das Produkt bei unsachgemäßer Handhabung in irgendeiner Form negative Auswirkungen auf den Menschen und/oder sein Umfeld haben kann. Zur Kennzeichnung chemischer Stoffe und Gemische werden weltweit einheitliche Gefahrensymbole verwendet.

Umweltzeichen oder Ökolabel

Diese Zeichen nehmen durch die immer größer werdende Zahl umweltbewusster Kunden zu. Sie kennzeichnen die ökologische Herstellung der Produkte und/oder informieren über die sozialen Bedingungen des Herstellungsprozesses.

Der blaue Engel auf nationaler Ebene und die „europäische Blume" auf europäischer Ebene kennzeichnen die Produkte, die bestimmten Umweltanforderungen genügen.

Auch in der Landwirtschaft werden Produkte z. B. mit dem europäischen oder dem deutschen Bio-Siegel, dem Bioland-Zeichen, dem Naturland-Zeichen oder einem Zeichen anderer Anbauverbände ausgezeichnet, wenn beim Anbau und der Verarbeitung bestimmte ökologische Auflagen erfüllt werden. Alle so gekennzeichneten Lebensmittel müssen mindestens den Anforderungen der EU-Öko-Verordnung entsprechen, die Vorgaben der Anbauverbände gehen teilweise noch darüber hinaus.

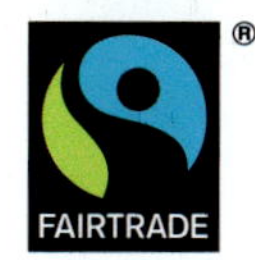

Fair gehandelte **(Fair-Trade-)Produkte** sichern durch die Zahlung von Mindestpreisen oberhalb des Weltmarktniveaus die Lebenshaltungskosten der Produzenten. Außerdem garantieren die so gekennzeichneten Produkte, dass bei der Herstellung auf illegale und ausbeuterische Kinderarbeit verzichtet wurde.

Bei allen Prüfzeichen sollte der Verkäufer wissen, was genau bescheinigt wird. Nur dann kann er seinen Kunden so beraten, dass dieser das für ihn richtige Produkt findet.

Produktkennzeichnungen zur Zusammensetzung und Nutzung

Besonders von Produkten des täglichen Gebrauchs möchte der Verbraucher wissen, woraus diese hergestellt sind und wie man mit diesen Produkten umgeht.

Beispiel

Produktkennzeichnung in den Bereichen:
- Lebensmittel, z.B. Zutatenliste, Haltbarkeit
- Textilien, z.B. textile Rohstoffe, Pflegekennzeichen
- kosmetische Artikel, z.B. Inhaltsstoffe, Haltbarkeit
- Wasch-, Pflege- und Reinigungsmittel, z.B. Produktzweck, Verwendungshinweis
- Elektro-/Elektronikgeräte, z.B. Bedienung, Entsorgung

Lebensmittelkennzeichnung

Die **Lebensmittelinformationsverordnung (LMIV)** regelt in der Europäischen Union die Kennzeichnung für alle vorverpackten Lebensmittel und Nahrungsergänzungsmittel, die für den Endverbraucher bestimmt sind. Die Kennzeichnungspflicht umfasst folgende Angaben:

1. Bezeichnung des Lebensmittels ❶
2. Verzeichnis der Zutaten nach ihren Gewichtsanteilen in absteigender Reihenfolge ❷
3. Menge bestimmter Zutaten
4. Allergene oder Zutaten, die häufig Unverträglichkeiten auslösen, auch in kleinsten Mengen ❸
5. Nettofüllmenge (bzw. Stückzahl, Volumen, (Abtropf-)Gewicht) ❹
6. Mindesthaltbarkeitsdatum (MHD) oder Verbrauchsdatum ❺
7. ggf. Anweisung zur Aufbewahrung oder Verwendung
8. Name und Anschrift des Lebensmittelunternehmens Hersteller, Importeur) ❻
9. ggf. Ursprungsland oder Herkunftsort
10. ggf. Gebrauchsanweisung
11. Angabe des Alkoholgehaltes bei mehr als 1,2 Vol.%
12. Nährwerttabelle in folgender, verbindlicher Reihenfolge: ❼
    - Brennwert in Kilojoule (Kj) und in Kilokalorien (kcal),
    - Fett, davon gesättigte Fettsäuren,
    - Kohlenhydrate, davon Zucker,
    - Eiweiß,
    - Salz.

Mindesthaltbarkeitsdatum (MHD)

Im Gegensatz zum Verbrauchsdatum ist das MHD kein Verfallsdatum. Während der Einzelhändler nach Ablauf des Verbrauchsdatums das Lebensmittel nicht mehr verkaufen darf, ist der Verkauf von Lebensmitteln mit abgelaufenem MHD noch möglich. Eine Preisreduzierung ist dabei rechtlich nicht vorgeschrieben. Allerdings ist der Einzelhändler verpflichtet, sich vor dem Verkauf von der Unbedenklichkeit des Verzehrs zu überzeugen. Für den Hersteller besteht für Lebensmittel mit abgelaufenem MHD keine Produkthaftung mehr, das Haftungsrisiko übernimmt der Einzelhändler. Die allgemeinen Kennzeichnungsvorschriften gelten auch für das MHD, es sollte gut lesbar und schnell aufzufinden sein.

Vorverpackte Lebensmittel, die kein Mindesthaltbarkeitsdatum enthalten oder bei denen das Mindesthaltbarkeitsdatum nicht nach Tag, Monat und Jahr ausgewiesen ist, müssen mit einer **Losnummer** gekennzeichnet sein. Das ist eine frei wählbare Kombination von Buchstaben und Ziffern, der ein „L“ voranzustellen ist. Diese Loskennzeichnung umfasst Lebensmittel, die unter praktisch gleichen Bedingungen hergestellt/erzeugt/verpackt wurden. Das erleichtert die schnelle Abwicklung bei Rückrufaktionen.

Kennzeichnung von Kosmetika

Auch für **Körperpflege- und Kosmetikprodukte** gibt es bestimmte Vorschriften. Um den Verbraucher vor gesundheitlichen Risiken durch Verderb zu bewahren, ist der Hersteller von kosmetischen Artikeln verpflichtet, auf die Haltbarkeit nach dem Öffnen des Produktes hinzuweisen. Das Symbol eines **geöffneten Cremetopfes** mit der Angabe von Monaten informiert darüber, wie viele Monate das Produkt nach dem Anbruch bei sachgerechter Lagerung und Anwendung bedenkenlos verwendet werden kann. Das gilt nur für verderbliche Kosmetika.

Da die Unverträglichkeiten bei Anwendung kosmetischer Erzeugnisse zunehmen, müssen die Hersteller die Verbraucher über die **Inhaltsstoffe** mit europaweit einheitlichen Bezeichnungen informieren. Die Produkte sind dementsprechend zu kennzeichnen. Die Reihenfolge der Inhaltsstoffe erfolgt nach absteigender Konzentration.

Weitere zwingende Angaben sind der Verwendungszweck, die Inhaltsmenge sowie ggf. Vorsichtsmaßnahmen für den Gebrauch.

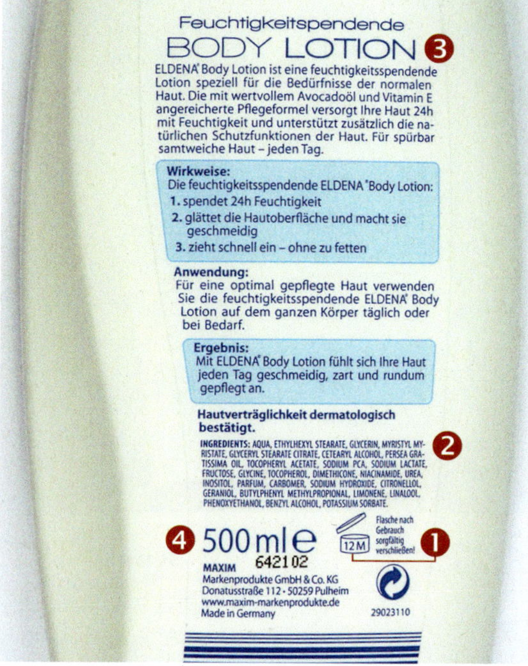

Kennzeichnung eines Körperpflegeproduktes

Beispiel

Angaben auf einem Körperpflegeprodukt:

❶ geöffneter Cremetopf
❷ Inhaltsstoffe
❸ Verwendungszweck
❹ Inhalt

Duftstoffe zur Parfümierung müssen im Gegensatz zu den anderen Inhaltsstoffen nicht einzeln angegeben werden, sondern können unter dem Begriff „Parfüm" oder „Aroma" zusammengefasst werden. Ausnahme: Für 26 Duftstoffe, die europaweit am häufigsten bei Menschen Allergien hervorrufen, gilt eine gesonderte Kennzeichnungspflicht. Sind sie in einer bestimmten Menge enthalten, müssen sie auch einzeln angegeben werden.

Kennzeichnung von Reinigungsmitteln

Werden Wasch-, Pflege- und Reinigungsmittel an private Verbraucher abgegeben, muss das Etikett die wichtigsten Angaben für **sichere, material- und umweltschonende Verwendung** enthalten. Der **Produktzweck** muss allgemein verständlich formuliert werden.

Kennzeichnung eines Reinigungsmittels

Beispiel

Angaben auf einer Flasche Reinigungsmittel:

❶ Produktzweck
❷ Verwendungshinweis
❸ Sicherheitshinweis

Textilkennzeichnung

Die Bestimmungen für die Textilkennzeichnung gelten nicht nur für Bekleidungsstücke, sondern auch für Bodenbeläge, für Bezugsstoffe auf Möbeln und Schirmen, Matratzen und Campingartikeln sowie für Futterstoffe von Schuhen und Handschuhen, sofern die genannten Textilerzeugnisse zu mindestens 80 % ihres Gewichtes aus textilen Rohstoffen bestehen.

Damit sich der Verbraucher ein Bild über die Qualität und die Verwendbarkeit von Textilien machen kann, muss der Hersteller die **Zusammensetzung der textilen Rohstoffe** mit ihren prozentualen Anteilen – deutlich erkennbar am Textilerzeugnis angebracht oder eingewebt bzw. deutlich erkennbar auf den Verpackungen – angeben.

Die Rohstoffgehaltsangabe muss in einer festgelegten Bezeichnung in deutscher Sprache erfolgen. International bekannte Abkürzungen sind dabei erlaubt.

Beispiel

- Die Bezeichnung „Baumwolle“ darf nicht durch „Cotton“ ersetzt werden.
- PA für „Polyamid“ (= Nylon) ist erlaubt.

Wasch- und Pflegesymbole für Textilien siehe Seite 219

Hinweise auf Ausrüstungstechniken (z. B. Farbstoffe), Wasch- und Pflegesymbole und die Größenkennzeichnung u. a sind zwar **freiwillig**, jedoch für den Verbraucher unverzichtbar. International konnte man sich bei den Pflegesymbolen von Textilien auf eine Reihenfolge der Symbole einigen: Waschen, Bleichen, Tumblertrocknung, Bügeln, Professionelle Textilpflege.

Kennzeichnung von Elektro- und Elektronikgeräten

Elektro- und Elektronikgeräte müssen so gekennzeichnet sein, dass der private Nutzer erkennt,

- wer das Gerät hergestellt hat,
- wann das Gerät in den Verkehr gebracht wurde und
- dass das Gerät nicht im Hausmüll entsorgt werden darf.

Diese Informationen sind gesetzlich vorgeschrieben und müssen mit dem Gerät dauerhaft verbunden sein. Sie sind sehr nützlich in Reklamationsfällen und bei Rückrufaktionen. Bei Küchengroßgeräten und Fernsehgeräten ist außerdem die Angabe der Energieeffizienzklasse vorgeschrieben.

Die Bedienung der Geräte wird durch verständliche Symbole erleichtert.

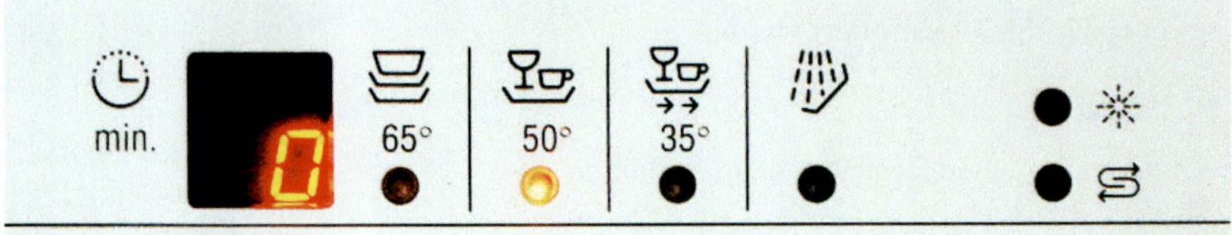

Bediensymbole einer Geschirrspülmaschine

Internationale Pflegesymbole für Textilien

WASCHEN

Normalwaschgang (95)	Normalwaschgang (60)	Schonwaschgang (60)
Normalwaschgang (40)	Schonwaschgang (40)	Spezialschonwaschgang (40)
Normalwaschgang (30)	Schonwaschgang (30)	Spezialschonwaschgang (30)
Handwäsche maximale Temperatur 40 °C	Nicht waschen	Die Zahlen im Waschbottich zeigen die maximal zulässige Waschtemperatur in °C an.

BLEICHEN

Chlor- oder Sauerstoffbleiche erlaubt	Nur Sauerstoffbleiche (keine Chlorbleiche) erlaubt	Nicht bleichen

TROCKNEN

Trocknen im Tumbler möglich, normale Temperatur, 80 °C normaler Trocknungsprozess	Trocknen im Tumbler möglich, niedrige Temperatur, 60 °C normaler Trocknungsprozess	Nicht im Wäschetrockner/ Tumbler trocknen
Trocknen auf der Wäscheleine	Trocknen aus dem tropfnassen Zustand	Liegend trocknen
Liegend trocknen aus dem tropfnassen Zustand	Trocknen auf der Wäscheleine im Schatten	Trocknen aus dem tropfnassen Zustand im Schatten
Liegend trocknen im Schatten	Liegend trocknen aus dem tropfnassen Zustand im Schatten	Die Punkte kennzeichnen die Trocknungsstufe des Tumblers. Die Striche kennzeichnen Art und Ort des Trocknens.

BÜGELN

Bügeln mit einer Höchsttemperatur der Bügeleisensohle von 200 °C	Bügeln mit einer Höchsttemperatur der Bügeleisensohle von 150 °C	Die Punkte kennzeichnen die Temperaturstufe des Bügeleisens.
Bügeln mit einer Höchsttemperatur der Bügeleisensohle von 110 °C *	Nicht bügeln	* Kein Bügeln mit Dampf

PROFESSIONELLE TEXTILPFLEGE

Professionelle Trockenreinigung, normaler Prozess (P)	Professionelle Trockenreinigung, schonender Prozess (P)	Professionelle Trockenreinigung, normaler Prozess (F)
Professionelle Trockenreinigung, schonender Prozess (F)	Nicht trockenreinigen	Die Buchstaben im Kreis kennzeichnen die Lösemittel (P, F) die in der Trockenreinigung angewendet werden oder die Nassreinigung (W).
Professionelle Nassreinigung, normaler Prozess	Professionelle Nassreinigung, schonender Prozess	
Professionelle Nassreinigung, besonders schonender Prozess	Nicht nassreinigen	Generell: Der Strich unter dem Symbol kennzeichnet eine mildere Behandlung (z.B. Schongang für Pflegeleichtartikel). Der doppelte Strich kennzeichnet Pflegestufen mit besonders schonender Behandlung.

3 Preisauszeichnung

Beispiel

Eine Kundin steht mit einer Flasche Körperlotion in der Hand zwischen zwei Regalen und schaut sich Hilfe suchend nach einem Verkäufer um. Endlich eilt ein Verkäufer den Gang entlang. „Entschuldigen Sie bitte, können Sie mir sagen, wie viel diese Körperlotion kostet?" Der Verkäufer antwortet im Vorbeieilen: „Das muss da irgendwo stehen." Die Kundin schaut sich noch einmal um, kann aber weder an der Ware noch am Regal eine passende Preisauszeichnung entdecken.

Vom verkaufsschädigenden Verhalten des Verkäufers einmal abgesehen, hat der Einzelhändler hier seine Pflicht zur korrekten Preisauszeichnung missachtet. Es liegt ein Verstoß gegen die Preisangabenverordnung vor, die als Ordnungswidrigkeit vom Gewerbeaufsichtsamt mit einem nicht unerheblichen Bußgeld geahndet werden kann.

Lernsituation 41

3.1 Preisangabenverordnung

Verordnung zur Regelung der Preisangaben (PAngV)

§ 1 Grundvorschriften

(1) Wer Verbrauchern gemäß § 13 des Bürgerlichen Gesetzbuches gewerbs- oder geschäftsmäßig oder wer ihnen regelmäßig in sonstiger Weise Waren oder Leistungen anbietet oder als Anbieter von Waren oder Leistungen gegenüber Verbrauchern unter Angabe von Preisen wirbt, hat die Preise anzugeben, die einschließlich der Umsatzsteuer und sonstiger Preisbestandteile zu zahlen sind (Gesamtpreise).

Umsatzsteuer → LF 3, Kap. 5

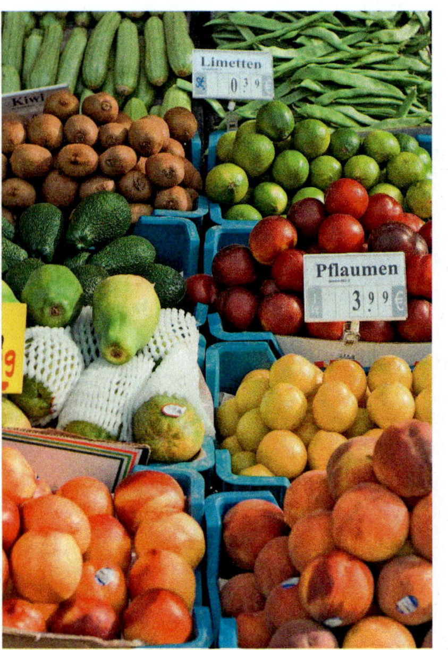

Preisauszeichnung bei loser Ware

Die Preisangabenverordnung (PAngV) verpflichtet den Händler zur Preisauszeichnung seiner Waren. Grundsätzlich schreibt sie vor, dass

- bei einem konkreten Warenangebot Gesamtpreise (**Bruttopreise**) genannt werden müssen, d. h., die Preise müssen die Umsatzsteuer und sonstige Preisbestandteile, unabhängig von Rabattgewährung, enthalten; eine Pfandforderung, z. B. bei Mehrwegflaschen, ist gesondert auszuweisen,
- die handelsübliche **Waren-/Gütebezeichnung** der Ware genannt wird,
- die **Verkaufseinheit** der Ware genannt wird (z. B. kg, pro Meter, 0,5 l) und
- die Ware zusätzlich mit dem **Grundpreis** ausgezeichnet wird. Das ist der Preis für die handelsübliche Menge einer Ware (Preis für 1 Liter, für 1 kg), die nach Gewicht, Volumen, Länge oder Fläche verkauft wird.

Diese Vorschrift gilt für alle Waren, die

- in Schaufenstern,
- in Schaukästen innerhalb oder außerhalb des Verkaufsraums,
- auf Verkaufsständern oder in sonstiger Weise sichtbar ausgestellt werden, und für
- Waren, die vom Verbraucher unmittelbar entnommen werden können.

Ausgenommen von der Pflicht zur Preisauszeichnung sind

- Kunstgegenstände, Sammlerstücke, Antiquitäten sowie
- Blumen und Pflanzen, die direkt vom Freiland oder aus dem Gewächshaus verkauft werden.

Nach der Preisangabenverordnung müssen die Preisangaben den Grundsätzen von **Preisklarheit** und **Preiswahrheit** entsprechen, d. h., die Preise müssen dem Angebot oder der Werbung eindeutig zugeordnet, leicht erkennbar und deutlich lesbar sein. Der Gesetzgeber hat bewusst strenge Anforderungen an den Handel gestellt, um die Endverbraucher besser zu schützen. Durch die Pflicht zur Preisauszeichnung soll der Verbraucher die Möglichkeit erhalten, Preise besser vergleichen zu können. Dadurch erhält er auch eine bessere Marktübersicht.

3.2 Arten der Preisauszeichnung

Das Preisschild dient nicht nur der Information des Kunden, sondern ist auch ein Instrument der innerbetrieblichen Organisation und Kommunikation. Denn neben die gesetzlich vorgeschriebenen Angaben auf dem Preisschild setzt der Einzelhändler gerne noch freiwillige Angaben.

- Das **Eingangsdatum** kann das Alter der Ware ausweisen und somit schnell auf Ladenhüter verweisen.
- Die **Artikelnummer** erleichtert bei der Inventur die Erfassung der Ware.
- Der **verschlüsselte Einkaufspreis** zeigt dem Verkäufer bei Preisverhandlungen den möglichen Spielraum an.
- Die **Lieferantennummer** erleichtert die Nachbestellung und die Abwicklung von Mängelrügen.

Informative Preisetiketten können somit die Verkaufsberatung unterstützen und die Verkäufer brauchen die Preise nicht auswendig zu lernen.

Für die Preisauszeichnung sind entweder die Waren selbst mit Etiketten/Preisschildern zu versehen oder die Warenträger, in denen sich die Waren befinden. Dabei müssen die Preise deutlich lesbar und den Waren eindeutig zugeordnet sein. Bei Waren, die nach Musterbüchern (z. B. Fliesen, Tapeten, Parkett usw.) ausgewählt werden, sind entweder die Muster mit Preisen zu versehen oder es müssen Preislisten ausliegen.

Die Zukunft der Preisauszeichnung wird in **elektronischen Preisauszeichnungssystemen** liegen. Hier werden z. B. die Regale mit digitalen Preisschildern versehen, die per Funk mit einem Server in Verbindung stehen. Sollte das gesamte Sortiment einer Preisänderung unterzogen werden, so ist dies bei dem elektronischen Verfahren sofort möglich. Lediglich die Preisänderungen müssen in das System eingegeben werden, der neue Preis wird dann vom Computer berechnet und über Funk wird das digitale Preisschild umgestellt.

Elektronische Preisauszeichnung

ALLES KLAR?

1 Der Gesetzgeber hat zur Information und zum Schutz der Verbraucher eine Reihe von Vorschriften erlassen. Nennen Sie vier davon.

2 Zählen Sie vier Markenzeichen aus Ihrem Ausbildungssortiment auf.

3 Gütezeichen …

a) sind für Verkäufer und Kunden nicht von Bedeutung.
b) kennzeichnen Produkte mit einem hohen Preis.
c) kann jeder Hersteller nach Belieben vergeben.
d) geben Kunden und Verkäufer Hinweise auf die Qualität.
e) kann jeder Einzelhändler entwerfen, wie er will.

4 Nehmen Sie Stellung: „Gen-Food interessiert mich nicht und braucht in der EU nicht extra gekennzeichnet zu werden."

5 Erläutern Sie die Bedeutung von zwei unterschiedlichen Prüfzeichen.

6 Begründen Sie, ob die folgende Aussage zutreffend ist: „Die Gefahrstoffkennzeichnung ist ausschließlich für die Feuerwehr wichtig."

7 Nennen Sie vier Angaben, die bei verpackter Ware angegeben sein müssen.

8 Nennen Sie richtige Aussagen.

a) Die PAngV verlangt die Auszeichnung inklusive Umsatzsteuer, wenn an Endverbraucher angeboten wird.
b) Die Warenbezeichnung muss bei Lebensmitteln angegeben werden.
c) Bei Waren, die nach Gewicht, Volumen, Länge, Fläche verkauft werden, muss ein Grundpreis, also der Preis für eine handelsübliche Menge angegeben werden.
d) Kunstgegenstände und Antiquitäten brauchen nicht ausgezeichnet zu werden.

9 a) Welche der folgenden Angaben auf einer Verpackung von einem Kilogramm Mehl sind verpflichtend, welche freiwillig?

1) „Weizenmehl Type 405"
2) Markenzeichen
3) „Vielseitig verwendbar für Kuchen und Kleingebäck"
4) Rezept für einen Kirsch-Streuselkuchen
5) Nährwerttabelle
6) GTIN-Strichcode
7) „1000 g"
8) Mindesthaltbarkeitsdatum
9) Name des Herstellers
10) Anschrift des Herstellers
11) „kühl und trocken lagern"

b) Zu den Pflichtangaben auf vorverpackten Lebensmitteln gehört auch die Zutatenliste. Begründen Sie, warum Mehl nicht von dieser Pflichtkennzeichnung betroffen ist.

10 Nach den gesetzlichen Vorschriften zur Preisauszeichnung müssen Waren mit einem Grundpreis ausgezeichnet werden. Welche Aussagen sind im Zusammenhang mit dieser Regelung zutreffend?

a) Die Pflicht zur Angabe des Grundpreises ist im „Gesetz zur Regelung der Preisangaben" geregelt.
b) Die Preisauszeichnungen für alle Waren müssen eine Angabe zum Grundpreis enthalten.
c) Auf eine Grundpreisangabe kann bei der Auszeichnung von Haarshampoo verzichtet werden, weil nur Lebensmittel von dieser Regelung betroffen sind.
d) Wenn die Preisauszeichnung eine Angabe zum Grundpreis enthält, kann auf eine weitere Preisangabe verzichtet werden.
e) Die Pflicht zur Angabe des Grundpreises kommt dem Verbraucher zugute, weil dadurch ein besserer Preisvergleich möglich ist.

5

Werben und den Verkauf fördern

Absatzwerbung

Verkaufsförderung (Salespromotion)

Verbraucherschutz

Gesetz gegen den unlauteren Wettbewerb

Verpackungen

1 Absatzwerbung

Lernsituation 42

„Wer nicht wirbt, der stirbt", heißt eine Binsenweisheit des Einzelhandels. Gerade in Zeiten, in denen die Konkurrenz immer zahlreicher und stärker wird und die Konsumenten ihr Geld immer überlegter ausgeben, erhält dieser Satz große Bedeutung. Unter Absatzwerbung (im allgemeinen Sprachgebrauch kurz „**Werbung**" genannt) versteht man jede Kommunikation, die warenspezifische Informationen und Verhaltensempfehlungen an eine bestimmte Zielgruppe transportiert. Alle Werbemaßnahmen, die sich mit dem Absatz bzw. der Positionierung des Warenangebots am Markt beschäftigen, gehören zur Absatzwerbung.

Häufig ist die Absatzwerbung auf eine breite Streuung und langfristige Wirkung angelegt. Je nach Zielsetzung des Unternehmens sollen mit Hilfe der Werbung Umsätze gesteigert (**Expansionswerbung**) bzw. Umsatzrückgänge (**Erinnerungswerbung**) vermieden oder neue Waren/Dienstleistungen bekannt gemacht werden (**Einführungswerbung**).

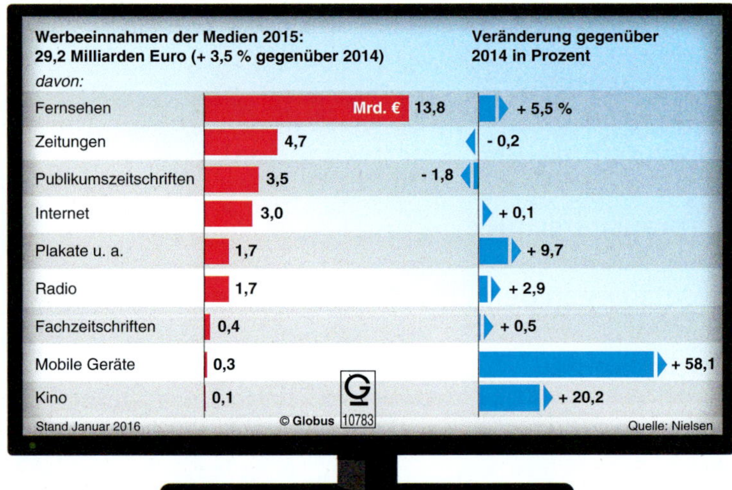

Werbung in Deutschland

1.1 Werbearten

Absatzwerbung lässt sich auf unterschiedliche Weise realisieren. Je nach Zielsetzung und den zur Verfügung stehenden Finanzmitteln nutzen Einzelhandelsunternehmen Einzelwerbung und Kollektivwerbung.

Bei der **Einzelwerbung** wirbt der Einzelhändler alleine mit dem Namen seines Unternehmens bzw. für einzelne Artikel aus seinem Sortiment. Die Kosten der Werbung sind in der Regel recht hoch. Eine Sonderform der Einzelwerbung ist die **Herstellerwerbung**. Hier wirbt ein Hersteller für ein einzelnes Produkt bzw. für seine gesamte Produktpalette. Von dieser Werbung profitieren alle Einzelhändler, die diese Produkte im Sortiment aufgenommen haben. Häufig werden bei der Herstellerwerbung von den profitierenden Einzelhändlern Kostenbeiträge für die Herstellerwerbung verlangt bzw. sind in den Kaufverträgen zwischen Hersteller und Einzelhändler vereinbart. Auf Grund des erheblich höheren Werbebudgets auf Seiten der Hersteller und der Kostenbeteiligung des Einzelhandels, ist Herstellerwerbung oft sehr aufwändig und mit hohen Kosten produziert.

Herstellerwerbung

Gemeinschaftswerbung

Bei der **Direktwerbung** wird der Kunde durch den Einzelhändler persönlich angesprochen. Der persönliche Werbebrief ist die häufigste Form der Direktwerbung. Daneben gewinnt aber auch die persönliche Werbung per E-Mail und SMS immer mehr an Bedeutung. Auch die direkte Ansprache des Kunden durch Prospekte, Flyer, Kataloge und Warenproben zählen zu der Direktwerbung.

Bei der **Kollektivwerbung** werben mehrere Unternehmen gemeinsam. Es können Gemeinschaftswerbung, Sammelwerbung und Verbundwerbung unterschieden werden.

Bei der **Gemeinschaftswerbung** wirbt eine ganze Branche gemeinsam, ohne einzelne Unternehmensnamen zu nennen (z. B. „die Milch macht's"). Die Werbung wird durch freiwillige Beiträge der Branchenmitglieder finanziert und soll ein positives Bild der Branche vermitteln. Problematisch ist der Trittbrettfahrereffekt, d. h. auch Branchenmitglieder, die keine Beiträge gezahlt haben, profitieren vom Werbeeffekt. Ob die Werbung für das einzelne Unternehmen Erfolg gebracht hat, lässt sich in der Regel nicht zweifelsfrei feststellen.

Bei der **Sammelwerbung** werben viele Unternehmen, z.B. einer Region, gemeinsam unter Namensnennung aller beteiligten Unternehmen.

Beispiel

Die Beska GmbH beteiligt sich an einem verkaufsoffenen Sonntag in der Berliner City. Zur Vorbereitung dieses Tages veröffentlicht die Citymarketing Berlin e.V. für alle sich am verkaufsoffenen Sonntag beteiligenden Unternehmen eine Sammelwerbung, in der neben der Beska GmbH auch viele andere Einzelhändler, Restaurants und Unternehmen der Dienstleistungsbranche genannt werden, die sich am verkaufsoffenen Sonntag beteiligen.

In der **Verbundwerbung** werben wenige (meist zwei) Unternehmen mit einem sich ergänzenden Angebot gemeinsam bei Namensnennung. Die Werbenden möchten vom guten Image des jeweiligen Verbundpartners profitieren (z. B. Waschmaschinen und Waschmittelhersteller). Verbundwerbung lässt sich eher selten realisieren.

1.2 Werbegrundsätze

Werbung soll Aufmerksamkeit erregen, um dadurch Kaufwiderstände zu reduzieren bzw. Kaufwünsche auszulösen. Um zu verhindern, dass um der Aufmerksamkeit willen übertriebene oder bewusst falsche Aussagen gemacht werden, sollten sich Unternehmen an bestimmte Grundsätze halten.

Werbegrundsätze

Wirksamkeit	Wahrheit und Klarheit	Wirtschaftlichkeit	Gesellschaftliche Akzeptanz
Werbung muss zielgruppengerecht entwickelt werden, um einen möglichst großen Erfolg zu erzielen. Streuverluste sind zu vermeiden.	Werbung darf keine falschen oder irreführenden Angaben zu den angepriesenen Leistungen machen. Zwar sollen die Waren im positiven Licht erscheinen, dies darf aber nur in sachlich einwandfreiem Rahmen geschehen.	Werbung muss immer in einem wirtschaftlichen Verhältnis zu dem erzielten Erfolg stehen. Das heißt, der zusätzliche Erfolg (z.B. Umsatzwachstum) muss deutlich höher sein als die Werbekosten.	Werbung sollte gesellschaftliche Wertvorstellungen nicht missachten oder Minderheiten zwecks Effekthascherei missbrauchen (Moral). Auch das Beachten von Gesetzen (Gesetz gegen den unlauteren Wettbewerb) gehört natürlich dazu.

Gesetz gegen den unlauteren Wettbewerb
→ LF 5, Kap. 4

www.werberat.de

Nicht alle Unternehmen halten sich an diese Werbegrundsätze. Deshalb hat die Werbebranche freiwillig ein Kontrollgremium installiert, den **deutschen Werberat**. Dieses Gremium prüft und ahndet besonders weit reichende Verstöße gegen die Werbegrundsätze. Juristische Konsequenzen haben die Ahndungen des Werberates jedoch nicht. Zum Schutz von Mitbewerbern und Verbrauchern hat der Gesetzgeber daher ein Gesetz gegen unlauteren Wettbewerb (UWG) erlassen.

Beispiel

Mit einer Reihe provokanter Werbeplakate machte und macht der Bekleidungshersteller Benetton immer wieder auf sich aufmerksam, wie z.B. drei menschliche Herzen mit den Labels „Black“, „White“ und „Yellow“, die auf Rassismus anspielen.

1.3 Werbeplanung

Absatzwerbung möchte auf Grund der hohen Konkurrenz in erster Linie Aufmerksamkeit erregen, um anschließend möglichst eine Kaufhandlung auszulösen. Um das zu erreichen, nutzt man im Rahmen der Werbung die AIDA-Formel mit den folgenden vier Kommunikationsstufen:

AIDA-Formel

A ttention: Aufmerksamkeit erregen
I nterest: Interesse wecken
D esire: den Kaufwunsch hervorrufen
A ction: die Kaufhandlung auslösen

Dabei kann man entweder versuchen, beim künftigen Kunden bestimmte Assoziationen zu wecken (wenn ich diesen Artikel kaufe, bin ich stark) oder durch „Zeugenaussagen" die Qualität eines Artikels „bestätigen" zu lassen.

Absatzwerbung entsteht nicht zufällig oder spontan. Vielmehr wird sie genau geplant und läuft in einer Reihenfolge ab, die aber auch verändert werden kann:

Ablaufschema Werbeplanung

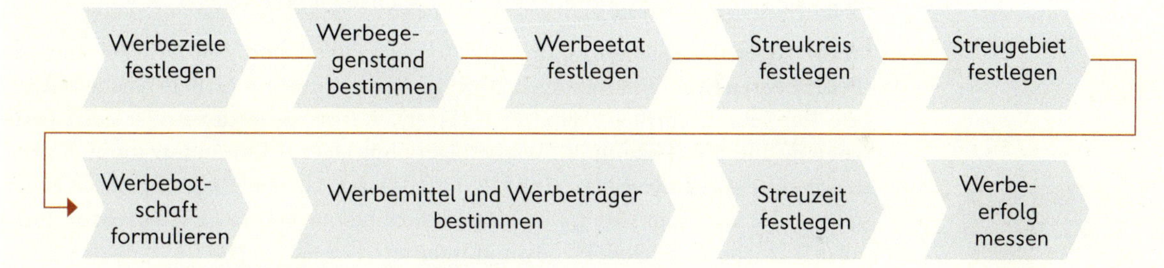

Werbeziele, Werbegegenstand und Werbeetat

Zu Beginn der Werbeaktion müssen sich die Verantwortlichen die Frage stellen, warum sie werben wollen, d. h., sie müssen sich über die konkreten **Werbeziele** der Werbemaßnahme klar werden. Die Einführung eines neuen Artikels oder die Erinnerung an einen bereits vorhandenen Artikel können Ziele sein.

Viele Einzelhandelsunternehmen vertreiben ein umfangreiches Sortiment. Deshalb muss auch der **Werbegegenstand** genau bestimmt werden: Soll ein einzelner Artikel, eine Warengruppe oder das komplette Sortiment beworben werden?

Der Einzelhändler muss darüber hinaus festlegen, welche Finanzmittel **(Werbeetat)** für die Werbung zur Verfügung stehen sollen.

Streukreis und Streugebiet

Ein Einzelhandelsunternehmen muss sich vor der Durchführung einer Werbekampagne genau überlegen, welchen Personenkreis **(Streukreis)** es umwerben will. So hätte z. B. eine Werbung für ein Herztonikum bei Kindern wenig Aussicht auf Erfolg. Werbung, die eine falsche Zielgruppe erreicht, bedeutet eine Verschwendung finanzieller Mittel. Es kommt darauf an, die gewünschte Zielgruppe möglichst zielgruppengerecht anzusprechen.

Streukreis = Zielgruppe

Nicht jede Werbung soll in einem größeren Umkreis erscheinen. Der lokale Supermarkt wird seine Waren nicht weit über die Stadtgrenzen hinaus anpreisen wollen und das Fachgeschäft in Düsseldorf ist kaum an einer Werbung in ganz Deutschland interessiert. Es kommt daher darauf an, den Werberadius **(Streugebiet)** an das Produkt und an die Werbeziele anzupassen. Streuverluste sind zu vermeiden.

Werbebotschaft, Werbemittel und Werbeträger

Jede Kommunikation enthält eine Information, die der Sender (Verkäufer) dem Empfänger (möglicher Kunde) mitteilen möchte. Der Inhalt bei der absatzpolitischen Kommunikation heißt **Werbebotschaft**. Die Werbebotschaft soll beim möglichen Kunden ein gewünschtes Verhalten – meist den Kauf eines Produktes oder einer Dienstleistung – auslösen. Sie muss textlich, grafisch und/oder akustisch dargestellt werden. Da die Werbebotschaft das zentrale Element der Absatzwerbung ist, schalten viele Unternehmen professionelle Werbeagenturen ein, um die Inhalte möglichst wirkungsvoll und zielgerichtet zu formulieren und zu gestalten.

Transportiert wird die Botschaft mit Hilfe eines Werbemittels. **Werbemittel** enthalten die eigentliche Werbebotschaft und sind gekennzeichnet durch Schrift, Bild oder Sprache. Damit die Werbebotschaft die möglichen Kunden auch erreicht, benötigt man ein Medium, das die mit Hilfe eines Werbemittels gestaltete Werbebotschaft an mögliche Kunden transportiert. Diese Medien heißen Werbeträger.

Werbeträger mit eigenen Kommunikationsangeboten sind z. B. Druckerzeugnisse **(Printmedien)** wie Tageszeitungen, Anzeigenblätter, (über-)regionale Wochenzeitungen, Kundenzeitschriften, Handzettel (Flyer), Adressbücher usw. oder auch **Fernsehen und Radio** (Lokalfunk). Werbeträger ohne eigenes Kommunikationsangebot, so genannte **Außenwerbung**, sind z. B. Litfaßsäulen, Gebäude, City-Lights an Haltestellen oder Knotenpunkten, Busse, Straßenbahnen und Autos. Die **Direktwerbung** nutzt Werbebrief, Telefon, Handy und Internet.

Beispiel

Klassische Absatzwerbung der Beska GmbH in einer Zeitung.

Werbebotschaft	Werbemittel	Werbeträger

Auch das **Internet** wird immer häufiger als Werbeträger genutzt. Während Ende der Neunzigerjahre des vergangenen Jahrhunderts nur ungefähr jeder vierte Verbraucher einen Internetanschluss besaß, hat heute fast jeder Haushalt Zugang zum Internet. Nach dem Fernsehen ist das Internet mittlerweile der Werbeträger, der von den Unternehmen am häufigsten für ihre Werbung genutzt wird. Werbung wird dabei nicht nur via E-Mail verschickt, sondern es gibt auch eine Vielzahl anderer Formen, im Internet zu werben:

- Bei der **Bannerwerbung** wird die Werbebotschaft mit Hilfe von unterschiedlichen grafischen Elementen (= Banner) präsentiert. Diese Banner können überall auf einer Website platziert werden: oben, an den Rändern oder aber auch mitten im Text einer Internetseite. Die technischen Entwicklungen erlauben es in zunehmenden Maßen, die Bannerwerbung immer aufwendiger zu gestalten.
- Bei der **Suchmaschinenwerbung** wird Werbung neben den eigentlichen Suchergebnissen eingeblendet. Je nach gewählter Suchmaschine wird die Werbung durch unterschiedliche gestalterische Elemente hervorgehoben.
- Das **Targeting** erlaubt es dem Einzelhändler ganz gezielt, Werbung für seine vorher fest definierte Zielgruppe zu platzieren.
- Werbungen, die beim Wechseln einer Seite während des Besuchs einer Website als Unterbrechung eingeblendet werden, werden als **Interstitials** bezeichnet. Vor dem Aufbau der eigentlichen Seite werden die Werbeinhalte eingeblendet. Erst nach einer festgelegten Zeit wird die gewünschte Seite freigegeben und aufgebaut.

targeting = zielen auf

interstitial = Zwischenräume bildend

Die Werbung im Internet gewinnt auch durch die stärkere Verbreitung der sozialen Medien immer mehr an Bedeutung. So wird Facebook von mittlerweile mehr als einer Milliarde Menschen genutzt, Tendenz steigend. Auch YouTube, Wikipedia und eBay werden viel genutzt und bieten sich daher für Werbetreibende an, um hier ihre Werbung zu platzieren.

Beispiel

Die Beska GmbH startet eine Muttertagskampagne über Facebook: In einem Werbefilm erzählt ein kleines, süßes Mädchen, wie toll ihre Mama ist und was Mama alles kann. Am Ende des Spots erscheint das Logo der Beska und „Danke" wird eingeblendet.

Jedes Werbemittel hängt mit einem passenden Werbeträger zusammen: Werbebotschaft, Werbemittel und Werbeträger müssen unbedingt zielgruppengerecht aufeinander abgestimmt werden, um eine optimale Wirkung zu erzielen.

Streuzeit

Die Streuzeit gibt an, zu welchem Zeitpunkt und wie lange die Werbung in dem entsprechenden Medium erscheinen soll. Die richtige Wahl des Werbezeitpunktes kann den Werbeerfolg maßgeblich beeinflussen. So hätte es z. B. wenig Sinn, bereits im Juni für weihnachtliche Geschenkpapiere zu werben. Im Rahmen der Mediaplanung wird gewährleistet, dass die Anzeigen und Spots zum gewünschten Zeitpunkt erscheinen (z. B. Kontakt zu den Zeitungen und Sendern herstellen, Erscheinungszeiträume buchen).

Beispiel

Weihnachtsartikel wie Christbaumkugeln, Christstollen oder Schokoladenweihnachtsmänner werden frühestens im Herbst beworben, wenn Weihnachten langsam ins Bewusstsein der Menschen rückt.

Werbeerfolgskontrolle

Da jede Werbung auch Kosten verursacht, sollte geprüft werden, ob die Werbung tatsächlich erfolgreich war. Nach jeder Werbemaßnahme gilt es, den Werbeerfolg zu überprüfen. Je genauer zuvor das Werbeziel festgelegt war, desto leichter lässt sich der Erfolg feststellen. In Abhängigkeit von den gesetzten Werbezielen kann der Einzelhändler mit Hilfe folgender Kennzahlen den Erfolg seiner Werbung ermitteln.

Abverkaufsdaten
verkaufte Artikel nach Art, Mengen, Preisen, Verkaufsdatum

Durchschnittliche Bonsummen
durchschnittlicher Umsatz pro Kunde

Kundenfrequenz
Anzahl der Ladenbesucher, ermittelt durch Kassendaten oder Infraroteingangskontrolle

- Die **Abverkaufsdaten** kann z. B. das elektronische Warenwirtschaftssystem auf Knopfdruck für einen bestimmten Artikel liefern.
- Auch die Entwicklung der **durchschnittlichen Bonsummen** kann mit dem Warenwirtschaftssystem festgestellt werden.
- **Kundenfrequenz**zahlen können einen Hinweis darauf geben, ob die Kunden nach einer Werbemaßnahme ein erhöhtes Interesse an dem Produkt gezeigt haben.

Als weitere Kennzahlen können auch die Veränderungen von **Umsatz** und **Marktanteil** überprüft werden. Basis dieser Erfolgskontrolle sind also Messgrößen, die den ökonomischen Erfolg des Unternehmens direkt bestimmen.

Neben der Werberendite und dem Marktanteil kann aber auch der **Aufmerksamkeitsgrad** als weitere Kennzahl der Werbeerfolgskontrolle gemessen werden.

Werberendite, Marktanteil und Aufmerksamkeitsgrad

$$\textbf{Werberendite} = \frac{\text{Umsatzzuwachs pro Periode}}{\text{Werbekosten pro Periode}}$$

Ist die Werberendite > 1, ist der Umsatzzuwachs also größer als die durch die Werbung entstandenen Kosten, kann die Werbung als erfolgreich bewertet werden.

$$\textbf{Marktanteil} = \frac{\text{Umsatz}}{\text{Gesamtumsatz des Marktes}}$$

Der Vergleich der Marktanteile vor und nach der Werbung zeigt den Erfolg der Werbung.

$$\textbf{Aufmerksamkeitsgrad} = \frac{\text{Zahl der von der Werbung Angesprochenen}}{\text{Zahl der Umworbenen (Zielgruppe)}}$$

Beispiel

Die Kosten für eine ganzseitige Werbeanzeige in der Samstagsausgabe der Berliner B-Zeitung betragen 12.500,00 Euro. Der Umsatz der Beska GmbH stieg laut Finanzbuchhaltung an diesem Samstag um 18.200,00 Euro.

$$\text{Werberendite} = \frac{18.200,00}{12.500,00} = 1,456$$

Damit war die Werbung rein mathematisch erfolgreich.

Der Werbende muss aber auch immer externe Einflüsse, die nicht aus seiner Werbeaktion herrühren, beachten. So könnte z. B. auch eine Umsatzstagnation oder eine Umsatzminderung ein Werbeerfolg sein, nämlich dann, wenn die Mitbewerber höhere Umsatzeinbußen hinnehmen mussten.

2 Verkaufsförderung (Salespromotion)

Lernsituation 43

Neben der Absatzwerbung steht dem Einzelhändler auch noch die Verkaufsförderung (Salespromotion) zur Steigerung des Absatzes zur Verfügung. Während die Absatzwerbung überwiegend außerhalb des Ladenlokals des Einzelhändlers durch verschiedene Medien stattfindet, richtet die Verkaufsförderung ihr Hauptaugenmerk auf Aktionen innerhalb der **Verkaufsräume**. Ziel der Verkaufsförderung ist es, den Kunden zu Impulskäufen zu animieren und ihm den letzten Anstoß zum Kauf eines Produktes zu geben. Im Gegensatz zur Absatzwerbung ist die Verkaufsförderung eher **kurzfristig** angelegt. Sie soll relativ schnell zu spürbaren Absatzsteigerungen führen.

Verkaufsraum
Point of Purchase (POP) bzw. Point of Sale (POS)

Häufig werden Maßnahmen der Verkaufsförderung durch die Produkthersteller, insbesondere von Markenartikeln, durchgeführt. Aber auch größere Handelsorganisationen und der Einzelhändler selbst greifen auf die verschiedenen Möglichkeiten der Verkaufsförderung zurück. Je nachdem, wer durch die Aktion angesprochen wird, unterscheidet man drei Arten der Verkaufsförderung:

Arten der Verkaufsförderung

Kundenpromotion	Handelspromotion	Mitarbeiterpromotion
Es werden Kunden bzw. Endverbraucher angesprochen, um den Absatz kurzfristig zu steigern.	Am Verkauf beteiligte Personen (Einzelhändler, Verkäufer) erhalten Unterstützungsmaßnahmen, um die Waren bevorzugt zu empfehlen und zu verkaufen.	Zielgruppe ist der eigene Vertrieb, z. B. Außendienstmitarbeiter bzw. Reisende.
• Produktvorführungen, Verkostungen • Aktionen mit Prominenten • Gewinnspiele, Gutscheine und Coupons, Preisausschreiben, Geschenke • Tag der offenen Tür, Jubiläumsveranstaltungen • Treueprämien	• Kaufnachlässe, Rabatte • Schulungen • Prämiensystem • Informations- und Werbeartikel • Verkaufsdisplays • Gratiswaren	• Schulungen • Prämien • Prospekte • Messen und Ausstellungen

Vorteile der Verkaufsförderung:
- gezielte Kundenauswahl
- direkte Ansprache
- schnelle Wirkung
- subtile Form der Beeinflussung durch direkten Kontakt

Nachteile der Verkaufsförderung:
- geringe Streubreite
- nicht bei allen Waren und Zielgruppen einsetzbar
- hoher Arbeitsaufwand, hohe Kosten

Geschenkgutscheine und Couponing

Viele Einzelhändler verkaufen an ihre Kunden **Geschenkgutscheine** als Maßnahme der Verkaufsförderung. Die Kunden möchten Gutscheine verschenken. Der Beschenkte kann den Gutschein beim Einzelhändler einlösen, indem er z. B. eine bestimmte Ware aussucht oder eine Dienstleistung in Anspruch nimmt, die dem jeweiligen Wert des Gutscheines entspricht. Geschenkgutscheine sind **Inhaberpapiere**, d. h. jeder, der einen Gutschein besitzt, kann die Einlösung verlangen. In der Praxis sind die meisten Geschenkgutscheine befristet. Derartige Fristen dürfen allerdings nicht zu knapp bemessen sein. Nach dem Urteil verschiedener Gerichte haben Geschenkgutscheine allgemein eine **Einlösefrist** von drei Jahren. Allerdings haben die Inhaber von Geschenkgutscheinen keinen Rechtsanspruch auf eine Auszahlung des jeweiligen Wertes in Bargeld.

Besitz
→ LF 3, Kap. 7.3

Coupons werden häufig auch als Gutscheine bezeichnet. Sie sind aber nicht mit Geschenkgutscheinen zu verwechseln.

Coupons jeder Art und Form dienen ebenfalls der Verkaufsförderung. Damit sollen z. B. Neukunden gewonnen werden. Sie dienen auch dazu, neue Produkte einzuführen und Produkte am Markt wieder in Erinnerung zu bringen. Sie können aber auch zur Stammkundenbindung eingesetzt werden. Coupons können vom Hersteller oder auch Einzelhändler an eine ausgewählte Personengruppe ausgegeben werden. Häufig sind Coupons in Anzeigen, Mailings, Prospekten, Handzetteln, Postwurfsendungen oder Couponkatalogen zu finden. Der Besitzer eines Coupons erhält dann in bestimmten Akzeptanzstellen (z. B. Geschäfte oder Internetshops) innerhalb eines festgelegten Zeitraums z. B. einen Preisvorteil, einen Mengenvorteil, eine Zugabe oder auch eine Information.

Es gibt eine Vielzahl verschiedener Arten und Formen von Coupons, z. B.:

- **Bundling-Coupon**/Waren-Coupon: Der Besitzer dieses Coupons wird zum kostenlosen Bezug eines Produktes oder Dienstleistung berechtigt. Dies geschieht häufig in Gestalt von „Buy one, get one free“ oder „Two for one“ oder einer einfachen Produktzugabe zu einem andern Kauf.
- **Rabatt-Coupons**/Cash-Coupons/Shopping-Coupons: Dieser Coupon gewährt einen Preisnachlass. Beim Kauf eines bestimmten Produktes wird der Wert des Gutscheins vom regulären Verkaufspreis abgezogen. Der Preisvorteil ist entweder in Prozent oder als Euro-Betrag ausgewiesen.
- **Treue-Coupons**: Diese Coupons erhalten Stammkunden. Der Kunde erhält für seine langfristige Beziehung zum Unternehmen z. B. Rabatte oder eine virtuelle Währung (z. B. Meilen oder Bonuspunkte), die dem Kundenkonto gutgeschrieben werden. Häufig sind auf Markenartikeln auch Treuepunkte zu finden. Sie müssen gesammelt und zum Erhalten eines Geschenkes eingesendet werden.
- **Sampling-Coupon**: Diese Coupons berechtigen zum Bezug einer Testpackung oder einer Warenprobe.

3 Verbraucherschutz

„Bei uns ist der Kunde König!“ – Dieses Sprichwort hört man oft, wenn Unternehmen ihre Produkte oder ihren Service anpreisen. Aber auch ein König kann nicht alles wissen und manchmal den Überblick verlieren. Der **Verbraucher** sieht sich deshalb oft mit einer Reihe von Problemen konfrontiert:

- Die wachsende Warenvielfalt erschwert die Auswahl sowie den Preis- und Qualitätsvergleich (z. B. bei Haushaltsgeräten).
- Häufig fehlt das Fachwissen, um die in der Werbung gemachten Behauptungen zu überprüfen (z. B. bei technischen Geräten wie Computern).
- Vertragsbedingungen sind unverständlich formuliert, sodass sich der Verbraucher über die Folgen seiner Unterschrift nicht im Klaren ist (z. B. AGB).
- Viele Produkte enthalten Zusatzstoffe, die u. U. gesundheitliche Probleme verursachen können (z. B. Lebensmittel oder Wandfarben).

Verbraucher
ist im rechtlichen Sinne jede natürliche Person, die ein Rechtsgeschäft ausschließlich aus privatem Zweck abschließt.

Um diesen Problemen entgegenzuwirken, wurde eine Reihe gesetzlicher Regelungen erlassen, die den Verbraucher informieren und vor Benachteiligungen schützen sollen. Inzwischen ist der Verbraucherschutz zu einem wesentlichen Schutzprinzip des BGB geworden.

Beispiel

Gesetzlichen Regelungen sind:
- die Preisangabenverordnung, die z. B. die Ausweisung der Preise gegenüber dem Verbraucher stets einschließlich Umsatzsteuer verlangt
- die Kennzeichnungspflicht von Lebensmitteln, die die Angabe aller Inhaltsstoffe von Lebensmitteln verlangt

Preisangabenverordnung
→ LF 4, Kap. 3.1

Mit dem Inkrafttreten des **Verbraucherinformationsgesetzes** hat der Gesetzgeber den Verbraucherschutz weiter ausgebaut. Danach haben alle Verbraucher einen Anspruch auf Informationen über Produkte (z. B. Lebensmittel, Kosmetika und Bedarfsgegenstände), die den Behörden vorliegen. Die Behörden haben ihrerseits das Recht, der Öffentlichkeit Unternehmen zu benennen, die z. B. Grenzwerte bei der Lebensmittelproduktion überschreiten.

Verbraucherinformationsgesetz (VIG)
Gesetz zur Verbesserung der gesundheitsbezogenen Verbraucherinformation

Ein wichtiges Ziel des Verbraucherschutzes ist der Schutz des Verbrauchers vor dem Abschluss nachteiliger Verträge. Dies kann z. B. den Vertragsabschluss als solchen betreffen. Hier soll verhindert werden, dass der Verbraucher auf Grund seiner unterlegenen Position dazu bewegt wird, einen Vertrag abzuschließen, den er unter anderen Rahmenbedingungen nicht abgeschlossen hätte.

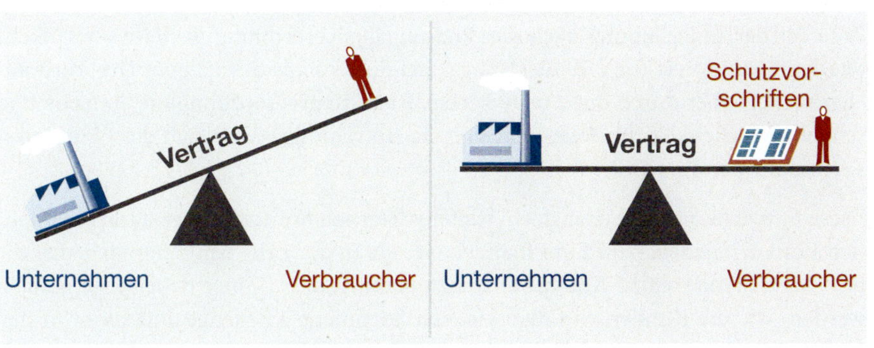

Verbraucherschutzbestimmungen verhindern vertragliche Benachteiligungen des Verbrauchers.

Beispiel

- Bei Verträgen, die an der Haustür, im Bereich der Wohnung, im öffentlichen Verkehrsbereich (z.B. Fußgängerzone), am Arbeitsplatz oder auf Freizeitveranstaltungen (z.B. Kaffeefahrten) abgeschlossen werden, wird der Verbraucher besonders geschützt: Der Verbraucher kann laut Haustürwiderrufsgesetz das Geschäft innerhalb von zwei Wochen ohne Angaben von Gründen widerrufen.
- Beim Fernabsatzgeschäft handelt es sich um eine besondere Art des Kaufvertrages, der ausschließlich über die Verwendung von Fernkommunikationsmitteln (z.B. Telefon, E-Mail, Briefe, Kataloge) zu Stande gekommen ist. Hier kann der Verbraucher die Bestellung innerhalb von zwei Wochen ebenfalls widerrufen.

Allgemeine Geschäftsbedingungen → LF 3, Kap. 7.8

Verbrauchsgüterkauf → LF 3, Kap. 7.5

Die Vorschriften des Verbraucherschutzes können sich aber auch auf die konkrete Vertragsgestaltung beziehen. Hier sind z. B. das Recht der Allgemeinen Geschäftsbedingungen und die Regelungen zum Verbrauchsgüterkauf zu nennen.

www.verbraucherzentrale.de

Zum Schutz des Verbrauchers haben sich in Deutschland Verbraucherschutzverbände gebildet. Sie haben die Aufgabe, Verbraucher im persönlichen Beratungsgespräch, im Rahmen von Informationsveranstaltungen sowie durch Broschüren und Zeitschriften umfassend zu informieren. Die **Verbraucherzentralen** unterhalten Beratungsstellen in vielen größeren Städten, in denen sich Verbraucher zu Fragen der Ernährung und Gesundheit, zu Finanzen und Verschuldung und in Rechtsfragen beraten lassen können.

Die **Stiftung Warentest** hat sich dem Verbraucherschutz ebenfalls verpflichtet. Sie führt Preis- und Qualitätsvergleiche für die verschiedensten Waren und Dienstleistungen durch. Die Ergebnisse werden u. a in den Zeitschriften „test" und „Finanztest" veröffentlicht.

www.stiftung-warentest.de

Bei allen Verbesserungen des Verbraucherschutzes in den letzten Jahren hat es aber gerade aus Sicht der Verbraucherschutzverbände auch Rückschritte gegeben. So erlaubt die neue Fertigverpackungsverordnung mittlerweile auch Verpackungsgrößen in den für Verbraucher unüblichen Mengeneinheiten. Eine Tafel Schokolade muss nun nicht mehr 100 g wiegen, sondern darf durchaus als 92-g-Tafel verpackt sein. Die Verbraucherschützer befürchten hier, dass durch die Verkleinerung der Verpackungseinheiten indirekt Preiserhöhungen durchgesetzt werden sollen.

Preisangabenverordnung → LF 4, Kap. 3.1

Zwar ist der Einzelhandel nach der Preisangabenverordnung weiterhin verpflichtet, den Grundpreis für z. B. die 100-g-Tafel Schokolade anzugeben. Der Verbraucher verliert aber durch diese neue Fertigverpackungsverordnung die einfache und schnelle Möglichkeit für Preisvergleiche, da ein ständiger Vergleich des Grundpreises nun notwendig wird.

Diese Entwicklung ist aber auch ein weiteres Zeichen für den immer stärker werdenden Konkurrenzdruck im Einzelhandel. Gerade in der Lebensmittelbranche hat die dort herrschende starke Konkurrenz dazu geführt, dass immer neue Wege gesucht werden, wie die Kunden von dem eigenen Sortiment überzeugt und somit in den Verkaufsraum „gelockt" werden können.

ALLES KLAR?

1 Unter Absatzwerbung versteht man

a) jede Kommunikation, die warenspezifische Informationen und Verhaltensempfehlungen an eine bestimmte Zielgruppe transportiert.
b) alle Maßnahmen zur Verbesserung der Verkaufsbedingungen.
c) jede Form der Werbung des Einzelhändlers.
d) alle Einkaufs- und Verkaufsförderungen im Einzelhandel.
e) eine Werbung, die sich nur an gewerbliche Wiederverkäufer wendet, um den Absatz zu fördern.

2 Bei der Einzelwerbung wirbt der Einzelhändler

a) immer nur für einen Artikel seines Sortiments.
b) alleine mit dem Namen seines Unternehmens bzw. für einzelne Artikel seines Sortiments.
c) nur für seine Branche ohne Nennung seines Namens.
d) nur einmal für einen bestimmten Artikel seines Sortiments.
e) mit mehreren Einzelhändlern zusammen für einen bestimmten Artikel, den alle Einzelhändler in ihrem Sortiment haben

3 Bei der Gemeinschaftswerbung

a) werben mehrere Einzelhändler gemeinsam unter ihrem Namen für ihr Sortiment.
b) schließen sich nur die Hersteller einer Branche zusammen und werben für ihre Produkte.
c) wirbt eine ganze Branche gemeinsam, ohne die einzelnen Unternehmensnamen zu nennen.
d) werben Unternehmen einer Region gemeinsam unter Nennung ihrer Namen.
e) werben Einzelhändler mit einem sich ergänzenden Angebot zusammen für ihr Sortiment.

4 Bei der Verbundwerbung wirbt der Einzelhändler

a) immer gemeinsam mit den verschiedenen Lieferanten seines Sortiments.
b) jeweils gemeinsam mit einem Hersteller aus seinem Sortiment.
c) gemeinsam mit dem Großhandel, der ihn beliefert.
d) gemeinsam mit den Einzelhändlern seiner Region.
e) gemeinsam mit Einzelhändlern, die sein Sortiment ergänzen.

5 Unter Suchmaschinenwerbung versteht man die Werbung,

a) nach der man im Internet gezielt suchen muss.
b) die beim Aufrufen von Websites am Kopf der Seite erscheint.
c) die zwischen den eigentlichen Informationen der Website geschaltet ist.
d) die neben oder oberhalb der Ergebnisse bei der Nutzung von Suchmaschinen erscheint.
e) die bei der Ladung von Websites geschaltet wird.

6 Welcher der hier aufgeführten Erläuterungen zählt nicht zu den Werbegrundsätzen?

a) Werbung muss zielgruppengerecht entwickelt werden, um einen möglichst großen Erfolg zu erzielen.
b) Werbung darf keine falschen oder irreführenden Angaben zu den angepriesenen Leistungen machen.
c) Werbung muss nicht in einem wirtschaftlichen Verhältnis zu dem erzielten Erfolg stehen.
d) Werbung sollte gesellschaftliche Wertvorstellungen nicht missachten.
e) Werbung sollte Streuverluste vermeiden.

7 Der Deutsche Werberat hat unter anderem die Aufgabe,

a) die Werbung im Einzelhandel zu genehmigen.
b) gegen Einzelhändler zu klagen, die gegen die Werbegrundsätze verstoßen.
c) die Einhaltung der Werbegrundsätze zu prüfen und weitreichende Verstöße zu ahnden.
d) Strafen gegen Einzelhändler zu verhängen, die gegen die Werbegrundsätze verstoßen.
e) Werbung für den gesamten Einzelhandel zu planen.

8 Die richtige Reihenfolge der vier Kommunikationsstufen erfolgreicher Werbung lautet:

a) Aufmerksamkeit erregen, den Kaufwunsch hervorrufen, die Kaufhandlung auslösen, Interesse wecken.
b) Aufmerksamkeit erregen, die Kaufhandlung auslösen, den Kaufwunsch hervorrufen, Interesse wecken.
c) Interesse wecken, Aufmerksamkeit erregen, den Kaufwunsch hervorrufen, die Kaufhandlung auslösen.
d) Aufmerksamkeit erregen, Interesse wecken, den Kaufwunsch hervorrufen, die Kaufhandlung auslösen.
e) den Kaufwunsch hervorrufen, Aufmerksamkeit erregen, die Kaufhandlung auslösen, Interesse wecken.

9 Der Streukreis der Werbung beschreibt

a) die zu bewerbenden Produkte.
b) die Region, in der die Werbung geschaltet werden soll.
c) die Gruppe der Unternehmen, die gemeinsam die Werbung durchführen.
d) den Personenkreis, der umworben werden soll.
e) die Zeit, zu der die Unternehmen die Werbung durchführen.

10 Das Streugebiet beschreibt

a) die Region, in der geworben werden soll.
b) die Zielgruppe, die mit der Werbung angesprochen werden soll.
c) die Produkte und die Leistungen des Einzelhändlers, die beworben werden sollen.
d) immer das Ladenlokal, in dem der Einzelhändler seine Geschäfte betreibt.
e) immer das gleiche Gebiet, in dem die gesamte Werbung des Einzelhändlers stets stattfindet.

11 Die Werbebotschaft

a) ist gekennzeichnet durch Schrift, Bild oder Sprache.
b) ist der eigentliche Inhalt der Werbung.
c) bezeichnet das Medium, z. B. die Tageszeitung, mit der der Inhalt der Werbung transportiert wird.
d) wird durch den Werbeträger bestimmt.
e) muss immer in schriftlicher Form vorliegen.

12 Die Werberendite wird berechnet durch:

a) Umsatzzuwachs pro Periode durch Werbekosten pro Periode
b) Umsatz durch Gesamtumsatz des Marktes
c) Werbekosten durch Umsatz
d) Zahl der Umworbenen durch Zahl der Angesprochenen
e) Werbeeinahmen durch Gesamtausgaben

13 Vorrangiges Ziel der Verkaufsförderung im Einzelhandel ist es,

a) den Kunden zu Impulskäufen zu animieren.
b) das Sortiment des Einzelhändler auch außerhalb des Ladenlokals bekannter zu machen.
c) langfristig zu mehr Absatz zu führen.
d) den Hersteller in die Werbung einzubinden.
e) die Mitarbeiterinnen und Mitarbeiter des Unternehmens zu motivieren.

14 Mit dem Verbraucherinformationsgesetz hat der Verbraucher das Recht,

a) jederzeit Auskunft von dem Einzelhändler über seine geschäftlichen Aktivitäten zu erhalten.
b) Einblick in die Geschäftsbücher des Einzelhändlers zu erhalten.
c) Informationen über Produkte des Einzelhändlers zu erhalten, die den Behörden vorliegen.
d) gegen Einzelhändler zu klagen, die ihre Geschäftsunterlagen nicht für ihn zur Verfügung stellen.
e) umfassende Auskunft über alle Produkte des Einzelhändlers zu erhalten.

4 Gesetz gegen den unlauteren Wettbewerb

Lernsituation 45

Zum weiteren Schutz der Verbraucher und zum Schutz der Unternehmen vor den Mitbewerbern ist das Gesetz gegen den unlauteren Wettbewerb (UWG) geschaffen worden. Es setzt geschäftlichen Handlungen rechtliche Grenzen, die vor, bei oder auch nach einem Geschäftsabschluss fallen.

Gesetz gegen den unlauteren Wettbewerb

§ 1 Zweck des Gesetzes
Dieses Gesetz dient dem Schutz der Mitbewerber, der Verbraucherinnen und Verbraucher sowie der sonstigen Marktteilnehmer vor unlauteren geschäftlichen Handlungen. Es schützt zugleich das Interesse der Allgemeinheit an einem unverfälschten Wettbewerb.

§ 3 Verbot unlauterer geschäftlicher Handlungen
(1) Unlautere geschäftliche Handlungen sind unzulässig.
(2) Geschäftliche Handlungen, die sich an Verbraucher richten oder diese erreichen, sind unlauter, wenn sie nicht der unternehmerischen Sorgfalt entsprechen und dazu geeignet sind, das wirtschaftliche Verhalten des Verbrauchers wesentlich zu beeinflussen.
(3) Die im Anhang dieses Gesetzes aufgeführten geschäftlichen Handlungen gegenüber Verbrauchern sind stets unzulässig.

In § 3 UWG wird aufgeführt, dass geschäftliche Handlungen dann als unlauter anzusehen sind, wenn sie dazu geeignet sind, die Interessen von Mitbewerbern, Verbrauchern oder sonstigen Marktteilnehmern spürbar zu beeinträchtigen. Nach § 3 Abs. 3 UWG sind alle im Anhang des UWG aufgeführten geschäftlichen Handlungen gegenüber Verbrauchern stets unzulässig. Im Anhang des Gesetzes sind 30 Tatbestände aufgeführt, die auch ohne „spürbare Beeinträchtigung" grundsätzlich verboten sind.

Anhang des UWG sogenannte „Schwarze Liste"

Gesetz gegen den unlauteren Wettbewerb (UWG)

- **§ 3 Verbot unlauterer geschäftlicher Handlungen**
  Absatz 3: Schwarze Liste im Anhang des Gesetzes
- **§ 4 Mitbewerberschutz**
  Unlauter handelt wer
  - den Mitbewerber herabsetzt und verunglimpft
  - nicht nachweislich die Wahrheit sagt
  - Waren oder Dienstleistungen anbietet, die eine Nachahmung der Waren oder Dienstleistungen eines Mitbewerbers sind
  - Mitbewerber gezielt behindert
- **§ 4a Aggressive geschäftliche Handlungen**
  - Belästigung
  - Nötigung einschließlich der Anwendung körperlicher Gewalt oder unzulässige Beeinflussung
- **§ 5 Irreführende geschäftliche Handlungen**
  - unwahre Angaben und Täuschung
  - Verwechslungsgefahr
  - Preisherabsetzung
- **§ 5a Irreführung durch Unterlassung**
  - Vorenthalten wesentlicher Informationen
  - Verheimlichung des geschäftlichen Zwecks von Handlungen
- **§ 6 Vergleichende Werbung**
- **§ 7 Unzumutbare Belästigung**

4.1 Unzulässige geschäftliche Handlungen

Grundsätzlich verboten sind unzulässige geschäftliche Handlungen die in der **„Schwarzen Liste“** (Anhang des Gesetzes) stehen. Die Nummern 1–24 der „Schwarzen Liste“ behandeln spezielle Fälle der irreführenden Handlung und in den Fällen 25–30 werden spezielle aggressive Handlungen beschrieben.

Gütezeichen, Kennzeichen → LF 4, Kap. 2

Es ist beispielsweise verboten:

- Gütezeichen, Qualitätskennzeichen oder Ähnliches ohne die erforderliche Genehmigung zu verwenden.
- Waren- oder Dienstleistungsangebote zu einem bestimmten Preis, die der Unternehmer nicht für einen angemessenen Zeitraum in angemessener Menge zum genannten Preis bereitstellen kann. Ist die Bevorratung kürzer als zwei Tage, muss der Unternehmer die Angemessenheit nachweisen.
- die unwahre Angabe, bestimmte Waren oder Dienstleistungen seien allgemein oder zu bestimmten Bedingungen nur für einen sehr begrenzten Zeitraum verfügbar, um den Verbraucher zu einer sofortigen geschäftlichen Entscheidung zu veranlassen, ohne dass dieser Zeit und Gelegenheit hat, sich auf Grund von Informationen zu entscheiden.
- Werbung für eine Ware oder Dienstleistung, die der Ware oder Dienstleistung eines Mitbewerbers ähnlich ist, wenn dies in der Absicht geschieht, über die betriebliche Herkunft der beworbenen Ware oder Dienstleistung zu tauschen.
- die unwahre Angabe, der Unternehmer werde demnächst sein Geschäft aufgeben oder seine Geschäftsräume verlegen.
- die Angabe, durch eine bestimmte Ware oder Dienstleistung ließen sich die Gewinnchancen bei einem Glücksspiel erhöhen.
- die unwahre Angabe, eine Ware oder Dienstleistung könne Krankheiten, Funktionsstörungen oder Missbildungen heilen.
- das Angebot eines Wettbewerbs oder Preisausschreibens, wenn weder die in Aussicht gestellten Preise noch ein angemessener Ersatz vergeben werden.
- das Angebot einer Ware oder Dienstleistung als „gratis“, „umsonst“, „kostenfrei“ oder dergleichen, wenn hierfür gleichwohl Kosten zu tragen sind. Dies gilt nicht für Kosten, die im Zusammenhang mit dem Eingehen auf das Waren- oder Dienstleistungsangebot oder für die Abholung oder Lieferung der Ware oder die Inanspruchnahme der Dienstleistung unvermeidbar sind.
- die Übermittlung von Werbematerial unter Beifügung einer Zahlungsaufforderung, wenn damit der unzutreffende Eindruck vermittelt wird, die beworbene Ware oder Dienstleistung sei bereits bestellt.

Unzulässige geschäftliche Handlung, wenn es sich nicht um eine endgültige Geschäftsaufgabe handelt.

4.2 Unlautere geschäftliche Handlungen

Unlautere geschäftliche Handlungen liegen dann vor, wenn ein Einzelhändler

UWG, Kapitel 1
Allgemeine Bestimmungen:
§ 4 Mitbewerberschutz

1. die Kennzeichen, Waren, Dienstleistungen, Tätigkeiten oder persönlichen oder geschäftlichen Verhältnisse seines Mitbewerbers herabsetzt oder verunglimpft;
2. über die Waren, Dienstleistungen oder das Unternehmen eines Mitbewerbers oder über den Unternehmer oder ein Mitglied der Unternehmensleitung Tatsachen behauptet oder verbreitet, die geeignet sind, den Betrieb des Unternehmens oder den Kredit des Unternehmers zu schädigen, sofern die Tatsachen nicht erweislich wahr sind; handelt es sich um vertrauliche Mitteilungen und hat der Mitteilende oder der Empfänger der Mitteilung an ihr ein berechtigtes Interesse, so ist die Handlung nur dann unlauter, wenn die Tatsachen der Wahrheit zuwider behauptet oder verbreitet wurden;
3. Waren oder Dienstleistungen anbietet, die eine Nachahmung der Waren oder Dienstleistungen eines Mitbewerbers sind, wenn er
   a) eine vermeidbare Täuschung der Abnehmer über die betriebliche Herkunft herbeiführt,
   b) die Wertschätzung der nachgeahmten Ware oder Dienstleistung unangemessen ausnutzt oder beeinträchtigt oder
   c) die für die Nachahmung erforderlichen Kenntnisse oder Unterlagen unredlich erlangt hat;
4. Mitbewerber gezielt behindert.

UWG, Kapitel 1
Allgemeine Bestimmungen:
§ 4a Aggressive geschäftliche Handlungen

Ein Einzelhändler handelt auch dann unlauter, wenn er eine aggressive geschäftliche Handlung vornimmt, die geeignet ist, den Verbraucher oder sonstige Marktteilnehmer zu einer geschäftlichen Entscheidung zu veranlassen, die diese andernfalls nicht getroffen hätten. Eine geschäftliche Handlung ist aggressiv, wenn sie im konkreten Fall unter Berücksichtigung aller Umstände geeignet ist, die Entscheidungsfreiheit des Verbrauchers oder sonstiger Marktteilnehmer erheblich zu beeinträchtigen durch
1. Belästigung,
2. Nötigung einschließlich der Anwendung körperlicher Gewalt oder
3. unzulässige Beeinflussung.

Eine unzulässige Beeinflussung liegt vor, wenn der Einzelhändler eine Machtposition gegenüber dem Verbraucher oder sonstigen Marktteilnehmer zur Ausübung von Druck, auch ohne Anwendung oder Androhung von körperlicher Gewalt, in einer Weise ausnutzt, die die Fähigkeit des Verbrauchers oder sonstiger Marktteilnehmer zu einer informierten Entscheidung wesentlich einschränkt.

Bei der Feststellung, ob eine geschäftliche Handlung aggressiv im Sinne des Gesetzes ist, ist abzustellen auf:
1. Zeitpunkt, Ort, Art oder Dauer der Handlung;
2. die Verwendung drohender oder beleidigender Formulierungen oder Verhaltensweisen;
3. die bewusste Ausnutzung von konkreten Unglückssituationen oder Umständen von solcher Schwere, dass sie das Urteilsvermögen des Verbrauchers oder sonstiger Marktteilnehmer beeinträchtigen, um deren Entscheidung zu beeinflussen. Hierzu zählen insbesondere geistige und körperliche Beeinträchtigungen, das Alter, die geschäftliche Unerfahrenheit, die Leichtgläubigkeit, die Angst und die Zwangslage von Verbrauchern;

4. belastende oder unverhältnismäßige Hindernisse nichtvertraglicher Art, mit denen der Unternehmer den Verbraucher oder sonstige Marktteilnehmer an der Ausübung ihrer vertraglichen Rechte zu hindern versucht, wozu auch das Recht gehört, den Vertrag zu kündigen oder zu einer anderen Ware oder Dienstleistung oder einem anderen Unternehmer zu wechseln;
5. Drohungen mit rechtlich unzulässigen Handlungen.

Beispiele

- Psychologischer Druck wird ausgeübt, wenn es in einer Werbung heißt: „Bei jedem Kauf eines Produktes der Boch GmbH helfen Sie den Flutopfern in der Dominikanischen Republik."
- Einer 90-jährigen sehbehinderten Rentnerin wird ein deutlich überteuertes Fernsehgerät mit der Begründung verkauft, dass sie nun wieder besser fernsehen könnte. Hier wird die Leichtgläubigkeit eines Verbrauchers ausgenutzt.
- Ein Lebensmitteleinzelhändler behauptet, ohne dies nachweisen zu können, dass sein Mitbewerber Lebensmittel mit abgelaufenen Mindesthaltbarkeitsdaten verkauft. Hier wird einem Mitbewerber herabgesetzt bzw. verunglimpft.
- Der Bäcker Kohlhaas unterstellt seinem Mitbewerber, dass dieser minderwertige Rohstoffe bei den Backwaren verwendet. Er schädigt den Ruf des Bäckers Schulze, da er nicht nachweisliche Verunglimpfungen verbreitet.
- Ein Mitbewerber wird behindert, wenn gezielt Werbeplakate des Wettbewerbes überklebt werden.
- Ein Mobilfunkbetreiber schließt mit einem 17-jährigen einen Handyvertrag über zwei Jahre ab. Dies ist rechtlich nicht zulässig.
- Ein Einzelhändler behauptet in seiner Werbung, dass die angebotenen Serviceleistungen, wie z. B. der Transport, die Montage oder aber auch die Reparatur, bei einem Mitbewerber nur mangelhaft ausgeführt werden. Er begründet dies mit den fehlenden Fachkenntnissen der Servicekräfte. Da aber alle Mitarbeiterinnen und Mitarbeiter des Mitbewerbers einen anerkannten Berufsabschluss für ihre Tätigkeiten besitzen, schädigt der Einzelhändler den Ruf des Mitbewerbers. Dies ist unzulässig.
- Ein 18-jähriger Schüler hat nach Beendigung seiner Schulzeit und vielen vergeblichen Versuchen einen Ausbildungsplatz im Einzelhandel gefunden. Der Einzelhändler will mit ihm aber nur dann einen Ausbildungsvertrag abschließen, wenn der Schüler sich verpflichtet, monatlich Waren in einem bestimmten Wert bei dem Einzelhändler zu kaufen.

4.3 Irreführende geschäftliche Handlungen

Eine geschäftliche Handlung gilt beispielsweise nach **§ 5 UWG** dann als irreführend, wenn sie **unwahre Angaben** oder zur **Täuschung** geeignete Angaben über folgende Umstände enthält:
- die wesentlichen Merkmale der Ware oder Dienstleistung, wie z. B. Zusammensetzung, Beschaffenheit, Herkunft und Ergebnisse von Tests
- den Anlass des Verkaufs wie das Vorhandensein eines besonderen Preisvorteils

Beispiel

Ein Einzelhändler wirbt mit guten Testergebnissen einer Fachzeitschrift, obwohl seine Artikel gar nicht getestet worden sind.

Auch wenn im Zusammenhang mit der Vermarktung von Waren, z. B. durch vergleichende Werbung, eine **Verwechslungsgefahr** mit einer anderen Ware eines Mitbewerbers hervorgerufen wird, handelt es sich um eine verbotene, irreführende geschäftliche Handlung.

Vergleichende Werbung → LF 5, Kap. 4.4

Irreführend und daher verboten, ist ebenfalls die Werbung für **Preisherabsetzungen**, sofern der ursprüngliche höhere Preis nur für eine unangemessene kurze Zeit verlangt worden ist. Bei Rechtstreitigkeiten muss der Einzelhändler beweisen, dass der höhere Preis tatsächlich über eine längere Zeit bestanden hat.

Aber nicht nur wer falsche Angaben im Rahmen von geschäftlichen Handlungen macht, handelt irreführend, sondern auch **unterlassene Angaben** können zu einer Irreführung der Verbraucher beitragen und sind somit laut **§ 5 a UWG** verboten. Dies ist immer dann der Fall, wenn der Verbraucher unter Kenntnis aller wesentlichen Informationen seine Kaufentscheidung anders getroffen hätte. Zu den wesentlichen Informationen und daher aufzuführenden Informationen zählen
- die wesentliche Merkmale der Ware oder Dienstleitung in Abhängigkeit vom gewählten Werbeträger,
- die Identität und Anschrift des Einzelhändlers,
- der Endpreis der Ware einschließlich aller Nebenkosten, wie z. B. Fracht-, Liefer- und Zustellkosten,
- die Zahlungs- und Lieferbedingungen sowie
- das Bestehen eines Rechts zum Rücktritt oder Widerruf.

Auf wesentliche Informationen kann verzichtet werden, wenn sie sich unmittelbar aus den Umständen der Werbung ergeben.

Beispiel

Ein Einzelhändler, der in der örtlichen Tageszeitung mit der Preisreduzierung genau bezeichneter Artikel aus seinem Sortiment und seiner Geschäftsadresse wirbt, muss in der Regel keine weiteren Angaben mehr hinzufügen.

Gerade der Umstand, dass immer mehr Menschen eine Vielzahl von Artikeln aus dem Internet beziehen, macht es den schwarzen Schafen unter den Einzelhändlern einfach, wichtige Angaben für die Kaufentscheidung zu unterlassen. Der Kunde, der im Internet kauft, tut dies ja in der Regel, weil er unter anderem damit auch Zeit sparen will. Sehr schnell ist dann ein Häkchen an der Stelle gemacht worden, das unter Kenntnis aller Angaben gar nicht gemacht worden wäre.

4.4 Vergleichende Werbung

Fiat vergleicht sein Automodell mit dem VW Golf, das als Alte-Leute-Auto abgetan wird.

Die vergleichende Werbung (**§ 6 UWG**) ist eine Werbung, in der die Qualität und/oder der Preis der eigenen Produkte mit denen des Mitbewerbers verglichen werden. Diese Art der Werbung ist rechtlich erlaubt.
Sie ist allerdings verboten, wenn der Vergleich irreführend, herabsetzend oder verunglimpfend ist. Es dürfen nur nachprüfbare und typische Wareneigenschaften miteinander verglichen werden. Durch die Werbung darf es nicht zu Verwechslungen der Mitbewerber oder der angebotenen Waren und Dienstleistungen kommen.

Beispiel

Aus einer Anzeige eines Mitbewerbers der Beska GmbH: „Selbstverständlich können Sie Ihre Lebensmittel bei der Beska GmbH kaufen, aber haben Sie sich schon einmal den Schmutz hinter der Fleischtheke angesehen?! Kommen Sie lieber zu uns, wir arbeiten hygienisch sauber."

4.5 Unzumutbare Belästigung

Von einer unzumutbaren Belästigung (**§ 7 UWG**) ist auszugehen, wenn erkennbar ist, dass der Empfänger die Werbung nicht wünscht. Dies gilt insbesondere bei einer Direktwerbung durch Telefonautomaten, per Fax oder E-Mail (Spam), ohne dass eine Einwilligung des Empfängers vorliegt.

Für (persönliche) Anrufe bei Verbrauchern muss ebenfalls eine ausdrückliche Einwilligung vorliegen; bei Telefonaten mit anderen Marktteilnehmern ist deren mutmaßliche Einwilligung ausreichend.

Beispiel

- Grundsätzlich sind Brief- und Briefkastenwerbung zulässig. Sie ist verboten, wenn der Verbraucher einen Hinweis „Keine Werbung" auf dem Briefkasten angebracht hat.
- Die Keil GmbH möchte ihr neu eingeführtes Produkt bekannt machen. Von allen privaten Stammkunden gibt es in der Datenbank Telefonnummern, allerdings liegt der Keil GmbH von keinem Stammkunden die Einwilligung vor, telefonisch beworben zu werden. Die Geschäftsführung beschließt trotzdem, alle Stammkunden anzurufen.

Zulässig ist die Telefon-, Fax- oder E-Mail-Werbung aber, wenn der Verbraucher vorher sein Einverständnis abgegeben hat und die Identität des Absenders klar zu erkennen ist. Die E-Mail-Werbung ist ebenfalls zulässig, wenn der Verbraucher mit dem Werbenden bereits wegen einer ähnlichen Arbeitsleistung in Kontakt getreten ist.

Beispiel

Frau Jung hat bei einer Buchhandlung verschiedene Bücher bestellt und dabei ihre E-Mail-Adresse hinterlassen. Der Buchhändler kann Frau Jung eine Werbemail für Bücher zusenden. Frau Jung kann dieser Werbeart aber widersprechen.

4.6 Strafvorschriften und Rechtsfolgen

In den §§ 16 ff. UWG sind die Strafvorschriften geregelt. Nach **§ 16 UWG** ist Werbung strafbar, wenn der Werbende absichtlich durch unwahre Angaben beim Verbraucher den Anschein eines besonders günstigen Angebots hervorruft. Diese Werbung kann mit Freiheitsstrafe bis zu zwei Jahren oder Geldstrafe bestraft werden.

Beispiel

Obwohl die Wolf GmbH einen Verkaufspreis von 150,99 Euro vom Kunden im Geschäft fordern will, macht sie durch einen Prospekt öffentlich bekannt, dass sie ihren im Sortiment enthaltenen Rasenmäher Typ XW 321 für 29,90 Euro verkauft.

Auch der Verrat von Geschäfts- und Betriebsgeheimnissen (**§ 17 UWG**) und die Verwendung von Vorlagen (**§ 18 UWG**) können mit Freiheitsstrafe oder Geldstrafe bestraft werden. Vorlagen können insbesondere Zeichnungen, Modelle und Rezepte sein.

Zur Abmahnung sind berechtigt: Mitbewerber, Wirtschafts- und Fachverbände, Wettbewerbszentralen, Industrie- und Handelskammer (IHK) oder Handwerkskammern (HWK). Verbraucherzentralen dürfen ebenfalls gegen Wettbewerbsverstöße vorgehen, sofern Verbraucherinteressen betroffen sind.

Zentrale zur Bekämpfung unlauteren Wettbewerbs e. V.: www.wettbewerbszentrale.de

Beispiel

Ein Mitarbeiter des Einzelhandelsgeschäftes Blum e.K. beschafft sich Unterlagen, aus denen hervorgeht, dass das Unternehmen schließen wird, und verkauft diese Unterlagen an die Konkurrenz.

Bei Verstößen gegen das UWG kann auf Antrag (so genannte **Abmahnung**) der Wettbewerbsverletzer verpflichtet werden, seine wettbewerbswidrigen Handlungen zu unterlassen und einen eventuell entstandenen Schaden zu ersetzen. Die Abmahnung sollte aus Beweisgründen schriftlich per Einschreiben erfolgen.

Folgende Inhaltspunkte sollten in der Abmahnung berücksichtigt werden:

1. unzulässige Wettbewerbshandlung darstellen
2. rechtliche Begründung des wettbewerbswidrigen Verhaltens
3. Aufforderung, eine Unterlassungserklärung zu unterschreiben und zurückzusenden
4. Zahlungsaufforderung für die entstandenen Kosten (zurzeit ca. 150,00 Euro; bei Einschaltung eines Anwaltes ca. 800,00 Euro)

In der **Unterlassungserklärung** verpflichtet sich der Wettbewerbsverletzer zur Unterlassung der angemahnten Werbemaßnahme. Außerdem verpflichtet er sich, bei einem Wiederholungsfall eine Vertragsstrafe an den Abmahnenden zu zahlen. Die Vertragsstrafe beträgt zwischen 1.000 Euro und 5.000 Euro, sie ist von der Schwere des Verstoßes abhängig.

Sollte das Abmahnverfahren nicht zu einem Ergebnis führen, können die wettbewerbswidrigen Verstöße auf besonderen Antrag des Abmahnenden von der Staatsanwaltschaft verfolgt werden. Damit es bei Verstößen gegen das UWG und den daraus resultierenden Streitigkeiten nicht sofort zu Prozessen kommt, ist die Einigungsstelle bei der IHK um eine Schlichtung bemüht.

Muster einer Unterlassungserklärung

Unterlassungserklärung

Hiermit verpflichte ich mich gegenüber …, es ab sofort zu unterlassen, im Wettbewerb handelnd (Wettbewerbsverstoß eintragen), z. B. wie folgt zu inserieren (Anzeigentext eintragen).

Ich sichere zu, dem/der … bei der Zuwiderhandlung sofort eine Vertragsstrafe in Höhe von … Euro an … zu zahlen.

Ort Datum Unterschrift

ALLES KLAR?

1 Das Gesetz gegen den unlauteren Wettbewerb ist geschaffen worden, um

a) nur die Verbraucher vor den Unternehmen zu schützen.
b) ausschließlich kleine Unternehmen vor großen Unternehmen zu schützen.
c) Unternehmen vor ungerechtfertigten Klagen von Verbrauchern zu schützen.
d) die Marktmacht großer Unternehmen zu begrenzen.
e) Verbraucher und Unternehmen vor unlauteren geschäftlichen Handlungen zu schützen.

2 Welche der hier aufgeführten Handlungen zählt nicht zu den unzulässigen Handlungen?

a) Gütezeichen, Qualitätskennzeichen oder Ähnliches ohne die erforderliche Genehmigung zu verwenden
b) die unwahre Angabe, der Unternehmer werde demnächst sein Geschäft aufgeben oder seine Geschäftsräume verlegen
c) die Angabe, durch eine bestimmte Ware oder Dienstleistung ließen sich die Gewinnchancen bei einem Gewinnspiel erhöhen
d) die nachweisbare Angabe, eine Ware könne gesundheitsschädlich sein
e) das Angebot eines Wettbewerbs oder Preisausschreibens, wenn weder die in Aussicht gestellten Preise noch ein angemessener Ersatz vergeben werden

3 Eine irreführende geschäftliche Handlung liegt dann vor, wenn

a) für eine Preisherabsetzung geworben wird, nachdem ein höherer Preis nachweislich über einen längeren Zeitraum gegolten hat.
b) durch eine vergleichende Werbung keine Verwechslungsgefahr mit Waren eines Mitbewerbers besteht.
c) der Verbraucher über den Anlass des Verkaufs und den Preisvorteil getäuscht wird.
d) die wesentlichen Merkmale einer Ware oder Dienstleistung genannt werden.
e) der Endpreis einer Ware einschließlich aller Nebenkosten dem Verbraucher mitgeteilt wird.

4 Vergleichende Werbung

a) ist nach dem Gesetz gegen den unlauteren Wettbewerb immer verboten.
b) liegt dann vor, wenn die Qualität einer Ware oder deren Preis mit dem Angebot eines Mitbewerbers verglichen wird.
c) ist immer dann erlaubt, wenn die Werbung irreführend, herabsetzend oder verunglimpfend ist.
d) führt immer zu Verwechselungen der Mitbewerber und der angebotenen Waren oder Dienstleistungen.
e) darf sich immer nur auf einen Artikel des Mitbewerbers beziehen.

5 Nach dem Gesetz gegen den unlauteren Wettbewerb liegt eine unzumutbare Belästigung immer dann vor, wenn

a) erkennbar ist, dass der Empfänger die Werbung nicht will.
b) eine Einwilligung für eine Werbung per Telefon oder E-Mail vorliegt.
c) die Identität des Absenders erkennbar ist und das Einverständnis des Verbrauchers vorliegt.
d) der Empfänger der Werbung per E-Mail bereits vorher schon wegen einer vergleichbaren Leistung Kontakt mit dem Werbetreibenden per E-Mail hatte.
e) der Verbraucher Werbung in seinen Briefkasten erhält.

5 Verpackungen

Beispiel

Lust auf eine kleine Zeitreise in eine vollkommen andere Welt? Wir wagen es und betreten einen Kaufmannsladen im Jahre 1928. Beim Betreten des Ladens klingelt eine kleine Glocke, wir werden persönlich von der Verkäuferin begrüßt und auf uns strömen die unterschiedlichsten Gerüche ein, wie z.B. Salzhering, Wurst, Seife und Schokolade.

Von der Ware sind wir getrennt. Nur die Verkäuferin hat Kontakt mit der Ware. Sie fragt uns nach unseren Wünschen, beantwortet unsere Fragen und füllt die gewünschte Ware aus großen Vorratsdosen in kleine Verkaufsmengen ab und verpackt diese. Die uns heute so vertraute Selbstbedienung gab es damals nicht. Ja, sie war sogar unmöglich, denn es fehlte damals eine entscheidende Erfindung: die heutigen Verpackungssysteme.

Verpackungen gehören heute zum täglichen Leben. Sie bestehen aus Papier, Pappe und Karton, Glas, Kunststoff, Weißblech, Aluminium und Holz.

Lernsituation 46

5.1 Arten

Nach der Verpackungsverordnung lassen sich Verkaufsverpackungen, Umverpackungen, Transportverpackungen, Getränkeverpackungen und Mehrwegverpackungen unterscheiden:

- **Verkaufsverpackungen** sind Verpackungen, die als eine Verkaufseinheit angeboten werden und die eigentliche Verpackung der Ware darstellen, z. B. Joghurtbecher und Zahnpastatuben. Sie dienen dem Endverbraucher zum Transport der Waren oder zur Aufbewahrung bis zum Verbrauch.
- **Umverpackungen** sind zusätzliche Verpackungen um die eigentlichen Verkaufsverpackungen herum. Sie werden nicht aus Gründen der Hygiene, der Haltbarkeit oder des Schutzes der Ware vor Beschädigung oder Verschmutzung verwendet. Sie dienen der Diebstahlsicherung und der Verkaufsförderung, z. B. **Blister**, Faltschachteln und Dosen.
- **Transportverpackungen** erleichtern den Transport und schützen die Waren auf dem Transport vom Hersteller/Lieferanten zum Handel vor Schäden. Transportverpackungen können aber auch der Sicherheit auf dem Transportweg dienen, z. B. Paletten, Kartonagen, Schrumpffolie, Kisten, Kanister, Säcke und Fässer.
- **Getränkeverpackungen** dienen als Verpackungen für flüssige Lebensmittel, die zum Verzehr als Getränke bestimmt sind.
- **Mehrwegverpackungen** sind Verpackungen, die dazu bestimmt sind, nach Gebrauch mehrfach zum gleichen Zweck wiederverwendet zu werden.

Blister (engl.: Blase) = Sichtpackung aus formstabiler Kunststofffolie und einer Rückwand aus Karton

Beispiel

Die Beska GmbH hat bei ihrem Lieferanten die Zahnpasta „Blitzeblank" bestellt. Die Zahnpasta befindet sich zum Schutz und zur Aufbewahrung in einer Zahnpastatube (Verkaufsverpackung). Diese Tube steckt in einer Faltschachtel (Umverpackung). Zum Transport werden die Faltschachteln auf einer Palette (Transportverpackung) gestapelt und mit Folie umschweißt.

5.2 Funktionen

Die Verpackung der Ware erfüllt sowohl für den Einzelhändler als auch für den Verbraucher wichtige Funktionen:

Transportfunktion der Verpackung

Transportfunktion: Die Verpackung umhüllt die eigentliche Ware und schafft somit einheitliche Maße. Dadurch lässt sich die Ware stapeln und ein Massentransport von Produkten, z. B. auf Paletten, wird möglich.

Schutzfunktion: Verpackungen stellen sicher, dass der Kunde die Ware hygienisch einwandfrei erhält. Verpackungen schützen vor vorzeitigem Verderben, vor dem Eindringen von Schädlingen und ggf. vor Licht und Sauerstoff. Weiterhin schützt die Verpackung natürlich die Ware selbst vor Transportschäden und Berührungen der Kunden.

Lagerungs- und Präsentationsfunktion: Die Verpackung ermöglicht u. a durch ihre Stapelfähigkeit eine wirtschaftliche Lagerung, weil der zur Verfügung stehende Lagerraum optimal ausgenutzt wird. Gleichzeitig ermöglicht die Verpackung eine ansprechende Präsentation der Ware im Verkaufsraum, denn häufig entsteht erst durch die Verpackung ein ordentlicher und aufgeräumter Eindruck.

Schutzfunktion einer Verpackung

Gebrauchs- und Servicefunktion: Eine intelligente Verpackung kann die Handhabung der Ware deutlich verbessern, sodass durch die Verpackung der Gebrauchswert der Ware steigt, z. B. durch den Drehverschluss bei wiederverschließbaren Tetrapackungen und Aufreißdeckel bei Dosen. Bei Convenienceprodukten erhält die Verpackung zunehmend auch eine Servicefunktion. Lebensmittel können mittlerweile in ihrer Verpackung zubereitet bzw. serviert werden, z. B. werden Mikrowellengerichte und Kochbeutelgerichte mit der Verpackung in den Mikroherd geschoben.

Diebstahlsicherungsfunktion: Verpackungen erschweren durch ihre starren Materialien und unhandlichen Maße den Diebstahl der Waren (Blister). Des Weiteren sind die Verpackungen Träger von Warensicherungsetiketten.

Informationsfunktion: Die Verpackung enthält wichtige Informationen für den Verbraucher, z. B. über Warenart, Menge, Herkunft, Zusammensetzung und Bestandteile der Ware, Gebrauchsanweisung, Haltbarkeit und Preis.

Absatzfunktion: Die Verpackung ist mittlerweile selbst Werbemittel und zugleich Werbeträger geworden. Sie hat die Aufgabe, die Aufmerksamkeit des Kunden zu wecken und zum Kauf anzuregen. Durch gestalterische Elemente wie Form, Farben, Markenzeichen soll die Verpackung einen hohen Wiedererkennungswert erhalten und bewirken, dass die einzelne Ware unverwechselbar hervorsticht.

Mengenfunktion: Die Ware wird bereits beim Hersteller abgefüllt und in verkaufsgerechte Mengen abgepackt. Damit bewirkt die Verpackung einen Mengenzwang, der den Einzelhändler vor dem Verkauf von unwirtschaftlichen Kleinmengen bewahrt.

5.3 Vor- und Nachteile

Verpackungen bieten sowohl dem Einzelhändler als auch dem Verbraucher eine Reihe von Vor- und Nachteilen.

Für den **Einzelhändler** liegt der wesentliche **Vorteil** in der Einsparung von Personal (Rationalisierungseffekt). Personal kann gespart werden, da
- Verpackungen die Selbstbedienung ermöglichen,
- das Abpacken und Abfüllen der Ware vom Hersteller übernommen wird und
- die Warenpflege durch die Verpackung erleichtert wird.

Aber auch für den **Verbraucher** entstehen **Vorteile**:
- Massenproduktion wird möglich, dadurch sinken die Preise.
- Produkte werden saisonunabhängig angeboten, da der Transport aus fremden Ländern/Regionen möglich ist.
- Produkte sind frisch und hygienisch einwandfrei erhältlich.
- Selbstbedienung ermöglicht schnelleres Einkaufen.

Mogelpackung

Allerdings bringen Verpackungen für den Einzelhändler, die Verbraucher und die Gesellschaft auch einige **Nachteile** mit sich:
- Es gibt Produkte, deren aufwändige Verpackung bedeutend mehr kostet als die Ware selbst, z. B. teure Parfümflakons und Getränkedosen. Dies ist natürlich nicht die Regel, aber dennoch fallen für die Verpackung immer Kosten an, die letztendlich der Endverbraucher zu zahlen hat.
- Verpackungen können aber auch dazu dienen, den Verbraucher zu täuschen. Verpackungen sollen den Kunden locken und zum Kauf animieren. Bei **Mogelpackungen** wird über die tatsächliche Menge oder Beschaffenheit hinweggetäuscht. Verpackungen, die eine wertvolle Aufmachung haben, können vortäuschen, dass es sich um eine wertvolle Waren handelt, obwohl die Qualität minderwertig sein kann. Verpackungen können durch z. B. große Dosieröffnungen oder durch größere Füllmenge zum Mehrverbrauch verführen.
- Verpackungen stehen auf Grund ihrer Umweltbelastung zu Recht in der Kritik. Beklagt wird zum einen die Verschwendung wertvoller Rohstoffe für vermeintlich überflüssige Verpackungen sowie die Umweltbelastung, die durch die Entsorgung des Verpackungsmülls entsteht. Wichtigen Aufschluss darüber, welches Verpackungsmaterial unter Umweltaspekten das beste ist, geben so genannte **Ökobilanzen**, die die Verpackung über den gesamten Lebensweg von der Herstellung bis zu ihrer Entsorgung auf ihre Umweltauswirkungen hin untersuchen.

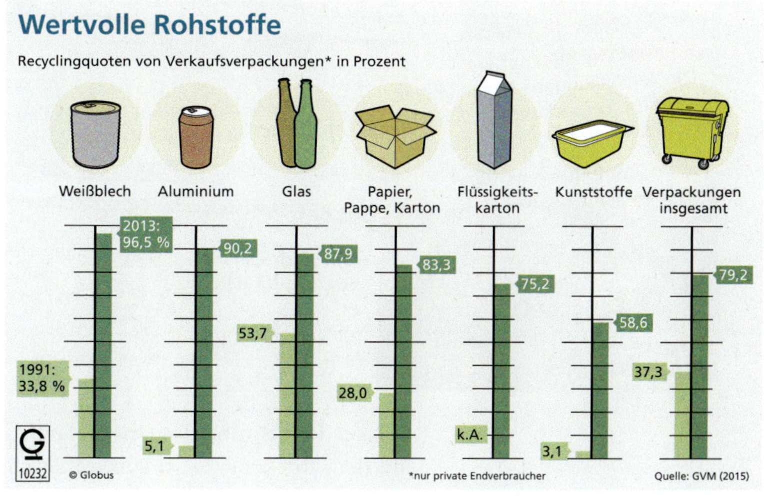

Der ständige Anstieg der Verpackungsmenge hat den Gesetzgeber 1991 veranlasst, die **Verpackungsverordnung** zu erlassen. Diese Verordnung soll die Auswirkungen von Abfällen aus Verpackungen auf die Umwelt vermeiden oder verringern.

5.4 Verpackungsverordnung

Verpackungsverordnung
Verordnung über die Vermeidung und Verwertung von Verpackungsabfällen

Bis 1991 waren ausschließlich die Gemeinden für die Abfallentsorgung zuständig. 1991 wurde die Wirtschaft durch die **Verpackungsverordnung** verpflichtet, Verpackungen nach Gebrauch zurückzunehmen und bei der Entsorgung mitzuwirken. Auf dieser Grundlage wurde in Deutschland ein flächendeckendes Sammel- und Entsorgungssystem, das Duale System, in Verantwortung der Wirtschaft eingerichtet.

Duales System Deutschland GmbH
→ LF 5, Kap. 5.5

Laut der Verpackungsverordnung gelten folgende **abfallwirtschaftlichen Grundprinzipien**:

- Verpackungsabfällen sind in erster Linie zu vermeiden: Diese Aufgabe kommt überwiegend dem Hersteller zu, z. B. durch abfallarme Produktgestaltung. Aber auch der Handel und die Verbraucher können durch ihr Nachfrageverhalten Einfluss auf die Produktgestaltung der Hersteller nehmen.
- Ist keine Vermeidung der Verpackungsabfälle möglich, ist der Wiederverwendung bzw. Verwertung von Verpackungsabfällen durch Recycling Vorrang vor der Beseitigung von Verpackungsabfällen einzuräumen.
- Die Beseitigung nicht verwertbarer Verpackungsabfälle ist in einer Art und Weise, die die Gesellschaft nicht weiter belastet und belästigt, vorzunehmen.

Seit Inkrafttreten der Verpackungsverordnung hat es im Lauf der Jahre verschiedene Anpassungen gegeben. Beispielsweise wurde das so genannte **Dosenpfand** eingeführt. Dieses Pfand gilt für folgende **Einweggetränkeverpackungen**:

- Mineralwasser (mit und ohne Kohlensäure)
- Bier- und Biermischgetränke (auch alkoholfreies Bier, Bier mit Limo etc.)
- Erfrischungsgetränke (mit und ohne Kohlensäure), z. B. Cola-Getränke, Brausen, Bittergetränke und Eistee
- alkoholhaltige Mischgetränke

Ausgenommen von der Pfandpflicht sind Kartonverpackungen (z. B. Tetra-Pak), Schlauchbeutel und Folien-Standbodenbeutel (z. B. Capri-Sonne).

Seit der Einführung des Dosenpfands sind Mehrwegflasche aus Glas und Kunststoff auf dem Rückzug. Glasmehrwegflaschen werden beispielsweise bis zu 40-mal wiederverwertet, bevor sie dann zu neuem Glas verarbeitet werden.

Allein die Tatsache, dass auf eine Flasche Pfand erhoben wird, heißt noch nicht, dass es sich dabei um eine Mehrwegflasche handelt. Mehrwegflaschen sind am Mehrwegzeichen, am Umweltzeichen „Blauer Engel“ oder am Hinweis „Mehrweg“, „Mehrwegflasche“ erkennbar.

In der Verpackungsverordnung ist aber nicht nur die Rücknahmepflichten von Einweggetränkeverpackungen geregelt, sondern auch für Transportverpackungen, Umverpackungen und Verkaufsverpackungen.

Transportverpackungen müssen vom Hersteller und Lieferanten nach Gebrauch zurückgenommen und einer erneuten Verwertung oder einer stofflichen Verwertung zugeführt werden. Viele Hersteller und Lieferanten greifen verstärkt auf wieder verwendbare Transportverpackungen zurück und schonen so nicht nur die Umwelt, sondern senken damit auch ihre Kosten. Sie verwenden z. B. wieder verwendbare Plastikcontainer statt Kartons und Paletten.

Werden Waren in **Umverpackungen** angeboten, muss der Handel diese entweder vor dem Verkauf entfernen oder vom Endverbraucher, gesammelt nach Wertstoffgruppen, wieder zurücknehmen und anschließend im Sinne der Verpackungsverordnung verwerten. Deutliche Hinweisschilder müssen den Verbraucher über die Rückgabemöglichkeit am Point of Sale informieren. Viele Hersteller verzichten mittlerweile auf Umverpackungen. Beispielsweise werden Zahnpastatuben mittlerweile wie selbstverständlich ohne Faltschachtel verkauft.

Mülltrennung im Handel

www.mehrweg.org
www.blauer-engel.de

Laut Verpackungsverordnung ist der Handel eigentlich auch zur Rücknahme von **Verkaufsverpackungen** verpflichtet. Zu diesem Zweck hatte der Handel zusammen mit den Herstellern 1991 ein flächendeckendes Entsorgungssystem gegründet – das Duale System Deutschland mit seinem Markenzeichen „Grüner Punkt“. Dieses Entsorgungssystem befreit den Handel von dieser kostenlosen Rücknahmepflicht, vorausgesetzt, der Hersteller der Ware ist am Dualen System beteiligt. Heute muss jeder Einzelhändler seine Verkaufsverpackung fachgerecht entsorgen lassen. Da es aber neben dem Dualen System Deutschland heute zahlreiche weitere Entsorgungsunternehmen gibt, kann der Handel im Prinzip unter den Anbietern frei wählen.

Grüner Punkt
→ LF 5, Kap. 5.5

Weitere zugelassene duale Systeme sind zurzeit
- BellandVision GmbH
- Eko-Punkt GmbH
- Interseroh Dienstleistungs GmbH
- Landbell AG
- Reclay Systems GmbH
- Veolia Umweltservice Dual GmbH
- Zentek GmbH & Co. KG.

Die Hersteller haben auf Grund dieser Regelung die Entwicklung von Konzentraten und Nachfüllpackungen, insbesondere im Wasch-, Putz- und Reinigungsbereich, ausgeweitet. Des Weiteren wurden Mehrwegsysteme eingeführt und in vielen Bereichen ist eine Umstellung auf umweltverträglichere Verpackungsmaterialien erfolgt.

Eine Sonderform der Verkaufsverpackung stellen die **Serviceverpackungen** da, die erst beim Kauf eines Produktes im Laden befüllt werden. Hierzu zählen z. B. die Kunststofftragetasche, die Brötchentüte und die Einwickelfolien für Wurst/Käse. Serviceverpackungen sind laut Verpackungsverordnung aber genauso zu behandeln wie Verkaufsverpackungen.
Diese Vielzahl der Regelungen zum Umweltschutz in der Verpackungsverordnung wird von der Wirtschaft und dem Einzelhandel meist kritisch gesehen, denn Umweltschutzmaßnahmen werden häufig pauschal mit zusätzlichen Kosten für das Unternehmen gleichgesetzt.

Das ist zum einen natürlich richtig, insofern umweltpolitische Vorschriften zu Neuerungen und damit zu Neuinvestitionen führen, z. B. die zuvor bereits aufgeführten Rücknahmesysteme für Einweggetränkeverpackungen. Leider endet die Bewertung des Umweltschutzes durch die Wirtschaft häufig an dieser Stelle und die Chancen/Vorteile des Umweltschutzes werden nicht erkannt:

- **Kosteneinsparungen durch umweltorientierte Unternehmensführung:** Der sorgsame Umgang mit Rohstoffen, in welcher Form auch immer, sei es z. B. mit Energie oder Verpackungsmaterial, führt zu Kosteneinsparungen, die sich positiv auf das Betriebsergebnis auswirken.
- **Ansprache umweltbewusster Kunden:** Vielen Kunden ist der Aspekt Umweltverträglichkeit bei Waren und Verpackungen wichtig und ein nicht zu vernachlässigendes Kaufmotiv. Indem ein Einzelhändler für ein ökologisch vertretbares Sortiment sorgt, werden auch diese Kunden angesprochen. Hier bietet sich die Chance zur Umsatzsteigerung.
- **Positives Firmenimage durch praktizierten Umweltschutz:** Praktizierter Umweltschutz kommt der Allgemeinheit zugute und wird somit von der Gesellschaft als wünschenswert erachtet. Anstrengungen des Einzelhandels für den Umweltschutz sollten deshalb auch für Marketingmaßnahmen genutzt werden.
  Ein positives Firmenimage steigert das Vertrauen der Kunden und führt langfristig zu einer positiven Umsatzentwicklung.

EMAS
Eco-**M**anagement and **A**udit **S**cheme = EU-Öko-Audit

Seit 1998 besteht für Einzelhandelsunternehmen die Möglichkeit, sich am EU-weiten Gemeinschaftssystem für Umweltmanagement und Umweltbetriebsprüfung (**EMAS**) zu beteiligen. Einzelhändler können ihre umweltorientierte Unternehmensführung von unabhängigen Umweltgutachtern überprüfen und bestätigen lassen. An EMAS nehmen Unternehmen teil, die

- mehr für den Umweltschutz als das gesetzlich Geforderte tun,
- sich regelmäßig durch unabhängige, fachkundige und staatlich zugelassene Umweltgutachter überprüfen lassen,
- ständige Verbesserungen ihrer Tätigkeiten, Produkte und Dienstleistungen erbringen sowie
- offen über ihre Arbeit informieren und den aktiven Dialog mit der Öffentlichkeit suchen.

Alle Unternehmen, die diese Anforderungen erfüllen und damit ihren betrieblichen Umweltschutz über die gesetzlichen Verpflichtungen hinaus kontinuierlich und nachweisbar verbessern, erhalten eine **EU-Öko-Audit-Registrierungsurkunde** und dürfen mit dem EMAS-Logo werben.

Die Rolle des Einzelhandels im Rahmen des Umweltschutzes muss als Schlüsselrolle bezeichnet werden. Denn nur der Handel hat direkten Kontakt mit den Herstellern und den Kunden. Er sollte folglich diese einflussreiche Position im Sinne des Umweltschutzes nutzen und ebenso seine eigene Betriebsführung an den Prinzipien der Nachhaltigkeit ausrichten.

5.5 Entsorgung des Verpackungsmülls

Verpackungsabfälle sind die größte Abfallart des Hausmülls. Sie führten Anfang der 1990er Jahre dazu, dass Deutschland im Müll zu versinken drohte. Insbesondere die Einwegverpackungen vergrößerten dieses Problem zunehmend. Die Mülldeponien quollen über und es wurde immer deutlicher, dass eine bloße Beseitigung der Abfälle nicht ausreichte.

Die Bundesregierung legte daher mit der ersten Verpackungsverordnung fest, dass Abfälle zukünftig nicht mehr nur beseitigt, sondern auch wiederverwertet werden sollten. Die Verantwortung für die Entsorgung von Verkaufsverpackungen lag von nun an in den Händen von Herstellern und Händlern. Diese Verpflichtungen erfüllen die Hersteller und Händler über die dualen Systeme. Diese sind bundesweite Entsorgungssysteme, die für die Erfassung, Sortierung und Verwertung aller Verkaufsverpackungen nach den Vorgaben der Verpackungsverordnung zuständig sind.

Finanziert werden die dualen Systeme durch sogenannte Beteiligungsentgelte der Hersteller und Händler. Die Höhe des Entgeltes richtet sich nach dem verwendeten Material und dem Gewicht der jeweiligen Verpackung. Letztendlich zahlt der Verbraucher das Entgelt, da die Unternehmen diese Kosten in ihre Preiskalkulation einfließen lassen.

Seit der Einführung des ersten Dualen Systems (Der grüne Punkt) kümmern sich bis heute neun weitere zugelassene Entsorgungssysteme um die Entsorgung des Verpackungsmülls nach den Vorgaben der Verpackungsverordnung. Heute ist die zu Beginn des Dualen Systems zwingende Kennzeichnung der Verpackung mit dem grünen Punkt aufgehoben. Aber auch ohne die Kennzeichnung der Verpackung mit dem grünen Punkt ist der Handel verpflichtet, den Verpackungsmüll über das Duale System oder seine Konkurrenten weiterhin ordnungsgemäß zu entsorgen.

www.gruener-punkt.de

Langfristig soll das Ziel angestrebt werden, den Verpackungsmüll so weit wie möglich zu reduzieren. Erste Entwicklungen von kompostierbaren und damit biologisch abbaubaren und die Umwelt daher nicht belastenden Verpackungen laufen schon für bestimmte Verpackungstypen.

Durch die Verpackungsverordnung und die Gründung des Dualen Systems und seiner Mitbewerber wurde in Deutschland die umfassende Mülltrennung eingeführt. Die Mülltrennung erfolgt durch den Endverbraucher nach folgenden Richtlinien:

Mülltrennung

Icon	Erklärung	Beispiel
	Glas wird nach Farben getrennt (Grün, Braun und Weiß) in Glascontainern entsorgt. Blaues Glas gehört in den Container für grünes Glas.	• Flaschen für Saft, Wein, Speiseöl oder Ketschup • Schraubgläser für Honig, Senf oder Gurken
	Papier gehört in Papiercontainer oder Papiertonnen (blaue Tonne).	• Zeitungen • Zeitschriften • Faltschachteln • Kartons • Einwickelpapier • Papiertüten wie Brötchentüten
	Leichtverpackungen – das sind Verpackungen aus Kunststoffen, Verbundstoffen, Aluminium und Weißblech – werden in der gelben Tonne oder dem gelben Sack entsorgt.	• Kunststofffolien • Kunststoffflaschen und -becher • Getränkekartons • Aluminiumschalen • Konserven- und Getränkedosen

Was nicht in die Altpapiersammlung, den Glascontainer oder die gelbe Tonne kommt, ist Restmüll. Für die Entsorgung des Restmülles sind nicht die Entsorgungspartner des grünen Punkts zuständig, sondern die Kommunen. Restmüll teilt sich in kompostierbare organische und nicht kompostierbare Abfälle.

Icon	Erklärung	Beispiel
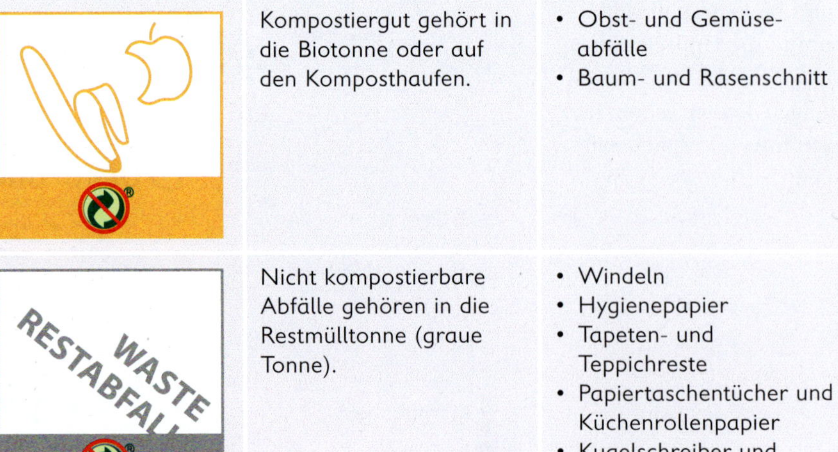	Kompostiergut gehört in die Biotonne oder auf den Komposthaufen.	• Obst- und Gemüseabfälle • Baum- und Rasenschnitt
	Nicht kompostierbare Abfälle gehören in die Restmülltonne (graue Tonne).	• Windeln • Hygienepapier • Tapeten- und Teppichreste • Papiertaschentücher und Küchenrollenpapier • Kugelschreiber und Textmarker

Verbundstoffe
Verpackung besteht aus mindestens zwei verschiedenen Materialien, die so miteinander verbunden sind, dass sie nicht von Hand getrennt werden können, z. B. Getränkekartons.

Kommune
Stadt, Gemeinde, Kreis

ALLES KLAR?

1 Welche der hier aufgeführten Erläuterungen erklärt die Umverpackung nicht richtig?

a) Umverpackungen sind zusätzliche Verpackungen um die eigentlichen Verkaufsverpackungen herum.
b) Sie werden nicht aus Gründen der Hygiene und der Haltbarkeit der verwendet.
c) Sie dienen der Diebstahlsicherung und der Verkaufsförderung.
d) Sie sind die eigentliche Verpackung und bilden die Verkaufseinheit der Ware.
e) Sie dienen dem Schutz der Ware vor Beschädigung oder Verschmutzung.

2 Die Mengenfunktion der Verpackung beschreibt

a) die Größe der Verpackung, die auf die jeweilige Ware angepasst ist.
b) den Tatbestand, dass die Ware bereits vom Hersteller in verkaufsgünstige größere Verpackungseinheiten verpackt wird, um den Einzelhändler vor dem unwirtschaftlichen Verkauf von Kleinpackungen zu schützen.
c) die generelle Vorgabe des Herstellers für den Einzelhändler, Ware immer in durch die Verpackung vorgegebenen Mengeneinheiten zu verkaufen.
d) die Aufgabe, die Ware in günstige Einheiten für den Transport zu verpacken.
e) die Möglichkeit für den Einzelhändler, Ware durch unterschiedliche Verpackungsgrößen für verschiedene Kundengruppen zu unterschiedlichen Preisen anzubieten.

3 Die Schutzfunktion der Verpackung beschreibt

a) u.a. die einfachere Lagerung der Ware.
b) den Schutz der Ware vor Diebstahl.
c) u.a. den leichteren Transport der Ware.
d) den Schutz der Ware vor dem Verderben, der Beschädigung beim Transport und der Lagerung sowie den Schutz zum Erhalt der Hygiene der Ware.
e) u.a. die Möglichkeit für den Kunden, eine Vielzahl von Informationen über die Ware zu erhalten.

4 Welche der aufgeführten Erläuterungen erklärt die Serviceverpackung richtig.

a) Serviceverpackungen sind Verpackungen, die es nur in gut sortierten Fachgeschäften gibt.
b) Sie werden nur dann angeboten, wenn Kunden ausdrücklich danach fragen.
c) Serviceverpackungen werden immer erst beim Kauf eines Produktes im Laden befüllt.
d) Sie stehen nur in begrenzter Anzahl zur Verfügung und werden daher nur ausgewählten Kunden angeboten.
e) Sie sind immer ein besonderes Angebot an den Kunden, welches ausschließlich im Lebensmitteleinzelhandel angeboten wird.

5 Die Transportfunktion der Verpackung beschreibt

a) u.a. den durch die Verpackung erleichterten Massentransport von Waren.
b) u.a. den hygienischen Schutz der Ware.
c) u.a. die Möglichkeit, die Ware im Verkaufsraum ansprechend zu präsentieren.
d) u.a. den Schutz vor Verderben und dem Eindringen von Schädlingen und ggf. vor Licht und Sauerstoff.
e) u.a. die Verbesserung der Handhabung der Ware.

6 Die Absatzfunktion der Verpackung beschreibt

a) u.a. den Mengenzwang des Einzelhändlers, da er durch die Verpackung zur Abnahme von Mindestmengen gezwungen ist.
b) u.a., dass die Verpackung mittlerweile selbst Werbemittel und Werbeträger geworden ist
c) u.a., dass die Verpackung wichtige Informationen für den Verbraucher, z. B. über die Warenart, Menge, Herkunft, Zusammensetzung und Bestandteile der Ware, enthält.
d) u.a., dass der Diebstahl der Ware durch die Verpackung erschwert wird.
e) u.a., dass der Gebrauchswert der Verpackung steigt.

7 Verpackungen bieten sowohl dem Einzelhändler als auch dem Verbraucher Vorteile. Welche der hier aufgeführten Vorteile zählt nicht zu den Vorteilen für den Verbraucher?

a) Produkte werden saisonunabhängig angeboten, da der Transport aus fremden Ländern/ Regionen möglich ist.
b) Massenproduktion wird möglich, dadurch sinken die Preise.
c) Produkte sind frisch und hygienisch einwandfrei erhältlich.
d) Selbstbedienung ermöglicht schnelleres Einkaufen.
e) Verpackungen ermöglichen Selbstbedienung zur Senkung der Personalkosten.

8 Das durch die Verpackungsverordnung eingeführte Dosenpfand gilt für eine Vielzahl von Einweggetränkeverpackungen. Welche der unten aufgeführten Getränke bzw. Verpackungen sind von dem Dosenpfand nicht betroffen?

a) Mineralwasser
b) Tetra-Pack
c) alkoholhaltige Mischgetränke
d) Bier und Biermischgetränke
e) Erfrischungsgetränke

9 Die gesetzlichen Regelungen zur Vermeidung von Verpackungsmüll bringen nicht nur der Umwelt Vorteile. Welche Vorteile hat der Einzelhandel durch diese Regelungen?

a) höhere Kosten durch die aufwendigere Entsorgung der Verpackungen
b) geringere Akzeptanz der Verbraucher, da sie die Vorteile von Verpackungen für sich persönlich sehr stark nutzen
c) positives Firmenimage durch praktizierten Umweltschutz
d) Verlust von Kunden, die auf die Verpackungen sehr gut verzichten könnten
e) schlechtere Marktposition gegenüber Mitbewerbern, die den Umweltschutzgedanken nicht umsetzen

10 Welche der folgenden Aussage zählt nicht zu den Vorteilen des Einzelhändlers durch den Umweltschutz:

a) Kosteneinsparungen durch umweltorientierte Unternehmensführung, z.B. durch den sorgsamen Umgang mit Rohstoffen.
b) Vielen Kunden ist der Aspekt der Umweltverträglichkeit bei Waren und Verpackungen nicht wichtig, so dass sich für den Einzelhändler Investitionen in den Umweltschutz nicht lohnen.
c) Mehr Umsatz, wenn ein Einzelhändler ein ökologisch vertretbares Sortiment anbietet.
d) Positives Firmenimage durch praktizierten Umweltschutz.
e) Das Vertrauen der Kunden in das ökologische Bewusstsein des Einzelhändlers wird gefördert und führt langfristig zu einer positiven Umsatzentwicklung.

11 Welcher der hier aufgeführten Abfälle gehört nicht in die Restmülltonne:

a) Windeln
b) Hygienepapier
c) Zeitungen
d) Tapeten- und Teppichreste
e) Papiertaschentücher und Küchenrollenpapier

12 Welche der hier aufgeführten Abfälle darf nicht in den gelben Sack oder die gelbe Tonne geworfen werden:

a) Kunststofffolien
b) Kunststoffflaschen und -becher
c) Getränkekartons
d) Aluminiumschalen
e) Kugelschreiber

Anhang

Grundsätzliches zum Thema „Lernen“

Lese- und Schreibtechniken

Lerntechniken

Kreativitätstechniken

Vortrags- und Präsentationstechniken

Arbeitsmethoden

Teamarbeit

Sprachkompetenz Englisch

1 Grundsätzliches zum Thema „Lernen"

Sie leben in einer Zeit, in der Wissen so schnell wächst und veraltet, dass Sie Ihr ganzes Leben lang immer wieder neu lernen müssen. Es reicht nicht aus, sich einmal das nötige Wissen anzueignen, um dann das ganze Leben davon zehren zu können. Sie müssen in der Lage sein, sich selbstständig und effektiv Wissen zu beschaffen, es anzuwenden und immer wieder auf Aktualität zu überprüfen. Dazu ist es nützlich zu verstehen, wie das Lernen überhaupt funktioniert und welche Hilfsmittel man einsetzen kann, um es so effektiv wie möglich zu gestalten.

1.1 Eine Einstellung zur Schule entwickeln

Jede Veränderung ist auch immer eine Chance, Dinge zu ändern, die man gerne ändern möchte. Oft wird diese Chance nicht genutzt; denn die Erfahrungen, die wir in der früheren Schule gemacht haben, beeinflussen unser Handeln auch an der neuen Schule. Machen Sie sich doch einmal bewusst, welche Erfahrungen Sie an früheren Schulen gemacht haben:

- Welche Gedanken verbinden Sie mit dem Wort Schule?
- Welche Situationen haben Sie an Ihrer früheren Schule gehasst, wann haben Sie sich wohl gefühlt?
- Welche Lehrer haben Sie in guter Erinnerung; was hat Ihnen an diesen Lehrern gefallen?
- Gab es Lieblingsfächer?
- Wie war Ihre Beziehung zu Ihren Mitschülern? Welche Rolle haben Sie in der Klasse gespielt (z. B. Pausenclown, Anführer, Schlichter)?
- Wie sah Ihr Nachmittag aus, mussten Sie lernen? Haben Sie das gerne getan? Wie viel Zeit haben die Hausaufgaben beansprucht?
- In welcher Erinnerung haben Sie Klassenarbeiten und Prüfungen: als Zusatzstress oder als etwas, das man locker packen kann?

Wichtig ist, dass Sie sich nicht nur die negativen Dinge in Erinnerung rufen, sondern gerade auch die Momente, in denen sie sich wohl gefühlt haben.

Welche Bedeutung die richtige Einstellung hat, zeigt sich am Vergleich zwischen Erfolg und Misserfolg: Wenn Sie Erfolg haben, fühlen Sie sich gut, lernen gerne, ernten Lob. Bei Misserfolg ist es genau andersherum: Alles fällt einem schwer, Sie brauchen für die einfachsten Dinge viel Zeit und haben das Gefühl, trotzdem nicht weiterzukommen. Deshalb ist es wichtig, dass Sie negativen Gedanken Mut machende (positive) Gedanken entgegenhalten.

Panikmacher	Mutmacher
Ich darf keinen Fehler machen.	Jeder Mensch macht Fehler.
Ich verstehe das sowieso nicht.	Ich muss einfach noch mal genau überlegen.
Mir gelingt überhaupt nichts.	Ich habe auch schon viel geschafft.
Ich kann das nicht.	Ich versuche das einfach mal.
Rechnen kann ich nicht.	Wenn ich übe, werde ich auch das hinbekommen.

1.2 Gedächtnisarten

Alles, was Sie lernen, muss Ihr Gedächtnis erst vom Ultrakurzzeitgedächtnis über das Kurzzeitgedächtnis ins Langzeitgedächtnis transportieren.

Das **Ultrakurzzeitgedächtnis** nimmt die Informationen auf, seine Speicherdauer ist sehr kurz. Es verankert nur die Informationen, denen eine gezielte Aufmerksamkeit bzw. Emotion zugewandt wird.

Das **Kurzzeitgedächtnis** speichert einen Teil des bereits bearbeiteten Informationsmaterials für einige Minuten ab. Dabei nimmt es vor allem visuelle und akustische Informationen auf. Um das Wissen nicht wieder zu verlieren, muss es durch wiederholtes Abrufen und das aktive Bearbeiten und Einbinden in bestehende Zusammenhänge verankert werden. Werden zu schnell neue Informationen aufgenommen, werden ältere, nicht verankerte Informationen ersetzt.

Fest gespeichertes Wissen befindet sich im **Langzeitgedächtnis**. Informationen werden erst dann abrufbar, wenn sie durch ähnliche Inhalte „angestoßen“ werden. Lernprozesse, die sich auf vorhandenes Wissen beziehen, erfolgen schneller als bei völlig neuen Kontexten und Inhalten.

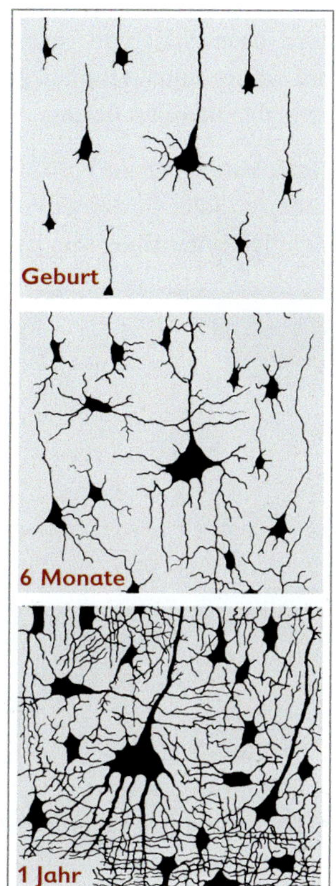

Ausschnitt aus der Großhirnrinde des Menschen: Bei der Geburt ist die Verbindung zwischen den Nervenzellen in der Großhirnrinde noch unvollständig. Erst wenn die Verknüpfungen ausgebildet sind, erreicht das Gehirn seine volle Leistungsfähigkeit.

1.3 Lerntypen

→ Arbeitsauftrag 5, S. 279

Wenn Sie bis heute schlechte Erfahrungen mit Schule und Lernen gemacht haben, kann das auch daran liegen, dass Sie falsch gelernt haben. Wenn Sie, z. B. vor Klassenarbeiten, viel lernen müssen, versuchen Sie sich durch möglichst abwechslungsreiche Aufgaben bei Laune zu halten. Dabei spielt es eine wichtige Rolle, welcher **Lerntyp** Sie sind:

- Der **Sehtyp** muss die Dinge mit den Augen erfassen. Er lernt am besten, wenn er den Stoff zu Bildern verarbeitet. Sind Sie ein Sehtyp, arbeiten Sie mit Schaubildern, Mindmaps, Diagrammen und Strukturbildern. Diese Arbeitstechnik nennt man **visualisieren**.
- Der **Hörtyp** muss etwas hören, damit er es sich merken kann. Er kann den Lernstoff z. B. auf eine Kassette sprechen, ihn sich laut vorlesen lassen oder, das ist vermutlich das einfachste, mit einem Mitschüler oder Mitbewohner darüber sprechen.
- Der **Handlungstyp** braucht viel Abwechslung. Alle Sinne müssen angesprochen werden. Er kann nicht stundenlang am Tisch sitzen, er bewegt sich beim Lernen, läuft im Zimmer hin und her und macht sich gelegentlich Notizen.

Visualisieren (lat.) optisch/bildlich darstellen

Überlegen Sie einmal, welcher Lerntyp Sie sein könnten und probieren Sie verschiedene Lernstrategien aus. Sie werden schnell merken, dass sich Ihre Freude am Lernen erhöht, wenn Sie die für Sie richtige Herangehensweise gefunden haben. Wahrscheinlich werden sich dann auch Ihre Ergebnisse verbessern.

1.4 Konzentration

Konzentration
die willentliche Ausrichtung und Einengung der Aufmerksamkeit auf einen bestimmten Gegenstand oder eine eng umgrenzte Tätigkeit

Für die Informationsaufnahme ist die Konzentrationsfähigkeit entscheidend. Sie wird beeinflusst von Interesse, Bereitschaft und Notwendigkeit zu lernen, Stimmungslage und Gefühlen, gesundheitlichem Befinden und Lernumgebung mit ihren evtl. ablenkenden Reizen.

Getrennte Orte zur Freizeitgestaltung auf der einen Seite und zum Arbeiten auf der anderen Seite fördern die Konzentrationsfähigkeit. Der **Arbeitsplatz** sollte übersichtlich organisiert sein und das Lernmaterial sollte sich in Zugriffsnähe befinden. **Lärm** wirkt eher ablenkend, ausreichender Schlaf und frische Luft sowie eine ausgewogene und regelmäßige Ernährung sind der Konzentrationsfähigkeit zuträglich.

Ein heller, aufgeräumter und möglichst lärmarmer Arbeitsplatz unterstützt die Konzentrationsfähigkeit.

Konzentrationsfähigkeit kann **geübt** werden. Nicht immer ist es leicht, alle Nebengedanken und Störfaktoren auszublenden und sich ganz und gar auf eine Sache zu konzentrieren. Da gilt es, für die Erarbeitung einer Lernaufgabe eine vergleichbare Spannung zu entwickeln wie bei der Lösung eines Falles in einem Krimi. Eine **positive Haltung** zum Lernprozess und zur eigenen Leistungsfähigkeit sowie die weitestmögliche Befreiung von Zeitdruck sind wichtige Helfer.

Ein **klares Lernziel** vor Augen hilft, die Aufgabenstellung und den Weg, es zu erreichen, zu erfassen. Dabei sollte das Lernziel nicht zu weit gesteckt sein, das wirkt eher frustrierend. Realistische Lernziele motivieren da schon eher. Daher hilft eine Einteilung der angestrebten Hauptziele in **Teilziele**. Gerade das Lernen von trockenem Stoff wird dadurch erleichtert. Die Aufteilung des Lernstoffes in **überschaubare Etappen** verringert den Druck und ist daher effektiver als massives Lernen. Dabei sollte man allerdings **zeitliche Lerngrenzen** beachten: Wenn über die eigene Lerngrenze (oft bei ca. 60 – 90 Minuten) hinaus gelernt wird, kann ein Teil des zuvor aufgenommenen Wissens wieder verloren gehen.

Auch die **Abwechslung der Lernkanäle** wirkt sich positiv auf unsere Konzentrationsfähigkeit aus. Lernkanäle sind dabei als Zuflüsse zu unserem Gehirn zu verstehen, durch die Informationen in unser Gedächtnis gelangen. Man geht davon aus, dass verschiedene Lernkanäle unterschiedlich stark geeignet sind, Wissen zu speichern:

- Über den Lernkanal „Hören“ behalten wir ca. 10 % des dargebotenen Lernstoffs,
- über den Lernkanal „Lesen“ ca. 20 %,
- über den Lernkanal „Sehen“ ca. 30 %,
- über die Kombination der Lernkanäle „Sehen und Hören“ ca. 50 %,
- über den Lernkanal „Selbersagen“ ca. 80 % und
- über den Lernkanal „Handeln“ (selber etwas tun) ca. 90 %.

Für die Aufrechterhaltung oder Steigerung der Konzentration ist es sinnvoll, unter mehreren Lernkanälen abzuwechseln.

1.5 Zeitplanung

Am leichtesten gelingt die Zeitplanung mit Hilfe eines Lernplans (siehe Abbildung unten). Dort werden zunächst die **Ausbildungszeiten** (Theorie und Praxis) sowie weitere fixe **Wochentermine** (z. B. Sporttraining) eingetragen. In den Freiräumen werden dann die geplanten **Lernzeiten** farbig notiert.

Beim **Planen der Lernzeiten** ist es sinnvoll, sie gleich nach Themen zu strukturieren. Dabei sollte bedacht werden, dass nicht zu große Lernmengen auf einmal aufgenommen werden und dass vom Einfachen zum Schwierigen übergegangen wird. Auch bietet es sich an, zwischen Themen abzuwechseln, um so Ermüdung bzw. „Themenüberdruss“ zu vermeiden.

Wichtig bei der Lernzeitenplanung ist die Berücksichtigung von **Pausen**. 10 % bis 30 % der Lernzeit sollten für Pausen verwendet werden. Hierbei lassen sich unterscheiden:

- Minipausen: Wenn die Gedanken in die Ferne schweifen, erholt sich das Gehirn für einen Moment und speichert die neuen Informationen ab.
- kleine Pausen von 3–5 Minuten nach ca. 30 Minuten
- Entspannungspausen möglichst außerhalb des Arbeitszimmers von 15–20 Minuten nach 90 Minuten
- ausführliche Erholungspausen mit einer völlig anderen Tätigkeit im Zeitrahmen von 1–3 Stunden nach ca. 4 Stunden Lernarbeit

	Montag	Dienstag	Mittwoch	Donnerstag	Freitag	Samstag	Sonntag
8:00–10:00							
10:00–12:00							
12:00–14:00							
14:00–16:00							
16:00–18:00							
18:00–20:00							
20:00–22:00							
$\sum$ möglicher Lernzeiten							

Zeitplan zur Erfassung möglicher Lernzeiten (bei genauerer Konzeption einstündig anzulegen); Inhalte: feste Termine (wie Unterricht, Arbeitszeit), bevorzugte Pausenzeiten, Freizeitbeschäftigung usw.

Um z. B. während der Prüfungszeit den anfallenden **Lernaufwand effektiv zu planen**, hat sich die **ALPEN**-Methode bewährt:

A – Aufgaben notieren
L – Länge des Zeitbedarfs für die einzelnen Schritte und die Gesamtvorbereitung abschätzen
P – Pausen und Pufferzeiten für Unvorhergesehenes einplanen
E – Entscheidungen über Prioritäten treffen
N – Nachkontrolle, ob alle geplanten Aufgaben erledigt wurden; ggf. neue Planung für Unerledigtes

1.6 Arbeits- und Organisationsmittel

Wenn Sie Ihre Arbeit gut planen und Informationen übersichtlich strukturieren, wird das Ihren Schulalltag enorm vereinfachen. Einfache, aber äußerst Zeit sparende Hilfsmittel hierzu sind das Lerntagebuch und ein gut durchdachtes Ordnersystem.

Lerntagebuch

Das Lerntagebuch kann zu einem treuen Ausbildungsbegleiter werden. In ihm wird der Lernstand möglichst täglich, mindestens aber wöchentlich aufgezeichnet. In Kürze werden der gelernte Stoff sowie außerdem offenstehende Fragen und Unklarheiten festgehalten. Die Einträge können kurz sein und aufs Wesentliche beschränkt werden. Ein Zeitrahmen von fünf bis zehn Minuten reicht für die Eintragungen zumeist aus. Ein Heft oder ein fester Ordner garantieren, dass die Notizen wiedergefunden werden.

Wie das Tagebuch formal angelegt wird, entscheidet sich nach den eigenen Bedürfnissen und Ideen. Fragen wie die folgenden werden als Mittel der Strukturierung genutzt:

- „Was habe ich heute getan und was habe ich dabei gelernt?"
- „Was werde ich wie weiterhin umsetzen?"
- „Welche Fragen stehen noch offen, was muss ich nachschlagen?"

→ Arbeitsauftrag 6, S. 279

Ordner

Im Laufe Ihrer Zeit in der Berufsausbildung erstellen und sammeln Sie eine Vielzahl an Informationsmaterialien. Wichtig für das schnelle Auffinden der Informationen ist der Einsatz eines Ordnersystems.

Sie benötigen dazu:

- 1 Aktenordner, 8 cm breit
- 20 Trennblätter zum Selbstausschneiden von Registertasten, evtl. in verschiedenen Farben
- 10 Prospekthüllen/Klarsichthüllen
- 1 A–Z-Register.

Und so wird's gemacht

- **Register schneiden:** Hängen Sie alle 20 Blätter in den Ordner ein. Es wird vom letzten Blatt nach vorn gearbeitet. Blatt 20 bleibt unberührt. Von Blatt 19 wird das unterste Zwanzigstel abgeschnitten, von Blatt 18 zwei Zwanzigstel und immer so weiter. Am Deckblatt muss oben ein Zwanzigstel stehen bleiben.
- **Struktur überlegen und Register beschriften:** Machen Sie sich klar, wie Sie Ihren Ordner gerne strukturieren möchten. Im ersten Jahr böte es sich z. B. an, den Lernfeldern 1–5 jeweils ein eigenes Trennblatt zuzuordnen. Danach folgt das A–Z-Register, dort hängen Sie zusätzliche Informationen, wie z. B. allgemeine Informationen zu Ausbildungsbetrieb und Berufsschule, ein.
- **Inhaltsverzeichnis anlegen:** Kleben Sie ein Inhaltsverzeichnis auf die vordere Innenseite des Ordners.

Die Prospekthüllen sind für Unterlagen vorgesehen, die nicht gelocht werden dürfen.

1.7 Informationsquellen

Als Arbeitsgrundlage im Unterricht dient i. d. R. ein bestimmtes Lehrbuch. Es hilft bei der Orientierung in neuen Wissensgebieten und beim Verstehen und Lernen komplexer Zusammenhänge. Außerdem ist es hilfreich, wenn Sie auch in der Lage sind, sich Erklärungen oder weiterführende Informationen selbst zu beschaffen.

Um Beiträge zu bestimmten Themen zu finden, stehen eine Vielzahl von Publikationsformen zur Verfügung, z. B. Bücher, (Lexika, Enzyklopädien, Fachbücher, Monografien), Zeitschriftenartikel oder Manuskripte. Für eine einfache Recherche reicht es i. d. R. aus, sich auf Bücher und Zeitschriftenartikel zu beschränken.

Recherche in der Bibliothek

Der Besuch einer Bibliothek kann eine wertvolle Erfahrung sein. Neben Büchern bieten Bibliotheken eine Vielzahl von Medien. Bibliotheken sind komplexe Gebilde mit einer eigenen Systematik. Möchte man regelmäßig die Dienste einer Bibliothek nutzen, empfiehlt sich die Teilnahme an einer Bibliotheksführung, um wirklich alle Ressourcen ausschöpfen zu können.

Internetgestützte Recherche

Um auf die beinahe unbegrenzte Informationsfülle des World Wide Web (WWW) zurückgreifen zu können, ist ein unbefangener Umgang mit dem Computer sehr hilfreich. Der Computer dient als Medium, um auf Netzwerke und Datenbanken zugreifen zu können. Suchmaschinen helfen dabei, gezielt Informationen zu finden.

→ Arbeitsauftrag 8, S. 280

Um sich einen Überblick über ein Thema zu verschaffen und Suchbegriffe zu einem Thema zu sammeln, bietet es sich an, erst einmal die allgemeinen Suchmaschinen zu nutzen. Sie verweisen z. B. auf Verbände oder Initiativen sowie wissenschaftliche Einrichtungen, die sich mit dem Suchthema befassen. Häufig findet man auf deren Internetseiten bereits einschlägige Artikel oder Internetverweise (Links) zu anderen relevanten Seiten. Diese Form der Suche bietet jedoch wirklich nur einen **ersten Überblick**, da die Informationen nur in eine bestimmte Richtung gehen oder gar falsch sein können.

Beurteilung von Internetartikeln

Im Internet finden sich Milliarden von Texten. Diese sind von sehr unterschiedlicher Qualität. Es gibt keine Kontrollinstanz, die die Qualität von Dokumenten automatisch überprüft. Experten gehen davon aus, dass ca. 90 % der Informationen im Internet als **Datenmüll** bezeichnet werden können. Deshalb reicht ein oberflächliches Surfen nicht aus. Um zu verhindern, dass Dinge gelernt werden, die falsch oder veraltet sind, gilt es, zuverlässige Daten zu finden. Durch die richtigen Suchbegriffe und deren Verknüpfung kann die Menge an Treffern bereits gesteuert und reduziert werden. Doch um die gefundenen Dateien verwenden zu können, müssen sie kritisch beurteilt werden. Dieser Prozess kann deutlich länger dauern als die Suche selbst, ist jedoch in jedem Falle notwendig und kann trainiert werden.

2 Lese- und Schreibtechniken

Lesen und Schreiben sind grundlegende Fertigkeiten, die zum Alltag dazu gehören. Doch darüber hinaus ist es möglich, durch den Einsatz der hier vorgestellten Techniken die Effizienz beim Lesen und Schreiben wesentlich zu steigern.

2.1 Fünf-Schritt-Lese- und Erarbeitungstechnik

Wenn Sie einen Text ohne Vorüberlegung lesen, ist es wahrscheinlich, dass Sie bis zu 90 % des Textes hinterher sofort aus dem Kurzzeitgedächtnis heraus vergessen. Wenn Sie die im Folgenden vorgestellte Fünf-Schritt-Lese- und Erarbeitungstechnik anwenden, können Sie die Behaltensquote erheblich steigern.

Vorgehensweise/Regeln

1. **Überblick verschaffen:** Der Text wird zur Orientierung mit Blick auf Kapitelüberschriften, Untertitel, Zusammenfassungen oder Hervorhebungen im Fließtext überflogen.

2. **Fragen stellen:** Formulieren Sie Fragen, die Ihnen der Text beantworten kann. Schreiben Sie Ihre Fragen auf einen separaten Zettel.

3. **Text mit Zielsetzung lesen:** Jetzt setzen Sie mit Stift und Markern Markierungen. Beantworten Sie auch die in Punkt 2 gestellten Fragen. Notieren Sie sich Kernaussagen und schlagen Sie unbekannte Wörter in einem Fachbuch nach.

4. **Text zusammenfassen:** Fassen Sie den gelesenen Textabschnitt in eigenen Worten zusammen und reduzieren Sie die Informationen auf das Wesentlichste.

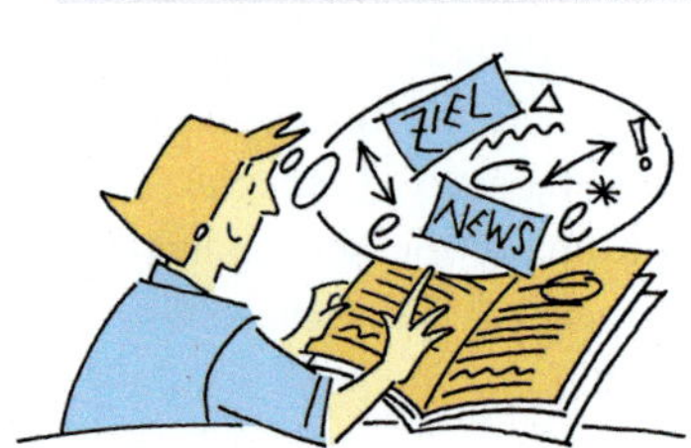

5. **Text wiederholen:** Wiederholen Sie die wichtigsten Aussagen und Informationen des Textes. Hierbei berücksichtigen Sie die anfangs formulierten Fragen und Markierungen, die Sie während der Textbearbeitung vorgenommen haben. Stellen Sie sich z.B. die Frage: „Was habe ich Neues erarbeitet?"

2.2 Mitschriften und Protokolle

Mitschriften im Unterricht oder bei einer Gruppenarbeit halten wesentliche Inhalte der Veranstaltung fest. Sie sind ein erster Schritt der Informationsverarbeitung. Daher ist es sinnvoll, dass sie nach bestimmten Kriterien erfolgen. Ziel ist es nicht, jedes Wort der Sicherheit halber zu Papier zu bringen, sondern aktiv zu entscheiden, welche Information relevant und von Dauer ist. So wird das Gedächtnis entlastet, die Konzentration erhöht und das Verständnis erleichtert. Je übersichtlicher und strukturierter eine Mitschrift ist, desto hilfreicher ist sie. Mitgeschrieben werden Informationen,

- die evtl. nur an dieser Stelle in dieser Form vermittelt werden,
- auf die die Vortragenden ihre Betonung legen und
- die für den eigenen Lernprozess oder Themengebiete, mit denen man sich auseinandersetzt, relevant sind.

Außerdem werden festgehalten:

- Grundaussagen, Schwerpunkte, Fachbegriffe und Definitionen
- wesentliche Argumente, die die Sprechenden zu ihrer Sicht auf die dargestellten Dinge veranlassten
- Daten, die das Dargestellte unterstreichen und untermauern

Es müssen keine vollständigen Sätze formuliert werden, **Stichworte** reichen oft aus. Häufig auftretende Begriffe können abgekürzt werden. Um sich nicht verwirren zu lassen, ist es sinnvoll, von Anfang an die in der Fachsprache gängigen Abkürzungen zu nutzen und keine eigenen zu entwickeln.

Zur besseren Übersicht, und damit man zur Prüfungsvorbereitung nicht vor einem Rätselberg steht, hilft die **Beschriftung** von Mitschriften und ausgeteilten Kopien mit Datum, Themenbereich und/oder Lerneinheit, Thema und Namen des Lehrers. Ein erster Schritt zum Lernerfolg ist die Aufarbeitung der Mitschrift zu Hause. Dabei werden die Inhalte der Mitschrift abgeglichen und evtl. in eine lesbarere Form gebracht.

Protokolle fixieren Ergebnisse einer Sitzung oder einer Gruppenarbeit und stehen im Gegensatz zur Mitschrift der „Öffentlichkeit“ (i. d. R. die Teilnehmenden) zur Verfügung. Schon aus diesem Grund müssen sie einer gewissen Form folgen. In Protokollen wird neben den Namen der Anwesenden und den wesentlichen Inhalten (Tagesordnungspunkte = TOPs) festgehalten, wer in der Sitzung/Gruppenarbeit welche Aufgaben übernommen hat und bis wann diese zu erledigen sind. Außerdem werden Beschlüsse notiert. Ein **Ergebnisprotokoll** enthält nicht jeden einzelnen Schritt der Sitzung, sondern die wesentlichen Beiträge, Erkenntnisse und Pläne in Stichpunkten oder Sätzen. Die Inhalte müssen im Gegensatz zum Verlaufsprotokoll nicht streng chronologisch angeordnet sein. Das Protokoll wird häufig als Einstieg in die nächste Sitzung gemeinsam besprochen. Dabei aufgedeckte Fehler oder Missverständnisse werden umgehend verbessert.

Notebooks ermöglichen es, Mitschriften und Protokolle bereits während des Unterrichts direkt in eine Datei einzugeben. Dies sollte jedoch nur dann erfolgen, wenn der Nutzer sicher im Umgang mit der Technik und idealerweise sehr schnell im Tippen ist, um sich nicht von wesentlichen Inhalten ablenken zu lassen.

3 Lerntechniken

Lerntechniken können Ihnen dabei helfen, sich die vielen Informationen, die Sie in der Berufsschule und im Ausbildungsbetrieb aufnehmen, besser zu merken. Bewährt haben sich dabei die Lernkartei, die vor allem der Wissensspeicherung dient, und die Mindmap, mit deren Hilfe komplexe Zusammenhänge optisch dargestellt werden können.

3.1 Lernkartei

Dass Vokabelhefte beim Erlernen neuer Begriffe hilfreich sein können, dürfte den meisten Leserinnen noch aus ihrer Schulzeit bekannt sein. Vom Prinzip her ähnlich, aber in der Umsetzung differenzierter, ist das Lernen mit Karteikarten. Und das kann so funktionieren:

Vorgehensweise/Regeln

- Man kauft sich DIN-A6-Karten sowie einen Karteikasten (alternativ lassen sich auch Geschenk- oder Fotoboxen nutzen).
- Man nimmt die Karten wie ein Vokabelheft in den Unterricht mit.
- Taucht ein unbekannter/neuer Begriff auf, notiert man ihn, erfragt seine Bedeutung und schreibt sie auf die Karteikarte.
- Zu Hause vervollständigt man dann die Karteikarte, indem man eine Kopfzeile anlegt und Verweise zur Fachliteratur einträgt. Dies geschieht ähnlich wie bei Spielquizkarten: Die Vorderseite versieht man mit einem Stichwort, auf der Rückseite hält man die Übersetzung, Zusammenhänge und Zusatzinformationen fest.
- Möchte man nun gezielt mit den Karteikarten lernen, steckt man die Karten mit neuen Informationen jeweils in das hinterste von vier Fächern (Fach 0). Hat man den Inhalt einer Karte gut verinnerlicht, kommt die Karte in das davor liegende Fach (Fach 1). Diejenigen, die nicht gewusst wurden, gehen zurück in das hinterste Fach. Bei einer weiteren Wiederholung kommen die gewussten Karten wieder ein Fach nach vorn (Fach 2) und die noch zu lernenden ein Fach zurück. Der Prozess ist mit Erfolg abgeschlossen, wenn alle Karten im vordersten Fach sind.

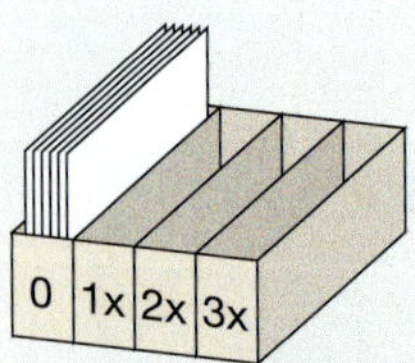

Alle Karten mit neuen Informationen werden in das hinterste Fach (Fach 0) gesteckt.

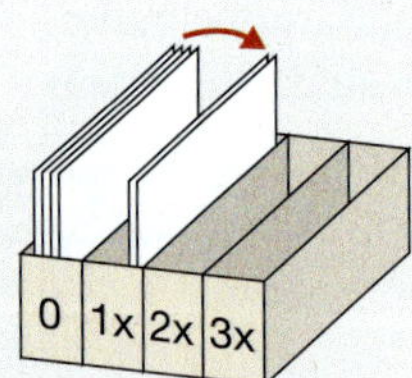

Sobald der Inhalt der Karteikarte gewusst wird, kommt sie in das dahinter liegende Fach.

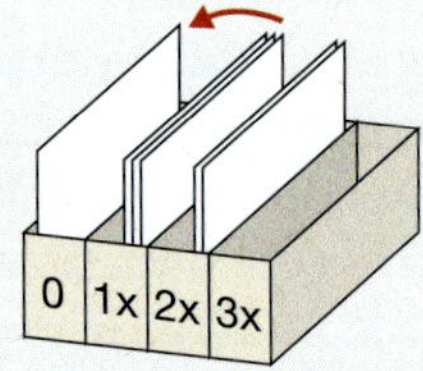

Wenn die Inhalte aus dem 2. Fach wiederholt werden, wandern diejenigen Karteikarten, deren Inhalt gewusst wurde, ein Fach weiter. Diejenigen Inhalte, die nicht gewusst wurden, kommen zurück in das Fach 0.

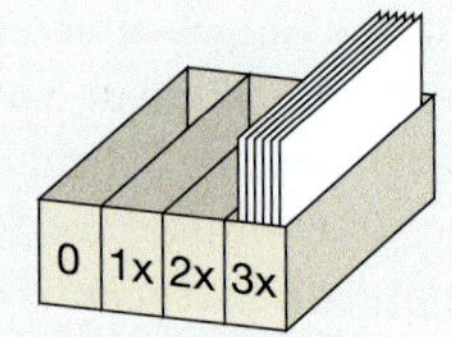

Dieser Vorgang wird so lange wiederholt, bis alle Karten im letzten Fach sind.

3.2 Mindmap

→ Arbeitsauftrag 2, S. 279

Mindmap
gedankliche Landkarte

Eine **Mindmap** soll komplexe Zusammenhänge visualisieren. Sie kann ständig geändert und erweitert werden. Eine Mindmap verknüpft Gedanken, Gefühle und Ideen mit Hilfe von Zeichnungen und kurzen Sätzen. Diese Visualisierungsform verbindet sprachliches und bildhaftes Denken, wodurch die gesamte Kapazität der beiden **Gehirnhälften** genutzt wird.

Linke Gehirnhälfte (analytisches Denken): zuständig für Logik, Ordnung, Zahlen, Sprache

Rechte Gehirnhälfte (bildliche Vorstellungskraft): zuständig für Farben, Fantasie, Musik, Bilder

Mindmaps können vielfältig eingesetzt werden:
- Informationen ordnen, gliedern und auswerten
- Zusammenfassung von Vorträgen
- Vorbereitung für Fachberichte
- Vorbereitung auf Klassenarbeiten, Prüfungen
- Planen von Projekten

Vorgehensweise/Regeln
- Verwenden Sie ein unliniertes Blatt Papier.
- Nutzen Sie das Blatt im Querformat.
- Breiten Sie die Mindmap von der Blattmitte über das gesamte Blatt aus.
- Schreiben Sie in den Mittelpunkt das Thema.
- Notieren Sie Ihre Ideen in knappen, schlagwortartigen Formulierungen.
- Schreiben Sie diese Ideen (= dem Hauptthema untergeordnete Schlüsselbegriffe) auf Linien (= Zweige).
- Diesen Linien können Sie weitere Verästelungen hinzufügen.
- Ideen, Schlüsselbegriffe schreiben Sie als Druckbuchstaben.
- Geben Sie Ihrer Mindmap Ausdruck durch Einfügen von Symbolen, kleinen Grafiken u. Ä.

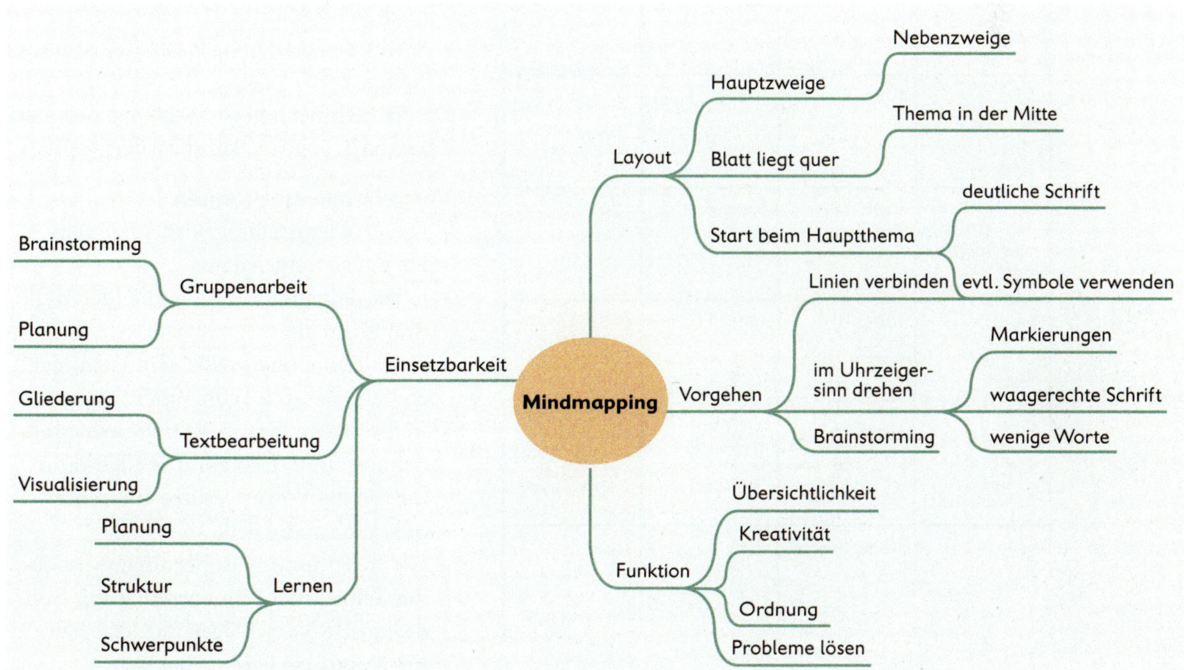

4 Kreativitätstechniken

→ Arbeitsauftrag 1, S. 279

4.1 Brainstorming

Mit Hilfe eines Brainstormings (= „Gedankensturm") sollen innerhalb kurzer Zeit möglichst viele Lösungsvorschläge, Ideen usw. zu einem vorgegebenen Thema gesammelt werden.

Vorgehensweise/Regeln

- Verwenden Sie ein Blatt Papier, die Tafel, ein Flipchart o. Ä.
- Schreiben Sie das Thema auf.
- Sammeln Sie alle Gedanken, die Sie haben, und halten Sie diese schriftlich fest.
- Jede Idee von anderen wird unkommentiert aufgenommen.
- Kommentare, kritische Äußerungen sind verboten (keine **Killerphrasen**).
- Nach Beendigung der Ideensammlung (ca. 5 – 10 Min.) machen Sie eine Auswertung.
- Auswertungsmethoden: z. B. Diskussion, Beurteilung von Ideen in Kleingruppen

Killerphrasen
„Bleiben Sie mal bei der Sache!"
„Das gibt es ja gar nicht!"
→ Anhang, Kap. 7.2

4.2 Brainwriting (Methode 635)

Brainwriting ist eine **schriftliche Variante des Brainstormings**. Jeder Teilnehmer kann in Ruhe seine Ideen aufschreiben. Das Brainwriting wird auch Methode 635 genannt:

Name	Problemstellung		
1	Idee 1	Idee 2	Idee 3
2	Idee 4	Idee 5	Idee 6
3	Idee 7	Idee 8	Idee 9
4	Idee 10	Idee 11	Idee 12
5	Idee 13	Idee 14	Idee 15
6	Idee 16	Idee 17	Idee 18

Brainwriting-Formular

- 6 Teilnehmer halten auf einem Notizblatt
- 3 Ideen/Lösungsvorschläge fest und reichen ihr Notizblatt nach
- 5 Minuten an den nächsten Teilnehmer weiter.

Die Teilnehmerzahl ist allerdings nicht auf 6 begrenzt, sondern kann variiert werden.

Vorgehensweise/Regeln

- Die Problemstellung wird auf einem Formular festgehalten.
- Jeder Teilnehmer trägt in die Ideenzeile drei Ideen ein.
- Jeder Teilnehmer reicht sein Formular an den nächsten Teilnehmer weiter.
- In die zweite Ideenzeile trägt jeder Teilnehmer drei Ideen ein. Die Idee kann z. B. an die Vorgängeridee anknüpfen oder eine völlig neue sein.
- Die Ideenfindung ist beendet, wenn jeder Teilnehmer sein Formular mit mindestens 18 Vorschlägen zurückerhält.
- Ein Vorschlag wird gemeinsam ausgewählt und in der Gruppe diskutiert.

5 Vortrags- und Präsentationstechniken

5.1 Merkmale und Ziele

→ Arbeitsaufträge 3, 4, 8, S. 279 und 280

Referat (lat.) Bericht, Vortrag

Ein **Referat** ist ein (i. d. R. mündlicher) Vortrag über ein Thema. Wird dieses Thema zusätzlich visualisiert, spricht man von einer Präsentation. Präsentationen bieten die Möglichkeit, das eigene Wissen mit anderen zu teilen und zur Diskussion zu stellen. Eine gelungene Präsentation fördert den Lern- und Kommunikationsprozess und regt zum Weiterdenken an. Auch aus diesem Grund sollte eine Präsentation einen Zeitumfang von 15–20 Minuten nicht überschreiten und ausreichend Zeit zum Diskutieren des Themas lassen.

AIDA-Formel
→ LF 5, Kap. 1.3

Eine Präsentation hat zum Ziel, das Interesse der Zuhörenden zu wecken und zu halten. Dabei kann die **AIDA**-Formel hilfreich sein:

1. **A**ttention (Aufmerksamkeit) – Aufmerksamkeit der Zuhörenden anregen
2. **I**nterest (Interesse) – Interesse der Zuhörenden wecken
3. **D**esire (Verlangen) – Wunsch nach kritischer Auseinandersetzung mit dem Thema forcieren
4. **A**ction (Handeln) – Zuhörende in die Diskussion aktiv mit einbeziehen

5.2 Planung

Die Planung der Präsentation erfolgt, sobald Inhalt und Zuordnung des Themas sowie der Termin und evtl. Mitreferenten feststehen. Die folgende Tabelle kann die Planung unterstützen:

Thema Stoffsammlung	• Was sind Hauptaussage und Ziel der Präsentation? (Information, Überzeugung, Anleitung, Selbstpräsentation usw.) • Wie können Bezüge zum Unterricht und zu anderen Präsentationen hergestellt werden? • Welcher Schwierigkeitsgrad ist angemessen? • Wie können die Inhalte am besten dargestellt werden? • Was ist mir/uns besonders wichtig? • Wie viel Zeit steht für die Präsentation zur Verfügung?
Zuhöreranalyse Zielgruppe	• Welches Vorwissen haben die Zuhörenden? • Welche Erwartungen haben sie an den Vortrag, welche Interessen? • Welche Haltung haben sie zu dem Thema und wie können wir das konstruktiv aufnehmen? • Mit welchen Fragen und Meinungen ist zu rechnen? • Wie kann das Publikum mit einbezogen werden?
Untergliederung	• Hervorheben der Schwerpunkte und/oder Argumente • Bei Gruppenreferaten: · Wie werden die Aufgaben geteilt? · Wie wird zwischen den Vortragenden übergeleitet?
Medieneinsatz/ Handout	• Welche Hilfsmittel eignen sich besonders für die Darstellung? • Wie wird das Informationsmaterial übersichtlich gestaltet? • Was sollen die Zuhörenden mitschreiben und was bekommen sie ausgehändigt? • Wann werden Informationsmaterialien ausgehändigt? • Sind alle mit der eingesetzten Technik vertraut?

5.3 Gestaltung und Einsatz unterstützender Medien

Die Visualisierung von Präsentationen erfolgt durch Einsatz eines oder mehrerer der folgenden Medien (Auswahl):
- Folien für den Overheadprojektor (OHP, auch Polylux genannt)
- Flipchartbögen
- Tafelbilder
- Plakate
- PowerPoint-Dateien.

Unabhängig vom Medium ist es wichtig, dass das Dargebotene übersichtlich und ansprechend gestaltet ist. Die vortragende Person sollte sich im Vorfeld Gedanken machen, ob das Medium lediglich den Vortrag gliedert oder als direktes Anschauungsobjekt dient. Direkte Anschauungsobjekte (i. d. R. Bilder oder Grafiken) müssen für alle gut erkennbar sein. Manchmal ist eine eigene Zeichnung übersichtlicher als ein dreimal kopiertes und eingescanntes Bild. Ein an der Tafel während des Vortrags Stück für Stück entwickeltes Schema kann hilfreicher sein als ein aufwändig im Grafikprogramm erstelltes dreidimensionales Gebilde.

Entscheidet man sich für den Einsatz mehrerer Folien, erleichtert eine einheitliche Gestaltung und Struktur die Orientierung. Dabei sollte man sich von folgenden Prinzipien leiten lassen:
- Folie klar gliedern und mit einer Überschrift versehen
- Stichworte Sätzen vorziehen
- Farben im Sinne der Konzentration und der Lesbarkeit zurückhaltend einsetzen:
  - Helle Schriftfarben eignen sich für dunkle Hintergründe, dunkle Farben für helle Hintergründe.
  - Angenehme Farben fördern die Wahrnehmung; Blau und Rot sind in Kombination schwer zu erkennen.
- von Weitem lesbare Schriftgröße wählen, nicht mehr als drei Schriftgrößen auf einer Folie (Schriftgröße 14–16 für OHP-Folien, mindestens 18 für PowerPoint-Präsentationen, Überschriften größer)
- Folien nicht überladen – „weniger ist mehr“:
  - nicht mehr als 10 Zeilen pro Seite
  - ausreichenden Abstand zwischen den Zeilen lassen
- Großbuchstaben sind schwer lesbar: zurückhaltend einsetzen!
- Technische Spielereien lenken vom Wesentlichen ab.
- Zu viele Folien überfordern – als Faustregel gilt: nicht mehr als maximal eine Folie pro Minute.
- bei Zitaten und Bildern die Quellen benennen

Für den **Einsatz** der Medien gelten folgende Prinzipien:

- Allen Teilnehmenden ist eine freie Sicht auf das Medium zu ermöglichen, sodass die Inhalte gut lesbar sind.
- Die Teilnehmenden brauchen Zeit, um die Inhalte zu erfassen. Der Referent achtet bewusst darauf, „Gedankenpausen“ einzubauen.
- In den ergänzenden Erklärungen stellt der Referent immer wieder einen Bezug zu den visualisierten Inhalten her und weist durch Zeigestock/Laserpointer/Finger darauf hin.
- Auch während des Medieneinsatzes wird der Blickkontakt zum Publikum aufrechterhalten. So wird nicht zur Wand oder Tafel gesprochen, sondern zum Publikum hin.
- Der Raum, die Materialien und ggf. die Sitzordnung werden frühzeitig vorbereitet.
- Folien werden nummeriert, Stifte gezielt ausgewählt und überprüft.
- Medien werden gezielt eingesetzt. Eine Medienschlacht wird so vermieden. Wenn ein Medium nicht mehr genutzt wird, wird es abgeschaltet bzw. abgedeckt.

Das **Thesenpapier** (engl. „Handout“) unterstützt den Vortrag, indem es die wesentlichen Inhalte des Vortrags kurz und bündig zu Papier bringt. Als Faustregel gilt, dass es nicht länger als ein bis zwei Seiten sein sollte und ausreichend Platz für Notizen der Teilnehmenden bietet. Es kann entweder in derselben Form wie der Vortrag gegliedert sein oder als „echtes“ Thesenpapier nur die zentralen Aussagen festhalten. Zusätzlich wird im Thesenpapier i. d. R. die dem Vortrag zu Grunde liegende Literatur genannt.
Arbeitet man mit PowerPoint-Folien, kann der „Handzettel“-Druckmodus genutzt werden. So stehen den Zuhörenden die eingesetzten Folien, mit zusätzlichen Schreibzeilen versehen, zur Verfügung.

Handzettel-Druckmodus im PowerPoint-Druckmenü

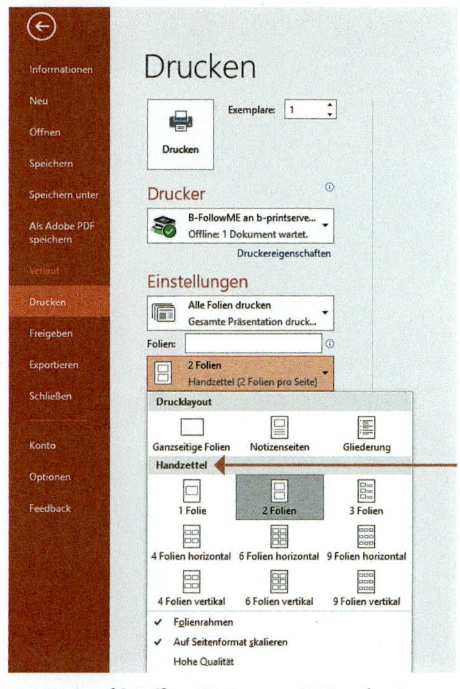

© Microsoft® Office. Nutzung mit Genehmigung von Microsoft.

5.4 Vortragstechnik

Körpersprache und Aussprache der vortragenden Person bestimmen maßgeblich die Wirkung einer Präsentation.

Körper/ Körpersprache 55 %	Stimme und Sprechtechnik 38 %	Inhalt 7 %
Mimik Gestik Haltung Blickkontakt Stand Kleidung	Betonung Stimm-Modulation Sprechtempo Atmung Pausen	inhaltliche Sicherheit klare Struktur angemessene Wortwahl klarer Ausdruck

Die Beachtung folgender Aspekte kann dabei hilfreich sein:

- Blick zum Publikum (nicht auf eine Person fixiert)
- positive Mimik, bei Rückfragen beispielsweise das aufmerksame Zuhören auch nonverbal signalisieren
- offene, nicht zu ausladende Gestik
- stehend, nicht zu steif und nicht zu lässig
- variierende Betonung
- der Situation angemessene Kleidung

Eine lebendige Präsentation wird frei vorgetragen – wesentliche Inhalte können auf Kärtchen notiert werden und dienen als Gedankenstütze. Es ist wichtig, das Vorgetragene selbst verinnerlicht zu haben. Bereits bei der Vorbereitung sollte daher der systematischen Erarbeitung des Stoffes Vorrang vor der Formulierung fertiger Sätze gegeben werden.

Um die Inhalte der Präsentation verständlich zu vermitteln, muss der **Einsatz der Sprache** wohlüberlegt sein. Folgende Punkte dienen der Verständlichkeit des Themas:

1. **Einfachheit**
   - kurze, einfache Sätze
   - einfache bzw. vertraute Wörter
   - ggf. Fachwörter und Fremdwörter erklären
   - aufs Wesentliche beschränken
2. **Ordnung (Gliederung)**
   - Einleitung nutzen, um einen Überblick zu geben
   - sinnvolles Verknüpfen von Informationen und Abläufen
   - Zusammenfassung
3. **Zusätzliche Anregungen / Anschaulichkeit**
   - Beispiele
   - Vergleiche
   - Bilder, Grafiken
   - Rollenspiele

6 Arbeitsmethoden

Sie benötigen bestimmte Arbeitsmethoden, um sachgerecht, situationsbezogen und zielgerichtet auf neue berufliche Situationen reagieren zu können. Im Folgenden werden Ihnen einige der wichtigsten vorgestellt.

6.1 Rollenspiel

Das Rollenspiel ist eine gute Methode, um z. B. den Umgang mit Kunden zu üben und ein Verkaufsgespräch spielerisch zu simulieren. Dadurch erhalten Sie die Chance, verkäuferische Fähigkeiten zu entwickeln und gegebenenfalls zu verändern.

Vorbereitung
- Formulieren Sie für den Kunden und den Verkäufer kurze, verständliche Rollenanweisungen.
- Die Rollen des Verkäufers und des Kunden werden verteilt.
- Die Nichtspieler (Beobachter) beobachten das Gespielte mit Hilfe eines Beobachtungsbogens.
- Verkäufer und Kunde befassen sich kurz mit ihrer Rolle (ca. fünf Minuten) und signalisieren den Nichtspielern den Beginn des Verkaufsgesprächs.

Durchführung
- Verkäufer und Kunde nehmen eine solche Position ein, dass sie von den Nichtspielern gut beobachtet werden können.
- Jedes Rollenspiel sollte mit Hilfe einer Videokamera aufgenommen werden.

Reflexion/Auswertung
- Die Spielsituation wird analysiert und besprochen.
- Geben Sie ein Feedback.

Feedback
→ Anhang, Kap. 6.5

Begrüßung im Verkaufsgespräch
→ LF 2, Kap. 2.1

Vorwahl
→ LF 1, Kap. 9.2

Beispiel

Rollenspiel: Begrüßungsphase im Verkaufsgespräch

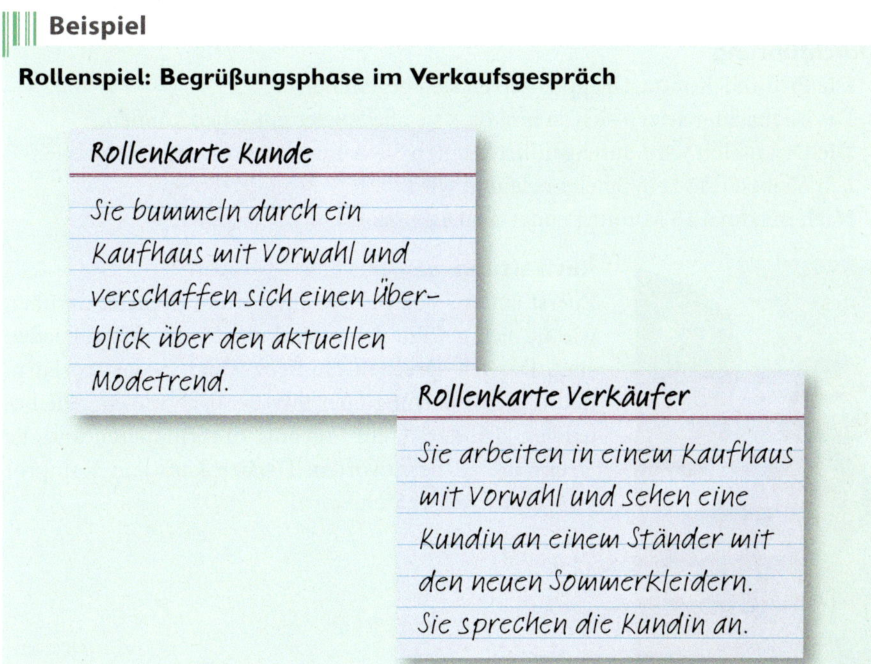

→ Arbeitsauftrag 7, S. 280

6.2 Pro-und-Kontra-Diskussion

Die Pro-und-Kontra-Diskussion verfolgt das Ziel, gegensätzliche Meinungen klarer herauszuarbeiten. Wenn man die gegensätzlichen Argumente besser versteht, gelingt die Einigung auf einen tragfähigen Kompromiss eher. Man lernt, die eigene Meinung klar zu vertreten, gegensätzliche Meinungen offen zur Kenntnis zu nehmen und anzuerkennen und die eigene Meinung ggf. zu verändern.

Vorbereitung

- Formulierung einer strittigen Aussage: Sie muss mit „Ja" oder „Nein" zu beantworten sein.
- Auswahl der Spieler: Die Zuordnung zur Pro-, Kontra- oder Beobachtergruppe sollte möglichst freiwillig sein.

Abstimmung über den formalen Ablauf

- Ort und Dauer der Gruppenarbeit festlegen
- Wahl von jeweils drei Spielern, die die Debatte durchführen (Pro- und Kontra-Gruppe)
- Die Pro- und Kontra-Gruppen erarbeiten ihre Standpunkte.
- Verteilung von Beobachtungsaufgaben (Beobachtergruppe) vornehmen
- Szenenaufbau für die Debatte und Zeitrahmen (ungefähr 15 Minuten) bestimmen

Beobachtungsaufgaben

- Sprechen die Gruppen alle wichtigen Argumente an?
- Welche fehlen?
- Welche der Gruppen erscheint stärker?
- Welche Argumente sind schwer zu widerlegen?
- Sind die Spieler innerhalb einer Gruppe kooperativ?
- Gibt es abwertende oder verletzende Argumente?

Durchführung

- Die Pro-und-Kontra-Gruppen setzen sich gegenüber.
- Die Beobachter setzen sich so hin, dass sie alle Spieler gut sehen können.
- Die Diskussion wird durchgeführt. Achten Sie darauf, dass die Argumente sachlich bleiben und kein Spieler beleidigt wird.
- Nach maximal 15 Minuten endet die Diskussion.

Beobachter bei einer Pro-und-Kontra-Diskussion

Auswertung

Zuerst äußern sich die Pro- und Kontra-Spieler darüber, wie sie sich gefühlt haben und ob sie mit sich zufrieden sind. Danach sprechen die Beobachter in der Ich-Form und ohne Bewertung über ihre Beobachtungen. Alle beteiligen sich daran, ein Ergebnis zu formulieren und die Streitfrage zu beantworten. Danach kann ein Kompromiss erarbeitet werden.

6.3 Kartenabfrage

Bei der Kartenabfrage schreiben alle Teilnehmer ihre Ideen und Problemlösungsvorschläge zu einem bestimmten Thema auf Karten. Danach werden die Ideen, z. B. an der Tafel, geordnet.

Vorgehensweise/Regeln

- An der Tafel oder auf einem Flipchart wird eine Frage oder ein Thema notiert.
- Jeder Teilnehmer erhält 3–5 Karten und einen Filzschreiber.
- Die Teilnehmer schreiben je eine Idee (Druckbuchstaben) auf eine einzelne Karte.
- Für weitere Antworten/Ideen werden weitere Karten verwendet.
- Die Karten werden unsortiert neben dem Thema befestigt.
- Danach werden die Karten von den Teilnehmern nach Schwerpunkten (Oberbegriffen) geordnet.
- Die Oberbegriffe werden auf farbige Karten geschrieben.
- Den Oberbegriffen werden Unterpunkte zugeordnet.
- Jeder Teilnehmer erhält 3–5 Klebepunkte.
- Die Teilnehmer bestimmen mit ihren Klebepunkten die Wertigkeit (Reihenfolge) der Problemfelder.
- Die daraus resultierende Reihenfolge der Themen wird in Kleingruppen diskutiert und erarbeitet.

6.4 Gruppenarbeit

Bei der Gruppenarbeit arbeiten mehrere Personen an der Lösung eines Problems oder einer Aufgabe zusammen. Der Arbeitsauftrag wird vom Moderator (z. B. Lehrer) schriftlich formuliert und jeder Gruppe zur Verfügung gestellt.

Planung

- Die ideale Gruppengröße besteht erfahrungsgemäß aus 3 – 6 Teilnehmern.
- Möglichkeit der Gruppenbildung:
  - Zufallsprinzip durch Abzählen, durch Losen (z. B. Farben, Zahlen) usw.
  - Themenzuordnung
  - Sympathie
- Die Teilnehmer in jeder Gruppe nehmen bestimmte Rollen ein:
  - Gruppensprecher: verantwortlich für den gesamten Arbeitsablauf und Arbeitsplan
  - Zeitmanager: verantwortlich für das Einhalten der vorgegebenen Zeit
  - Protokollant: verantwortlich für das Festhalten von Ergebnissen
  - Mitarbeiter
- Die Gruppe sorgt für eine angemessene Arbeitsatmosphäre (Raum, Sitzordnung, Arbeitsmaterialien usw.).

Für das Gesamtergebnis einer Gruppenarbeit ist die Arbeit aller Mitglieder entscheidend. Deshalb sind die abgesprochenen Arbeitsaufträge zuverlässig zu erledigen. Sie werden der Gruppe vorgestellt, um dann gemeinsam zu entscheiden, welche Aspekte in welcher Form in die Präsentation einbezogen werden. Es ist sinnvoll, immer wieder Rücksprache mit den Lehrenden zu halten, um den eigenen Lernstandpunkt reflektieren zu können.

Eine Gruppenarbeit kann wie folgt geplant werden:

1. **Vorbereitung**: Was ist konkret zu tun?
   - Ankommen (z. B. Sitzordnung mit Blickkontakt)
   - Lesen der Arbeitsaufgabe, des Fallbeispiels o. Ä.
   - Klärung möglicher Fragen oder Verständnisschwierigkeiten
2. **Wie soll vorgegangen werden? Was ist das Ziel?**
   - Erarbeitung der Fragestellungen und Zielsetzungen
3. **Durchführung:** Wie werden welche Aspekte in welcher Aufgabenverteilung bearbeitet?
   - Wissensinput (z. B. Sammlung von Texten, Informationen)
   - Systematisierung und Auswahl der gesammelten Beiträge
   - Sichtung der Beiträge bzgl. der Fragestellungen
   - Konkretisierung und eventuelle Neubewertung der Fragen und Ziele
   - Erarbeitung der Lernziele
   - Vorstellung und Diskussion der Arbeitsergebnisse
4. **Abschluss:** Wie soll das Ergebnis aussehen und präsentiert werden?
   - Zusammenstellung und Verdichtung des Arbeitsergebnisses
   - Vorbereitung und endgültige Absprache der Präsentation
5. **Evaluation/Feedback:** Reflexion des Gesamtablaufes und des Gruppenprozesses

Rollen- und Aufgabenverteilung

Zu Beginn der Gruppenarbeit sind folgende Rollen und Aufgaben zu verteilen:

- **Moderator:** Er gliedert den Sitzungsverlauf und achtet darauf, dass alle Gruppenmitglieder gleichberechtigt zu Wort kommen und beim Thema bleiben.
  Auch achtet er auf Pausen.
- **Protokollant:** Er sichert die Arbeitsergebnisse und gibt sie für die anderen Mitglieder frei.
- **Zeitwächter:** Er achtet darauf, dass die Arbeitsaufgaben in der zur Verfügung stehenden Zeit fertig gestellt werden.
- **Präsentierender:** Er stellt das Arbeitsergebnis vor.

Gruppenarbeit kann bei entsprechenden Rahmenbedingungen durchaus auch mal im Grünen stattfinden.

Eine wichtige Basis für eine erfolgreiche Gruppenarbeit ist eine **klare Zielsetzung**, Gleichberechtigung in der Gruppe und eine Rotation in der Rollenverteilung (so kann jedes Gruppenmitglied alle Rollen einüben). Ziel ist nicht, eine Rolle am Ende der Ausbildung bis ins Kleinste erfahren zu haben und ausfüllen zu können, sondern die persönliche Flexibilität und Entwicklung der notwendigen Kompetenzen.

Rahmenbedingungen

Um ein gleichberechtigtes und zielgerichtetes soziales Lernen zu ermöglichen, sind bestimmte Rahmenbedingungen und Umgangsformen für die Gruppenarbeit notwendig.

- Alle bringen ihr Wissen ein und akzeptieren Wissenslücken bzw. helfen, sie zu reduzieren.
- Gruppen stören einander nicht, sondern unterstützen sich.
- Abgesprochene Zeiten werden eingehalten, damit die Gruppen nicht aufeinander warten müssen.
- Abgesprochene Abläufe und Zeiten für Präsentationen werden eingehalten, damit alle die gleiche Chance haben.
- Probleme und Fragen werden offen und frühzeitig angesprochen, damit sie geklärt werden können und so die Arbeitsprozesse nicht stören.
- Sitzungen und Ergebnisse werden reflektiert und die Ergebnisse zur Weiterentwicklung genutzt.

6.5 Feedback

Ein Feedback gibt man auf sprachliche Äußerungen oder auf Verhaltensweisen eines Kommunikationspartners. Es ist wichtig für eine gute Gruppen- oder Teamarbeit, weil es die Möglichkeit für konstruktive und sachliche Kritik bietet. Der Feedback-Empfänger erhält die Chance, Verhaltensweisen zu verbessern und zu verändern. Wenn sich alle Teilnehmer einer Feedback-Runde an die unten aufgeführten Feedback-Regeln halten, kann sich dadurch eine positive Kritikkultur entwickeln.

Feedback-Regeln

Wenn Sie jemandem ein Feedback geben, sollte es … sein!	
fair	Geben Sie dem Feedback-Empfänger die Möglichkeit, sich als Erster kurz zu seiner Aussage/seinem Verhalten zu äußern.
ehrlich	Was Sie sagen, muss der Wahrheit entsprechen.
verantwortlich und persönlich	Sie sprechen in der „Ich-Form“ und vertreten nur Ihre persönliche Meinung („Ich-Botschaften“).
sachlich	Sie beschreiben genau, was Sie beobachtet haben.
positiv verstärkend	Sie nennen die Stärken des Feedback-Empfängers.
aufbauend	Sie formulieren Verbesserungsvorschläge.
Wenn Sie ein Feedback erhalten, können Sie …	
bestimmen	Sie können entscheiden, ob Sie ein Feedback erhalten möchten!
aktiv zuhören	Sie überprüfen, ob Sie das Feedback richtig verstanden haben, und fragen eventuell noch einmal nach. Wiederholen Sie das Gehörte!
geduldig sein	Rechtfertigen Sie sich nicht. Nehmen Sie sich Zeit, die Informationen des Feedback-Gebers zu reflektieren.
Rückmeldung geben	Sagen Sie Ihrem Feedback-Geber, ob für Sie die Informationen hilfreich waren.

→ Arbeitsauftrag 8, S. 280

7 Teamarbeit

Teamarbeit ist eine spezielle Form der Zusammenarbeit in einer Gruppe, sie ist ein variables Zusammenspiel vieler unterschiedlicher Kenntnisse, Fähigkeiten und Eigenschaften. In Unternehmen bilden Teams eine Arbeitseinheit, die eine gemeinsame Aufgabe bzw. ein gemeinsames Ziel hat. Die Zusammenarbeit ist vergleichsweise zeitaufwendig und dauerhaft angelegt und wird von gegenseitiger Wertschätzung und Akzeptanz getragen. Bezüglich der Leistungsbewertung herrscht das **Äquivalenzprinzip**, d. h., dass die Beiträge eines jeden Teammitgliedes gleich viel wert sind.

Äquivalenzprinzip
hier: Gleichberechtigung

7.1 Merkmale der Teamarbeit

Teamarbeit ist dadurch gekennzeichnet, dass die einzelnen Teammitglieder sehr intensiv miteinander in Beziehung treten und sich in fachlicher und persönlicher Hinsicht gegenseitig unterstützen. Ein gutes Team verträgt nicht zu viele Personalwechsel, sondern braucht zumindest einen **stabilen Kern** von Mitgliedern. Weitere Merkmale sind Kreativität, Partnerschaftlichkeit und Vertrauen. Gut funktionierende Teams erbringen Spitzenergebnisse, die die oft hohen Entwicklungskosten rechtfertigen. Deshalb ist Teamfähigkeit gerade in modernen Unternehmen eine wichtige Kompetenz der Mitarbeiter.

Mithilfe von Teamarbeit kann z. B.
- Kreativität freigesetzt werden,
- vorhandenes Wissen besser genutzt werden,
- der Informationsfluss verbessert werden,
- die Identifikation mit einem Unternehmen gestärkt werden,
- die gegenseitige Unterstützung der Mitarbeiter wachsen,
- die Qualität der Arbeit verbessert werden und
- die Arbeitszufriedenheit zunehmen.

Teams können besonders gut zusammenarbeiten, wenn die folgenden Voraussetzungen gegeben sind:

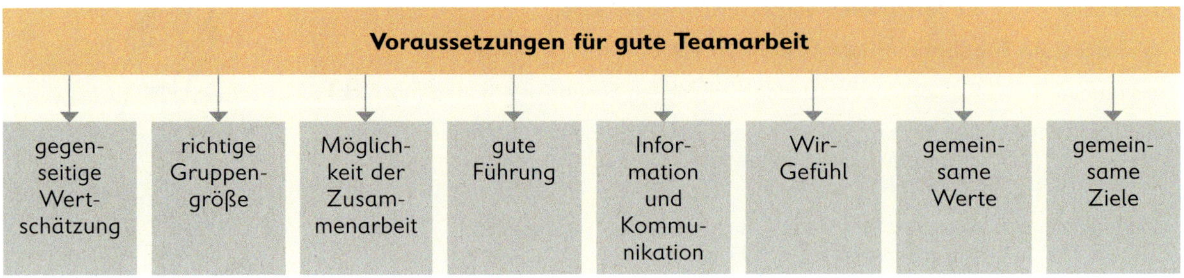

Führung im Team

Eine Besonderheit von Teams ist die **rollierende Führung**, d.h., jedes Mitglied hat intern immer dann die Führungsrolle, wenn es um sein Fachgebiet geht. So bringt jeder seine Kombination an Kenntnissen, Stärken und Fähigkeiten in die Arbeitsaufgabe ein. Die Führungsrolle ist nie festgelegt, der gegenseitige Respekt lässt alle an einem Strang ziehen und der Umgang miteinander ist offen und zwanglos.

Teamrollen

Teams funktionieren besonders gut, wenn die einzelnen Teammitglieder aufgrund unterschiedlicher persönlicher Eigenschaften, Erfahrungen und Kenntnisse unterschiedliche **Teamrollen** wahrnehmen. In kleinen Teams kann eine Person mehrere Rollen ausfüllen; wichtig ist ein ausgewogener Mix der folgenden Rollen:

Umsetzer	tun das, was gerade getan werden muss
Beobachter	analysieren Probleme und entwickeln alternative Lösungen
Perfektionisten	erledigen Aufgaben, die Detailgenauigkeit und Konzentration verlangen
Spezialisten	bringen spezielle Fähigkeiten in eine Teamaufgabe ein (z.B. IT-Fachleute)
Teamarbeiter	fördern den Teamgeist, beugen zwischenmenschlichen Problemen vor und lösen sie
Wegbereiter	pflegen externe Kontakte und bringen durch ihre kommunikative Art neue Ideen ins Team
Koordinatoren	motivieren ihre Teamkollegen, auf das gemeinsame Ziel hinzuarbeiten
Macher	dringen ungeduldig auf notwendige Entscheidungen und Aktivitäten
Neuerer	entwickeln neuartige und kreative Lösungen von Problemen

7.2 Konfliktlösung

Konflikte sind Bestandteile des menschlichen Lebens und treten auch im Rahmen der Teamarbeit immer wieder auf. Exakt definiert, entstehen Konflikte immer dann, wenn zwei Parteien unterschiedliche Interessen oder Standpunkte gleichzeitig durchsetzen wollen und eng miteinander verbunden sind.

Sie können durch Ihr Verhalten dazu beitragen, einen Konflikt zu verschärfen oder ihn zu lösen.

Menschen nutzen unterschiedliche Mechanismen und Strategien, um bewusst oder unbewusst auf Konflikte zu reagieren. Einige Menschen denken lösungsorientiert, während andere mit Abwehr, Aggression oder Resignation auf konfliktbeladene Situationen reagieren. Dabei lassen sich konfliktverschärfende Verhaltensmuster von konstruktiven Konfliktlösungsstrategien unterscheiden.

Konfliktverschärfende Verhaltensmuster

Folgende Verhaltensmuster, Strategien und/oder Persönlichkeitsmerkmale können dazu führen, dass Frust aufgestaut und Konflikte verschärft werden:

- Bei der **Idealisierung** der eigenen Person hat der Betroffene stets Recht und kann alles.
- Bei der **Verallgemeinerung und Projektion** versucht der Betroffene, anderen die Schuld zuzuweisen oder eigene Fehler auf andere zu projizieren.
- Abhängig von der Persönlichkeit können manche Menschen auch mit **Resignation** auf Konflikte reagieren. Hierbei richten die Betroffenen die aufgestaute Energie nicht nach außen (z. B. durch aggressives Verhalten), sondern gegen sich selbst. Dieses Verhalten zeigen besonders häufig Menschen mit einem geringen Selbstwertgefühl. Die Betroffenen setzen sich in Konfliktsituationen nicht zur Wehr, sondern ertragen die empfundene Frustration.
- Die Verwendung von **Killerphrasen** gehört auch zu den konfliktverschärfenden Verhaltensmustern. Darunter versteht man abwertende oder ablehnende Äußerungen ohne Bezug zum Sachverhalt. Killerphrasen blockieren jede Form von Kompromissen oder kreativem Denken. Sie wirken demotivierend und verschlechtern häufig das Betriebsklima. Gebräuchliche Killerphrasen sind z. B. „Sie denken wohl, Sie haben die Weisheit mit Löffeln gefressen?“ oder „Das funktioniert eh nicht!“

Konstruktive Konfliktlösungsstrategien

Bei einer konstruktiven Konfliktbearbeitung folgen auf die empfundene Frustration

- das Erkennen des Konflikts,
- die Suche nach einer Aussprache und
- die Aussprache selbst, die zu einem möglichen Kompromiss oder Konsens führt.

Gezielte **Konfliktgespräche** im Team gehören zu den konstruktiven Strategien. Ziel eines solchen Gesprächs ist die gemeinsame Verarbeitung eines Konfliktes sowie eine Kompromisslösung oder Konsensfindung. Voraussetzung ist hierbei, dass

- der Konflikt erkannt ist,
- die Beteiligten zu einem Gespräch bereit sind,
- die Beteiligten Einfluss auf die Problemlösung haben und
- eine eventuelle Mittlerperson von allen Beteiligten akzeptiert wird.

Man unterscheidet Konfliktgespräche im Team umgangssprachlich in „4-Augen-Gespräche“ und „6-Augen-Gespräche“. Während das „4-Augen-Gespräch“ von den beiden beteiligten Personen alleine geführt wird, ist beim „6-Augen-Gespräch“ eine weitere (neutrale) Person anwesend, die eine **Mittlerrolle** einnimmt. Eine solche Mittlerperson hat folgende Aufgaben:

- Sie soll die eigenen Wahrnehmungen schildern, ohne Partei zu ergreifen, z. B.: „Ich stelle fest, dass dieser Aspekt für Partei A von großer Bedeutung ist.“
- Sie soll methodische Hilfestellungen geben, z. B.: „Welche Reaktion hätten Sie von Ihrem Gegenüber erwartet?“
- Sie darf und soll den Konflikt der beteiligten Parteien nicht lösen. Die Konfliktparteien müssen selber einen Lösungsweg finden.

ARBEITSAUFTRÄGE

1 Erstellen Sie ein persönliches Brainstorming über Ihre eigenen Erfahrungen mit Lerntechniken, z.B.: Wie haben Sie sich bisher auf Klassenarbeiten oder Tests vorbereitet? Wie haben Sie sich bisher auf Prüfungen vorbereitet? Wie lesen Sie Texte? Woher erhalten Sie Informationen?

2 **a)** Erstellen Sie eine Mindmap über Ihre Wünsche, Ziele, Befürchtungen und Ängste bezüglich Ihrer Ausbildung! Sie haben dafür 15 Minuten Zeit!

b) Setzen Sie sich in einer von Ihnen zusammengestellten Gruppe von vier bis fünf Personen zusammen und stellen Sie Ihren Gruppenmitgliedern Ihre persönliche Mindmap vor. Sie haben dafür 10 Minuten Zeit!

c) Erstellen Sie zusammen mit Ihren Gruppenmitgliedern eine gemeinsame Mindmap bezüglich der Wünsche, Ziele, Befürchtungen und Ängste der Gruppe. Fertigen Sie diese Mindmap in Plakatgröße an und hängen Sie sie auf! Sie haben dafür 15 Minuten Zeit!

3 **a)** Klären Sie die folgende Fragen in Ihrem Ausbildungsbetrieb:

1. Wie heißt Ihr Ausbildungsbetrieb? Sind Sie in einer Filiale tätig?
2. Welche Waren werden in Ihrem Ausbildungsbetrieb verkauft?
3. Aus welchen Abteilungen besteht Ihr Ausbildungsbetrieb? Beschreiben Sie diese kurz!
4. Wie viele Mitarbeiterinnen und Mitarbeiter hat Ihr Ausbildungsbetrieb?
5. Woher bekommt Ihr Betrieb hauptsächlich die Ware?
6. Berichten Sie etwas über den Standort Ihres Ausbildungsbetriebes!
7. Welche anderen Einzelhandelsgeschäfte liegen in Ihrer näheren Umgebung?
8. Welche Kunden kaufen bei Ihnen in erster Linie ein?
9. Wer kann in Ihrem Betrieb außer Ihrem Chef noch Verträge abschließen?
10. Ist Ihr Betrieb eine Filiale eines anderen Betriebes?
11. Welche Tätigkeiten haben Sie in den ersten Tagen Ihrer Ausbildung ausgeübt? Beschreiben Sie kurz einen typischen Tagesablauf in Ihrem Betrieb.

b) Fassen Sie diese Informationen in der Schule auf einem Plakat zusammen. Sie haben dafür 45 Minuten Zeit!

c) Stellen Sie anschließend Ihr Plakat in der Klasse vor.

4 Damit in der Berufsschule nicht nur Theorie im Vordergrund steht, stellen wir Sie auch hier in die Situation eines/einer Auszubildenden. Sie sind Mitarbeiter der Berliner Superkauf GmbH (Beska GmbH). Informieren Sie sich über die Beska und präsentieren Sie das Unternehmen.

5 Für das Arbeiten an den Lernorten Ausbildungsbetrieb und Berufsschule ist es hilfreich zu wissen, welchem Lerntypen Sie entsprechen.
Überprüfen Sie, welchem Lerntyp Sie sich zuordnen würden. Notieren Sie sich dazu Kriterien, mit denen Sie festmachen, zu welchem Lerntyp Sie gehören. Tauschen Sie Ihre Kriterien mit Ihrem Nachbarn aus und diskutieren Sie über die Sinnhaftigkeit der Einteilung in Lerntypen.

6 Um ein aussagekräftiges Berichtsheft führen zu können, ist es sinnvoll, viele Informationen zu Ihrer Ausbildung während dieser Zeit zu sammeln. Hilfreiche Informationen können z.B. Unterlagen aus Fort- und Weiterbildung, Warenkundeseminaren usw. sein. Durch eine geleitete Internetrecherche gelangen Sie ebenso an adäquate Unterlagen. Sammeln Sie all diese Informationen und halten Sie alles in einem dafür vorgesehenen Ordner fest. Hilfreich für Sie ist ein gutes Ordnersystem. Schauen Sie sich in Ihrem Fachbuch die dazugehörigen Seiten an und erstellen Sie einen Ordner, der Sie in ihrer zweijährigen bzw. dreijährigen Ausbildung begleiten wird.

7 Führen Sie eine Pro-und-Kontra-Diskussion zu folgender Aussage: „Betriebsräte in Unternehmen sind für Auszubildende nicht notwendig."

8 Bearbeiten Sie in Gruppen zu jeweils vier Teilnehmern das Thema: **„Teamarbeit ist unerlässlich für moderne Unternehmen!"** Recherchieren Sie hierfür im Internet und stellen Sie Ihre Arbeitsergebnisse im Plenum vor, z.B. mit Hilfe von

a) Plakaten,
b) PowerPoint oder
c) Folien.

Überlegen Sie folgende Inhaltspunkte:

1. Was verstehen Sie unter Teamarbeit?
2. Warum ist Teamarbeit für Unternehmen wichtig?
3. Wie kann ein Unternehmer gute Teamarbeit überprüfen? (Finden Sie Kriterien dazu!)
4. Wie kann der Unternehmer feststellen, dass sich eine gute Teamarbeit gewinnbringend auf das Unternehmen auswirkt?
5. Übertragen Sie Ihr Wissen zur Teamarbeit auf Ihre jetzige Ausbildungssituation. An welcher Stelle während Ihrer bisherigen Ausbildungszeit haben Sie Teamarbeit als etwas Positives erlebt? Nennen Sie pro Gruppenteilnehmer jeweils eine Situation aus Ihrem Ausbildungsbetrieb.

8 Sprachkompetenz Englisch – How to say it in English

HELPING CUSTOMERS

Shop assistant	Customer
Could I help you in any way?	I was looking for …
Is there anything I can do?	Do you have any … in stock?
How about …?	No, I am not fan of this.
I can show what we have.	These would be too expensive for me, sorry.
Give me one second, I can show you an alternative.	No, that's not really what I'm looking for.
This is a large size, but we have it in … as well.	What size do these go in?
They can be either white, red or green.	Are any other colours available? The green one is my favourite.
What else can I do for you?	I think that's it for now, thanks.

TELLING THE PRICE

Customer	Shop assistant
How much does an apple cost?	It costs 75 cents.
How much is this apple?	It's (it is) 75 cents.
How much do these oranges cost?	One kilogram would cost € 2,00.
How expensive are the pears?	The pears are 80 pence each.

POINTING A CUSTOMER IN THE RIGHT DIRECTION

Customer	Shop assistant
Sorry, do you know where … is?	Of course, sir/madam.
Excuse me, I am looking for …?	You need to go upstairs/downstairs.
Do you have a … somewhere here?	You need to go upstairs to the second floor.
Where could I buy/get/find …?	Go downstairs to the basement.
	You must take the lift to the top floor.
	Turn left/right and then walk on right ahead.
	It's in front of/behind/next to/ to the right of/to the left of …
	The escalator is just there.
	Unfortunately, the lift (BE)/elevator (AE) is not working.
Thank you so much!	You are welcome/no problem.

FOUR STAGES OF SALES TALK

1. Saying hello

Good morning/afternoon.
Is there something I can do for you?
Could I be of assistance?

2. Seeing what the customer needs

What is it that you are looking for?
What would you like to see?
Which colour/size/type/kind is your favourite/are you leaning towards?
Is this a present for somebody else?

3. Presenting the products

What about this one?
What do you think about these?
It's also available in …
Lucky you! This is the last one we have in stock.
If you just give me a couple of moments, I'll (I will) just see what else we have.

4. Paying the products

Would you prefer to pay with card or cash?
Here is your receipt and here is your change.
The receipt is in the bag.
Thank you! Have a great day.

BUYING/SELLING FOOD

Customer

Let a shop assistant know what you want

I need …
I would (I'd) like
Sorry, do you have any …?
Could I have 150 grams of …?
I would rather have still/sparkling water.

Asking questions

I wonder where the oranges come from.
How much frozen fish does one bag contain?
How many eggs does a box have in it?
What cheese is this?
Could I have a try please?

Shop assistant

Ask the customer what they are looking for

Is there anything I can do for you?
How can I help you?
Is there any other way that I can assist you?
Anything else?
How much/many would you like?
Would you like to try any of them?

Answering questions

They are from Spain.
A bag contains 400 grams.
Each box has 12 eggs.
It's Red Leicester, which is English.
Go ahead, here is a bit.

WHEN TO USE MUCH OR MANY

much *(viel)*

(used when you cannot count the amount)
E.g. much bread, much sugar

many *(viele)*

(used when the amount can be directly counted)
E.g. many pears, many apples

BUYING/SELLING CLOTHES

Customer

Looking for a product

I would like a jumper, please.
I'm looking for a coat to go with these jeans.

Asking about the details of products

I am a medium.
I would prefer the green version.
I need a colour that goes with these trousers.
What is this made of?
Can I put it in the washing machine?
Would this need to be dry cleaned?

Trying clothes on

Where are the changing rooms?
These jeans are nice. could I try them on?
This one fits me really well.
This doesn't fit. It's too big/too small.
This is too long/short.
It's too tight/loose.
This style isn't really my taste.
I'm not a fan of the colour.

Deciding on a product

That's not very cheap.
Sorry, but that that is far too expensive.
I like it, I'll take it.
I would first like to see what else is available.

Shop assistant

Presenting products

I can show you what we have/our range.
Could I show you a rucksack that would go well with your trousers?
How about this one/these ones?

Seeing what the customer needs

What size are you/do you take?
Is there a specific colour/shade that you prefer?
It's 100 % wool/silk.
It's a cotton/synthetic mixture.
You could wash it in a machine at 40 degrees.
It should be dry cleaned.

Answering questions while the customer tries clothes on

Do you want to try it/them on?
The changing rooms are over there.
What do you reckon?
Does this fit well?
I can see if we have a smaller/ bigger one in stock.
We could maybe adjust the size.
The quality is very high.

Helping the customer decide

Perhaps this would be better?
That colour suits you!
Feel free to look around some more.
Can I help you in any other way?

Texte entnommen aus: Maria Elisabeth Kluger, Shopping Matters, Second Edition, Cornelsen Verlag GmbH.

8.1 Useful vocabulary

Angebot	offer
Anprobe, Umkleidekabine	fitting room
anprobieren	to try on
Artikel	article, item
Ausgang	exit
Bargeld	cash
bar bezahlen	to pay cash
Barzahlung	payment
Becher	tub, mug
Beschwerde	complaint
billig	cheap
Bitte (schön)	Here you are
Danke (schön)	Thank you (very much)
Dose	tin
Eingang	entry
Einkaufswagen	trolley
Einzelhandel	retail sales
Es tut mir leid, …	I'm sorry/I'm afraid …
Etikett	label
Gang	aisle
Garantie	guarantee
Geld	money
Geldschein	note
geradeaus	straight ahead
Gern geschehen!	You are welcome!
Geschäftsführer	managing, director
Geschäftszeiten (Öffnungszeiten)	opening hours
Geschenk	gift, present
Größe	size
günstig	low-priced
Gutschein	voucher
Hersteller	manufacturer
hochwertig	(of) high quality
Inhaltsstoffe	ingredients
Kasse	checkout
Kassenbon	receipt
Kassierer/in	cashier
Kollege, Kollegin	colleague
Kreditkarte	credit card
Kunde, Kundin	customer
lieferbar	available
links	on the left
Marke	brand
Münze	coin
Packung/Paket	packet
(zusammen)passen	to match
Pflege	care
Preisnachlass	(price) reduction
Qualität	quality
Quittung	receipt
Rabatt	discount
Rechnung	bill
rechts	on the right
Regal	shelf
Reklamation	claim
Reparatur	repair
Schaufenster	shop window
Skonto (Barzahlungs-rabatt)	cash discount
Sonderangebot	special offer
teuer	expensive
Tragetasche/-tüte	(carrier) bag
Tube	tube
Umrechnungskurs	exchange rate
Umtausch	exchange
unterschreiben	sign
Unterschrift	signature
Verfallsdatum	expiry date
Verkäufer/in	shop assistant
Währung	currency
Wechselgeld	change
Werbung	advertising
Wie viel kostet das?	How much is it?
Zahlung	payment
zahlen mit Kreditkarte	to pay by credit card

Stichwortverzeichnis

Bildquellenverzeichnis

Cover Vorderseite: 1: www.ljsphotographyonline.com; 2: YourPhotoToday/PM; 3: Fotolia/pressmaster; 4: mauritius images/Rubberball

Cover Rückseite: 1: Fotolia/LuckyImages; 2: Fotolia/Kurhan; 3: mauritius images/Rubberball

S. 12.2: Fotolia/Syda Productions; **S. 17:** Shutterstock/Helder Almeida; **S. 20:** Wilfried Malcher, HD; **S. 33:** Colourbox/Colourbox; **S. 34.1:** Fotolia/auremar; **S. 35.1:** Bundesministerium für Familie, Senioren, Frauen und Jugend, Berlin; **S. 35.2:** Clip Dealer/Monkey Business Images; **S. 37.2:** Bundesverband Brandschutz-Fachbetriebe e.V. (bvbf); **S. 39.1:** Shutterstock/Matej Kastelic; **S. 39.2:** aeris GmbH, Haar bei München; **S. 41:** Shutterstock/cunaplus; **S. 44:** © Reinhold Löffler, Dinkelsbühl; **S. 46:** picture-alliance/dpa/stockfo; **S. 57.1:** F1 online; **S. 57.2:** action press/BECKER +BREDEL GbR; **S. 58.1+2:** Anette Schamuhn, Berlin; **S. 60.1:** TOPIC Media; **S. 60.2:** Sielaff GmbH & Co. KG, Automatenbau, Herrieden; **S. 64.1:** INTERFOTO; **S. 65.1:** imago/Schöning; **S. 66:** All Mauritius Images/imageBROKER/Karl F. Schöfmann; **S. 67:** picture-alliance/dpa; **S. 68.1:** Fotolia/Gina Sanders; **S. 68.2:** action press/Teschner Anke; **S. 69:** F1 online; **S. 73.1:** Colourbox; **S. 73.2:** Colourbox; **S. 73.3:** Fotolia/oticki; **S. 74:** Colourbox; **S. 85:** Fotolia/somchairakin; **S. 89:** Anette Schamuhn, Berlin; **S. 90:** Shutterstock/pathdoc; **S. 94.1:** Colourbox; **S. 95:** Fotolia/kathrinleu; **S. 96:** Fotolia/contrastwerkstatt; **S. 100.2:** Fotolia/Korta; **S. 101.1:** Shutterstock/Africa Studio; **S. 101.2:** Shutterstock/Nejron Photo; **S. 103:** Glow Images/Glow Images/Rafal Rodzoch/Milton Brown; **S. 104:** Anette Schamuhn, Berlin; **S. 105:** Shutterstock/Dmitry Kalinovsky; **S. 116:** Shutterstock/Axel Bueckert; **S. 123.1:** Shutterstock/Dmitry Kalinovsky; **S. 132.1:** Fotolia/Black Jack; **S. 132.2:** ICO Innovative Computer GmbH, Diez/Lahn; **S. 132.3–5:** Ingenico GmH, Ratingen; **S. 133.1:** Epson Deutschland GmbH, Meerbusch; **S. 133.2:** Mettler-Toledo GmbH, Gießen; **S. 133.3–5:** Fotolia/Black Jack; **S. 133.6:** Fotolia/Oleksandr Delyk; **S. 134.1:** Picture-Alliance/dpa; **S. 134.2:** alamy Stockfotos/speedpix/Alamy Stock Foto; **S. 136:** Fotolia/Industrieblick; **S. 137.1+2:** Cornelsen Software/Wolfgang Laurer; **S. 138:** Cornelsen Software/Wolfgang Laurer; **S. 140:** ddp images/ddp images; **S. 141:** All mauritius images/mauritius images/Andrea Marka; **S. 142:** Shutterstock/Shutterstock/Nelosa; **S. 143:** F1online; **S. 147:** StockFood/Bischof Harry; **S. 150.1+2:** AVERY ZWECKFORM GmbH, Oberlaindern/Valley; **S. 151.1:** Global Blue Deutschland GmbH, Düsseldorf; **S. 151.2:** mauritius images/Sergey Kuznetsov/Alamy; **S. 152:** Bundesministerium der Finanzen, Berlin; **S. 154:** EUROPEAN CENTRAL BANK/Directorate General Communications, Frankfurt/Main; **S. 156.1+.4:** relatio PR GmbH, München; **S. 156.3:** F1online; **S. 156.2+5+7:** MasterCard Germany, Frankfurt/Main; **S. 156.6+8:** © Copyright Visa 2017/adel & link PR, Frankfurt/Main; **S. 157:** Fotolia/Fotolia/Hamik; **S. 157.1:** Handelsverband Deutschland – HDE e.V., Berlin; **S. 158.4:** INTERFOTO/TV-Yesterday: **S. 159.1:** relatio PR GmbH, München;

S. 159.2: Hamburger Volksbank eG, Hamburg; **S. 160:** Douglas GmbH, Düsseldorf; **S. 161.1:** MasterCard Germany, Frankfurt/Main; **S. 161.2:** © Copyright Visa 2017/adel & link PR, Frankfurt/Main; **S. 161.3+5:** relatio PR GmbH, München; **S. 161.4:** Shutterstock/ratmaner: **S. 162.1:** Fotolia/leungchopan; **S. 162.2:** Shutterstock/MAHATHIR MOHD YASIN; **S. 163.1+2:** PAYBACK GmbH, München; **S. 165.1:** © Copyright Visa 2017/adel & link PR, Frankfurt/Main; **S. 165.2:** Visa Europe Services Inc.; **S. 165.3:** relatio PR GmbH, München; **S. 165.4+5:** MasterCard Germany, Frankfurt/Main; **S. 166:** Fotolia/william; **S. 167.1:** Fotolia/hornyteks; **S. 167.2:** DIHK – Deutscher Industrie- und Handelskammertag e.V., Berlin; **S. 168.1:** Shutterstock/Pavel L Photo and Video; **S. 169.2:** Fotolia/nuzza11; **S. 174:** Fotolia/Robert Kneschke; **S. 176:** Colourbox/Maksim Shmeljov; **S. 178:** © Reinhold Löffler, Dinkelsbühl; **S. 183:** Fotolia/Robert Kneschke; **S. 184:** Fotolia/Christoph Strom/ProHealthMedia GbR; **S. 186:** AVERY ZWECKFORM GmbH, Oberlaindern/Valley; **S. 187:** Colourbox/KONGKIAT TAPROMMA; **S. 192:** Anette Schamuhn, Berlin (Illustration), Foto: Lis Berten; **S. 194.3:** Lacoste Germany, Bad Reichenhall; **S. 197:** Anette Schamuhn, Berlin; **S. 198.2:** Fotolia/andriypetryna; **S. 199.1:** Anette Schamuhn, Berlin; **S. 200:** Anette Schamuhn, Berlin; **S. 202.2:** 100 pro imago life; **S. 205.2:** Anette Schamuhn, Berlin; **S. 207:** Anette Schamuhn, Berlin; **S. 208.1:** Anette Schamuhn, Berlin; **S. 210.2:** mauritius images/imageBROKER/Jochen Tack; **S. 213.1:** AWI Australien Wool Innovation Ltd./Woolmark International Pty Ltd. Grmany; **S. 213.2:** Lederzentrum GmbH, Rosdorf; **S. 213.3:** DLG e.V., Frankfurt/Main; **S. 214.1+3:** TÜV Rheinland AG, Köln; **S. 214.2:** VDE Verband der Elektrotechnik Elektronik Informationstechnik e.V., Frankfurt/Main; **S. 215.1–4:** Fotolia/thostr; **S. 215.6.:** Umweltbundesamt, Dessau (Blauer Engel); **S. 215.6+8:** Bioland e.V., Mainz; **S. 215.7:** RAL gemeinnützige GmbH, Sankt Augustin (Ecolabel); **S. 215.9:** Naturland – Verband für ökologischen Landbau e.V., Gräfelfing; **S. 215.10:** TransFair e.V. (Fairtrade Deutschland), Köln; **S. 218.2:** Bundesministerium der Justiz und für Verbraucherschutz, Berlin; **S. 219:** © by GINETEX GERMANY, www.ginetex.de; **S. 220.2:** Shutterstock/Shestakoff; **S. 221:** VISUM/Karsten Klama; **S. 225.1:** Alfred Ritter GmbH & Co. KG, Waldenbuch, www.ritter-sport.de; **S. 225.2:** Deutscher Handwerkskammertag (DHKT) e.V., Berlin; **S. 226:** picture alliance/The Advertisi; **S. 228.2:** Anette Schamuhn, Berlin; S. 231: CMS & CPS GmbH, Sülfeld; S. 232.1+2: Anette Schamuhn, Berlin; S. 234.1+2: Stiftung Warentest, Berlin; S. 238: Anette Schamuhn, Berlin; S. 242.1: FCA Germany AG, Frankfurt/Main; **S. 242.2:** Picture-Alliance/ZB; **S. 245.1:** bpk Bildagentur für Kunst, Kultur und Geschichte, Berlin; **S. 245.2:** tesa SE, Norderstedt; **S. 246.1:** Shutterstock/Baloncici; **S. 246.2:** Shutterstock/gilmar; **S. 247.1:** Anette Schamuhn, Berlin; **S. 249.1:** Umweltbundesamt, Dessau; **S. 249.2:** Arbeitskreis Mehrweg GbR/Bielenstein Consulting, Bonn; **S. 249.3:** Imago/teutopress; **S. 250:** UGA Berlin, www.emas.de; **S. 251.1+2:** © Der Grüne Punkt – Duales System Deutschland GmbH; **S. 252.1–5:** © Der Grüne Punkt – Duales System Deutschland GmbH; **S. 256:** Fotolia/Focus Pocus LTD; **S. 257:** K. Krischke, Marbach; **S. 258:** Fotolia/Africa Studio; **S. 260:** **F1online; S. 261:** A1PIX – Your photo today/Diego_Cervo; **S. 263:** Fotolia/WavebreakmediaMicro; **S. 269.1:** Clip Dealer; **S. 269.2:** © Microsoft® Office; **S. 272:** shutterstock/Monkey Business Images; **S. 274:** Superbild; **S. 276:** Fotolia/VadimGuzhva; **S. 277:** Fotolia/Jeanette Dietl

Wolfgang Schulz-Heidorf/Fotos: S. 12.1, 40, 59.1+2, 64.2, 65.2, 80, 93, 94.2–5, 99, 100.1, 107, 108.1, 109, 110.1-3, 114.1+2, 115, 118.1+2, 119, 122, 123.2, 125, 126, 168.2, 169.1, 193.1–3, 194.1–4; 195.1–4, 196.1+2, 198.1, 199.2, 203, 206, 208.2, 210.1, 216, 217.1+2, 218.1, 268, 270.1+2
Joachim Gottwald/Illustrationen: S. 23, 45, 108.2, 111, 112, 113, 120, 121, 127, 171, 202.1, 220.1, 228.1, 240, 262, 267, 273, 275
Bergmoser + Höller Verlag AG/Zahlenbilder: S. 26, 28, 30, 31, 34, 77, 84, 172, 179
Globus/Grafiken: S. 83, 146, 224, 247
Picture-Alliance/dpa/Infografik: S. 163, 248

Wir danken den folgenden Unternehmen für ihre freundliche Unterstützung:
Boutique Pinky's KG, Berlin
Charles Vögele Deutschland GmbH, Sigmaringen/Teltow
com-pc.de, Berlin
Feine Wäsche Jacobs GmbH, Berlin
Foto Meyer digital imaging GmbH, Berlin
Galeria Kaufhof Alexanderplatz, Berlin
Internationale Presse Clavis, Kleinmachnow
Juwelier Neumann, Stahnsdorf
Medimax Electronic Teltow GmbH, Teltow
Mr. ED Jeans & Outfit, Kleinmachnow
Musikhaus Lichterfelde, Berlin
Parfümerie Harbeck GmbH & Co KG, Berlin
Point-Rouge Parfümerie, Potsdam
real,- SB-Warenhaus GmbH, Teltow
Sanitätshaus Kniesche GmbH, Potsdam
SB Möbel-Boss Handels GmbH & Co KG, Teltow
SportScheck Berlin-Mitte, Berlin
Tamcke Optik GmbH & Co. KG, Berlin
TeeGschwendner, Berlin
Violas' Gewürze und Delikatessen, Potsdam